刑事責任能力について

箭 野 章 五 郎 著

成 文 堂

はしがき

　本書は、私がこれまで執筆してきた責任能力論に関する論考をまとめたものである。若干の加筆修正を加えているが、基本的な内容は発表時と大きくは変わらない。本来ならば、注を含めて情報の全体をアップデートすべきであるが、現在その時間的な余裕は私にはなく、また、過去に示した試論につき大きな変更はないことから、このような形で上梓することとした。ご海容を乞いたい。

　全体は、四つの大きなテーマ区分の下に各章が配置されてはいるが、いずれも責任能力論、責任論上の論点や争点、基本構造について論じたものであり、また、いずれもかつて独立した論稿として公表されたものであることから、どの章からお読みいただいても特段支障はない造りとなっている。他面において、こうした性質から記述内容の重複が多くあることも否めない。この点もご海容を乞う次第である。

　またさらに、本書では、やや長めのエピグラフ風の抜粋文を各章の冒頭部分に配している。これらは、実証性、計測可能性を旨とする科学の成果を援用、肯定し、これを専ら土台としながら、責任能力論、責任論を論じる在り方への違和感のようなものを示すことを意図したものである。もっとも、エピグラフ風の体裁ではあるが、個別の章との内容上の対応関係は意識しておらず、ただ、配列順序については筆者なりに意図したものである。もとより、本文を読むにあたって不可欠なものでもないため、読み飛ばしていただいても一向に差し支えない。

　私のような浅学非才の者が曲がりなりにもこのような論文集という形でまとめることができたのは、多くの方のご指導、ご厚情に負うところが大きい。全ての方々のお名前をあげることはできないが、とりわけ、大学院の指導教授である只木誠先生には、大学院時代から今日に至るまで、学問的にご指導いただいたことはもちろんのこと、私的な面でも多くのご恩情を賜ってきた。この場を借りて心より御礼申し上げたい。

最後に、本書の出版を快く引き受けてくださった成文堂の阿部成一社長、編集を担当していただき、適切なご助言・ご配慮をしていただいた篠崎雄彦氏に心より御礼申し上げる。

2024年5月

箭 野 章 五 郎

目　　次

はしがき（i）

初出一覧（vii）

責任能力の意義

第一章　刑事責任能力における「精神の障害」概念 ……………3

はじめに …………………………………………………………………4

Ⅰ　「精神の障害」概念の法的構成の必要性 ……………………7

Ⅱ　法的病気概念の二つの考え方 ………………………………13

Ⅲ　ドイツにおける法的病気概念の意義 ………………………20

Ⅳ　ドイツにおける「精神の障害」の複合性 …………………27

Ⅴ　わが国の解釈への示唆および「精神の障害」概念 ………37

Ⅵ　規範的責任論のもとでの責任能力 …………………………46

おわりに ……………………………………………………………52

第二章　刑法39条と刑法41条のそれぞれの責任能力
　　　　　──一般的な能力か、個々の行為についての能力か── …55

はじめに …………………………………………………………………56

Ⅰ　ドイツにおける責任能力 ……………………………………58

　1　責任能力に関する年齢段階（59）

　2　責任能力制度の構造（82）

Ⅱ　わが国における責任能力 ……………………………………94

　1　ドイツと同様の理解の可能性および妥当性（94）

　2　「一般的な責任能力」を責任能力判断において問題とする見解（101）

おわりに ……………………………………………………………111

iv　目　次

第三章　責任能力の意義と責任非難の構造について ……………113

はじめに ………………………………………………………………114

Ⅰ　判例の定義の観点からの責任能力 ………………………………116

Ⅱ　故意犯における責任非難 …………………………………………122

むすびに代えて ………………………………………………………130

第四章　責任能力制度の理解と事前責任論 ……………………133

はじめに ………………………………………………………………134

Ⅰ　責任能力制度の構造上の特徴 ……………………………………134

Ⅱ　認識・制御能力を損なう原因について

　　──とくに「精神の障害」の範囲と意義── ………………139

Ⅲ　事前責任論への影響 ………………………………………………142

おわりに ………………………………………………………………146

責任能力と精神の障害にもとづく錯誤

第五章　医療観察法における「対象行為」とその主観的要件

　　──精神の障害にもとづく錯誤の場合── …………………151

はじめに ………………………………………………………………152

Ⅰ　ドイツにおける議論 ………………………………………………157

Ⅱ　医療観察法における「対象行為」の主観面 …………………189

Ⅲ　刑法39条の適用について …………………………………………196

Ⅳ　「対象行為」該当性に関する最高裁の判断 …………………202

おわりに ………………………………………………………………208

責任能力と精神鑑定

第六章　責任能力判断における裁判官と鑑定人の関係
　　　　――鑑定人は、「責任能力の喪失あるいは著しい減少」に
　　　　ついての言明を控えるべきか―― ……………………213

　　はじめに ……………………………………………………215

　Ⅰ　記述的、事実的側面(生物学的要素)と評価的、規範的側面(心理学
　　　的要素)の峻別 ……………………………………………219

　Ⅱ　ドイツにおける議論 ………………………………………227

　　おわりに ……………………………………………………270

　補　論 ………………………………………………………271

第七章　精神鑑定の拘束力について
　　　　――最高裁平成20年4月25日判決および平成21年12月8日
　　　　決定を契機として―― ……………………………………275

　　はじめに ……………………………………………………276

　Ⅰ　精神鑑定の拘束力に関する判例・通説 ……………………278

　Ⅱ　最高裁20年判決・21年決定と学説の反応 ………………282

　Ⅲ　検討および不拘束説について ……………………………294

　Ⅳ　鑑定評価にあたっての留意点 ……………………………300

　　おわりに ……………………………………………………302

限定責任能力概念

第八章　責任能力論の系譜
　　　　――わが国における限定責任能力概念（刑法39条2項）に
　　　　ついての史的考察―― ……………………………………307

vi 目 次

はじめに ……………………………………………………………………… 309

    1 今日広く受け入れられていると解される理解（309）

    2 限定責任能力（39条2項）（312）

    3 本稿の対象・方法（313）

Ⅰ 責任能力をめぐる言説 ………………………………………………… 314

    1 旧刑法下での諸見解——前史：明治20年代までの諸見解（314）

    2 明治34年頃から昭和6年頃（321）

Ⅱ 限定責任能力の程度 …………………………………………………… 355

    1 現行刑法制定過程の議論と「程度」に関する可能な解釈（356）

    2 限定責任能力と精神障害者の処遇（361）

補 論——ドイツにおける限定責任能力 ……………………………… 362

初出一覧

第一章　「刑事責任能力における『精神の障害』概念」中央大学『法学新報』（2008年）115巻5・6号　285〜331頁

第二章　「刑法39条と刑法41条のそれぞれの責任能力——一般的な能力か、個々の行為についての能力か——」中央大学『法学新報』（2011年）117巻5・6号　145〜202頁

第三章　「責任能力の意義と責任非難の構造について」『刑事法学の未来』　長井圓先生古稀記念（2017年）信山社　77〜93頁

第四章　「責任能力制度の理解と事前責任論」『刑法雑誌』56巻2号（2016年）　137〜153頁

第五章　「医療観察法における『対象行為』とその主観的要件——精神の障害にもとづく錯誤の場合」中央大学『法学新報』116巻7・8号（2009年）　79〜134頁

第六章　「責任能力判断における裁判官と鑑定人の関係——鑑定人は、『責任能力の喪失あるいは著しい減少』についての言明を控えるべきか——」中央大学『法学新報』118巻11・12号（2012年）　87〜141頁

第七章　「精神鑑定の拘束力について——最高裁平成二〇年四月二五日判決および平成二一年一二月八日決定を契機として——」中央大学『法学新報』121巻11・12号（斎藤信治先生古稀記念論文集）（2015年）　59〜91頁

第八章　「責任能力論の系譜——わが国における限定責任能力概念（刑法39条2項）についての史的考察——」『刑事法学の系譜』内田文昭先生米寿記念　浅田和茂ほか編（2022年）信山社　449〜492頁

※一章、二章、五章、六章については、2011年度中央大学大学院法学研究科刑事法専攻博士論文『刑事責任能力の研究』にも収録。
※四章については、日本刑法学会第94回大会個別報告にもとづく原稿。

責任能力の意義

第一章
刑事責任能力における「精神の障害」概念

　「人間が何ゆえ、あらゆる蜂やあらゆる群集性の動物よりもすぐれた意味で
ポリス的動物であるかは、明らかである。なぜなら、つねづねわれわれが言う
ように、自然は何一つ無駄には作らないのであるが、動物のうちで人間だけが
言葉をもっているからである。なるほど、声は苦しいことや快いことを表示す
るしるしであり、このために他の動物にも鳴き声がそなわっている。つまり、
動物の自然本性は、快苦の感覚をそなえていて、それを互いに表示するところ
までは到達しているのである。しかし、言葉は利害を、したがってまた正・不
正を表明する役目をもっている。なぜなら、まさにこのこと、つまり人間だけ
が善・悪、正・不正、その他を感覚するということこそが、他の動物と対比さ
れる固有の特性だからである。」
　〔アリストテレス「政治学」『アリストテレス全集17』神崎繁・相澤康隆・瀬
　口昌久訳（2018年、岩波書店）24頁〕

　「人間が世界と結びつくには、空虚、あるいは空虚な場面の働きが必要なの
です。この空虚には言葉が棲まっていて、（映画を念頭に置きながら）それを
『言葉のスクリーン』と呼ぶのもふさわしいことでしょう。世界はそのように
して表象となります。
　こうした所見から引き出されるもっとも大切な帰結は、一方に言語の働きが
あり、他方に物の世界があるわけではないということです。人間にとって、あ
らゆる関係、あらゆる紐帯は、言語の働きの内部で練り上げられ、繰り広げら
れるのであって、この働きはシグナルによるコミュニケーションにも、神経シ
ステムによる生理科学的な反応にも還元されはしない。世界の外在性というの
は構築されたものなのです。それは、人間にとって、表象の生に書き込まれた
ものとしてしかありえない。あるいは、舞台として作り上げられているのだと
言ってもよいでしょう。」
　〔ピエール・ルジャンドル『西洋をエンジン・テストする』森元庸介訳
　（2012年、以文社）119頁以下〕

4　責任能力の意義

はじめに

　刑法39条の「心神喪失」「心神耗弱」の意義について、これに関するわが
国のリーディングケースとされる大審院昭和6年12月3日判決では、「心神
喪失ト心神耗弱トハ孰レモ精神障礙ノ態様ニ屬スルモノナリト雖其ノ程度ヲ
異ニスルモノ」であって、心神喪失とは「精神ノ障礙ニ因リ事物ノ理非善惡
ヲ辨識スルノ能力ナク又ハ此ノ辨識ニ從テ行動スル能力ナキ狀態」であり、
心神耗弱とは「精神ノ障礙未タ上敍ノ能力ヲ缺如スル程度ニ達セサルモ其ノ
能力著シク減退セル狀態」[1]であると定義されている。この定義は、基本的に
最高裁にも受け継がれていると解され、学説においても一般に承認されてい
るといえる程度に広く支持されているものである。そして、このような状況
を背景として、改正刑法草案16条1項では「精神の障害により、行為の是非
を弁別し又はその弁別に従って行動する能力がない者の行為は、これを罰し
ない」とされ、同2項では「精神の障害により、前項に規定する能力が著し
く低い者の行為は、その刑を減軽する」と定められ、上述の定義に沿った心
神喪失・心神耗弱に関する規定が置かれている。また、これらの定義におけ
る「理非善悪」、「是非」については、このような文言からは、倫理的な意味
合いが強調されるきらいがあるため、むしろ直截に自らの行為が違法である
こと、すなわち、「違法性」を意味するとの考え方が[2]、今日では広く支持さ
れているといえる。よって、このような立場からは責任能力は、行為の違法
性を認識する能力（認識能力）とその認識に従って行動する能力（制御能力）

1　大判昭和6・12・3刑集10巻682頁。
2　墨谷葵『責任能力基準の研究』(1980) 226頁、内藤謙『刑法講義総論（下）Ⅰ』(1991) 791
　頁、只木誠「精神鑑定と法的能力評価」季刊精神科診断学12巻2号 (2001) 212頁など。また、
　最決昭和29・7・30刑集8巻7号1231頁では、「刑法上心神喪失者であるというのはその犯行の
　当時において行為の違法性を意識することができず又はこれに従って行為をすることができな
　かつたような無能力者を指」すとされている。もっとも、この「違法性」がどのような内容で
　あるのかについては議論のあるところであるが、違法性の認識を獲得するための能力であるこ
　とから、違法性の意識（の可能性）論と連動すべきかと思われる。この点については、安田拓
　人「責任能力の判断基準について」現代刑事法36号 (2002) 36頁参照。さらに、本書二章注
　(85) も参照。

第一章　刑事責任能力における「精神の障害」概念　5

から成り、その能力の少なくともいずれかが「精神の障害」によって存しない場合が、「心神喪失」（責任無能力）であり、同じく「精神の障害」によって著しく減少している場合が、「心神耗弱」（限定責任能力）であると解されることになる。このような責任能力に関する理解については、判例・学説上ほぼ見解が一致するところである。このことから、かかる責任能力に関する理解を、現行の刑法39条の内容をより具体化したものとして、責任能力を論じるにあたっての出発点としても、今日では差し支えない状況にあると考えられるのである。そして、このような責任能力の理解は、「精神の障害」という生物学的要素と、認識・制御能力という心理学的要素を併せて責任能力の要件とする、いわゆる混合的方法、あるいはドイツで比較的よく用いられる表現によると、「精神の障害」という第一段階要素と、認識・制御能力という第二段階要素から成る二つの段階において、責任能力を判断するという「二段階的方法（Zweistufigkeit）」を採用したものと解せられるのである。

　だが、このように解したとしても、ここでの「精神の障害」がどのような内容であるのかは、検討を要する問題である。つまり、「精神の障害」に「因り（より）」の文理的な意味から、あるいはこの「因り（より）」の一般的ともいえる解釈から、認識能力・制御能力の喪失あるいは著しい減少にとっての共通の原因として位置づけられる「精神の障害」とは[3]、どのような概念であるのかが問題になるということである。また、上述の責任能力の理解からも明らかであるように、混合的方法あるいは二段階的方法のもとでは、この「精神の障害」という第一段階要素にも、そもそも該当しない場合には、この段階で刑法39条は適用されないことになるため、この点でも「精神の障害」概念を明らかにすることは、必要かつ重要であると考えられるので

　3　例えば、松宮孝明『刑法総論講義』第4版（2009）172頁では、「精神の障害に基づかない弁識または制御能力の欠如は、心神喪失ではない」、「責任無能力制度は、年齢や精神障害といった弁識・制御無能力の原因に着目した制度」であるとされている。また、浅田和茂〔平成20・4・25判決　判批〕判例時報2054号189頁でも「責任能力で問題になるのは精神障害の『弁識能力・制御能力への影響』が『著しいか否か』であ」る、とされたり、あるいは、林美月子「精神障害と刑事責任能力」現代刑事法36号（2002）40頁でも、「……規範による動機付けを失わせる重大な要因として精神障害があり、そこで責任無能力制度がある。」とされており、ここでも認識能力・制御能力の喪失・減少という状態をもたらす原因として「精神の障害」を位置づける理解が示されているといえよう。

6   責任能力の意義

ある。しかしながら、この「精神の障害」概念がどのようなものであるのか
は、従来必ずしも明確にはされてこなかったのである。あるいは、「精神の
障害」概念は、解釈に対していわば「開かれた」ままにされてきたのであ
り、わが国ではその外延は長らく意識されてこなかった[4]、とさえいわれて
いるのである。例えば、先の改正刑法草案なども、責任能力の生物学的要素
として「精神の障害」という言葉を用いているが、実はこの言葉の概念自体
必ずしも明確ではない[5]、とされており、また、改正刑法準備草案（15条）も
「精神の障害により」の文言を用いるが、理由書によれば「精神の障害」は
「一時的たると継続的たるとを問わ」ず、「精神薄弱（精神遅滞）」はもちろ
ん、「たとえば酩酊による一時的障害」、そしてさらに「行動の時に睡眠中で
あるという現象」も含まれ、「精神衛生法にいわゆる精神障害よりも広い意
味に用いてある」とするにとどまっている[6]。また、日本精神神経学会「刑
法改正問題研究委員会」の「刑法改正に関する意見書（案）」も、準備草案
の「精神の障害」について「条文の中に精神医学的な疾病または症状を網羅
することは困難であり、またいかなる精神医学的分類体系を採用すべきかに
問題があり、しかも、細かい内容規定を行わなくとも、実際上著しい支障が
生ずるとは考えられない」という理由をあげ、「精神の障害」の内容を具体
的・列挙的に規定することに賛成しなかったともされている。また、法制審
議会刑事法特別部会第一小委員会の参考案（第一次案）は、15条で「精神の
障害により」の文言を用いるが、それについては、内容を具体的・列挙的に
規定することも検討されたが、精神障害の内容を列挙しつくすことは、事実
上困難であるのみならず、将来の精神医学の発達をも考慮する必要があるの
で、現段階でその内容を固定化するのは適当でないと考えられたとされ
る[7]。このように、「精神の障害」概念は、それがどのようなものであるの

4　水留正流「責任能力における『精神の障害』（2）」上智法学論集50巻4号（2007）234頁。
5　島田仁郎＝島田聡一郎＝（島田）大コンメンタール刑法　大塚ほか編（第2版）第3巻
　（1999）373頁。
6　内藤謙「立法問題としての責任能力規定」植松博士還暦祝賀「刑法と科学」法律編（1971）
　176頁以下参照。
7　内藤・前掲注（6）178頁参照。なお、日本精神神経学会の「刑法改正に関する意見書（案）」
　には、「ドイツの刑法改正の動きなどにかんがみ、『精神の障害』は純粋に精神医学的な概念と

第一章　刑事責任能力における「精神の障害」概念　7

か、とりわけ、この概念にどのような事態が含まれるのかという範囲については、明確には示されてはこなかったのである。

　しかし、こうした状況にあったところ、近時に至り、この問題に関するいくつかの論稿が相次いで提示されたことにより[8]、この「精神の障害」概念をめぐる議論も活発化しているようにも思われる。そこで、本稿は、かかる近時の議論の動向をも視野に入れつつ、従来その内容が不明確であった、混合的方法のもとでの「精神の障害」という要件を考察対象とし、その概念の明確化を図るべく、あらためて「精神の障害」概念の提示を試みるものである。また、この考察を通じて得られた「精神の障害」概念にもとづく刑法39条の理解と規範的責任論のもとでの責任非難の本質に関する理解との整合性ある説明の可能性を探り、さらに犯罪論上の有責性を認めるための諸要件間での位置づけ、とりわけ違法性の意識の可能性、期待可能性との関係についても、若干ながら検討を加えるものである。

I　「精神の障害」概念の法的構成の必要性

　先にも述べたように、「精神の障害」概念は、従来必ずしも明確にはされてこなかった。だが、この概念は、およそまったくといってよいほど漠然とした概念であったわけではない。「精神の障害」という言葉から、医学、とくに精神医学あるいは、場合によっては心理学が対象とするような精神に関するなんらかの病気あるいは障害を意味するということは、容易に想起することが可能であり、また、この言葉の意味としては自然な理解ともいえるのである。そして、おそらくは、この「精神の障害」という言葉を、特段の省察を加えることなく用いる場合には、概ねこのような意味で用いられていると思われ、またさらに、混合的方法のもとでの「精神の障害」という要件に

───────────────

　　して解釈されるべきものであることが望ましい」との付言があるとされている（同論文178頁参照）。
　8　例えば、安田拓人『刑事責任能力の本質とその判断』（2006）66頁以下、水留正流「責任能力における『精神の障害』（1）」上智法学論集50巻3号（2007）137頁以下、森裕「責任能力における精神の障害について」阪大法学56巻3号（2006）661頁以下、などの論稿を挙げることができる。

8　責任能力の意義

ついても、このような理解が基礎とされてきたように思われるのである。このことは、多くの刑法の教科書・論文などが「精神の障害」についての明確な定義を行うことなく、医学あるいは心理学において一般に承認されている精神にかかわる障害を、例えば、統合失調症、躁うつ病、てんかんなどの精神病、精神遅滞、意識障害、人格障害、飲酒酩酊、などがこの「精神の障害」にあたるとして、ただ例示的に列挙するにとどまっていることにもあらわれているといえよう。つまり、「精神の障害」という言葉の自然な意味を、ここで問題となっている「精神の障害」概念にも適用する場合、医学、心理学のいうところの精神にかかわる障害のすべてがこれに含まれることになるのである。しかしながら、このような「精神の障害」の内容や範囲では、認識・制御能力の喪失・減少にとって不可欠の前提となる要素、すなわち、責任無能力、限定責任能力という責任阻却・減少事由にとって不可欠の前提となる第一段階要素についての範囲・内容としては不十分な限定であるように思われ、また今日、精神医学や心理学において、疾病、障害とされる対象は、その範囲を顕著に拡大しており、治療、研究対象の領域はきわめて広範囲にわたっており、かかる状況をも考慮すると、法的要件を構成する要素の範囲設定としては、不明確であるようにも思われるのである。また、ここでの「精神の障害」については、程度概念に関する設定がなんら存しないことになり、第一段階の要件として適度にふるいにかけるという機能も果たせないことにもなりうるのである。実際面でも、例えば、精神鑑定の運用の指針・基準として、精神鑑定を命ずべき第一の場合は、被告人に精神の障害が疑われる具体的事情が存在する場合であるとする見解[9]があるが、これに従うと、このような程度概念をもたない「精神の障害」では、鑑定対象はきわめて増大することになり、運用の指針・基準としては使用不可能なものとなりうるであろう。さらに、このような広い意味での「精神の障害」であれば、違法行為者の多数の者に存在するとも考えられ、違法行為者の大部分が鑑定対象になることも考えられるが、これが現実的でないことはいうまでも

9　佐々木史郎「精神鑑定と人権」ジュリスト548号70頁、高橋省吾「精神鑑定と刑事責任能力」『刑事事実認定（上）』香城・小林編（1992）473頁参照。

第一章　刑事責任能力における「精神の障害」概念　9

ないことであろう[10]。

　だが、このような限定の不十分さに対しては、言葉の意味からは自然な理解ともいえる、医学・心理学が対象とするような「精神の障害」という意味を、すなわち、純粋な医学的、心理学的意味での「精神の障害」概念を維持しながら、かつ特定の医学・心理学の立場を採用し、この概念に限定を加えるという方策も考えられうる。例えば、精神医学者 Kurt Schneider の理論にもとづく医学的病気概念を採用し、ここで問題としている「精神の障害」概念に限定を加えるということも考えられる。実際、この Schneider の医学的病気概念は、わが国の精神医学にも大きな影響を与え[11]、さらに責任能力判断や、生物学的要素の範囲画定にも影響を及ぼしたものである[12]。すなわち、この Schneider の理論によると、精神異常は、身体的な原因をもつもの、ないしは身体的な原因をもつことが要請されるものと、その他の心的なあり方の単なる変異にすぎないものに分けられ、前者のみが病気あるいは病的なものと考えられることになる[13]。つまり、これによると身体器官の病変に起因するか、あるいは少なくともそのことが要請されるような精神障害のみが「病的（Krankhaft）」なものとなる[14]。そして、このような障害は、質的に異常なものとして、その他の単なる量的に異常な、身体的に基礎づけることができない精神状態、すなわち意味を有する了解可能な経験連関の範囲に

10　もっとも、責任能力判断にあたって、精神鑑定が重要な役割を果たすことは明らかであり、過度にそれを制限することも適切ではないであろう。ただ、精神鑑定にかかわる、様々な限られた資源を考慮して、現実的な範囲とすることはやはり必要となるであろう。

11　例えば、福島章『精神鑑定』（1985）17頁では、わが国の状況について「……半世紀以上にもわたって Kraepelin や Schneider の体系が至上・唯一のものとして絶対視されてきた」とされている。

12　例えば、中田修『精神鑑定事例集』中田ほか編（2000）12頁以下では、責任能力判定の指針（大精神病を原則として責任無能力とし、精神病質、心因反応、性欲倒錯を原則として完全責任能力とすることなどを内容とするもの）について、「この指針は、司法精神医学の先進国であるドイツで伝統的に培われた理念、特にそれを代表する Gruhle や Schneider の見解、……その他、比較的新しい知見にもとづいて」おり、「……これがわが国の精神医学、司法の領域にかなり深く浸透している」、とされている。

13　Kurt Schneider, Die Beurteilung der Zurechnungsfähigkeit, 3. Aufl. 1956, S. 12 f.; Kurt Schneider（平井静也＝鹿子木敏範・訳）『今日の精神医学』（1961）83頁以下。

14　Kurt Schneider, Klinische Psychopathologie, 9. Aufl. 1971, S. 5 ff.; Kurt Schneider（平井静也＝鹿子木敏範・訳）『臨床精神医学』（1972）5頁以下。

10 　責任能力の意義

なおとどまっている「精神的存在の変種（abnorme Spielart seelischen Wesens）」とは区別されることになるのである[15]。また、Schneider は、このような理解とともに、責任能力判断については不可知論者として、第二段階である認識能力、制御能力に関する経験科学的に根拠のある言明は、決定しえない困難な自由意思の問題に関係するため、不可能であるということを出発点にすることになる。このため、責任能力の問題は、責任阻却が一定の医学的に限定しうる病気の状態に限られることによって、すでに第一段階において、実際上決せられることになり、これにあたる状態は、要するに、外因性および内因性の精神病ということになるのである[16]。他方で、これに対して、その他のあらゆる精神障害は、とりわけ精神病質、神経症、欲動障害は、このような意味での病気とはみなされず、これらは、人間存在の異常な変種であり、標準的なものから単に量的に偏ったものを示すにすぎないとされるのである[17]。

　例えば、わが国の責任能力判断についても、このような考え方を基礎としていると解される立場からは、人格障害（精神病質）に関して、「人格障害は、精神病の前段階でもなければ精神病でもない。……個人は多かれ少なかれ性格の片寄りを示すのであり、また、どこからが異常性格となるかの基準もはっきりしたものではない。さらに、人格障害者といわれる人は弁識能力に欠けるところがないばかりか、行動も了解可能なのであって、制御能力が劣っているとは必ずしもいえないところがある。人格障害および神経症は意識障害の一因として扱われるべきであり、それ自体としては精神の障害に含ませるべきではない。」[18]との主張がなされているのである。これは、

15　Schneider, a.a. O., S. 1 ff.（注14）, Schneider（平井＝鹿子木・訳）・前掲注（14）1頁以下。Schneider, a.a. O., S. 9 ff.（注13）, Schneider（平井＝鹿子木・訳）・前掲注（13）80頁以下。Vgl. Hans Ludwig Schreiber/ Henning Rosenau, in Venzlaf/ Foerster（Hrsg.）Psychiatrische Begutachtung, 5. Aufl. 2009, S. 85.

16　Schreiber/ Rosenau, a.a. O., S. 85.（注15）

17　Vgl. Jähnke, Strafgesetzbuch Leipziger Kommentar, 11. Aufl. 1993, §20, Rdn. 21 f.; Schreiber/ Rosenau, a.a. O., S. 85.（注15）なお、Schneider, a.a. O., S. 12.（注13）, Schneider（平井＝鹿子木・訳）・前掲注（13）83頁では、精神的存在の変種としての精神異常について、異常知能素質、身体的欲動異常、異常精神病質的人格、異常体験反応が挙げられている。

18　大谷實『刑法講義総論（新版第三版）』（2009）325頁以下。

Schneider 流の医学的病気概念にもとづく考え方が、責任能力判断に関する見解として、かなりダイレクトにあらわれている例といえよう。

だが、このような Schneider 流の医学的病気概念を基軸とする責任能力判断のあり方については、批判がなされているのである。例えば、精神病質者や神経症患者は、少なくとも器質性の原因のある精神病、ないしは内因性の精神病である患者と同程度に重大な逸脱状態を示しうる[19]、あるいは精神病質や神経症は、その病状の個人的社会的影響において、原則として、身体的な原因をもつ障害に劣らず、それと同様に重大である[20]、あるいは精神病に依存した動機が、高度な精神的偏倚よりも、より態度を決定づけるということについての証明はない[21]、などといった批判である。しかし、本稿にとってより直接的でかつ根本的な批判は次のようなものである。すなわち、「狭い医学的病気概念を適用することは、責任原則違反になりうるのである。」[22]との指摘である。つまり、ある精神の障害について、責任能力（認識・制御能力）を喪失ないし著しく減少させる可能性があり、そのことに合理性もある場合に、それを責任能力の検討対象から除外することは、「責任なくして刑罰なし」の責任主義のあるべき帰結に反しうるということである。

先の「精神の障害」概念の限定という問題に戻ると、特定の医学、心理学の立場を採用し、医学的、心理学的意味での「精神の障害」概念に限定を加えるという方策は、確かに考えられうる。また、Schneider 流の医学的病気概念は、この役割自体は担いえたのかもしれない。だが、いずれの特定の立

19　Vgl. Schreiber/ Rosenau, a.a. O., S. 94.（注15）

20　Joachim Ernst Meyer, Psychiatrische Diagnosen und ihre Bedeutung für die Schuldfähigkeit im Sinne der § 20/ 21 StGB. ZStW88 1976, S. 49.

21　Claus Roxin, Strafrecht, Allgemeiner Teil Band I, 4. Aufl. 2006, S. 899. さらにわが国でも、人格障害につき、例えば、福島章「刑事責任能力と精神鑑定」現代刑事法（2002）36号66頁では、「精神病質（人格障害）者や性犯罪者は、生物学的・心理学的に見るとその性格・性癖のために「是非善悪の弁識に従って自分の行動を制御することが困難な人々」であるから、理論的には心神耗弱者・心神喪失者と評価すべきであろう。」とされており、さらに、影山任佐「人格障害——理論とその実践の批判的考察、将来的展望」『司法精神医学2 刑事事件と精神鑑定』中谷ほか編（2005）213頁では、人格障害がすべてただちに完全有責となりうるかどうか、疑念が残り、少なくとも研究と議論がまだまだ必要であることは明白である、とされている。

22　安田・前掲注（8）32頁。さらに、Klaus, Bernsmann, Probleme des strafrechtlichen Krankheitsbegriffs, 1978, S. 147.

12　責任能力の意義

場を採用するのかという困難さ（例えば、Schneider の医学的病気概念を採用する理由づけ）もさることながら、ここで着目すべきは、医学的、心理学的な関心と、法律上、司法上あるいは刑法上の関心にはズレが生じうるということである。この点で、「ニコチン依存症は司法の観点から何ほどの疾病性ももちえないが、治療必要性の観点からは十分な疾病価値をもっている」[23]との指摘は示唆に富むものといえる。そして、さらに重要な点は、医学的、心理学的な関心と、法律上、司法上あるいは刑法上の関心にズレが生じる場合に、後者すなわち法律上、司法上あるいは刑法上の関心が、法的に重大な原理・原則から発せられたもの、例えば、責任主義の要請といったものであるならば、まさに法的観点から法的問題にアプローチする際には、看過しえない齟齬が生じるということである。また、このことは、一定の法的原理・原則の機能・目的とは必ずしも相容れない考慮から、特定の医学、心理学の見解が支持されている場合には、顕著なものとなるのである。例えば、「精神医学的病気概念とは、『医学的・精神医学的に粉飾された刑事政策的学説』なのではないかが問題となるのである。……そうした刑事政策的考慮の妥当性が正面から論じられるべきであり、精神医学の装いに惑わされて、それをそのまま刑法上の見解として採用することは適切でないものと思われる。」[24]、あるいは、Kurt Schneider が、51条2項（旧ドイツ刑法の責任能力規定で現行の21条にあたる）を異常（精神病質）人格に対して適用することには、きわめて慎重でなければならず、これが、通常の事態となれば、いずれにせよ刑事政策的に不吉な状態が発生するであろうと述べる場合には、精神病質の責任能力判断に関して規範的な基礎があることは明らかであろう[25]、などと

23　西山詮「責任能力の精神医学的基礎」風祭ほか編　臨床精神医学講座19巻司法精神医学・精神鑑定（1998）38頁。また、この逆の場合も想定することは可能であろう。もちろん、医学的な意味での障害の重大さ評価と刑法上の責任能力の喪失・減少についての評価は通常は方向を同じくすると考えられるが、医学的な意味での障害の重大さ評価が、例えば、特定の学問上の有力な立場における体系上の分類の都合を反映したにすぎないような場合や、後述のように、特定の政策的考慮を帯びていたりする場合などには、やはり、ズレが生じうるということにもなるであろう。なお、責任能力判断に関する、裁判官の法律判断と鑑定人の医学的判断の原理的な相違について論じるものとして、只木・前掲注（2）212頁以下。

24　安田・前掲注（8）31頁。

25　Schreiber/ Rosenau, a.a. O., S. 94.（注15）; Vgl. Schneider, a.a. O., S. 27.（注13）, Schneider（平

第一章　刑事責任能力における「精神の障害」概念　　13

いった指摘が妥当であるような場合がこれにあたるであろう。

　したがって、混合的方法における「精神の障害」という要件は、第一段階
要素として、いわばふるいの役割を果たすものであり、犯罪論上の有責性を
判断するための重要な要素となることを考えると、法的な観点から、責任主
義のあるべき帰結に配慮し、この「精神の障害」概念の範囲を画定するとい
う方策が望ましいように思われ、また、合理的でもあるように思われるので
ある。つまり、ここでは、責任能力（認識・制御能力）に対する影響という観
点から、「精神の障害」をいわば捉えなおすという形で、この概念に限定を
加えるのが適切であるように思われるのである。そして、より具体的には、
認識能力・制御能力を喪失ないし著しく減少させうるような精神の障害を、
混合的方法のもとでの「精神の障害」とする、といった方向で再構成するこ
とが妥当であると考えられるのである。

Ⅱ　法的病気概念の二つの考え方

　しかし、従来、意識的にも無意識的にも医学的、心理学的な範疇において
理解されがちであった「精神の障害」概念を、上述のような方向ではっきり
と法的概念として再構成するとしても、二つの考え方の類型が想定できるよ
うに思われる。その一つは、完全に純粋な法的、規範的な概念として構成す
るというもの、すなわち、認識・制御能力に対する影響という観点から、
「精神の障害」をいわば完全に捉えなおすという形で、認識・制御能力を喪
失ないし著しく減少させうるあらゆる精神状態が法的概念としての「精神の
障害」にあたる、との考え方である。他の一つは、認識・制御能力に対する
影響という観点から、「精神の障害」を捉えなおし、やはり法的、規範的な

　井＝鹿子木・訳）・前掲注（13）99頁。また別に Justus Krümpelmann, Die Neugestaltung der
Vorschriften über die Schuldfähigkeit durch das zweite Strafrechtsreformgesetz vom 4. Juli
1969 ZStW88, 1976, S. 17. では、20条が定めるシステムにおいて、Schneider の精神医学的病気
概念が支配的な地位を得たのは、第二段階での判断の負担を大幅に軽減することによるもので
ある、とされている。さらに、vgl. Ulrich Venzlaff, Ist die Restaurierung eines „engen"
Krankheitsbegriffs erforderlich, um kriminalpolitische Gefahren abzuwenden?, ZStW88, 1976,
S. 57 ff.

14 責任能力の意義

概念として再構成するが、なお、その際、医学的、心理学的な意味での精神の障害をいわば不可欠な分母の位置に配することで、医学的、心理学的知見を基礎とする、複合的な法的、規範的概念として「精神の障害」を理解するというものである。そして、実際、この二つの考え方に対応する見解は、すでに存在していると考えられる。

前者の見解の代表的論者は安田拓人であり、その主張内容は次のようなものである。すなわち、「精神の障害を制限的に列挙しているのではない現行刑法の下では、認識・制御能力を少なくとも著しく減少させうる状態であれば、それを精神の障害から排除すべき十分な理由はない」と考えることもでき、「精神の障害は、刑法の立場から39条の適用範囲を画するための、法律的な病気概念」であるとし[26]、さらにこの第一段階の「精神の障害」について、「第1の段階は、概念上、他行為不可能性の基盤として問題になりうるあらゆる状態を把握しなければならない……第1段階に挙げられた精神状態の前提要件が存在しない場合には、認識・制御無能力（限定認識・制御能力）の場合はもはや考えられないということが確認されなければならないのである」[27]、あるいは「精神の障害」は、「認識・制御能力に少なくとも著しく影響を及ぼすような精神的機能の障害を漏れなく把握すべき概念であれば足り」る[28]、とするものである。だが他方で、論者は、「精神の障害は……認識能力もしくは制御能力を著しく減少させうる精神状態をあますところなく把握できるよう、構成されなければならない」[29]とし、「外部的な事情であっても、それが、単に個別の意思決定を強制するにとどまらず、行為者の人格・精神機能に影響を及ぼし、認識能力・制御能力を阻害するような精神症状として立ち現れる以上、……期待可能性の枠組みにとどめおくことは妥当でなく、刑法39条の適用範囲に含められるべきであろう」[30]としており、また、「認識・制御能力に影響を与えうるものであれば、ダイレクトに精神の

---

26 安田拓人『アクチュアル刑法総論』伊藤渉ほか共著（2005）225頁以下。
27 安田・前掲注（8）34頁。
28 安田・前掲注（8）70頁。
29 安田・前掲注（8）66頁。
30 安田・前掲注（8）167頁。

第一章　刑事責任能力における「精神の障害」概念　　15

障害に含めて考えていくことになる」のであり、「ここにおいて、法律的病気概念は、最も純粋化された形で完成されたことにな」り、この枠組みは「認識・制御能力に影響を及ぼしうる精神状態の中で、責任主義あるいは平等原則の観点からみれば到底正当化されえないような区別を避け、同じ精神状態には同じ法的結論を導くことを可能とする」[31]、ともしているのである。

　つまり、このような表現によると、明らかに「精神の障害」を法的な概念として構成しており、かつ少なくとも形式的には、この「精神の障害」を不可欠の要件とする見解が採られているとも考えられる。しかし、ここで提示された「精神の障害」は、外部的事情の作用も含めて、認識・制御能力を少なくとも著しく減少せしうるあらゆる精神状態を意味することになるが、このような「精神の障害」では、期待可能性論の固有の領域はかなり狭いものとなるか、あるいは、期待可能性について、適法行為を期待しえない外部的事実が存在し、これが行為者の内心へ反映された場合に責任が阻却される[32]、との理解からは、その固有の領域は、ほとんど存在しないことにもなり、責任能力論との差異はきわめて曖昧化することになるであろう[33]。また、医学的、心理学的な観点から障害として評価されないもの、あるいは医学的‐心理学的な言説のもとでは、障害とはされないものをも混入しうる広範な内容をもつことになるとも思われるのである。そして、論者が述べるように「認識・制御能力に影響を与えうるものであれば、ダイレクトに精神の障害に含めて考えていくことになる」ため、必ずしも医学的‐心理学的な知見を経由することなく、認識・制御能力に影響を与えうるものが「精神の障害」に含められることになり、まさにここでは「最も純粋化された形」で、「精神の障害」を純粋な法的概念として構成していることになるのである[34]。

31　安田・前掲注（8）71頁以下。なお、同旨の「精神の障害」概念として、森・前掲注（8）682頁以下参照。

32　浅田和茂『刑法総論』補正版（2007）361頁、山口厚『刑法総論』第2版（2007）250頁、曽根威彦『刑法総論』第4版（2008）162頁。

33　この点につき、違法性の意識の可能性も含めて、責任要素間の関係については、例えば、島田・前掲注（5）28頁、井田良『刑法総論の理論構造』（2005）232頁以下、曽根・前掲注（32）146頁以下など参照。

34　なお、水留・前掲注（4）197頁では、この立場は、「精神の障害」原理的不要説とされており、さらに同198頁では、この立場では、「精神の障害」は、弁識・制御能力の判断結果の言い

16 　責任能力の意義

　次に、後者の立場については、この立場を示唆するような見解としては、例えば、精神医学の分野からの西山詮の見解を挙げることができる。すなわち、「……生物学的要素をなす精神医学的疾病のうち、心理学的要素（弁識能力または制御能力）に本質的な影響を与える種類、程度であると判断されたものを、法的疾病と呼ぶのである。今日、精神医学的疾病概念が、主として治療必要性に基づいて、はなはだしく拡大されたのはICD-10やDSM-Ⅳにみられるとおりである。大審院の判例にいう"精神の障害"には、ひとまずこれらすべてが属すると考えてよい。司法精神医学では、このようないわば無限定な疾病概念を心理学的要素のふるいにかけるのが必須の作業となる。繰り返せば、精神の障害＝生物学的要素≒精神医学的疾病のうち、心理学的要素に甚大な影響を与えたと考えられたもの、……を法的疾病と呼ぶのである。」[35]というものである。つまり、ここでの「法的疾病」が、仮に、第一段階の「精神の障害」要件を意味するのであれば、今日的状況における広範な医学的な意味での障害を最大限の母体としながら、かつ認識・制御能力への影響の観点から絞りをかけることにより、医学的な知見を基礎とした複合的な法的概念として、第一段階要素が構成されていることになるのである[36]。また、例えば、平成18年度版『刑事責任能力に関する精神鑑定書作成の手引き』では「精神の障害」について次のような注目すべき提言がなされてお

────────────

　　換えにすぎないことになる、とされている。

35　西山・前掲注（23）40頁。

36　もっとも、論者は別の箇所で、大審院判例の「精神の障害の態様」について、これはすでに生物学的要素ではないとし、心神喪失を例として「"精神の障害"によって弁識能力または制御能力を欠如するほどに達した状態が心神喪失という"精神障害の態様"なのである。」「この"精神の障害の態様"は……すでに高度に法的な存在なのである。……これを法的疾病概念と呼んでいる。」（西山・前掲注（23）33頁）ともしており、これを文字通りに解すると、「心神喪失という精神障害の態様」が法的疾病概念であるということになるが、「心神喪失」をあえて法的疾病と呼ぶことに大きな意義があるようには思われない。ただ、本文で示したように、第一段階要素を複合的な法的概念として理解するならば、つきつめれば「心神喪失」を法的疾病と呼ぶことも不可能ではないようにも思われる。また、第二段階の認識・制御能力の喪失・著しい減少が、行為の際の、認識・制御能力の喪失ないし著しい減少という精神状態、すなわち精神の障害の態様、であると考えられることから、最終的には、つまり、第一段階から第二段階へと至る判断プロセスが完了することをもって、いわば、結論（第二段階の判断）が原因（第一段階の判断の確たる肯定）へと再び転化する構造をももつため、かかる意味でも、このように呼ぶことは不可能ではないようにも思われる。

第一章　刑事責任能力における「精神の障害」概念　17

り、これもここでの後者の立場に属するものと思われる。すなわち、「弁識
能力や制御能力に何らかの障害がある場合に、これを心神喪失や心神耗弱の
根拠とするにあたっては、それが精神の障害に由来するものであることが求
められる。わが国においては、ここでいう『精神の障害』がいかなる範囲の
ものを指すのかを明確に示した基準はない。……また、『精神障害』という
条件を考えるにあたって、現在『精神障害』の定義が非常に広くなってお
り、またそれは今後も比較的容易に変わっていくであろうということを念頭
に置くべきである。例えば、従来、主要精神病 major psychosis とか三大精
神病などと呼ばれてきた疾患概念にはおおよそ含まれ得なかった幅広い精神
障害を『DSM や ICD に掲載されているから』という理由だけで、この文脈
でいう『精神障害』と認めて良いのかについて、慎重であるべきであり、そ
う認めるにあたっては鑑定書のなかで相応の説明をする必要があると思われ
る。」[37]とするものである。つまりここでは、鑑定人（多くは精神科医）が名宛
人であることから、医学的な精神障害に関する判断が、まず行われることが
当然予定されており、その上で「ここでいう精神の障害」あるいは「この文
脈でいう精神障害」を認めるにあたって慎重であるべきことが要求されてい
ることになる。そして、この「鑑定の手引き」において用いられている「こ
こでいう精神の障害」、あるいは「この文脈でいう精神障害」、という表現
は、責任能力の喪失・減少の原因となりうる精神障害という意味を強調し、
この点に注意を促すものとも解されるのである[38]。そうであれば、ここでの
「精神の障害」の判断に際しては、医学的意味での精神障害を、さらに認
識・制御能力への影響の観点からも、考察することを求めるものと解するこ
ともできよう。

37　『刑事責任能力に関する精神鑑定書作成の手引き』（平成18年度版　ver 2.3　分担研究代表者
　　岡田幸之）7 頁以下。さらに、岡田幸之「刑事責任能力再考——操作的診断と可知論的判断の
　　適用の実際」精神神経学雑誌107巻9号（2005）920頁以下参照。
38　なお、『刑事責任能力に関する精神鑑定書作成の手引き』（平成18〜20年度総括版（Ver. 4.0）
　　分担研究代表者　岡田幸之）でも、先の引用部分と内容上同様のものが維持されている。ただ
　　し、「この文脈でいう『精神障害』」の語が、「この法律的な文脈でいう『精神の障害』」とされ
　　たり、「法律の上でいう『精神の障害』と精神科医がその専門領域でいっている『精神障害』と
　　は必ずしも同じものではない」等の記述が付加されたりしている。

18 責任能力の意義

このように、第一段階である「精神の障害」を法的概念として構成する場合、第一の考え方、すなわち、完全に純粋な法的、規範的な概念として「精神の障害」を構成するという考え方と、第二の考え方、すなわち「精神の障害」を法的、規範的な概念として構成するが、なお医学的－心理学的知見を基礎とする複合的な法的、規範的概念として理解する考え方を想定することが可能であり、実際、これらの考え方に対応する内容がすでに提示されていると解されるのである。そして、責任主義のあるべき帰結を考慮して、法的概念として構成するという観点から、これらの二つの考え方について整理すると、次のようなことがいえるように思われる。

まず、第一の考え方については、認識・制御能力の観点から「精神の障害」を捉えなおし、認識・制御能力を少なくとも著しく減少させうるすべての精神状態を「精神の障害」概念の内容とすることによって、まさに責任主義のあるべき帰結を不足なく導くことができるという点で大きな長所をもつものである。だが、他方で、ここで提示された「精神の障害」では、期待可能性論、さらには違法性の意識の可能性論と責任能力論との差異は曖昧化し、実質的にほとんどその差異は消失するということにもなり、また、混合的方法を採用する意義も失われ、心理学的方法を採るのと変わらないということにもなりうるし、さらにかかる「精神の障害」では、医学的－心理学的知見を確実に経由することを担保しえない内容ともいえるのである。次に、第二の考え方については、少なくとも行為の際に医学的、心理学的な意味での精神の障害が存在することが要求されることになるため、医学的、心理学的な意味での精神の障害が不可欠の分母の位置に配されることになり、「精神の障害」は、確実に医学的、心理学的知見が基礎とされるところの複合的な法的、規範的概念として理解されることになるであろう。これによると、医学的、心理学的な意味での、今日では広範にわたる精神の障害が、認識・制御能力を少なくとも著しく減少させうる原因としての最大範囲となり、この限りではあるが、刑法39条を通じての責任主義のあるべき帰結が導かれることになり、また、混合的方法を採用することとも調和的であるともいえ、かつ、期待可能性論、違法性の意識の可能性論と責任能力論との差異も比較的明確な形で維持することが可能となるのである。だが他方で、認識・制御

第一章　刑事責任能力における「精神の障害」概念　19

能力を少なくとも著しく減少させうる原因の最大限の範囲が、医学的、心理学的意味での精神の障害ということになるため、39条の責任無能力・限定責任能力による責任の減免に限っていえば、これ以外の原因に関しては残余のものとなり、39条による責任の減免はないということになる。このことから、責任主義のあるべき帰結という観点からは、39条だけでは不十分ということになるのである。

　これら二つの考え方は、以上のような特徴をそれぞれもつと考えられるが、結論からいえば、本稿は、ここでの第二の考え方を支持するものである。以下においては、ここでの二つの考え方の対比を念頭に置きつつ、第一の考え方を批判的に検討し、「精神の障害」概念の提示を試みることにする。そこでまず、ドイツ刑法20条、21条における生物学的要素[39]、すなわちドイツにおける「精神の障害」の内容、範囲を明らかにすべく、この20条、21条の第一段階要素をめぐる議論の概要を示すことにする。これは、わが国と同様に、混合的方法を採用し、わが国の39条の解釈にもこれまで大きな影響を与えてきた、ドイツにおける「精神の障害」の内容、範囲を明らかにすることは、わが国の「精神の障害」概念を考えるにあたっても参考になると考えるからである。また、より直截に、ドイツでは「弁識能力または制御能力に影響する人格構造の破壊を広く捉えることのできる法律的疾病概念が採用されている。わが国の生物学的要件もほぼ同様に考えられる。」[40]、あるいは、「……ドイツに準じた理解を主張しても著しく不当ということはありえない。つまりドイツ現行法の生物学的四条件はわが国においても……『精神の障害』に相当するものとの解釈は成立する。」[41]、などと指摘されており、この点でも重要であると考えられるからである。

---

[39]　20条では（21条と共通のものとして）、生物学的要素について「病的な精神障害（krankhafte seelische Störung）、根深い意識障害（tiefgreifende Bewußtseinsstörung）、精神遅滞（Schwachsinn）、その他の重大な精神的偏倚（schwere andere seelische Abartigkeit）」が挙げられており、これらの要素の総和がドイツにおける第一段階要素としての「精神の障害」となる。

[40]　林美月子「責任能力の判定基準」（最決昭和59・7・3　判批）別冊ジュリスト　刑法判例百選Ⅰ総論第6版（2008）69頁。

[41]　影山・前掲注（21）213頁。

Ⅲ　ドイツにおける法的病気概念の意義

（1）法的病気概念への移行

ドイツにおいては、Schneider 流の医学的病気概念から、BGH によって展開された法的病気概念（juristischer Krankheitsbegriff）に移行したとされる。そして、この法的病気概念が現行法において立法化されているとの理解が一般的であるといえる[42]。つまり、このような理解によると、この法的病気概念が現行のドイツ刑法20条、21条における第一段階要素である「精神の障害」の内容、範囲に投影されていると考えられることから、この法的病気概念の意義および、法的病気概念への移行の意義をまず確認し、それにもとづいて20条、21条における生物学的要素、すなわち第一段階要素としての「精神の障害」のアウトラインを示すことにする。

生物学的要素を定めるドイツ刑法20条の旧規定である51条は、この20条と同様に混合的方法を採用し、第一段階要素として「意識障害（Bewußtseinsstörung)」、「精神活動の病的障害（krakhafte Störug der Geistestätigkeit)」、「精神薄弱（Geistesschwäche)」を挙げているが、法的病気概念への移行との関係で問題となったのは、「精神活動の病的障害」の要件である。先にも述べたように、Schneider 流の医学的病気概念は、身体的な原因をもつものと、その他の心的なあり方の単なる変異にすぎないものを区別し、前者のみを「病気」と考えるものであるが、これによると、身体的原因に起因するか、少なくとも身体的原因に起因することが推定されうるような精神障害だけが、それゆえ（外因性・内因性の）精神病だけが、責任の問題にとって重要である、病気に値する性質、すなわち旧51条の「精神活動の病的障害」における「病的」な性質が認められることになり、他方で、身体的な所見のない、人間の行動として意味連続性の範囲にとどまり、了解可能でもある標準的なものから隔たった、その他のあらゆる精神状態、例えば、神経症、精神病質、欲動

42　Vgl. Rudolf Schmitt, Die „schwere andere seelische Abartigkeit" in §§20 und 21 StGB, ZStW 92, 1980, S. 349. さらに、安田・前掲注（ 8 ）28頁以下参照。

異常のような精神状態は、単なる人間存在の変種として、責任能力に対しては影響がないとされるのである[43]。そして、この精神医学的な病気概念については、司法精神医学、法学および実務を戦後の時代しばらくの間、根本的に決定づけていたし、今日でもなお影響を及ぼしている[44]、あるいは司法精神医学の主導的なグループは、身体的な原因が知られているか、ないしはそれが推定されるような障害のみを「精神活動の病的障害」の概念のもとに含ませようとした[45]、などと指摘されており、この概念がきわめて大きな影響力をもっていたと解されるのである。

しかしながら、かかる状況をも背景とする旧51条が妥当した時代においても、判例はすでにこれとは異なる態度を選択していた。例えば、BGH NJW 1955, 1726では、LG が刑法51条に含まれる偏倚（Abartigkeit）の範囲を臨床精神医学上承認されていた状態と同一視することによって、この偏倚の範囲をあまりにも狭く画していた点で法的な疑念が生じうるとの見方を示した上で、「刑法51条は、医学的な意味での精神病の範囲を超えて、正常な精神的に成熟した人間のもとでも存在し、意思形成の能力を与える表象や感情を害する、あらゆる障害を含んでおり、その際、理性活動の障害が問題となっているのか、意思・感情・欲動生活の障害が問題となっているのかは、どうでもよい」ことであり、このことは（これまでの）判例において認められているとされている。また、比較的頻繁に引用されるもので、判例が医学的な、あるいは身体的な病気概念から離れることが決定的となった判断ともされる[46]1959年の BGHSt 14, 30でも、51条の「精神活動の病的障害」について、「臨床精神医学的な意味での精神病だけがこれにあたるのではなく、正

43　Vgl. Jürgen Plate, Psyche, Unrecht und Schuld: Die Bedeutung der psychischen Verfassung des Täters für die allgemeinen Voraussetzungen der Strafbarkeit, 2002, S. 122f.; Schneider, a.a. O., S. 12 ff.（注13）：Schneider（平井＝鹿子木・訳）・前掲注（13）83頁以下。ただし、「病的」ではない他の精神異常についても、責任能力に影響のある稀な例外は認められている（Schneider, a.a. O., S.15.（注13）, Schneider（平井＝鹿子木・訳）・前掲注（13）85頁）。

44　Schreiber/ Rosenau, a.a. O., S. 85.（注15）

45　Hans-Ludwig Schreiber, Die "schwere andere seelische Abartigkeit" und die Schuldfähigkeit, In: de Boor, W. et al.（Hrsg.）: Der Krankheitsbegriff und seine strafrechtlichen Folgen, 2003, S. 8.

46　Schreiber, a.a. O., S. 9.（注45）

22 責任能力の意義

常な精神的に成熟した人間のもとにも存在し、意思形成の能力を与える表象や感情を害する、理性活動および意思・感情・欲動生活のあらゆる障害がこれにあたる」とし、上記判例と同旨の判断がなされている。

　これらの判例は、旧51条の「精神活動の病的障害」の解釈にあたって、身体的原因に固執せず、身体的な病気概念から、それゆえ Schneider 流の医学的病気概念から離れることをかなり明確に示しているといえるものである[47]。そして、このような判例の態度は、第一段階の精神の障害という要件について、身体的原因を断念し、ここで挙げられているような障害の認識・制御能力に対する影響に焦点をあてている[48]ともされるが、かかる BGH による精神の障害についての理解が、すなわち「法的病気概念」と呼ばれているものである。

　しかし、このような判例によって示された、狭い医学的病気概念から離れることになる法的病気概念に対しては、反発が生じることになる。とりわけそれが明確な形で現れ、大きな議論を呼ぶこととなったのは、刑法改正過程において予定された旧51条の新規定をめぐって表明された、法的病気概念の帰結に対する次のような反動であった。すなわち、責任能力の審査にあたって、将来、狭い精神医学的な意味での病的精神障害とは異なる障害が、精神の障害として受け入れられる場合に生じる、多数の免責による「ダムの決壊」あるいは責任無能力を理由とする無罪判決の「地すべり」現象を刑事政策的観点から懸念し、このため、身体的な原因を有する障害で方向づけられた狭い病気概念を基礎として、責任の喪失あるいは減少のための前提条件である精神の障害を法律上定めようとした反動であった[49]。そして、このことをはっきりと規定上考慮したのが、1962年草案（24条、25条）であった。

　この1962年草案は、第一段階の生物学的要素について「病的な精神障害、それと同価値の意識障害、精神薄弱、その他の重大な精神的偏倚」を挙げて

47　なお、このような傾向はすでに RG 判例にもみられるとされ、この点も含めて判例の流れについては、vgl. Schmitt, a.a. O., S. 347 ff.（注42）

48　Plate, a.a. O., S. 123.（注43）

49　Vgl. Plate, a.a. O., S. 123.（注43）; Schreiber/ Rosenau, a.a. O., S. 86.（注15）なおさらに、立法過程における Schneider の医学的病気概念をめぐる議論については、vgl. Wolfgang Schild, Reihe Alternativkommentare　Kommentar zum Strafgesetzbuch., 1990, §§20, 21, Rdn. 16 ff.

第一章　刑事責任能力における「精神の障害」概念　　23

いる。そして、同草案における「病的な精神障害」については、Schneider
流の病気概念が採用され、身体的な疾病の症状を伴う状態のみがこれにあた
ることになり、他方で、さらに、判例が挙げていた身体的な原因をもたない
障害については、第一段階に新たに付け加わった「その他の重大な精神的偏
倚」にあたることになると理解されることになる[50]。しかしながら、同草案
は、「病的な精神障害、それと同価値の意識障害、精神薄弱」の場合にのみ
責任無能力となることを認め、他方で精神病質、神経症、欲動障害、のよう
なその他の精神障害を、「その他の重大な精神的偏倚」として、責任をせい
ぜい減じうるにすぎない原因とすることで、すなわち、いわゆる「区別的解
決」を採用することで[51]、まさに上述の法的病気概念に対する懸念とそれか
ら生じる反発を考慮し、法的病気概念による精神の障害の範囲拡張を否定し
ていたのである。そして、このような62年草案の性質については、刑事政策
的な考慮が、とりわけあまりにも広範な判例における免責傾向による責任刑
法の瓦解に対する懸念が、決定的であった、あるいは責任無能力の前提条件
として、精神病質と神経症を含めることになりうることに危険が見出された
のである[52]、との刑事政策的な配慮に関する明確な指摘がなされているので
ある。

　だが、刑法改正の手続きにおいては、最終的にはこのような「区別的解
決」に反して、責任無能力と限定責任能力について第一段階要素として共通
の精神的要素を用い、それゆえ「その他の重大な精神的偏倚」についても、
責任無能力の可能な前提条件として挙げるという、いわゆる「統一的解決」
が採用されるに至ったのである。このような結論に至った要因については、
例えば、専門家の見解によって、身体的な原因をもたない少数の高度な精神
異常の場合にも完全な責任無能力が問題になりうるとされたことが決定的で
あった[53]、あるいは、ドイツ精神医学・神経学協会は1966年5月6日の書簡

50　Vgl. Begründung Entwurf 1962, Drucksache IV/650. S. 138 f.；法務省刑事局「1962年ドイツ
　　刑法草案理由書」刑事基本法例改正資料第10号（1966）135頁以下参照。
51　Vgl. Begründung Entwurf 1962, S. 141 f.；「1962年ドイツ刑法草案理由書」・前掲注（50）142
　　頁以下参照。
52　Schreiber/ Rosenau, a.a. O., S. 86.（注15）
53　Vgl. Theodor Lenckner, Strafe, Schuld und Schuldfähigkeit, in Göppinger/ Witter（Hrsg.），

24   責任能力の意義

において、重大な精神的偏倚も限界事例では責任を排除する方向で作用しうるということを明らかにしたが、なおも実際的な理由から、同協会が区別的解決に固執しようとしたため、(刑法改正) 特別委員会の構成員の中には、このことを一貫性がなく、不誠実であり、責任主義に反するものと考えた者もあった[54]、などといった説明がなされているのである[55]。

こうして、1975年から有効となった現行のドイツ刑法20条、21条は、責任無能力・限定責任能力に共通の第一段階要素として「病的な精神障害」、「根深い意識障害」、「精神遅滞」、「その他の重大な精神的偏倚」を規定することになったのである。そして、これらの第一段階の諸要素の総和としての「精神の障害」の範囲については、「病的な精神障害」が従来の精神医学的病気概念にもとづく身体的原因による精神病にあたる、との一般的な理解が存すること[56]、および旧51条のもとでの「意識障害」、「精神薄弱」がカバーしていた障害の範囲も同様にカバーされることになること、さらに「その他の重大な精神的偏倚」が付け加わったこと、これらの諸点によって旧51条のもとで BGH が展開した法的病気概念を採用した場合と同じ範囲が確保されることになるのである。このことから、BGH の法的病気概念が立法化されたとの理解が導かれることになるといえよう。

(2) 法的病気概念にもとづく「精神の障害」の範囲

以上が、ドイツにおける Schneider 流の医学的病気概念から法的病気概念への移行とその現行法における立法化のおおまかな流れであるが、本稿の課

Handbuch der forensischen Psychiatrie, Bd. 1, 1972, S. 112 f.; Plate, a.a. O., S. 123 f. (注43); Schreiber/ Rosenau, a.a. O., S. 86. (注15)

54   Vgl. Schild, a.a. O., §§20, 21, Rdn. 19. (注49)

55   さらに立法経緯については、vgl. Hans-Ludwig Schreiber, Bedeutung und Auswirkungen der neugefaßten Bestimmungen über die Schuldfähigkeit, NStZ 1981, S. 46 ff. さらに、浅田和茂『刑事責任能力の研究（上）』(1983) 190頁以下も参照。

56   例えば、Kühl, Lackner/ Kühl, Strafgesetzbuch Kommentar, 26. Aufl. 2007, §20, Rdn. 3 ff.; Fischer, Kommentar zum Strafgesetzbuch, 56. Aufl. 2009, §20, Rdn. 8 ff.; Schöch, Satzger/ Schmitt/ Widmaier, Strafgesetzbuch Kommentar, 2009, §20, Rdn. 27 ff.; Perron, Schönke/ Schröder, Strafgesetzbuch Kommentar, 28. Aufl. 2010, §20, Rdn. 6 ff.; Kindhäuser, Strafgesetzbuch Lehr-und Praxiskommentar, 4. Aufl. 2010, §20, Rdn. 6. など。よってこの限りでは、第一段階要素の一つとしては、なお従来の精神医学的病気概念が存続していることになるのである。

題にとっては、次のような諸点にとくに注目すべきかと思われる。

　まず第一に、法的病気概念は、直接には旧51条の「精神活動の病的障害」の解釈をめぐって、Schneider 流の狭い医学的病気概念から離れることを意図したものであり、医学的、心理学的な、広い意味での障害概念そのものから完全に離れることを意図したものではなく、おそらく法的病気概念の帰結として生じた第一段階要素である精神の障害（現行刑法20条が列挙している第一段階要素の総和としての精神の障害）は、なお医学的、心理学的な意味での障害を基礎とした概念と解する余地があり、先に述べた分類でいえば、医学的、心理学的知見を基礎とする、複合的な法的、規範的概念として「精神の障害」を理解するという考え方をとっていると解されうることである。第二に、この法的病気概念の内容が最終的に肯定されたことに関して、責任主義の要請が重要な役割を果たしていること、つまり、身体的な原因によらない少数の高度な精神異常（ここでは、実際上「その他の重大な精神的偏倚」にあたるもの）の場合にも、完全な責任無能力が問題になりうるとされたことが決定的であった、などの上述の「統一的解決」に至った要因に関する説明が示すように、責任能力（認識・制御能力）への影響の観点が第一段階の「精神の障害」の範囲設定に、まさに決定的に作用しているともいえることである。そしてこのことから、第一段階要素としての「精神の障害」要件が、法的、規範的にも構成されていると解されることである。また、この点で、例えばTheune は、現行の20条、21条の第一段階要素について、「立法者は、第一段階要素の確定の際に、憲法上定められた責任主義に束縛されており、このため立法者は、第一段階要素として、経験的な精神医学的－心理学的認識に従って、実際に人間の責任能力を喪失させるか、あるいはその責任能力を害するのにふさわしい種々の精神の障害を定めていたのである。」[57]との明確な指摘を行っているのである。さらに、第三点目として、これは第二の点と密接にかかわるが、認識・制御能力に対する影響の観点から、第一段階要素である精神の障害の範囲設定を行い、法的に第一段階要素を構成することは、

57　Werner Theune, Die Beurteilung der schweren anderen seelischen Abartigkeit in der Rechtsprechung und ihre Vereinbarkeit mit dem Schuldprinzip, ZStW114, 2002, S. 317 f.

26 責任能力の意義

法的病気概念の採用において、とりわけ注目されるような「精神の障害」の範囲拡大という作用を及ぼすことになりうるとともに、「精神の障害」の範囲を限定する方向でも作用しうるということである。実際、現行の20条、21条においては、例えば、「根深い」、「重大な」といった程度概念を表す形容語が規定されているが、これらの形容語が認識・制御能力に対する影響の観点から捉えられた程度概念であり、第一段階ですでに規範的要素も含まれている[58]、との広く受け入れられていると解される理解は、この法的構成にもとづく限定方向での作用を示すものともいえよう。最後に、第四点目として、現在の20条、21条に共通の第一段階要素については、この20条において列挙された第一段階要素である精神の障害は余すところがないものであり、このため類推的拡張は許容できない[59]、あるいは、「意識障害」や「偏倚」の概念は問題となりうる現象を取り込むのに十分に広いものであるため、類推に関しては、実際上も必要性を有しない[60]、などといった指摘がなされており、このことから第一段階要素としての精神の障害は包括的で広いものと考えられているということである。

　以上のような諸点を考慮して、判例によって展開された法的病気概念が立法化されたものと理解される現在のドイツにおける生物学的要素、つまり、第一段階の「精神の障害」あるいは「精神病理学的な状態（psychopathologische Zustände）」の範囲を画するための特徴を整理すると、次のようなものになろうかと思われる。すなわち、一方においては、法的病気概念の立法化によって、第一段階要素の総和としての生物学的要素（精神の障害）としては、狭い医学的病気概念から離れるが、なお医学的、心理学的な意味での障害概念を基礎としていると解され、かつ、その障害は包括的で広いものと考えられるため、医学的、心理学的言説において障害とされうるところのあらゆる障害が含まれると解されることである。そして、他方においては、責任

58　Vgl. Schreiber/ Rosenau, a.a. O., S. 84.（注15）なお、この点については後述する。

59　Perron, a.a. O., §20, Rdn. 5.（注56）

60　Schreiber/ Rosenau, a.a. O., S. 84.（注15）; Roxin, a.a. O., S. 888 f.（注21）さらに、vgl. Jähnke, a.a. O., §20, Rdn. 3.（注17）; Kühl, a.a. O., §20, Rdn. 15.（注56）; Schöch, a.a. O., §20, Rdn. 4.（注56）など。

主義の要請を受けて、認識・制御能力への影響の観点から、精神の障害が法的、規範的に構成されていると解されるが、さらにこれとともに「根深い」、「重大な」といった程度概念を通じて、認識・制御能力への影響という同様の観点から、広範な障害に限定が加えられているということである。よって、このような、いわば拡張方向での作用と限定方向での作用の両者によって、「精神の障害」の範囲設定がなされたと考えられるのである。そして、Krümpelmann は、このような20条、21条の「精神の障害」について、「水平方向での開放性と垂直方向での限定」といった比喩的な特徴づけを行っているのである[61]。

　もっとも、ここで描かれたドイツにおける第一段階の「精神の障害」の範囲に関する内容の中で、とりわけ医学的、心理学的知見を基礎とする複合的な法的、規範的概念として「精神の障害」を理解するという考え方を採用しているとの点は、ここで主として論じられた狭い医学的病気概念から法的病気概念への移行についての説明では、なお不十分なものであると思われる。また、このような構成がそもそもなぜ必要であるのかについても確認しなければならないと考えられる。以下では、この点について見ていくことにする。

Ⅳ　ドイツにおける「精神の障害」の複合性

（1）複合的構成を示す見解

　ドイツにおける第一段階の精神の障害が、医学的、心理学的な概念としての側面をもち、かつ法的、規範的な概念としての側面をももつことを、かなり明確に示していると思われる見解を見ていくことにする。先にも若干ながら言及したが、障害の程度を表す形容語について、例えば Schreiber/Rosenau は、「第一段階ももちろん、単なる精神状態の記述に限定されるのではなく、「病的な」、「根深い」、「重大な」という文言が示しているように、すでに規範的、評価的要素をも含んでいることは明らかである。第一段

61　Krümpelmann, a.a. O., S. 30.（注25）

階の諸要素の場合にも法的概念が問題となっており、最終的には、その認定および適用は裁判所の権限であり、この第一段階の諸要素は、心理学もしくは精神医学の体系を用いて簡単に説明することはできず、例えば、一定の精神医学上の病気概念あるいはそのような思考体系に置き換えることはできないのである。もっとも、この第一段階の諸要素は、精神科医や心理学者との密接な共同作業において、精神に関するデータを考慮して生み出されたものであり、精神医学 - 心理学の診断に関連しており、このため任意に、純粋に規範的に解釈することはできないのである。」[62]としており、またさらに、第二段階の説明にあたっても「意識障害」の「根深さ」や「偏倚」の「重大さ」は、認識・制御能力の損傷の程度とはほとんど分離することができず、それはこれらにとって同じ観点が決定的となるからである[63]、ともしているのである。これは、第一段階要素が認識・制御能力への影響の観点から捉えられた形容語をもつことによって規範的な要素としての性質をももつ法的、規範的な概念であることを示すとともに、この第一段階要素が、精神医学・心理学者との密接な共同作業によって生み出されたとの出自を指摘することによって、純粋に規範的な要素ではなく、医学的 - 心理学的な知見を基礎とした複合的な性質（あるいは「法的、規範的なもの」と「精神医学、心理学といった精神にかかわる諸学の言説内に位置するもの」からなる二重の性質）を有するものであることを示しているといえよう。また、例えば Plate によると、第一段階の精神病理学的な事実が行為者のもとに存在することは、「経験的に、かつ評価的にも」確かめられなければならず、その際この第一段階では、その確認についての経験的な分担（Anteil）が優位するということについては、異論の余地のないものとみなされうる[64]、とされている。そして、第二段階で行われ、最終的に決定的な、刑法20条、21条の本来の困難さを形成するところの、認識・制御能力に対する「精神病理学的な所見」の影響についての判断の場合には、この経験的な分担と規範的な分担の範囲に関するさまざまな見解が存在している、とした上で、有力な見解は、価値確信から生じた責任

---

62 Schreiber/ Rosenau, a.a. O., S. 84. (注15)
63 Schreiber/ Rosenau, a.a. O., S.100. (注15)
64 Plate, a.a. O., S.124. (注43)

第一章　刑事責任能力における「精神の障害」概念　29

と責任の不存在についての基準が決定的であり、その結果、責任能力の問題
は経験的にではなく、ただ規範的にのみ法適用者によって回答されうるとの
主張を行っているとされている[65]。だが、これに対して支配的な見解は、責
任能力の問題に答えることはもっぱら経験的な方法によるのでは不可能であ
るという点では、確かに見解の一致するところであるが、有力説とは異な
り、「経験的に確かめられうる精神病理学的な性質をもつ事実」が少なくと
も（第二段階の）責任能力判断にとっての基礎になっているということを強調
しており、このため、部分的には認識・制御能力の経験的な判断が可能であ
ると考えている、とされているのである[66]。つまり、ここで第一段階要素が
「経験的に、かつ評価的にも」確かめられなければならない、とされる場
合、この「経験的に」の意味内容は、"認識・制御能力に対する「精神病理
学的な所見」の影響"、あるいは"「経験的に確かめられうる精神病理学的な
性質をもつ事実」が責任能力判断にとっての基礎になっている"、などの表
現から考えると、「医学的な、場合によっては心理学的な、あるいは臨床的
な、経験上の知識にもとづいて」といった内容をもっぱら含むものと解する
ことができるものであり、それゆえ、ここで問題としている第一段階の「精
神の障害」を複合的に構成することを示すものともいうことができ、また、
そのことが責任能力判断の方法という視点から示されているとも考えられる
のである。そしてここでは、第一段階要素および第二段階要素の判断にあ
たっては、経験的な判断の側面と規範的な判断の側面があり、その両者の分
担の割合は各段階において異なるが、両者は協働して、あるいは混在する形
で作用することが示されており、また、かかる理解がドイツにおける支配的
な考え方であることも指摘されているといえよう。さらには、Fischer に
あっても、二段階的なモデルについて、責任能力判断の規範的な要素に対す

65　Vgl. Plate, a.a. O., S. 125.（注43）なお、その有力な立場としては、Hans Joachim Rudolphi,
　　Systematischer Kommentar zum Strafgesezbuch, 7. Aufl. 2003, §20, Rdn. 26.; Kurt Rüdiger
　　Maatz, §§20, 21 StGB, Privilegierung der Süchtigen?, StV 1998, S. 279 f. が挙げられている。
66　Vgl. Plate, a.a. O., S.125.（注43）ただし、第一段階要素が基礎となることを認める以上、ここ
　　での有力な立場と支配的な見解との間での差異は、責任能力判断にあたっての経験的判断の側
　　面や鑑定人の関与の程度に関する、強調の仕方の違いでしかないように思われる。もっとも、
　　いわゆる裁判官と鑑定人の管轄の問題に際しては、この差異が重要となる。

30   責任能力の意義

る経験的な要素の関係は、つまるところ不明瞭であるとした上で、20条にお
いて定式化されたモデルは、実際には、記述的な診断を通じて示された原因
と法的に評価されうる影響との明確な境界を有しておらず、これらは両段階
において混在している、とされている。そしてこのことは、「根深い意識障
害」や「その他の重大な精神的偏倚」といった要素の場合には明らかである
が、その他の第一段階要素についても同様に妥当するとされているのであ
る[67]。ここでもやはり「精神の障害」の複合的な構成が示唆されており、さ
らに責任能力判断における経験的な判断の側面と規範的判断の側面につい
て、第一段階のいずれの諸要素も、このような二つの側面をもつことが明確
に示されていると考えられるのである。

　さらにまた、司法精神医学の立場からも、例えばNedopilは、刑法以外の
法領域も含めた方法論として、次のような見解を示している。まず、法的病
気概念は、原理上、医学的病気概念とは区別される[68]、あるいは、法的病気
概念と医学的病気概念は、確かに一定の重なり合う領域を有するが、決して
同一視されてはならない[69]、そして、法的病気概念の場合、原因や治療可能
性から独立して、圧倒的に現にあらわれた障害が問題となり、このため、法
的な意味において病気であることは、一定の、場合によっては規範的にさ
え、設定された境界を超過することに依拠することになる、と。そして、鑑
定人が法的問題に答えるにあたっては、複数の段階的な方法がとられるとの
立場から、たいていの鑑定人の場合、臨床的な診断を行い、これを法的な要
素に分類するのでは十分ではなく、むしろ、障害が原因となった機能限定
（例えば、認識・制御能力の限定）が問題となり、臨床診断によって記述された
障害の程度が、適用されうる法律に応じて要求された法的病気概念（例え
ば、刑法では四つの第一段階要素）を充たすに足るものであるのかが、まず明ら
かにされなければならない、ともしているのである[70]。さらにNedopilは、

67　Fischer, a.a. O., §20, Rdn. 5.（注56）さらに、vgl. Perron, a.a. O., §20, Rdn. 1.（注56）なお、こ
　の点に関連して判例でも、例えば21条の認識・制御能力の「著しい減少」について、BGH
　NStZ 1996, 380. では、「重大な」および「著しい」という要素の基礎となる事実状態は重なり
　合っているが、しかし同一ではない、ともされている。さらにvgl. BGH StV 1991, 511.

68　Norbert Nedopil, Forensische Psychiatrie, 2. Aufl. 2000. S. 10.

69　Nedopil, a.a. O., S. 11.（注68）

第一章　刑事責任能力における「精神の障害」概念　　31

　このような立場から、鑑定上の問題に答える諸段階について、次のような方法と順序を示している[71]。すなわち、1．臨床上の診断を行うこと、2．法的病気概念の下に包摂すること、3．障害によって引き起こされた機能損傷についての仮説を、臨床上の経験的知識にもとづいて展開すること、4．法的に重要な機能損傷の定量化を行うこと、5．臨床上の仮説が適切である蓋然性を指定すること、がその内容である。つまり、ここでも、医学的な知見が第一段階要素の基礎とされることになり、これとともに第一段階要素が法的な意味を有する法的概念であることも明確に示されているということができ、ここでの「精神の障害」の複合的な構成を示すものといえよう。

　このように、ドイツにおいては、第一段階の「精神の障害」が、医学的、心理学的な概念としての側面をもち、かつ、法的、規範的な概念としての側面をももつという複合的な構成をとっている、との理解が、かなり広く受け入れられていると考えられるのである。だが、このように解するとしても、さらにはこうした理解をわが国の「精神の障害」要件の解釈の参考に供するにあたっても、かかる構成が、どのような理由で必要であるのかも問われなければならないように思われる。つまり、このような構成をとることが、単なる歴史的な沿革による所産という性質に尽きるのではなく、なんらかの積極的な理由があるのであれば、それについても問う必要があるように思われるのである。以下では、この点について考えてみたい。

（2）複合的な構成の必要性

　本稿では、第一の考え方、すなわち、認識・制御能力の観点から「精神の障害」を捉えなおし、認識・制御能力を少なくとも著しく減少させうるすべての精神状態をダイレクトに「精神の障害」概念の内容とすることによって、純粋な法的概念として構成するという考え方と、「精神の障害」を複合的な性質をもつものとして構成するという第二の考え方との対比を念頭に置いて論をすすめてきた。したがって、以下では複合的構成の必要性という問

70　Vgl. Nedopil, a.a. O., S. 11, 22 f. (注68)
71　Nedopil, a.a. O., S. 11. (注68)

題も、このような対比の枠組みを中心として考察していくことにしたい。

第一の考え方は、その「精神の障害」概念が示すように、混合的方法における第一段階要素（生物学的要素）、つまり認識・制御能力を喪失・減少させる原因となる前提条件が、第二段階（心理学的要素）の内容とまさに直結することによって、実質的に、心理学的方法をとるのと変わらないことにもなりうると考えられ、医学的、心理学的観点から障害として評価されないものも混入しうる内容ともいえるのである。これに対して第二の考え方は、生物学的要素（第一段階）と心理学的要素（第二段階）から成る二段階で責任能力を判断するという混合的方法に関する一般的な理解の枠内になおとどまるものであり、その複合的構成ゆえに、各段階の判断過程において医学的、心理学的知見が確実に関与することになる内容といえるものである。つまり、この二つの考え方の大きな違いは、前者が第一段階要素を認識・制御能力を喪失・減少させる可能性のあるすべての精神状態と理解することにより、その内容をおよそ無限定なものとし、原因となる前提条件の法による指定を否定し、実質的に心理学的方法をとることになる一方、後者は、あくまでも混合的方法の枠内にとどまり、原因となる前提条件の法による指定を受け入れるという点にあるように思われるのである。このことから、ここで考察すべき問題は、混合的方法を採用する理由がどのようなものであるのか、ということにも密接にかかわるように思われるのである。

そこで、ドイツにおいて、混合的方法が採用される理由をまず見ておく必要がある。これについては、ほぼ一致して、法的安定性ということに帰着するように思われる。例えば、Jescheck/ Weigend は、純粋な生物学的方法との比較では、精神障害をその重大さの程度や具体的な所為に対する意味という点から検討できるという長所を有するとした上で、純粋な心理学的方法との比較では、「法律上規定されている精神的な欠陥、すなわちその実体と作用の仕方が精神医学や心理学によって研究されている精神的欠陥に結びつけることによって、必要不可欠な法的安定性がもたらされるという点に長所がある。」[72]としている。また、Roxin は、第一段階の一定の精神病理学的な

---

72 Hans Heinrich Jescheck/ Thomas Weigend, Lehrbuch des Strafrechts Allgemeiner Teil, 5.

第一章　刑事責任能力における「精神の障害」概念　　33

所見を完全に放棄し、結局のところ決定的に重要である認識・制御能力のみ
を考慮するという考えの方が自然でもあるともいえるとし、実際、立法過程
でこのような心理学的方法に対応する提案が行われたことを指摘した上で、
だが「これが採用されることはなかった。なぜなら、そもそもいったいどの
ような前提条件のもとで責任無能力が問題となるのかについての指示を裁判
官に与えることを、断念することを望まなかったからである。」「このような
前提条件による制御およびコントロールがもたらす価値に根拠が求められ、
これが取り除かれた場合には、あまりに大きな法的不安定や、十分な所見も
ない感覚的な責任無能力の説明が生じるのではないかとの危惧がいだかれた
からである。」[73]、との説明を行っているのである。また、Lencknerも同様
に、心理学的方法との対比において、混合的方法をとることは、精神医学や
心理学によって研究されている一定の精神的欠陥に結びつけることを通じ
て、純粋な心理学的方法をとる場合に生じうる法的不安定を防ぐことであ
る[74]、としている。またさらに、1962年草案理由書でも、この部分は現行刑
法にも妥当すると解されるが、やはり心理学的方法との比較において、「混
合的方法は……純心理学的方法にも優っている。混合的方法は、精神障害を
列挙することによって、鑑定人および裁判官に特定の事項を確定させるよう
にするものであるが、これに反し、純心理学的方法は、裁判官をして行為者
の意思形成に対し影響を及ぼすことのできた諸原因の探索に追いやることに
なる。このような方法は、法的安定性を著しく危険に陥れるので、使用に耐
えうるとは思われない。」[75]と説明されているのである。

　これらの見解によると、前提条件を法によって指定し、そのコントロール
機能を通じて裁判官の恣意的判断を排し、かつ裁判官に不毛な原因探求を回
避させ、不安定な状態に陥るのを避けることで、この法的安定性を実現する
ことが、混合的方法の採用理由であり、とりわけ心理学的方法に優位する理

　　Aufl. 1996, S. 437.: Jeschek/ Weigend（中空壽雅・訳）『ドイツ刑法総論』（第5版）、西原春
　　夫・監訳（1999）336頁以下も参照。
73　Roxin, a.a. O., S. 888 f.（注21）
74　Lenckner, a.a. O., S. 93.（注53）
75　Begründung Entwurf 1962. S. 138.;「1962年ドイツ刑法草案理由書」・前掲注（50）134頁。

由とされていることになる。そして、ドイツでは、このような目的を有する混合的方法の第一段階要素である精神の障害は、先にも述べたように、精神医学、心理学の分野との共同作業によって生み出されたとの歴史的事実および、この第一段階要素の判断にあたっては、医学的、心理学的な知見にもとづく判断の側面が中心となるとの理解が存することから、ここでいうところの複合的構成をとっていると考えられるのである。つまり、裁判官に原因となる前提条件の無際限な探求を回避させ、単なる感覚的な説明を排するという機能を担わせるパートナーとして、医学的、心理学的知見が選択されているともいえる[76]。この「法的、規範的」とは異なる視点（法分野とは異なる、だが事柄からしてふさわしい専門分野の視点）を導入することによって、時にはその判断が困難な場合もある責任能力判断をこの視点からも考察させることで、法的安定性を実現しようとしているとも解されるのである[77]。

　すると、「純粋に法的、規範的に解釈されるもの」ないしは「法的、規範的なもの」とは別の次元に属するものを、第一段階要素が内包していなければ、上で述べた内容の法的安定性は実現できず、よって、法的安定性を理由とする混合的方法も意義を失うことになるように思われるのである。そして、ドイツ刑法の第一段階要素にあっては、この法的、規範的な要素とは別の次元に属するものが、医学的、心理学的次元に属するものと考えられているのである。そうだとすれば、第一段階要素である精神の障害を純粋に医学的、心理学的な意味で理解することが妥当でないならば、あるいは、そのような選択をしたのであれば、純粋に法的、規範的に構成できない以上、少なくとも複合的に構成する必要があるように思われるのである。これによってはじめて法的安定性が達せられるからである。

　しかしながら、第一段階要素の内容、範囲をこのようなものとして理解した場合、責任主義の観点から述べられた Lenckner の次のような指摘は、き

76　例えば、Winckler/ Foerster, Anmerkung zur Entscheidung des BGH vom 4. 3. 1996, NStZ 1997, S. 334. では、両方の段階は、経験的な側面と規範的な側面を同時に含んでおり、それゆえ、根本においては精神医学の鑑定人と法律家との間での学際的な議論の対象である、とされており、精神医学分野との共同作業が指摘されている。

77　もっとも、このように解したとしても、必ずしも鑑定人が必要的に関与することを意味するわけではなく、医学的、心理学的知見を確実に経由すれば足るといえよう。

わめて重大な指摘であるように思われる。すなわち、「規範的責任概念の考え方に照らせば、このような責任無能力の規定方法の場合、法律によって掲げられた『生物学的』要素が、『他行為不可能性』の基盤として問題となる唯一のものであるといいうる場合にのみ、体系的純粋性が維持されていることになる。そうでなければ、混合的方法は、要請と実際上の可能性との間での、つまり実質的正義と法の実践可能性および法的安定性との間での——もちろん不可欠な——妥協ということになるのである。」[78]との指摘である。具体的には、例えば法律における第一段階要素である精神の障害にあたらない場合に、なおなんらかの一定の事情が認識・制御能力を排除、減少させるような場合が問題となるであろう[79]。

　これに対しては、大別すると、おそらく二つの立場が予想される。一つは、このような場合に、法的安定性の利益のためには、責任能力があるとすることも許され、20条は問題とはならない[80]、とするものである。いま一つは、——上述のような指摘の内容をより深刻に受けとめる立場ともいえるが——、このような場合に、責任能力規定の類推適用がありうるとすることが考えられるであろう[81]。だがさらに、この二つの立場のいずれであっても、認識能力については、17条の禁止の錯誤の規定が存在しており、この要件を満たせば17条が適用されることになるため[82]、ここで問題としているような

78　Lenckner, a.a. O., S. 93.（注53）

79　この点については、vgl. Jähnke, a.a. O., §20, Rdn. 3.（注17）

80　この方向での考え方を示すものとして、例えば、Rudolphi, a.a. O., §20, Rdn. 5.（注58）また、判例の中にも、刑法51条２項（限定責任能力）は、「認識能力あるいは抑制能力（Hemmungsfähigkeit）が、１項に列挙された三つの生物学的原因の一つから、著しく減じていることを前提条件としている。このため、51条２項による減軽については、被告人の抑制能力が、爆弾によって生き埋めにされたことを理由に著しく低下し、それゆえに病的な衝動に適切に抗することができなかった、と認定されるのでは十分ではない。」（BGH MDR 1955,16.）としたものがあり、法律における第一段階要素である精神の障害以外の原因に対して消極的な態度をとったものがある。

81　Roxin, a.a. O., S. 889.（注21）では、これが肯定されているが、支配的な見解は、この類推適用を肯定しないとされている。

82　17条が、責任阻却を一定の精神的な前提条件に結びつけることなく、錯誤の回避不可能性によるものとしているため、20条は、支配的な見解によると、包括的な禁止の錯誤の特別な適用事例にすぎないとされている。その理由としては、20条に挙げられた原因の一つから、認識能力が欠如する場合には、常に回避不可能な禁止の錯誤も存在することになるからであるとされ

36　責任能力の意義

場合には、実際上、制御能力のみが問題となり、この制御能力に対応するものが損なわれている場合にも法律上の各種の免責事由（期待可能性の観点から一般に説明されるもの）の要件を充たすということはありうるし、よってこれらによる免責もありうるということには留意する必要があるように思われるのである[83]。また、この点とともに、先にも述べたように、20条における列挙された第一段階要素は余すところがないものであり、このため類推的拡張は許容できないとされたり、あるいはさらに、「意識障害」や「偏倚」の概念は問題となりうるあらゆる事情を取り込める程度に広く理解されているた

る。よって、17条と20条の関係においては、適用領域に重なり合いが生じることになり、21条についても、認識能力に関しては同様のことが妥当するとされる。また、21条については、認識能力それ自体は著しく減じてはいるが、実際に行為の違法性を認識していた場合には、責任非難は減少せず、21条は適用されないともされる。これらの点については、vgl. Jähnke, a.a. O., §20, Rdn. 5.（注17）; Plate, a.a. O., S. 120 f.（注43）; Schreiber/ Rosenau, a.a. O., S. 98.（注15）; Perron, a.a. O., §20, Rdn. 4.（注56）; Lenckner, a.a. O., S. 107 f.（注53）; Fischer, a.a. O., § 19, Rdn. 4.（注56）; Kühl, a.a. O., §20, Rdn. 15.（注56）など。また、判例に関しては、BGH MDR 1968, 854. ; BGH NStZ 1985, 309.; BGH NStZ 1986, 264.; BGH NStZ 1989, 430. など。

　なお、このように解しても、20条は、63条、64条、69条1項による処分（改善および保安処分）との関係では、依然として意義を有しているとされ、この点では見解が一致しているといえる。また、20条に証拠法則（Beweisregel）の性質を認め、この点での意義を指摘するものもある。後者の点については、vgl. Jescheck/ Weigend, a.a. O., S. 441 f.（注72）; Roxin, a.a. O., S. 900 f.（注21）. さらに、21条に関しては、同条が認識能力の減少を「著しい」場合に限定しており、他方で17条では、この程度に関する限定が問題とならないため、精神の障害がある行為者と他の行為者との間での不均衡という問題が解釈論において生じることになる。この点については、vgl. Jähnke, a.a. O., §21, Rdn. 3 f.（注17）; Schreiber/ Rosenau, a.a. O., S. 102.（注15）; Perron, a.a. O., §21, Rdn. 6 f.（注56）; Fischer, a.a. O., §21, Rdn. 3 f.（注56）; Schöch, a.a. O., §21, Rdn. 7.（注56）など。ただし、この21条と17条をめぐる議論については、わが国においては、39条2項によれば必要的減軽が認められ、38条3項但書によれば任意的減軽が認められるにすぎないため、ドイツで議論されているような不均衡は生じない、との指摘もなされている。この点については、安田・前掲注（8）84頁、さらに、松原久利「責任能力と違法性の意識の可能性」産大法学32巻2＝3号（1998）287頁以下も参照。

83　ただし、免責事由は責任阻却事由とは異なるものとして一般には理解されているようである。例えば、Jeschek/ Weigend, a.a. O., S. 475 ff.（注72）, Jeschek/ Weigend（西田典之・訳）・前掲注（72）368頁以下では、「免責事由は、行為の不法および責任の量を低減させるものであるが、不法を完全に排除するものではなく……責任の完全な阻却もまた否定される。……免責事由は当罰性の域にまで達しないがゆえに立法者が不処罰とすることにした不法および責任の減少事由というべきであろう。」とされている。さらに、この免責事由については「規範適合的行為の期待不可能性という基本観念に還元しうることが一般に認められている」とした上で、その例として免責的緊急避難（35条）、狼狽、恐怖または驚愕による正当防衛の過剰（33条）などが挙げられている。さらに、内藤・前掲注（2）1190頁以下も参照。

第一章　刑事責任能力における「精神の障害」概念　　37

め、この類推に関して、実際上ほとんど重要ではないとされていることから、おそらく医学的、心理学的意味で精神の障害とされるあらゆるものが——認識・制御能力の観点からの程度概念による絞りはあるが——、ひとまずは第一段階の精神の障害に含まれうると解され、かつ、今日においては、この医学的、心理学的意味での精神の障害は、かなり広範囲に及ぶことにも注意を払う必要があるようにも思われるのである。そして、このように考えることができるのであれば、「責任なければ刑罰なし」の責任主義を重視する立場からも、かかるドイツにおける刑事責任の減免に関する対応の可能性は、第一段階要素である精神の障害にあたらない場合に、なおなんらかの一定の事情が認識・制御能力を排除、減少させるような場合の対応として、不十分とまではいえないのではないであろうか。むしろ、ここで問題としているような場合の対応に際して、重要なのは、責任主義および責任主義のもとでの実質的正義と、法的安定性および法の実践可能性という両方向からの要請の調和的実現ということになるのではないであろうか。

　17条の適用対象および法律上の免責事由の適用対象についての解釈、運用に関しては、なお、詳細な検討が必要であるが、さしあたり、上述の予想される二つの立場がありうること、そしてこれと併存する形で、17条および各種の免責がありうること、広範囲に及ぶ精神障害が第一段階の対象となることが確認されるのであれば、責任主義の観点から述べられた Lenckner の指摘を真摯に受け止めたとしても、ここで示された複合的な構成をとる、20条の第一段階要素である精神の障害は、肯定できるように思われるのである。

V　わが国の解釈への示唆および「精神の障害」概念

（1）二つの考え方の検討

　これまで、混合的方法における「精神の障害」を法的概念として構成する場合、二つの考え方がありうることをすでに論じてきた。すなわち、第一の考え方は、認識・制御能力への影響の観点から「精神の障害」を捉え、認識・制御能力を少なくとも著しく減少させうるすべての精神状態を「精神の障害」概念の内容とするものであり、第二の考え方は、少なくとも行為の際

38 責任能力の意義

に医学的、心理学的な意味での精神の障害が存在することを要求し、それをさらに認識・制御能力への影響の観点から捉えることによって、医学的、心理学的知見を基礎とするところの複合的な法的、規範的概念として、「精神の障害」を理解するというものである。さらに、わが国において、実際に、これらに対応する主張が見られることも論じられたところである。そして、ドイツにおける第一段階要素である「精神の障害」の内容としてこれまでに示してきたものが、ここでの第二の考え方と同様であるか、これに近い考え方であることは明らかであると考えられるのである。そこで、わが国における「精神の障害」についても、ドイツにおける第一段階要素の理解を参考にして、第二の考え方を採用すべきかが問題となる。

　これに関しては、次のような法制度上の類似性に着目する必要があるように思われる。まず、わが国にあっても混合的方法が採用され、「精神の障害」により、認識・制御能力が喪失する場合が責任無能力、それが著しく減少する場合が限定責任能力という同方法の定式化された内容が、39条の具体化された内容であり、これが出発点とされているのであれば、ドイツにおいては、第一段階要素が列挙されているという点では異なるが、認識・制御能力を喪失・減少させる前提条件が法により指定されているという点では、わが国とドイツは同様であると解することも可能であると考えられることである。次に、わが国において混合的方法が採用される理由は——これについては表現上の差異は見られるが——、最終的にはドイツにおいて目的とされているところの法的安定性の内容に着目するゆえであり、その採用理由は同様であると考えられることである[84]。また、さらに、責任能力判断には、多くの場合、鑑定人、とりわけ精神医学の専門家が関与しうること、あるいは少なくともその判断は専門的な知見からの助力を得て行われうることについては、半ば当然視されており、かつ、精神医学・心理学者と法律家との相互理解、共同体制の重要性は繰り返し主張されており、この点でもドイツと事情は異ならないことである[85]。

84　例えば、荒木伸怡「精神鑑定結果の採否」（大阪高判昭和56・1・30　判批）ジュリスト768号（臨時増刊）（1982）212頁、内藤・前掲注（2）792頁、島田・前掲注（5）369頁、井田・前掲注（33）234頁以下、山中敬一『刑法総論』第2版（2008）600頁、など参照。

第一章　刑事責任能力における「精神の障害」概念　39

　また、これらの法制度上の類似性に加えて、39条による責任の減免の制度
は、医学的、心理学的な意味での、とりわけ精神医学的な意味での精神の障
害がある者に対する刑事責任の減免の制度であるとの理解は、わが国におい
てはある程度定着した理解であり、病者に対する寛容さとも結びつくものと
も考えられるのである。もっとも、この点については、精神障害者をただそ
のことのみをもって不当に有利に扱うことになるとの批判と結びついた偏見
や差別につながりかねないとの懸念も予想される[86]。だが、法的には、認
識・制御能力を喪失ないし著しく減少させる原因となる前提条件が、「精神
の障害」として示されているにすぎず、さらに継続的な、あるいは永続的な
障害だけでなく、これには一時的な障害も含まれることになり[87]、しかも、
例えば精神医学が治療対象とするような典型的な精神障害者だけでなく、あ
らゆる者に、この「精神の障害」を原因とする責任の減免がありうることが
法的には予定されていると解されるのである。したがって、法的な観点から
は、直接的には、行為の際に「精神の障害」が原因となって、法による動機
づけの可能性が排除されたり、あるいは大きく減じていたため、刑法上の責
任が減免されることになる、という以上のことを意味するものではないと解
されるのである。また、刑事責任の減免という法的な結論それ自体は、「精
神の障害」を原因とする場合と、それ以外の原因による場合と、異なるもの
ではない、と理解すべきであるとも思われるのである[88]。確かに、39条によ

85　このような相互理解、共同体制につき論じるものとして、只木・前掲注（2）218頁以下、福
　　島・前掲注（21）66頁以下、西山詮「責任能力の概念」ジュリスト増刊「精神医療と心神喪失
　　者等医療観察法」（2004）78頁以下など、さらに、vgl. Hans-Ludwig Schreiber, Was heißt
　　heute strafrechtliche Schuld und wie kann der Psychiater bei ihrer Feststellung mitwirken?,
　　Nervenarzt 48 (1977), S. 242 ff.

86　この点については、森裕「責任能力論における精神の障害について」大阪大学大学院法学研
　　究科博士学位論文（2006）83頁以下、安田・前掲注（8）70頁以下など参照。

87　酩酊や意識障害を挙げるものとして、例えば、堀内捷三『刑法総論』第2版（2004）208頁、
　　西田典之『刑法総論』〔第2版〕（2010）281頁、大谷・前掲注（18）324頁以下、立石二六『刑
　　法総論』第3版（2008）180頁など。なお、いわゆる健常人の情動行為については、林美月子
　　『情動行為と責任能力』（1991）175頁以下参照。

88　もっとも、処遇面では今日、心神喪失者等医療観察法による強制医療の制度が用意されてい
　　る。ただし、39条が適用されても、心神喪失者等医療観察法が定める所定の要件を充たさなけ
　　れば強制医療は認められないことになるため、必ずしも39条の適用者が強制医療の対象者とい
　　うことにもならないのである。

40　責任能力の意義

る責任の減免が、結果として精神障害者に対する偏見を助長するのであれ
ば、それは由々しき事態であるが、本来、法制度である以上、そのような偏
見を助長するといった意図などないと解すべきであり、むしろ、ここで示さ
れたような理解が強調されるべきではないであろうか。したがって、以上の
ようなわが国における状況を考慮すると、ドイツにおける第一段階要素であ
る「精神の障害」についての理解を参考にして、本稿にいう第二の考え方を
採用することを否定する特段の理由はないように思われるのである。

　だが、本稿にいう第一の考え方との対比においてより重要な点は、第一の
考え方に対応すると解される見解が実際に主張するように、認識能力もしく
は制御能力を少なくとも著しく減少させうる精神状態を余すところなく把握
できるような「精神の障害」の構成が提示されているという点である[89]。つ
まり、この立場によると、認識・制御能力あるいは認識・制御能力に対応す
る能力が、少なくとも著しく減じる程度に損なわれている場合に、39条の適
用がありうることになり、この点で責任主義のあるべき帰結を不足なく同条
によって導くことが可能となる、ということである。しかしながら、先にド
イツにおける Lenckner の指摘をめぐる議論との関係で述べたように、ここ
でもやはり、責任主義の要請と法的安定性の要請との調和的実現が重要であ
ると考えられるのである。すなわち、わが国においても、「精神の障害」を
原因としない、それ以外の原因によって、認識・制御能力あるいはそれに対
応する能力が損なわれている場合には、違法性の意識（の可能性）、期待可能
性の理論等による責任非難の減免も可能であると考えられ[90]、実質的に心理
学的方法をとり、混合的方法から離れる必要性まではないように思われるの
である。

　またさらに、第一の考え方に立つと解される論者は、認識・制御能力に影

89　安田・前掲注（8）66頁以下。
90　わが国では、例えば違法性の意識の可能性すらない場合には、故意説では当然に故意が阻却
　されることになり、責任説では、38条3項但書の延長上で責任が阻却され、違法性の認識が可
　能ではあるが困難な場合には減軽されるというのが一般的な理解かと思われる。また、適法行
　為の選択の可能性がないような例外的な場合には、期待可能性がない場合として（超法規的に）
　責任が阻却されることになり、さらに期待可能性によって説明される実定法規も存在している
　ということは、学説においては一般に承認されているといえる。

第一章　刑事責任能力における「精神の障害」概念　　41

響を与えうるものであれば、ダイレクトに精神の障害に含めて考えていくことになる、というもっとも純粋化された形で完成された法律的病気概念について、「認識・制御能力に影響を及ぼしうる精神状態の中で、責任主義あるいは平等原則の観点からみれば到底正当化されえないような区別を避け、同じ精神状態には同じ法的結論を導くことを可能とする……」[91]とも論じる。確かに、精神疾患名に厳格に従属することによって生じる責任主義から見て不都合で、不平等な法的結論は避けられなければならない。しかし、医学的、心理学的な意味での精神障害を認識・制御能力への影響の観点から捉えることで、今日では広範囲にわたる医学的、心理学的な精神障害の中で、法的結論の平等性がまず達せられれば足るのであり、その上で、この「精神の障害」以外の原因による場合との関係では、法的結論の平等性は、他の法理とあいまって達せられれば足ると考えるべきではないであろうか。このように考えると、39条は責任主義を体現するものではあるが、それを一身専属的に担うものではなく、他のそれを体現するもの、とりわけ違法性の意識（の可能性）や期待可能性の理論とあいまって機能すると解すべきかと思われるのである[92]。もっとも、第一の考え方に立つと解される論者は、「判例はこ

91　安田・前掲注（8）71頁以下。

92　この点について明示的に示すものとして、例えば、松宮・前掲注（3）172頁では、子供の頃から間違った教育を受けたので仇討ちは合法であると信じこんでいた者が殺人を犯した場合、彼は行為当時仇討ち行為の違法性を弁えることができなかったとしても、心神喪失で無罪となることはなく、せいぜい違法性の意識の可能性がなかったことを理由とする無罪であろう、とされている。また、井田・前掲注（33）246頁では、適法行為の期待可能性に関して、対象となる行為事情として、他人による脅迫や良心の葛藤などが挙げられ、これらの事情においては「その行為事情の下に置かれた一般人・通常人でも同様に動機づけを制御することが困難な事情があったと認められるときのみ責任減少を肯定し得る（その際に、前提として違法減少があれば、それと相俟って責任の阻却に至り得る）と考えられる」とした上で、「違法減少とは無関係に責任それ自体が完全に否定されることも考えられなくはないが、その際には、規範による動機づけの制御をおよそ不可能とする「精神の障害」を肯定できるような精神状態が認められることも多いであろう」ともされている。

　なお、原因の区別については、例えば、Ulfrid Neumann, Reihe Alternativkommentare Kommentar zum Strafgesetzbuch, 1990, §17, Rdn. 93. では、情報の欠乏（Informationsdefizit）にもとづく責任阻却と生物学的な所見（第一段階の生物学的要素）にもとづく責任阻却という形で、20条、21条（責任能力）に対する17条（禁止の錯誤）の関係が示されたりもしている。さらに、vgl. Schild, a.a. O., §§20, 21, Rdn. 175.（注49）ただ、ドイツにおいて、このような情報の欠乏にもとづく責任阻却と第一段階の生物学的要素（列挙された精神の障害）にもとづく責任

42 責任能力の意義

れまでのところ、回避不可能な違法性の錯誤であっても、責任を否定していない。このため、少なくとも、わが国の判例実務を前提とすれば、認識無能力の場合には、刑法39条1項がなければ、行為者に責任阻却を認めることはできない」「……行為者の内にある事情だとみれば刑法39条の適用があるのに対し、外部的な事情だけでは責任が超法規的に阻却されることはまずない」[93]ともしており、回避不可能な違法性の錯誤や適法行為が期待不可能な場合に、判例実務が責任阻却にきわめて消極的であることが第一の考え方に立つ論者の問題意識となっているようにも思われる。だが、違法性の意識（の可能性）、期待可能性の理論に固有の対象領域があり、これらの法理の存在意義やこれにもとづく責任阻却の必要性も肯定するのであれば、解釈上の帰結をより正面から採用することを求めたり、立法上の提案を行うなどといった方法が本来とられるべきであるように思われるのである。また、超法規的責任阻却事由としての期待不可能性がきわめて例外的な場合に限定され[94]、今日の社会情勢を考慮すると、このような例外的な場合への限定にも合理的理由があるようにも思われるが[95]、かかる場合をもダイレクトに39条の問題とすることも疑問に思われるのである[96]。

　よって、第一段階の「精神の障害」を法的概念として構成することが妥当であるならば、かつ、主たる理由を法的安定性に求める混合的方法が維持されるのであれば、本稿にいうとろの第二の考え方が支持されるべきかと思われるのである[97]。

　　阻却という区別を一応肯定したとしても、17条による禁止の錯誤がとくに原因を限定していないため、精神の障害にもとづいて禁止の錯誤が回避不可能な場合もありうることになる、というのが広く受け入れられている理解である（注82も参照）。

93　安田・前掲注（8）83頁以下、167頁。

94　例えば、「責任阻却を適用すべき場合は希有のこと」（大谷・前掲注（18）358頁）、「責任阻却を認めることは、きわめて例外的な事情のある場合」（井田・前掲注（33）243頁以下）、「適法行為の選択の可能性が事実上ないような極限的に例外的な場合」（齋野彦弥『刑法総論』（2007）230頁）、などとされている。

95　この点については、宮澤浩一「期待可能性」（最判昭和33・7・10　判批）別冊ジュリスト刑法判例百選Ｉ総論第4版（1997）124頁以下参照。

96　なお、曽根・前掲注（32）161頁では、期待可能性について「本来、法の予定しない特異な事態のもとにおける違法行為についてこれを刑事罰から開放する理論であるため、基本的には超法規的な性格を有している」ともされている。

第一章　刑事責任能力における「精神の障害」概念　　43

97　なお、本稿における第一の考え方に関する理解について、第一の考え方をとる立場から、「医
　学的 - 心理学的知見を確実に経由することを担保しえず、『その内容をおよそ無限定なものと
　し、原因となる前提条件の法による指定を否定し、実質的に心理学的方法をとることになる』
　との論難を加えているが、出発点こそ異なれ、結論的には本稿と異なることを主張するものだ
　とは思われない。」、「『精神の障害』が精神医学的・心理学的判断から切り離されることを意味
　するものではない。」、「『医学的 - 心理学的』というときの『-』は、『もしくは』の意味だと解
　されるが、そうだとすれば、論者は『精神の障害』が専ら心理学的なものでありうることを承
　認されており、その限りで伝統的な精神医学的病気概念から離れられている。そして、『精神の
　障害』が心理学的なものである場合には、結局は、伝統的に心理学的要素とされる、認識・制
　御能力に問題が生じるような精神状態か否かにより責任能力を判断することと、ほとんど違わ
　ないものと思われるのである。」（安田拓人「『精神の障害』と法律的病気概念」中谷編『責任能
　力の現在　　——法と精神医学の交錯——』（2009）31頁以下）などとする指摘もなされている。
　　だが、「心理学的」の語を付すのは、心理学（臨床心理学、異常心理学、正常心理学など）が
　対象として扱う精神の障害も、精神医学が対象とする精神の障害とともに含まれることもあり
　うるといった意味で主として用いた用語使用にすぎず、また、両分野の対象には重なり合う部
　分もあるといったことを考慮したものであり、さらには、ドイツにおいても「（精神）医学
　的」、「心理学的」の語を（「もしくは」あるいは「および」の意味で）並置する用語使用は、
　多々見られるように思われるが、その場合、——特別な意味付与を行う場合は別として——
　「心理学的」の語を付すことによって、とくだん、論者が主張するような、「他行為不可能性の
　基盤として問題になりうるあらゆる状態を把握」する、あるいは、「認識能力もしくは制御能力
　を著しく減少せしめる精神状態をあますところなく把握できる」、第一段階要素たる「精神の障
　害」を定立することを意図したものとも思われないのである。
　　また、——本文でも示したところであるが——「外部的な事情であっても、それが、単に個
　別の意思決定を強制するにとどまらず、行為者の人格・精神機能に影響を及ぼし、認識能力・
　制御能力を阻害するような精神症状として立ち現れる以上、……期待可能性の枠組みにとどめ
　おくことは妥当でなく、刑法39条の適用範囲に含められるべきであろう」、「判例は、これまで
　のところ、回避不可能な違法性の錯誤であっても、責任を否定していない。このため、少なく
　とも、わが国の判例実務を前提とすれば、認識無能力の場合には、刑法39条１項がなければ、
　行為者に責任阻却を認めることはできない」、「……行為者の内にある事情だとみれば刑法39条
　の適用があるのに対し、外部的な事情だけでは責任が超法規的に阻却されることはまずない」
　といった指摘からも明瞭にうかがわれるように、論者のそもそもの重要な問題意識が、回避不
　可能な違法性の錯誤や適法行為が期待不可能な場合に、判例実務が責任阻却にきわめて消極的
　であることに存するのであれば、かつ、こうした問題意識に対応して、「認識・制御能力に影響
　を与えうるものであれば、ダイレクトに精神の障害に含めて考えていくことになる」という
　「精神の障害」概念、あるいは、「『他行為不可能性』の基盤として問題となる唯一のもの」とい
　う「精神の障害」概念を提示し、これにより、「責任なくして刑罰なし」の責任主義の帰結を39
　条によって不足なく実現することをめざしたものであるならば、本稿にいう第二の考え方が示
　す「精神の障害」（本稿で描かれたドイツにおける第一段階要素である「精神の障害」）との顕
　著な差異は、「『他行為不可能性』の基盤として問題となる唯一のもの」ではなく、そこには残
　余のものが存すること、すなわち、違法性の意識の可能性や適法行為の期待可能性等の他の法
　理とあいまって、責任主義の帰結は実現されるべきとする点に求められるように思われるので
　ある。そうだとすれば、この差異を消去しない限り、本稿の提示する「精神の障害」概念とは

（2）「精神の障害」概念

　混合的方法により理解される39条においては、当該行為に際しての行為者の認識・制御能力が「精神の障害」を原因として害されていたかが問われることになる。よって、最終的に判断される認識・制御能力の喪失ないし著しい減少についての不可欠の前提条件が、この「精神の障害」要件ということになる。したがって、本稿にいう第二の考え方にもとづくと、従来広く支持されていたSchneider流の狭い医学的病気概念を基軸とするのではなく、当該行為の際に行為者に医学、心理学において広い意味で精神の障害とされるものが存するか否かがまず問われ、これが肯定されれば、認識・制御能力を少なくとも著しく減少させる可能性を有する程度の障害であるのかが問われ、これが肯定されれば、第一段階の「精神の障害」要件が認められることになる。つまり、「精神の障害」は、医学的、心理学的な広い意味での精神の障害の中で、認識・制御能力を少なくとも著しく減少させる可能性を有するほどの障害ということになる。そして、この第一段階の「精神の障害」の判断にあたっては、このような性質を考慮すると、ドイツにおけるのと同様に、経験的に、とくに医学的、心理学的知見にもとづいて、もっぱら判断されることになると考えられる。ただ、このように解したとしても、この「精神の障害」が認められるための認識・制御能力を少なくとも著しく減少させる可能性はどの程度のものであるのか、あるいは第二段階との関係では、認識・制御能力の喪失・減少を推定させる程度はどのようなものであるのか、という問題も生じるように思われる。もっとも、この障害の程度あるいは推定の程度という問題に関しては、第一段階のいわゆるふるいの機能をどの程度働かせるのか、さらには第一段階の「精神の障害」が医学的、心理学的知見にもとづいて主として判断されるとの理解によると、責任能力判断におい

　異なるということになり、他方、あくまで、この差異が維持されるのであれば、そして、かつ、「『他行為不可能性』の基盤として問題となる唯一のもの」、「認識能力もしくは制御能力を著しく減少させうる精神状態をあますところなく把握できる」といった表現から文字通りに読みとれる「精神の障害」概念の内容にもとづくと、「原因となる前提条件の法による指定を否定する」、「実質的に心理学的方法をとることになる」、この立場の「『精神の障害』は、弁識・制御能力の判断結果の言い換えにすぎないことになる」等の評価は、やはり妥当性が保たれるように思われるのである。

て医学的、心理学的判断にどの程度の比重を置くのか、といった問題に対する態度のあり様によって最終的には決せられるべき問題ともいえよう。したがって、なおより詳細な検討が必要であり、現時点では決定的な論拠を示しえないが、以下のような諸点は、この問題を考えるにあたって重要であると思われる。まず、実際に第一段階要素として認められる「精神の障害」には、その推定がかなり高度なものから弱い程度のものまで考えられるため、言い換えれば、障害の重大さは多様であるため、ここではその下限の設定が問題になると考えられることである。次に、先にも述べたように、精神鑑定の実務運用の指針・基準に、精神鑑定を命ずべき場合（の一つ）として、被告人に精神の障害が疑われる具体的事情が存在することがあげられるが、ここでの「精神の障害」と第一段階要素の「精神の障害」が同一のものであるとするならば、鑑定対象を適度な範囲にするということも視野に入れなければならないことである[98]。最後に、医学的、心理学的知見にもとづく判断の側面と法的、規範的な判断の側面がそれぞれ適切に過不足なく共同作用する形で、個々の事案において最終的に責任能力（認識・制御能力の喪失・減少）の判断がなされることが肝要であると考えられ、第一段階にも第二段階にも偏重しすぎない、バランスのとれた混合的方法の実現が望ましいと解されることである。したがって以上のような諸点を考慮して、さしあたりこの「障害の程度」あるいは「推定の程度」を示すとすれば、認識・制御能力の喪失ないし著しい減少を、少なくともゆるやかに推定させるほどの障害である、としておくことが適切であるように思われる[99]。

---

98 この鑑定に関する実務運用の指針・基準としての「精神の障害」と39条の「精神の障害」は、必ずしも必然的に一致しなければならない理由はないが、一致しない場合、実務に無用の混乱を生じるおそれはあろう。例えば、39条の「精神の障害」は認められるが、鑑定についての「精神の障害」の疑いはないとしてよいか疑問である。

99 浅田・前掲注（32）284頁では、生物学的要件の存在は心理学的要件の存在を事実上推定させる（ゆるやかな事実上の推定）という関係にある、とされている。なお、この推定をめぐっては、例えば、林美月子「責任能力判断の検討」刑法雑誌36巻62頁において、「心理学的要素は生物学的要素の重大性の指標と捉えられる」とされており、この点につき、森・前掲注（8）664頁では、生物学的要素の態様や程度が、経験科学的に、精神病理学的法則に則って、心理学的要素の程度を推定させる機能を有するに留まるという意味において理解できる、とされている。さらに、推定させる意味をもつという理解は精確ではないと論じるものとして、水留・前掲注（4）234頁以下。

46 責任能力の意義

以上のことから、「精神の障害」は、医学、心理学において広い意味で精神の障害とされるものの中で、認識・制御能力を少なくとも著しく減少させる可能性があるほどの障害と解されることになる。だがさらに、かかる「精神の障害」概念にもとづく刑法39条の理解、とくに第一段階と第二段階との関係あるいは第二段階である認識・制御能力の判断へと至る過程についての理解と、今日支配的な規範的責任論のもとでの責任非難の本質に関する理解との整合性ある説明も必要であると思われる。そこで、最後にこの点についても若干ながら言及することにする。

VI 規範的責任論のもとでの責任能力

今日、わが国において規範的責任論が支配的地位を占めていることについては疑いのないところである。そして、この規範的責任論については、例えば次のようにいわれる。すなわち、「規範的責任論は、責任非難を加えるためには、責任能力があり、かつ、故意・過失という心理的事実があるというだけでは足りないのであって、さらに具体的事情のもとで他の適法行為を期待できたときにのみ責任非難をなしうるとしたのであ」り、「責任判断は、究極においては期待可能性の有無・程度を基準として行われることになる」[100]、あるいは「責任とは、単なる心理的な事実ではなく、それを基礎にして行為者に適法行為を期待できるかどうかという規範的判断であるとする考え方が通説化した。これを『規範的責任論』という。」[101]、あるいはまた「他行為可能性から責任を基礎づける立場を、規範的責任論という」「期待可能性理論は、刑事責任の基礎に、違法行為を選択しないことについての期待可能性を必要とするものであり、規範的責任論からの帰結である。」[102]と。このような見解から明らかであるように、規範的責任論は期待可能性論を中核とするものといえる[103]。このため、犯罪論上の責任要件を構成する要素

---

100 内藤・前掲注（2）762頁。
101 松宮・前掲注（3）169頁。
102 齋野・前掲注（94）173頁、230頁。さらに、齋野彦弥『故意概念の再構成』（1995）53頁以下も参照。

として理解される責任能力、違法性の意識（の可能性）、適法行為の期待可能性が、すべて期待可能性の観点から統一的に理解され、期待可能性の考え方がその判断の実質をなす[104]と考えることには十分な理由があるといえよう。

　ところで、ドイツにおいても、やはり規範的責任論が支配的地位を占めており、このもとでの刑法上の責任非難は、次のような定式化が試みられており、広く受け入れられているところである。すなわち、例えば、「あなたは、適法に行為しえたにもかかわらず、違法に行為した。このことは、経験に従って、標準人が行為者とまったく同じ内的、外的事情のもとであれば、自己を動機づける態度に対して別の出口を与えたであろうということによって確定されうる」という考え方に、行為者に対する刑法上の責任非難はもとづいている[105]、あるいは、責任非難の対象は、「人が、具体的事情のもとでの行為者の立場に置かれるならば、一般的な実際的経験に従うと、他の行為を行ったであろうという意味で、行為者は、自身が置かれた状況において他の行為を行うことができたであろう」ということでしかない[106]、あるいは、「もし仮に他人が行為者の立場にあって行為者にはおそらく欠けていたであろう意志力を緊張させたなら、……この他人は具体的事情のもとで他の行為をなしえたであろうという意味で、行為者は、自身が置かれた状況において他の行為をなしえたであろう。」という形でしか個々人に対する責任非難は定式化しえない[107]、などとされているのである[108]。これらの見解は、表現上若干の差異はあるが、その内容の本質から考えて「他行為可能性」あるいは「適法行為の期待可能性」の判定公式であることは明らかである。だ

103　さらに、例えば、曾根・前掲注（32）143頁でも、「規範的責任論は、その中核的概念である期待可能性の理論が二十世紀初頭のドイツにおいて発展したことに伴って、一般化し普及していった」とされ、あるいは、大谷・前掲注（18）315頁でも、「規範的責任論は、二十世紀の初葉にドイツで創唱された期待可能性の思想を基礎とするものであ」るとされている。

104　安田・前掲注（26）241頁。

105　Georgious A. Mangakis, Über das Verhältnis von Strafrechtsschuld und Willensfreiheit, ZStW 75（1963）, S. 519.

106　Schreiber/ Rosenau, a.a. O., S. 81.（注15）

107　Jescheck/ Weigend, a.a. O., S.411.（注72）: Jescheck/ Weigend（信太秀一・訳）・前掲注（72）317頁も参照。

108　さらに、このような責任非難の定式に関しては、vgl. Jähnke, a.a. O., §20, Rdn. 16.（注17）; Plate, a.a. O., S. 126.（注43）; Rudolphi, a.a. O., §20, Rdn. 24f.（注58）

48 責任能力の意義

が、さらにここでは、いわゆる標準人、平均人が責任判断の基準とされていることにも注意を払う必要があるように思われる。

他方、わが国においては、この「適法行為の期待可能性」の判定公式が、明確かつ直接的に提示されるのは、（狭義の）期待可能性論の分野である。そこでは、期待可能性がどのような基準によって判断されるのかという形で議論が展開されており、従来、主として行為者標準説、平均人標準説、国家標準説の三説が対立してきたとされる。そこで、本稿にとって重要な点は、上で述べたように、責任能力も究極的には期待可能性の観点から統一的に理解することが妥当であるならば、この期待可能性論における判断枠組みと責任能力論における判断枠組みが、整合性のあるものでなければならないということである。

このように考えると、上記三説のいずれをもって妥当とするのかが問題となるようにも思われる。しかしながら、近時、これらの各説の対立には実質的には意味がないという説が有力に主張されているのである。例えば、「……この対立には実際上さほどの意味はない。身体的・心理的条件などの行為者の能力においては、一般人ではなく、具体的な行為者を基準とせざるをえない……また、『平均人』といっても統計的な意味における平均人ではなく、……純然たる規範的概念である。適法行為の期待可能性は、どの程度までそれを期待するかという期待する側と期待される側の『緊張関係』において判断されるべき、規範的な問題であるといいうるのである。結局、行為者の能力を前提とした上で、行為当時の行為者にその能力を発揮することにより、違法行為にでないことが期待しえたかを判断するほかないのである。」[109]、あるいは「……この対立はあまり意味のあるものではない。期待可能性とは『期待する主体と期待される客体との緊張関係』であり、『国家が行為者に対して、その場合には期待できるのか』を論ずるものであるからである。換言すれば、期待可能性を論ずる際には、国家、平均人、行為者という三つの観点がすべて登場することになる。」[110]、などといった見解が主

---

109 山口・前掲注（32）251頁以下。
110 大越義久『刑法総論』第4版（2007）144頁。

第一章　刑事責任能力における「精神の障害」概念　49

張されているのである[111]。また、さらにすすんで、このような立場から「違法性の意識の可能性」の判断基準も提示されているのである。例えば、髙山佳奈子は、「第一に、知的水準に関しては行為者の事情を前提とし、その上で第二に、違法性の意識へと到達しうるかどうかが問題である」とし、事実的条件と規範的判断とを区別し、前者については、「行為者の知的水準は、それまでの生活環境や知能等を含む事実的条件であ」り、「基本的にはその判断を事実関係の確定に依存させる性質のものである」とし、後者については、「適法行為の期待可能性」の判断基準と同様であるとの理解から、次のように述べている。すなわち、「……期待可能性に関する三つの学説は、その名称は違っても、いわんとする内容にはほとんど違いがないように思われる。違法性の意識の可能性についても、同様に理解しうるだろう。行為者の事情を基礎とした上での、規範的評価が重要であり、その評価にいかなる用語をあてるかは、さしあたり問題でない。法秩序の側に立つ市民が、行為者の立場に自己を置きかえてみたときの非難可能性が判断されなければならない。」[112]、また、「非難可能性が責任の要件であるというときは、……処罰する国家法秩序の側に立つ市民が、行為者の立場に自分を置きかえてみたときの非難可能性が問題となる」「つまり、『自分が行為者であったとしたら、法に従って動機づけられえた』といいうるときに、非難可能性が肯定される。」[113]、とも述べているのである[114]。そして、このような国家法秩序の側に立つ市民を置き換えることによる判断は、先のドイツにおける「標準人、平均人を置き換えるという責任非難の定式」と本質的には内容を異にするものではないとも思われるのである。

　そして、本稿も基本的に、期待可能性の標準をめぐる学説の対立にはさほ

111　また、齋野・前掲注（94）231頁では、どの程度の抽象化＝具体化を認めるかにより、一般人基準・行為者基準の違いは相対化するため、あまり意味のある議論とは思われない、とされている。

112　髙山佳奈子『故意と違法性の認識』（1999）224頁。

113　髙山・前掲注（112）271頁。

114　さらに、この「置き換えによる判断」に関しては、堀内捷三「責任論の課題」『刑法理論の現代的展開——総論Ⅰ』芝原ほか編（1987）178頁以下、阿部純二「責任能力と刑事責任能力」現代刑事法36号（2002）33頁も参照。

50 　責任能力の意義

ど意味がないとの立場、およびこの非難可能性に関する「置き換えによる判断」という理解を支持するものである。では、責任能力についてはどう考えるべきであろうか。責任能力も期待可能性の観点から統一的に理解することが適切であるならば、さらには、責任能力についてもやはり行為者の事情を基礎とした上での規範的評価が重要であるならば、ここで示された「置き換えによる判断」という理解が、同様に妥当すると考えるべきかと思われるのである。ただ、このように理解する場合、責任非難はあくまで当該行為者に対するものであり、その行為者にとっての可能性が判断対象とされなければならず、他人を置き換えることによる判断は、責任を仮定することになり妥当でないとの批判も予想される。だが、ドイツにおける「標準人、平均人を置き換えるという責任非難の定式」を支持する論者が、かかる方向からの批判にも配慮し、主張する内容には、この点を考えるにあたって、参考となるものが含まれているように思われる。すなわち、例えば、Rudolphi は、「裁判官は、行為者の個人的な他行為可能性を確定するために、標準人が行為者の内的、外的状況に置かれた場合、行為者と同様の態度をとったか否かについて、手がかりを与える生活経験を利用することができる。しかしながら、これによって、標準人の一般的可能性が個人の責任非難の根拠として持ち出されているのではなく、個人の他行為可能性を確定する際の実際的な補助手段として使用されるにすぎないということは、強調されなければならない。」[115]としている。また、この定式に関して頻繁に引用される Mangakis も、非難を基礎づける行為者の個人の可能性を経験に従って確定し、この場合に確定基準として「一般的な可能性」を用いる見解に対しては、個々の事案において責任があることが仮定されているという異議が生じうることを認めた上で、「……特定の状況における特定の人間の他行為可能性を経験的、心理学的に証明することが不可能であるがゆえに、個人の可能性を確定するために、経験上与えられた標準人の一般的可能性に、頼らなければならないであろう」とし、さらに、このような推定的な性質は、このような立場（標準人の一般的可能性にもとづいて判断する立場）によってはじめて刑法に持ち込ま

115　Rudolphi, a.a. O., §20, Rdn. 25.（注58）

れたわけではなく、実際のところ、不可避な現実があらわにされているのである[116]、ともしているのである。さらに Kaufmann によっても「……責任ないし責任能力の本質存在を標準的な動機づけ可能性の中に見出す者も……類比的な責任の確定を免れず、責任判断はつねに類比の中に基礎を置いている」[117]とも指摘されているのである[118]。

　確かに、責任非難は、行為者自身に向けられなければならないように思われる。しかしながら、これらの見解が指摘するように、過去の具体的、一回的な状況における当該行為者の内面を厳密な意味において再現前させ、明証性をもって提示する方法が実際上存せず、類比的な性質を究極においては、回避しえないのであるならば、ここでの「標準人、平均人を置き換えるという責任非難の定式」による判断あるいは「置き換えによる判断」にもとづいて、行為者の事情を基礎とした上での規範的評価を行うことは肯定されてしかるべきものではないであろうか。そして、かかる判断にもとづく責任非難をもって、さらにはこの類比的、対比的な性質を認めた上で、行為者本人の刑法上の責任と呼ぶことも可能であるように思われるのである。よって、以上のような考察と、本稿で明らかにされた「精神の障害」概念を併せて考慮し、規範的責任論のもとでの責任非難に関する考え方と整合性のある責任能力の理解というものを要約的に示すと次のようになろうかと思われる。

　まず、当該行為の際の行為者の精神状態が問題となることから、行為者においては、当該行為の際に医学的、心理学的に広い意味で精神の障害とされるものが存するか否かが問われ、これが肯定された場合、認識・制御能力を喪失・減少させる可能性を有する程度の障害であったかが問われ、第一段階の「精神の障害」の有無・程度が判断される。そして、この段階では、医学的、心理学的知見にもとづいてもっぱら判断されることになる。次に、先の「標準人、平均人を置き換えるという責任非難の定式」による判断あるいは

116　Mangakis, a.a. O., S.520f.（注105）

117　Arthur Kaufmann, Das Schuldprinzip, 1976, S. 282.; Arthur Kaufmann（甲斐克則・訳）『責任原理』（2000）442頁も参照。

118　さらに、類比的あるいは類推的性質については、vgl. Hans-Ludwig Schreiber, Schuld und Schuldfähigkeit im Strafrecht, Festschrift aus Anlaß des 10 jährigen Bestehens der deutschen Richterakademie Trier, 1983. S. 77 ff.

52　責任能力の意義

「置き換えによる判断」に従って、この確定された「精神の障害」を前提条件として、すなわち、この「精神の障害」を行為者の内的事情として、当該行為について違法性を認識し、またそれに従って当該行為を思いとどまる能力（認識・制御能力）の有無・程度が判断されることになる。そして、この「精神の障害」を基礎事情とする判断において、認識・制御能力の喪失・著しい減少が肯定されれば、第一段階要素と第二段階要素の内的因果連関（innerer Zusammenhang）も認められ[119]、これによって「精神の障害」により（これを原因として）、認識・制御能力が喪失・減少したといえることになると思われるのである[120]。以上のような理解が、個々具体的な事案における詳細な認定過程は別として、基本的な枠組みとしては、規範的責任論のもとでの責任非難に関する考え方と整合性のある責任能力の理解ではないかと考えられるのである。要するに、規範的責任論が期待可能性論を中核とするものであり、ゆえに、犯罪論上の責任要件を構成する要素として理解される「責任能力」、「違法性の意識（の可能性）」、「適法行為の期待可能性」が、すべて期待可能性の観点から統一的に理解され、期待可能性の考え方がその判断の実質をなすと考えることが適切であるならば、期待可能性についての基本的な考え方と責任能力についてのそれは、本質において調和がとれていなければならないということになるであろう。

おわりに

本稿では、従来必ずしも明確には示されていなかった、混合的方法のもとでの「精神の障害」概念について、ドイツにおける生物学的要素（「精神の障害」）を参考として、この概念がどのようなものであるのか、とりわけ、どのような範囲をもつものなのか、を明らかにすべく考察を加えてきた。

119　なお、この因果連関については、vgl. Jähnke, a.a. O., §20, Rdn. 35.（注17）

120　さらにいえば、第一段階要素と第二段階要素との内的因果連関が肯定されることを経由して認められた、認識・制御能力の喪失・著しい減少という精神状態は、認識・制御能力を喪失あるいは著しく減少させる精神の障害でもあり、これが「精神障礙ノ態様」（大判昭和6・12・3）であると考えることもできるように思われるのである。さらに（注36）も参照。

具体的には、まず、この「精神の障害」を法的概念として構成することの妥当性を論じ、その上で、認識・制御能力の観点から捉えなおすことによって、純粋に法的、規範的な概念として「精神の障害」を理解する考え方と、医学的、心理学的知見を基礎とする、複合的な法的、規範的概念として「精神の障害」を理解する考え方が想定されるとし、後者の考え方が支持されるべきことを論じたものである。さらに、これにもとづき、「精神の障害」概念に関しては、「精神の障害」は、医学、心理学において広い意味で精神の障害とされるものの中で、認識・制御能力を少なくとも著しく減少させる可能性を有する程度の障害である、との立場を示した。すなわち、医学、心理学において広い意味で精神の障害とされるものを分母の位置に配し、——Krümpelmann の表現を念頭においていえば——これを、責任主義のあるべき帰結を不足なく導くという要請からなされるところの、認識・制御能力の観点から捉えなおすということによって、二つの契機ともいうべきものを、つまりは、医学、心理学において広い意味で精神の障害とされるものを最外郭とする領域設定へと向かう方向での契機（水平方向での拡張の動因）と程度概念の設定による限定方向での契機（垂直方向での限定の動因）をもたらすことになり、この前者（水平方向での拡張の動因）と後者（垂直方向での限定の動因）を通じて、「精神の障害」の範囲が画されることになる、との立場が採られたものである。

したがって、例えば、実務的にも関心の高い人格障害の責任能力についても、この定義では、人格障害という診断名それ自体に特別な意義を付与し、「精神の障害」にあたるか否かをこれに厳格に依拠させる（診断名に厳に従属させる）ということにはならず、認識・制御能力を少なくとも著しく減少させる可能性を有するのであれば、人格障害も「精神の障害」にあたる、ということになるのである。

最後に、以上の考察によって得られた「精神の障害」概念にもとづく刑法39条の理解と規範的責任論のもとでの責任非難に関する考え方との整合性のある説明の可能性を探るべく、考察を加えた。そして、期待可能性論をめぐる議論を参考にして、「標準人、平均人を置き換えるという責任非難の定式」による判断、あるいは「置き換えによる判断」という立場を支持する方向か

ら、規範的責任論と整合性のある39条の説明を試みた。

第二章
刑法39条と刑法41条のそれぞれの責任能力
——一般的な能力か、個々の行為についての能力か——

「(…) 世界の物質性と言語との関係が、イメージへの信頼、真理への信を動員するという点で、実際に信用（クレジット）の問題であるということが分かりはじめる。言い換えれば、現実は信任される必要があるのであり、私たちがここでただならぬ関心を寄せるのは、まさしくこの信任のメカニズムである。なぜならこのメカニズムこそが、制度的な構築の基礎だからだ。

仮にそうでないとすれば、つまり創造的なものなど関係がないとすれば、哲学的な表象の問題、つまり私たちが言葉を媒介として現実と取り結ぶ律法的関係の問題、言い換えれば制定された意味作用関係（言葉と物との規範的な結びつき）の問題は、問われることすらないだろう。例えば『テーブル』というシニフィアンは、他に代えられないひとつのシニフィエに関係し、他ならぬまさにその対象を示す（テーブルは椅子ではない）。この観点からすれば、意味作用という制度が示しているのは、紙幣と同じく言葉にも、ひとつの強いられた流れがあり、誰もこの流れを自由に受け入れたり拒んだりすることができないということである。そればかりか、制定された意味作用こそが、詩的な放縦そのものの土台をなしているのだ。

現実は世界の真理への信を基礎づける上演を必要としており、それがなければ語る動物の条件が崩壊するのは、疑いようのないことである。『世界とその構造の信託的な生』というヴァレリーの着想を、言語に応用してみることにしよう。すなわち、言葉は自らを保証する審級に寄せられた信頼の上に拠って立つ価値である。」

〔ピエール・ルジャンドル『同一性の謎』橋本一径訳（2012年、以文社）79頁以下〕

はじめに

犯罪とは、「構成要件に該当し、違法かつ有責な行為」である、あるいは「人の行為であって構成要件に該当する、違法で有責なもの」であるとされ、したがって犯罪が成立するためには、構成要件に該当する違法行為について、行為者にそれに対する責任が認められること（その有責性を肯定できること）が必要となる。ここでの「責任」とは、非難可能性であり、非難可能性は、「他行為可能性」ないしは「法に従った動機づけの可能性」によって基礎づけられる、あるいはこれを本質的な内容とする、というのが今日の一般的な理解である。そして、この「責任」あるいは「有責性」を肯定するための要件の一つとして、責任能力があげられる。現行刑法では39条1項、2項と41条がこの責任能力にかかわる規定とされる。すなわち、刑法39条1項は、「心神喪失者の行為は、罰しない」とし、同条2項は「心神耗弱者の行為は、その刑を減軽する」とし、41条は「14歳に満たない者の行為は、罰しない」とするものであり、前者が狭義の責任能力、後者が刑事責任年齢あるいは刑事未成年、に関する規定と呼ばれたりするものである。

これらの規定中41条については、これ自体が解釈上の具体的な争点として論じられることは、これまでほとんどなかったといえ、またこのことは、14歳という年齢基準にもとづいて一律に責任無能力とする、という明確な内容ゆえに、ある意味で当然ともいえるように思われる。これに対して、39条については、学説においてすでに多くの解釈上の議論が重ねられており、実務上も精神の障害による責任能力の有無・程度の判断は犯罪の成否を分ける重大な争点となることもまれではなく、学説、実務双方において比較的関心の高い分野ともいえるのである。

そして、この39条の解釈上の重要問題の一つとして、責任能力が「個々具体的な行為についての能力」であるのか、あるいは個々の行為から離れて判断することのできる「一般的な能力」であるのか、との問題も存在する。つまり、これは、多くの場合、39条の責任能力の判断にあたって、いわゆる部分的責任能力を肯定するか否かの問題──すなわち、よく挙げられる例とし

ては、好訴妄想を有するパラノイア患者は虚偽告訴罪などについては責任無能力であるが、他の犯罪については責任能力が認められるのではないかとの問題——と結びつく形で論じられてきた問題である。

だが、これは同時に、従来、責任要素説と責任前提説との対立図式のもとで、やはり多くの場合、責任能力の体系的位置づけをめぐる議論として論じられてきた問題であり、このような責任能力の体系的位置づけをめぐる議論という性質からも明らかであるように、39条の解釈問題にとどまるのではなく、41条も責任能力に関する規定と解する以上、——現実の争点として浮上することがほとんどないとしても——41条の解釈問題という側面をももつのである。実際にも「一般的な能力」と解する立場の中には、「……刑事未成年者については個々の行為責任の有無・程度の判断に立ち入るまでもなく責任を否定しており（41条）、このことは責任能力が他の責任要件から独立した要件、すなわち責任の前提要件であることを示すものである」[1]とし、「一般的な能力」であることの論拠の一つとしてあげるものがあり、ここにあっては、責任能力が「個々具体的な行為についての能力」であるのか、あるいは「一般的な能力」であるのかとの問題が、39条と41条に共通の問題として論じられているのである。

さらに加えて、責任能力が「個々具体的な行為についての能力」であるのか、あるいは「一般的な能力」であるのかとの問題は、そもそも責任能力に対する要求（そもそもの責任能力の内容）が両者において異なるのであるから、複数あるいは種類の異なる犯罪行為の責任能力が問題となる場合に、いわゆる部分的責任能力を肯定するか否かの問題にとどまらず、これ以外の、一つの犯罪行為に対する責任能力判断、いわば通常の責任能力判断にも影響を及ぼす問題であるとも考えられるのである。

本稿は、裁判員制度の導入とともに改めて「責任能力の本当に意味するところに立ち返った説明」の必要が説かれる近時の状況にあって[2]、責任能力

1　大谷實『刑法講義総論』第三版（2009）321頁以下。
2　例えば、司法研修所編『平成19年度司法研究（第61輯第1号）難解な法律概念と裁判員裁判』（2009）研究員 村瀬均、河本雅也、三村三緒、駒田秀和、協力研究員 佐伯仁志、酒巻匡、33頁以下参照。

が「個々具体的な行為についての能力」であるのか、「一般的な能力」であるのかとの問題を、上述のごとき性質をもつような問題、したがって、責任能力の根本的な理解にかかわり、かつ具体的な責任能力判断をも左右する問題ととらえ、「個々具体的な行為についての能力」と解する見解を支持する立場から、「一般的な能力」と解する見解、あるいは少なくとも、責任能力の具体的判断過程において、この「一般的な能力」と実質的に同内容のものを問題とする見解に対して批判的に検討を加え、そして、刑法41条の責任能力（責任無能力）と39条の責任能力（責任無能力・限定責任能力）のそれぞれがいかなるものであるのか（それぞれの責任能力（認識・制御能力）がいかなる対象に対する能力であるのか）を、さらには、両責任能力の内容上の差異と共通性を明らかにすることを試みるものである。

　その際、まず、ドイツにおける現行の責任能力に関する規定をめぐる、比較的広く受け入れられている理解をもとに、ドイツにおける責任能力制度を概観し、次いでこれを参考として、わが国の39条と41条のそれぞれの責任能力がいかなるものであるのかについて考察を加えることにする。

I　ドイツにおける責任能力

　ドイツにおける責任能力にかかわる年齢段階としては、（1）14歳未満（子供（kind））（2）14歳以上18歳未満（少年（Jugendlicher））、（3）18歳以上21歳未満（年長少年（Heranwachsender））、（4）21歳以上をあげることができる[3]。責任能力に関する主要な規定としては、刑法19条、20条、21条、少年裁判所法3条が存在する。すなわち、刑法19条は「行為遂行時に、14歳に満たなかった者は、責任無能力である」とし、20条は「行為遂行時に、病的な精神障害、根深い意識障害、または精神遅滞もしくはその他の重大な精神的偏倚のため、行為の不法を認識し、またはその認識に従って行為する能力がない者は、責任なく行為したものである」とし、限定責任能力に関する21条

3　この4つの年齢段階に分けて説明されることが多いが、純然たる責任能力にかかわる年齢段階としては、（3）を別個に取り上げる必要はないか、あるいは、（3）、（4）を併せて考えれば足るともいえる。この点については後述する（3）の部分参照。

第二章　刑法 39 条と刑法 41 条のそれぞれの責任能力　　59

は「行為の不法を認識し、またはその認識に従って行為する行為者の能力
が、第20条に掲げられた理由の一により、行為遂行時に著しく減少していた
ときは、刑は、第49条第１項により、減軽することができる」と定め、少年
裁判所法３条は「少年は、行為時に、その道徳的、精神的発達からみて、行
為の不法を認識し、その認識に従って行為することができる程度に十分に成
熟している場合に刑法上答責的である（一文）。未成熟ゆえに刑法上答責的で
ない少年を教育するために、裁判官は、家庭裁判所裁判官や後見裁判官と同
じ処分を命ずることができる（二文）。」と規定するものである。

　わが国の現在の責任能力制度との比較においてごくおおまかな特徴をひと
まずあげるとすれば、責任能力にかかわる年齢段階がより細分化されている
こと、14歳未満のいわゆる無条件の刑法上の未成年（あるいは絶対的な刑法上の
未成年）と通常は責任能力があるとみなされる成人（Erwachsener）との間
に、いわゆる条件つきの刑法上の成年（bedingte Strafmündigkeit）と呼ばれる
相対的刑事成年層も設定されていること、認識能力・制御能力が損なわれる
原因がより細かく列挙されていることなどが挙げられるであろう。以下にお
いて、わが国の39条と41条の責任能力がそれぞれいかなるものであるのかを
考えるにあたって、とりわけ責任能力にあって一般的な能力が問題となりう
るのかを考察するにあたって、示唆を得るという視点からドイツにおける責
任能力制度を年齢段階に沿ってみていくことにする。

1　責任能力に関する年齢段階

（1）14歳未満の年齢段階

（a）　まず、14歳未満の子供については、責任能力が刑法19条によって一
般的に否定されている[4]、あるいは、19条は14歳未満の者を一般的に責任無
能力とし、これによって刑法上の成年（Strafmündigkeit）の限界を画してい
る[5]、あるいは、19条は14歳になるまでの子供が絶対的に責任無能力である
ことを定めている[6]、などとされ、さらに、この19条の規定は反証不可能な

4　Vgl. Perron, Schönke/ Schröder, Strafgesetzbuch Kommentar, 27. Aufl. 2010, §19, Rdn. 1.

5　Jähnke, Leipziger Kommentar zum Strafgesetzbuch, 11. Aufl. 1993, §19, Rdn. 1.

6　Rolf Schmidt, Strafrecht-Allgemeiner Teil, 6. Aufl. 2007, S. 202. Rdn. 496.

60 　責任能力の意義

推定（unwiderlegliche Vermutung）を内容とし、かかる性質については、認識
能力・制御能力の調査は、子供が具体的な場合において認識能力・制御能力
にとって必要な成熟に、もしかするとすでに達していたかもしれない場合に
も行われない[7]、あるいは、19条の文言によって、立法者は、子供の責任能
力を一般的に、かつ個々の発達状態にかかわることなく否定しようとするこ
とを内容とする反証不可能な推定を表現している[8]、あるいは、少年裁判所
法3条、刑法20条の意味での認識能力・制御能力が存在しているかのように
思われる場合にも、未成熟ゆえの責任能力の欠如が出発点にされなければな
らない[9]、などといった説明がなされるところである[10]。つまり、この19条
が規定する14歳未満の子供については、14歳未満という年齢条件を満たす限
りにおいて、個々の成熟の程度いかんにかかわらず、認識能力・制御能力の
不存在が反証不可能な形で推定されることになるのである。

　（b）　そして、ここでの認識能力・制御能力の不存在の時期については、
行為遂行時の年齢が決定的である[11]、あるいは、刑法上の成年の確定にあ
たって問題となるのは行為の時点である[12]、あるいは、責任能力と責任に
とって重要な時点は、行為刑法においては当然に行為の遂行の時点であ
る[13]、などとされ、14歳の誕生日自体は民法187条2項2文[14]の一般原則に

7　Perron, a.a. O., §19, Rdn. 1.（注4）

8　Schmidt, a.a. O., S.202. Rdn. 496.（注6）

9　Streng, Münchener Kommentar zum Strafgesetzbuch, 2003, §19, Rdn. 5.

10　さらに、反証不可能な推定と解する立場として、例えば、Begründung Entwurf 1962, Druck-
　　sache IV/650. S.137：法務省刑事局「1962年ドイツ刑法草案理由書」刑事基本法例改正資料第
　　10号（1966）132頁；Paul Bockelmann, Strafrecht, Allgemeiner Teil, 4. Aufl. 1987, S. 112.;
　　Gabriele Wolfslast, Strafrecht für Kinder? Zur Frage einer Herabsetzung der Strafmündig-
　　keitsgrenze, in Festschrift für Günter Bemmann, 1997, S. 276.（本論文をもとにした Wolfslast
　　による講演の原稿の翻訳として、「子供に対する刑法？——刑事責任年齢の下限の引き下げ問題
　　について」只木誠・訳　比較法雑誌41巻3号63頁以下参照。）；Fritjof Haft, Strafrecht Allge-
　　meiner Teil, 9. Aufl. 2004, S. 128.; Helmut Frister, Strafrecht Allgemeiner Teil, 2. Aufl. 2007, S.
　　211. Rdn. 2; Fischer, Kommentar zum Strafgesetzbuch, 56. Aufl. 2009, §19, Rdn. 2.; Hans-
　　Ludwig Schreiber/ Henning Rosenau, in Venzlaff/ Foerster (Hrsg.) Psychiatrische Begutach-
　　tung, 5. Aufl. 2009, S. 105.; Schild, Nomos Kommentar zum Strafgesetzbuch. Band 1, 3. Aufl.
　　2010, §19, Rdn. 2. など。

11　Ostendorf, Reihe Alternativkommentar, Kommentar zum Strafgesetzbuch, 1990, §19, Rdn. 3.

12　Streng, a.a. O., §19, Rdn. 6.（注9）

13　Eberhard Schmidhäuser, Strafrecht Allgemeiner Teil, 2. Aufl. 1984, S. 193. Rdn. 16.

第二章　刑法 39 条と刑法 41 条のそれぞれの責任能力　　61

従ってすでに刑法上の成人年齢にあたるとされ[15]、また、行為の遂行に関しては、刑法 8 条[16]に従って行為者が行為した時点が重要であって、いつ結果が発生したかは重要ではなく、例えば、後の刑事手続などではなく[17]、このため作為犯にあっては、構成要件にあたる行為（Tatbestandshandlung）を行う時点が決定的であり、不作為犯にあっては、当該不作為者が必要な行為を行わなければならなかった時期が決定的であるとされ[18]、さらに継続犯や連続する行為に関しては、複数の行動ではあるが法的な評価においては一つのまとまったものを形成することになる行動や、継続犯の違法状態、不作為犯の場合の行為義務が、14歳を超えて継続するならばその行為は可罰的であるが、刑法上の未成年の段階においてなされた行為は考慮に入れられず、刑法上の成年に達した後の行為に関して、とりわけ少年裁判所法 3 条の要件が調査されなければならないとされている[19]。

　さらにまた、犯罪論における体系上の位置づけについては、子供の責任無能力は責任阻却事由（Schuldausschließungsgrund）であり、よって子供は構成要件に該当し違法に行為することができ、ゆえに違法な行為（rechtswidrige

---

14　ドイツ民法187条 2 項は、「期間の始期を定めるにつき、ある日の始めを基準としたときは、期間の計算については、この日を算入する（一文）。年齢の計算の場合において、出生の日についても、同様とする（二文）。」と定めている（法務大臣官房司法法制調査部「ドイツ民法典——総則——」法務資料第445号（1985）46頁参照）。

15　Jähnke, a.a. O., §19, Rdn. 1.（注 5 ）なお、行為遂行時の年齢が疑いがない程度に判明しないならば、実質的な責任の問題が問われているため、「疑わしきは被告人の利益に」の原則が妥当するとも指摘されている（この点については、vgl. Jähnke, a.a. O., §19, Rdn. 4.（注 5 ）; Brunner/ Dölling, Jugendgerichtsgesetz, Kommentar, 11. Aufl. 2002, §1, Rdn. 11.; Eisenberg, Jugendgerichtsgesetz, 14. Aufl. 2010, §1, Rdn. 11. など。さらに、判例については例えば、BGHSt 5, 366, 366 f.）。

16　ドイツ刑法 8 条では、「行為は、正犯若しくは共犯が作為を行ったとき、又は、不作為の場合には作為がなされるはずであったときに、行われたものである。結果がいつ発生したかは重要ではない。」と定められている。（法務省大臣官房司法法制部編「ドイツ刑法典」法務資料461号（2007）20頁参照。）

17　Schmidhäuser, a.a. O., S. 193. Rdn. 16.（注13）さらに vgl. Jähnke, a.a. O., §19, Rdn. 4.（注 5 ）; Schild, a.a. O., §19, Rdn. 3.（注10）

18　Rudolphi, Systematischer Kommentar zum Strafgesetzbuch, 7. Aufl. 2003, §19, Rdn. 2. さらに vgl. Schild, a.a. O., §19, Rdn. 3.（注10）

19　Brunner/ Dölling, a.a. O., § 1, Rdn. 8.（注15）さらにこの点について同旨のものとして、例えば、vgl. Ostendolf, a.a. O., §19, Rdn. 4.（注11）; Perron, a.a. O., §19, Rdn. 2.（注 4 ）など。

Tat）を行うことができるのである[20]、あるいは、19条は、犯罪論体系にお
ける刑法上の成人年齢の地位を責任阻却事由として規定しており、子供の犯
罪行為にあっては、ただ責任が否定され構成要件該当性および違法性には関
係しない[21]、などとされ[22]、そしてこのことから、第三者が犯罪行為の遂行
のために子供を利用するような場合についても、子供による構成要件に該当
する違法な行為へ関与する共犯は、――例えば成人（Erwachsener）が関与す
る場合――間接正犯が認められない限り可能である[23]、あるいは、子供の行
為へ関与する共犯者は、間接正犯が認められないとしても、刑法29条[24]に
従って可罰的である[25]、などとされ[26]、また、子供の違法行為に対する正当
防衛も原則的には許されるとされている[27]。つまり、14歳未満の子供にあっ
ては、「構成要件に該当する違法な行為」を行うことが可能であり、かつそ
の行為の存在を前提として、そのまさに行為の遂行の時点が14歳未満という
年齢条件を満たす限りにおいて、責任阻却事由としての責任無能力が反証不
可能な形で推定されるということになり、ここではあくまで子供による「構
成要件に該当する違法な行為」が責任能力に関する問いの起点であり、有責

20　Perron, a.a. O., §19, Rdn. 3.（注4）

21　Jähnke, a.a. O., §19, Rdn. 2.（注5）

22　さらに、明示的に責任阻却事由として位置づけるものとして、例えば、Hans-Heinrich
　　Jescheck/ Thomas Weigend, Lehrbuch des Strafrechts Allgemeiner Teil, 5. Aufl. 1996, S. 434.;
　　Jescheck/ Weigend,（中空壽雅・訳）『ドイツ刑法総論』（第五版）、西原春夫・監訳（1999）
　　334頁以下；Streng, a.a. O., §19, Rdn. 5.（注9）; Günter Stratenwerth/ Lothar Kuhlen,
　　Strafrecht Allgemeiner Teil, 5. Aufl. 2004, S. 192. Rdn. 9 ff.; Schöch, Leipziger Kommentar
　　zum Strafgesetzbuch, 12. Aufl. 2006, §19, Rdn. 2.（LK.11. Aufl.（注5）Jähnke の記述を維持す
　　る形で）；Schmidt, a.a. O., S. 202. Rdn. 495.（注6）; Volker Krey, Deutsches Strafrecht Allge-
　　meiner Teil Band 1, 3. Aufl. 2008, S. 83. Rdn. 222., S. 246. Rdn. 656.; Schild, a.a. O., §19, Rdn.
　　7.（注10）など。

23　Jähnke, a.a. O., §19, Rdn. 2.（注5）

24　なお、29条は関与者の個別的な処罰に関する規定であり、「いずれの関与者も、他の者の責任
　　を考慮することなく、その者の責任に応じて罰せられる」と定めている。

25　Fischer, a.a. O., §19, Rdn. 2.（注10）

26　さらに、子供の違法行為への関与に共犯が成立しうることについては、例えば、vgl.
　　Rudolphi, a.a. O., §19, Rdn. 4.（注18）; Schmidt, a.a. O., S. 201. Rdn. 494.（注6）; Schild, a.a. O.,
　　§19, Rdn. 7.（注10）など。

27　例えば、Jähnke, a.a. O., §19, Rdn. 2.（注5）; Schild, a.a. O., §19, Rdn. 7.（注10）など。なお、
　　要件が厳格であることについては、vgl. Streng, a.a. O., §19, Rdn. 10.（注9）; Eisenberg, a.a. O.,
　　§1, Rdn. 2.（注15）Perron, a.a. O., §32, Rdn. 52.（注4）

性要件としての責任能力の評価対象となっていると解されるのである。

（c）　なお、14歳未満の子供に対しては、責任能力を前提としないような刑法上のサンクション（刑法63条以下）も否定される[28]、あるいは、刑罰が科されないだけでなく、刑法上の処分も課することができず、少年裁判所法1条が明示的に同法の適用領域を少年に限定しているため、少年裁判所法によるサンクションも否定される[29]、などとされ、このためかかる子供に対しては、民法や社会法（Sozialgesetzbuch）による処置が可能であるにすぎないことになるとされる[30]。さらにまた、子供が刑法上の未成年であることは訴訟障害となるとされ、したがって、19条の法的性格については、実体法上は上述のごとく責任阻却事由となり、訴訟法上は訴訟障害となり、実体法および訴訟法上の二重の性質（Doppelnatur）をもつというのが一般的な理解と考えられ、例えば、子供に対して誤って起訴がなされた場合には、その手続は打ち切られなければならず、しかも後に被告人が刑法上の成人年齢に達したとしても、打ち切られなければならないといった説明がなされるところである[31]。

（2）14歳以上18歳未満の年齢段階

（a）　14歳以上18歳未満である少年については、少年裁判所法が適用されることになる。ただ、もちろんこの少年にあっても、少年刑法（Jugend-strafrecht）の実体法上の特性は、犯罪行為の法的効果に関する規定の下ではじめて生じる場合が多いが、これに対して、犯罪成立要件（構成要件該当性、

28　Perron, a.a. O., §19, Rdn. 4.（注4）

29　Vgl. Schild, Nomos Kommentar zum Strafgesetzbuch. Band 1, Gesamtredaktion: Neumann/ Puppe/ Schild, 2001, §19, Rdn. 17.

30　この点については（保安上の没収という例外があることも含めて）、例えば、Jähnke, a.a. O., §19, Rdn. 3.（注5）; Brunner/ Dölling, a.a. O., §1, Rdn. 13.（注15）; Rudolphi, a.a. O., §19, Rdn. 1.（注18）; Streng, a.a. O., §19, Rdn. 8.（注9）; Fischer, a.a. O., §19, Rdn. 2.（注10）; Schöch, a.a. O., §19, Rdn. 3.（注22）など。

31　この点については、例えば、vgl. Ostendorf, a.a. O., §19, Rdn. 6.（注11）; Jähnke, a.a. O., §19, Rdn. 3.（注5）; Brunner/ Dölling, a.a. O., §1, Rdn. 14.（注15）; Friedrich Schaffstein/ Werner Beulke, Jugendstrafrecht, 14. Aufl. 2002, S. 55.; Rudolphi, a.a. O., §19, Rdn. 3.（注18）; Perron, a.a. O., §19, Rdn. 5.（注4）など。

64 責任能力の意義

違法性、責任）は、一般刑法に従って通常は決せられることになるとされる。そして、このように、犯罪成立要件については、一般刑法に従って通常は決せられることを前提とした上で、なお、少年裁判所法3条によって責任能力に関してのみ、一般刑法と異なることが基礎づけられることになり、この点で原理的に、かつ実際的に意義があるとされる[32]。したがって、少年については、少年裁判所法3条によって、一般刑法においてあげられている責任無能力の場合（刑法20条）に付け加えられる特別な責任阻却事由が認められるということになるのである[33]。

（b）また、少年裁判所法3条（1文）の構造については、同法は、少年の行為者が行為の不法を認識し、その認識に従って行為することができたかどうかのみを考慮するのではなく、同時に――「道徳的、精神的発達」状態によって――このような認識能力・行動能力（Handlungsfähigkeit）の欠如が起因するに違いない生物学的な原因を指定している[34]、あるいは、刑法20条と少年裁判所法3条の両規定は、刑法上の答責性を認識能力および行動能力（意思形成能力（Willensbildungsfähigkeit）、抑制能力（Hemmungsvermögen））と結びつけている点で同様であり、また両規定はいわゆる「生物学的・心理学的方法」を用いている点でも同様であり、したがって未完成の道徳的、精神的発達が生物学的な原因にあたり、認識能力・行動能力の欠如が法律が要求する心理学的な結果であり、これにより少年裁判所法3条による答責性の欠如が基礎づけられることになるのである[35]、あるいは、生物学的要素は、成人の

---

32 Vgl. Schaffstein/ Beulke, a.a. O., S. 62.（注31）

33 Vgl. Schaffstein/ Beulke, a.a. O., S. 62f.（注31）さらに、特別な責任阻却事由として明示的に位置づけるものとして、Klaus Laubenthal/ Helmut Baier, Jugendstrafrecht, 2006, S. 30. Rdn. 62.; Franz Streng, Jugendstrafrecht, 2. Aufl. 2008, S. 27. Rdn. 47. など。また、明示的ではないまでも、責任阻却事由という項目の下で、少年裁判所法3条について記述を行うものも多くみられる。例えば、Haft, a.a. O., S. 128f.（注10）; Harro Otto, Grundkurs Strafrecht Allgemeine Strafrechtslehre, 7. Aufl. 2004, S. 212. Rdn. 1 f; Stratenwerth/ Kuhlen, a.a. O., S. 192ff. Rdn. 9 ff.（注22）; Walter Gropp, Strafrecht Allgemeiner Teil, 3. Aufl. 2005, S. 267 f. Rdn. 36 ff.; Krey, a.a. O., S. 246. Rdn. 656 f.（注22）など。

34 Stratenwerth/ Kuhlen, a.a. O., S. 194. Rdn. 15.（注22）

35 Vgl. Schaffstein/ Beulke, a.a. O., S. 63.（注31）なお、少年裁判所法3条のいわゆる心理学的要素の二番目の能力について、行動能力（Handlungsfähigkeit）という用語が用いられることが少なくないが、一般刑法の責任能力規定（20条、21条）における制御能力（Steuerungsfähig-

行為者にあっては一定の精神異常であり、少年にあってはそれは未成熟であり、また、両方の行為者グループにおいて心理学的要素は、生物学的状態に起因するところの、「行為の不法を認識し、その認識に従って行為する」能力の欠如である[36]、などとされる。つまり、かかる理解にもとづくと、少年裁判所法 3 条（1 文）においても、構造上は刑法20条と同様にいわゆる混合的方法がとられているということになり、したがって20条の構造とパラレルに、——3 条（1 文）の「行為時に（zur Zeit der Tat）」からも明らかであるように——行為の時点を基準とし、「道徳的、精神的未成熟を原因として、認識能力・制御能力が排されているか否か（前者を原因とする認識能力・制御能力の喪失という結果）」が問われることになるものと解されるのである[37]。

（c）　また、14歳以上18歳未満の少年については、刑法19条の逆の推論（Umkehrschluss）から一般に責任能力を有する者とも位置づけられる[38]。つまり、19条が、14歳未満の者について、問題となるあらゆる構成要件に該当する違法な行為につき、反証不可能な形で責任無能力を推定しているため、この反対の内容が妥当することになり、14歳以上の者については、一般にないし通常は責任能力を有する、あるいは、一般にないし通常は刑法上の成年であるということになるのである。だが、他方において、この14歳以上18歳未満の年齢段階については、「条件つきの刑法上の成年」ないしは「相対的な刑法上の成年」、あるいは、「条件つきの責任能力」ないしは「相対的な責任能力」との名称をもって位置づけられてもいるのである。このような二つの

---

keit）と同内容（認識能力にもとづいて獲得した認識に従って行為を思いとどまる能力）と解されている。例えば、この点については、vgl. Schmidhäuser, a.a. O., S. 195. Rdn. 21.（注13）; Schreiber/ Rosenau, a.a. O., S. 105.（注10）など。

36　Bockelmann, a.a. O., S. 112.（注10）

37　上記論者のほか、少年裁判所法 3 条が構造上、混合的方法（二段階的方法）を採用しているとの理解として、例えば、vgl. Theodor Lenckner, Strafe, Schuld und Schuldfähigkeit, in Göppinger/ Witter (Hrsg.), Handbuch der forensischen Psychiatrie, Bd. 1, 1972, S. 249.; Reinhart Maurach/ Heinz Zipf, Strafrecht Allgemeiner Teil Teilband 1, 8. Aufl. 1992, S. 511. Rdn. 86.; Claus Roxin, Strafrecht Allgemeiner Teil Band I, 4. Aufl. 2006, S. 912. Rdn. 52.; Schöch, a.a. O.,§20, Rdn. 107.（注22）; Schreiber/ Rosenau, a.a. O., S. 105.（注10）など。

38　例えば、vgl. Schmidt, a.a. O., S. 202. Rdn. 497.（注 6 ）また、Wolfslast, a.a. O., S. 276.（注10）でも、「14歳以上18歳未満の少年は、原則として責任能力を有しており、したがって『条件付』あるいは『相対的な』刑法上の成年である」とされている。

位置づけの正確な意味を理解するには、少年裁判所法3条と刑法20条の規定形式をめぐる次のような説明が重要と考えられる。つまり、刑法20条は「〜の者は責任なく行為したものである」とし、消極的（negativ）に、いわば裏側から（責任無能力の要件を示すことで）、責任能力について定め、これに対して、少年裁判所法3条は「〜の場合に少年は刑法上答責的である」とし、答責性の要件を積極的（positiv）に、いわば表側から規定しているが、この規定形式の差異をめぐる説明である。

　すなわち、18歳になった行為者においては、「……責任能力は、それが否定されうることにつき、なんらかの根拠が手続においてあらわれる場合にのみ、調査や、判決における特別な確定を必要とするが、少年の行為者においては、これとは異なることになる。ここでは、責任能力は少年裁判所法3条に従ってつねに積極的に確定され、判決において入念に理由づけがなされなければならないのである。というのは、成人（Erwachsener）においては、20条において挙げられた責任無能力の原因が認められることが比較的まれな例外的な場合であるのに対して、少年においては、答責性を基礎づける道徳的、精神的成熟の欠如が経験上多くみられ、あるいくつかの犯罪にあっては、そのような成熟が認められるよりも成熟の欠如の方が多くみられさえするのである。法は、20条において責任無能力のメルクマールを消極的に定義し、少年裁判所法3条において責任能力のメルクマールを積極的に定義することによって、この違いを表現しているのである。」[39]と。あるいはまた、「成人は、通常、責任能力を有すると見なされ、それゆえこの点に関して調査が行われる場合には特別な論拠が必要となる。これに対して、少年においては、この問題は完全に開かれており、あらゆる場合に調査されなければならないのである。かかる事情は、少年裁判所法3条に従うと責任能力は『つねに積極的に確定されなければならない』といったように表現されることが多い。このような表現は、ただ調査と理由づけが必ず必要であることにのみかかわるのである。……むしろ『積極的に』確定されうるものは、発達に起因した認識能力・行動能力の欠如の『不存在』でしかない……[40]」と[41]。

39　Schaffstein/ Beulke, a.a. O., S. 63.（注31）

第二章　刑法 39 条と刑法 41 条のそれぞれの責任能力　　67

つまり、これらの説明においては、少年裁判所法 3 条と刑法20条の規定形式の差異は、成人においては、責任無能力の原因となる精神の障害が認められることが比較的まれな例外的な場合であり[42]、少年においては、責任無能力の原因となる道徳的、精神的未成熟が比較的まれな例外的な場合ではなく、犯罪の種類によっては少なからず認められることが経験上肯定できるとの理解を背景とした、責任能力の問題に関する調査の必要性（および理由づけの必要性）の程度差ということになり、とくに実際上重要な差異としては、責任能力の不在をうかがわせる具体的な根拠や契機の要否の差ということになるのである。そうすると、まず、上述のごとく、14歳未満の者については、19条によって、問題となるそれぞれのあらゆる行為について反証不可能な形で責任無能力が推定され、さらに19条の逆の推論によって14歳以上の者については、「一般に」ないしは「通常は」、あらゆる行為につき責任能力を有する、あるいは、あらゆる行為につき刑法上の成年ということになり、その上で、14歳以上の者については、刑法20条および（付加的な責任阻却事由と理解される）少年裁判所法 3 条に従って、この逆の推論に対する帰結に関して、反証可能性が保証されることになるが、この場合さらに、14歳以上18歳未満という年齢段階については、その年齢の低さ、それゆえの道徳的、精神的未成熟を考慮し、少なくとも少年裁判所法 3 条の要件（道徳的、精神的未成熟による責任能力の喪失）の調査の限りでは、「つねに」「あらゆる場合に」おいて、その調査が行われなければならず、他方においては、この年齢段階を超えると（18歳になると）、刑法20条の要件（精神の障害による責任能力の喪失（場合によっては著しい減少））の調査のみが行われ、しかも、責任能力の不在（減少）をうかがわせるようなしかるべき根拠や契機が必要になるという形で両

40　Stratenwerth/ Kuhlen, a.a. O., S. 195. Rdn. 17.（注22）

41　なお、「成人」という語の意味は、——文脈にも依存するが——一般には18歳以上の者を意味し、刑法上の「成人」では14歳以上を意味することになるが、これらの説明においては、少年（14歳以上18歳未満の者）との対比という文脈からも明らかであるように、18歳以上の者という意味に用いられていると解される。

42　また、Schmidhäuser も、統計的にみて、たいていの人間は不法行為を行う際に認識能力・制御能力を有していると言えることから、消極的な規定形式が採られているとの指摘を行っている（vgl. Schmidhäuser, a.a. O., S. 195. Rdn. 23.（注13））。

者には差異があるということになるのである。あるいは、言い換えれば、14歳以上18歳未満という年齢段階と、18歳以上という年齢段階では、通常は責任能力を有するとされる点では何ら異ならないが、両者には責任能力の調査の必要性（および理由づけの必要性）に程度差があり、この限りにおいて19条の逆の推論の帰結としての「一般性」、「通常性」（一般にないし通常は責任能力を有するとされる性質）が、前者では、いわば変更ないし緩和されており（よって、責任無能力の例外的性質の強調がトーンダウンしており）、後者では、この「一般性」、「通常性」が（よって、他面での責任無能力の例外的性質が）、前者に対するような配慮がないという意味で十全に妥当するとも言えるのである[43]。あるいは、さらに言い換えれば、問題となるあらゆる行為について責任無能力が反証不可能なものとして推定される14歳未満と一般に責任能力を有するとされる18歳以上との間に位置し、少年裁判所法3条の要件に関する調査と理由づけがつねに必要との条件が付された上で、「一般性」、「通常性」が認められるような年齢段階ということになり、いわば一応の「一般性」、「通常性」が認められる年齢段階ともいえるのである[44]。したがって、上述のよう

43　なお、18歳以上の年齢段階において、「一般性」、「通常性」が肯定されることについては、後述 I 1（3）、（4）（a）参照。

44　なお、この年齢段階を、あらゆる行為について責任無能力が反証不可能なものとして推定される14歳未満と一般に責任能力を有するとされる18歳以上との間に位置し、いずれにも属さない固有の段階であることに力点を置くことによって、ここでの「一般性」、「通常性」に関して、いわば完全にペンディングにされた、一応の「一般性」、「通常性」も認められないような、まったくニュートラルな段階と捉えること（あるいは、さらにすすめて、責任無能力であるのが「通常」ないしは「蓋然的」である段階などとすること）は難しいように思われる。

　14歳未満では、あらゆる行為について責任無能力が反証不可能なものとして推定されるが、この14歳という限界を超えると、これとは反対の内容として通常は責任能力を有すると解することは可能かつ自然であるように思われるし、また、経験的にも、この年齢段階について、──例えば（後述する例にもあるように）、構造が比較的単純な財産罪や、粗暴な暴力犯罪はもとより──、かなり多くの犯罪に関して責任能力を有すると考えることは肯定できるようにも思われるため、やはり、通常はあらゆる行為につき責任能力を有する年齢層であるとの位置づけを認めた上で、年齢の低さを考慮した付加的な責任阻却事由と解される少年裁判所法3条によって、この「通常性」が本文で述べた内容として変更されていると解する方が、少年に関する責任能力の理解としてより適切であるように思われる。

　もっとも、かかる理解のもとでも、答責的であることについて疑いが残る場合、あるいは、責任能力が喪失していない（少年裁判所法3条の要件が満たされていない）との判断に除去できない疑いが残る場合には、「疑わしきは被告人の利益に（in dubio pro reo）」の原則が妥当すると解される。少年の責任能力に関して in dubio pro reo の原則が適用されることについて

な二つの位置づけも、このような意味において理解され、まさに少年は、単に年齢上の区分において、子供（Kinder）と成人（Erwachsener）の間に存するにとどまらず、責任能力に関する扱いにおいても両者の中間にあたるということになるのである。

　ではこのように、少年については、問題となりうるあらゆる行為の行為時に責任能力を通常有することが推定され（したがって行為時の「一般的な責任能力」が推定され）、かつ、これに対する反証可能性も主として少年裁判所法3条（ときに一般刑法の責任能力規定（20条））によって保証されることになるが、ここでの反証活動はいかなる内容のものであるのか、または、どのような内容に対して反証がなされれば成功したといえるのかも問題となる。すなわち、推定される「一般的な責任能力」そのものが反証の対象となるのか、あるいは、個々具体的な構成要件に該当する違法行為の責任能力（認識・制御能力）についてのみ関心を寄せ、そのような個々の行為に関する責任能力（認識・制御能力）の不在が反証の対象となるのか、つまりは、実体法上の要件として「一般的な責任能力」そのものが問われるのか、あるいは個々具体的な行為についての能力が問われることで足るのかとの問題も生じることになる。

　(d)　そして、この点については、「この（少年裁判所法3条の）規定は、責任能力に関係しており、しかも特定の法益侵害（spezifische Rechtsgutsverletzung）をともなうそれぞれの個々の不法行為に関連している」、「少年によるあらゆる個々の不法行為において、少年が特定の不法（spezielles Unrecht）に関して責任能力を有していたかどうかが調査されなければならない。」[45]、あるいは、「認識能力は一般的、抽象的にではなく、少年による個々の具体的

は、例えば vgl. Peter-Alexis Albrecht, Jugendstrafrecht, 3. Aufl. 2000, S. 96.; Ostendorf, Jugendgerichtsgesetz Kommentar, 6. Aufl. 2003, §3, Rdn. 15.; Eisenberg, a.a. O., §3, Rdn. 4.（注15）など。また判例についても、例えば BGH ZJJ2005, 205. では、（前記 Eisenberg を引用して）「……答責的となる成熟（Verantwortungsreife）について疑いが残る場合には、被告人に有利に、それが欠如していることが認められなければならない。」とされている。さらに、成人の責任能力に関して in dubio pro reo の原則が適用されることについては、後述Ⅰ1（4）(a)参照。

45　Schmidhäuser, a.a. O., S. 194. Rdn. 18, 19.（注13）

70　責任能力の意義

な法違反（einzelne konkrete Rechtsverletzung）との関連で突きとめられなければならない。」[46]、あるいは、「今日において完全に一般的である見解に従うと、刑法上の成年は可分的（teilbar）である。すなわち、同時に生じる複数の行為の一つに対して刑法上の成年が認められ、他の行為に対して認められないということはありうる。認識能力、行動能力が、個々の構成要件において記述された行為態様（die in den einzelnen Tatbeständen umschriebenen Verhaltensweisen）に関して認められるかどうかが、それぞれ問題となるのである。」[47]、あるいは、「少年である行為者にとって可能でなければならない認識は、具体的な行為の不法内容（Unrechtsgehalt der konkreten Tat）に関係するものでなければならない。」[48]、あるいは、少年の認識能力は可分的であり、「それゆえ、認識能力は一般的に調査されるのではなく、それぞれの個別的な法違反（jede einzelne Rechtsverletzung）に関して確定されなければならない。」[49]などとされ、さらには観念的競合（Idealkonkurrenz）、実質的競合（Realkonkurrenz）、法条競合（Gesetzeskonkurrenz）などの場合についても、それぞれの行為につき責任能力の問題は別個に調査されなければならないともされているのである[50]。またさらに、より具体的に、特定の犯罪行為の場合の責任能力の有無・程度に関する傾向についての指摘もみられる。例えば、「少年はかなり前から荒っぽい所有権侵害の違法性についてはわかってはいるが、賭博に関与することが法的に禁じられていることをいまだ理解できていないということはありうるのである。また、抑制能力についても、少なからぬ一定の衝動に対してはすでに発達しているが、他方においては、他の衝動に対してはいまだ十分でないということが、──まさに思春期においては

46　Schaffstein/ Beulke, a.a. O., S. 64.（注31）さらに、vgl. Friedrich Schaffstein, Die Jugendzurechnungsunfähigkeit in ihrem Verhältnis zur allgemeinen Zurechnungsfähigkeit, ZStW, 77, S. 201 f.

47　Schreiber/ Rosenau, a.a. O., S. 105.（注10）

48　Stratenwerth/ Kuhlen, a.a. O., S. 194. Rdn. 16.（注22）

49　Laubenthal/ Baier, a.a. O., S. 31. Rdn. 66.（注33）

50　Schaffstein/ Beulke, a.a. O., S. 65.（注31）さらに、この点について同様の見解を示すものとして、例えば、Brunner/ Dölling, a.a. O., §3, Rdn. 6.（注15）; Laubenthal/ Baier, a.a. O., S. 31. Rdn. 66.（注33）; Diemer, Diemer/ Schoreit/ Sonnen, Jugendgerichtsgesetz, Kommentar, 5. Aufl. 2008, § 3, Rdn. 5 ff.; Eisenberg, a.a. O., § 3, Rdn. 4 ff.（注15）など。

第二章　刑法39条と刑法41条のそれぞれの責任能力　71

——ありうるため、同じようなことが妥当するのである。それゆえ、少年に
おいては、一定の性質の犯罪に限定された部分的責任能力が認められるので
ある。」[51]、あるいは、少年の成熟の確定にあたっては、「少年の発達状態と
ともに、行われた犯罪も重要な意義を有している。少年は、窃盗（刑法242
条）や傷害（刑法223条）のような単純な構造の犯罪に関しては、例えば補助
金詐欺よりも、責任能力を有しているのが通常である。」[52]、あるいは、
「……少年は、例えば窃盗については、完全に答責的であるが、他方で、思
春期に由来する性犯罪に関しては責任能力が欠けるということがありう
る」[53]、などといった指摘がなされるところである。

　つまり、これの見解にもとづくと、少年裁判所法3条の少年における責任
能力（答責性）判断にあっては、個々具体的な行為について関心が寄せら
れ、それぞれの行為ごとに——すなわち、上述の表現によると、「特定の法
益侵害をともなうそれぞれの個々の不法行為」、「特定の不法」、「個々具体的
な法違反」、「個々の構成要件において記述された行為態様」、「それぞれの個
別的な法違反」などとされているもの（要するに、問題となる構成要件該当違法行
為）との関連で——調査がなされることになり、しかも観念的競合や法条競
合などの場合にもそれぞれの行為につき別個に調査がなされるという形で、
一貫して、個々具体的な行為（構成要件該当違法行為）に対する責任能力の有
無が問題とされていることになり、他方で、「一般的な責任能力」そのもの
がダイレクトに調査の対象とはされていないことになるのである。したがっ
て、上述の反証活動も個々具体的な行為に関する能力をめぐって展開される
ことになり、問題となりうる具体的な行為ごとに反証の機会も保証されるこ
とになるのである[54]。

51　Stratenwerth/ Kuhlen, a.a. O., S. 194 f. Rdn. 16.（注22）
52　Frister, a.a. O., S. 211. Rdn. 2.（注10）
53　Roxin, a.a. O., S. 913. Rdn. 53.（注37）
54　さらに、このように少年の責任能力を個々具体的な行為に関する能力として理解する立場と
　　して、本章Ⅰ1（2）（d）部分で引用した論者のほか、例えば、Lenckner, a.a. O., S. 250.（注37）;
　　Reinhart Lempp, Gerichtliche Kinder- und Jugendpsychiatrie, 1983, S. 206 ff.; Friedrich
　　Specht, Neurotische Störungen und Entwicklungskrisen im Jugendalter, in Venzlaf（Hrsg.）
　　Psychiatrische Begutachtung, 1986, S. 387 ff.; Jescheck/ Weigend, a.a. O., S. 435.: Jescheck/
　　Weigend,（中空壽雅・訳）334頁以下（注22）; Albrecht, a.a. O., S. 97.（注44）; Wilfried Rasch/

72   責任能力の意義

（e）　なお、この年齢段階の少年に答責性が欠ける場合の法的効果については、少年裁判所法3条2文が定めるところであり、民法や社会法にもとづいて処置がなされることになる[55]。

（3）18歳以上21歳未満の年齢段階

　18歳以上21歳未満の年齢段階（年長少年）の責任能力については、次のような説明がなされている。すなわち、「年長少年が刑法上の成年であることには、まったく制限がなく、成年に達した者（Volljährige）として、つねに刑法上の成年（strafmündig）であり、刑法上の答責性は、ただ一般刑法の規範（刑法20条、21条）にもとづいてのみ否定ないしは、減少することになりうるのである。発達に起因した道徳的、精神的な未成熟（少年裁判所法3条）は、年長少年の責任能力には影響をおよぼさず、少年の刑法上の答責性を排する少年裁判所法3条は、年長少年に対しては、個々の成熟の程度に従うと少年と同等であったとしても、適用されないのである。[56]」。あるいは、「年長少年は、つねに完全に刑法上の成年であり、その責任能力は、一般刑法において承認された原因（刑法20条）によってのみ否定されうるが、道徳的、精神的未成熟（少年裁判所法3条）によっては否定されえないのである。このことは、少年裁判所法105条1項1号の意味において、年長少年が、その成熟の程度からみて『いまだ少年と同等である』場合でさえも妥当する。というのは、少年裁判所法105条は、この場合においても同法3条を適用可能な少年刑法上の規定から除外しているからである。[57]」などといった説明である。

　　Norbert Konrad, Forensische Psychiatrie, 3. Aufl. 2004, S. 77.; Streng, a.a. O., S. 27. Rdn. 48.（注33）など。また、判例においても比較的多く引用されるものとして、例えば、BGH Herlan GA 1961, 358. では「少年が、その道徳的、精神的発達からみて、行為時に行為の不法を認識し、その認識に従って行為することができる程度に十分に成熟していたか否かの問題は、──複数の行為で有罪判決が下されるとしても──それぞれの個々の行為に関して別個に調査されなければならず、場合によっては異なる回答が与えられなければならないのである。」とされている。

55　この点については、解釈上の問題も含めて例えば、vgl. Schaffstein/ Beulke, a.a. O., S. 66.（注31）; Ostendorf, a.a. O., §3, Rdn. 18 ff.（注43）; Laubenthal/ Baier, a.a. O., S. 32. Rdn. 70 f.（注33）; Diemer, a.a. O., §3, Rdn. 35 ff.（注50）; Streng, a.a. O., S. 31 ff. Rdn. 55 ff.（注33）; Eisenberg, a.a. O., §3, Rdn. 42 ff.（注15）など。

56　Albrecht, a.a. O., S. 103 f.（注44）

57　Schaffstein/ Beulke, a.a. O., S. 70.（注31）

第二章　刑法39条と刑法41条のそれぞれの責任能力　　73

　また、より簡潔には、「18歳になった後は、責任能力にとって必要な成熟は
つねに仮定される。確かに、18歳から20歳の年長少年は、少年裁判所法105
条に従って少年刑法によって罰せられるが、精神の障害なくして責任無能力
とはなりえないのである。[58]」あるいは、「……年長少年は、責任能力に関し
ては成人（Erwachsener）と同等であり、このため少年裁判所法3条は年長少
年に対して妥当しない。少年裁判所法が年長少年に対して予定する特別な規
定は、法的効果にのみ関係するのである。[59]」などとも述べられるところで
ある。
　つまり、18歳以上21歳未満の年齢段階については、少年裁判所法3条の適
用がなく、ただ一般刑法の責任能力規定（20条、21条）によって規律されるこ
とになるため、責任能力については、後述する21歳以上の年齢段階と同等に
扱われ、これと異ならないことになるのである[60]。ただし、他面において
は、上述の説明からも伺われるように、この18歳以上21歳未満の年齢段階と
いう年少の成人に対しては、その犯罪行為の法的効果については配慮がなさ
れているのである。すなわち、105条にもとづいて、環境条件をも考慮した
行為者の人格の全体評価によって、年長少年が行為時にその道徳的、精神的
発達からみて、少年と同等であったことが明らかになる場合（1号）、もしく
は行為の種類、事情、動機からみて少年非行が問題となっている場合（2号）
には少年と同等に扱われることになるのである[61]。

58　Frister, a.a. O., S. 211. Rdn. 2.（注10）
59　Roxin, a.a. O., S. 913f. Rdn. 55.（注37）
60　さらに、上記引用（Ⅰ1（3）部分）の論者のほか、かかる理解を示すものとして、例えば、
　　vgl. Schmidhäuser, a.a. O., S. 195. Rdn. 22.（注13）; Ostendorf, a.a. O., §3, Rdn. 1.（注43）;
　　Stratenwerth/ Kuhlen, a.a. O., S. 195. Rdn. 18 f.（注22）; Laubenthal/ Baier, a.a. O., S. 38. Rdn.
　　80.（注33）; Eisenberg, a.a. O., §3, Rdn. 2.（注15）など。なお、この点は、そもそも少年裁判所
　　法1条が同法の人的な適用範囲を年長少年にも及ぼしているため、同法3条も一見すると適用
　　されうるようにも解されることから、ことさら論じられているようにも思われるが、本文で述
　　べた内容（105条の解釈上の帰結として年長少年に対して責任能力の有無に関しては3条を適用
　　しないとの立場）が一般的な見解ということになる。また、判例においても例えば、BGHSt 5,
　　207, 209では、少年裁判所法105条において、同法3条の規定は言及されておらず、「このことか
　　ら年長少年の答責性は一般刑法に従って決せられるということが判明する。」とされ、同様の理
　　解が示されている。
61　この点に関する解釈上の問題や運用状況については、例えばvgl. Albrecht, a.a. O., S. 104 ff.
　　（注44）; Brunner/ Dölling, a.a. O., §105, Rdn. 3 ff.（注15）; Schaffstein/ Beulke, a.a. O., S. 70 ff.

74 責任能力の意義

(4) 21歳以上の年齢段階

(a) 21歳以上の年齢段階の責任能力については、当然のことながら14歳以上18歳未満を適用対象とする少年裁判所法3条も適用されず、14歳未満の子供に対する反証不可能な責任無能力の推定もなされず、したがって、これらによってもたらされる責任能力の有無にかかわる、いわば留保なしに、成人（Erwachsener）、人（man, person）、人間（mensch）、成人になった市民（volljähriger Bürger）などの名称の下で、これらの者の責任能力に関して言及される内容（一般刑法の責任能力規定である刑法20条、21条の解釈の文脈において言及される内容）が妥当することになるのである（また、上述のとおり18歳以上21歳未満にも妥当することになるのである）。

　まず、これらの者にあっては、一般に、あるいは通常は、あるいは原則的には、責任能力を有するとの位置づけがなされているのである。すなわち、「責任能力に関する法律上の規定は、人間は通常、責任能力を有することを出発点にしている[62]」、あるいは、「立法者は、刑法上の不法を実現する成人は通常、責任能力を有していることを出発点にしている[63]」、あるいは、「法は、成人は通常の場合、責任能力を有していることを出発点にしている。つまり、通常性とこれに伴う答責性は、詳細に理由づけがなされない通常の場合であるということである[64]」、あるいは、「責任能力とは有責に犯罪行為をおこなう能力であり、法律は、この能力が成人のもとでは存在していることを前提としているが、この『通常の』能力が欠落するような事情も規定している。ここから、『責任無能力』という一定の範囲を画された状態が生じることになる。このことは、普通の成人は有責に犯罪行為を行うことができ、『人』は刑罰によって威嚇された行為に対して原則的に責任を負うことを意味する[65]」、あるいは、「現行法は、18歳以上の者にあっては通常の場合、責任能力を有していること、すなわち、行為の不法を認識し、その認識に従っ

　（注31）; Laubenthal/ Baier, a.a. O., S. 39. Rdn. 83 ff.（注33）; Sonnen, a.a. O., §105, Rdn. 11 ff.（注50）; Eisenberg, a.a. O., §105, Rdn. 7 ff.（注15）など。

62　Frister, a.a. O., S. 211. Rdn. 2.（注10）

63　Roxin, a.a. O., S. 886. Rdn. 1.（注37）

64　Schreiber/ Rosenau, a.a. O., S. 84.（注10）

65　Hermann Blei, Strafrecht Allgemeiner Teil, 18. Aufl. 1983, S. 181.

て行為する能力を有していることを出発点としている[66]」などといった説明がなされるところである[67]。

　さらにまた、このような責任能力の「一般性」、「通常性」、「原則性」に対応して、責任能力の調査に関しては次のようなことも指摘されている。すなわち、「責任能力の喪失や減少は原則に対する例外であり、刑事手続においてこれを検討することに関しては、具体的な根拠が存在しなければならない。[68]」、あるいは、成人の責任能力にあっては反証可能な推定が問題となり、ここでは、責任能力の存在に対して反対の内容を推定させる根拠がない限り、責任能力の存在が出発点にされなければならない[69]、あるいは、「……違法な行為をおこなう成人の場合、まず、責任能力の存在が出発点にされ、またされなければならない。つまり、この状態に対する根拠のある疑いがなければならず、これが責任能力の問題についての特別な調査のきっかけとなる[70]。」、あるいは、成人は通常の場合には責任能力を有するとの考え方を採ることは、刑事手続上は、「責任能力について疑う契機がないかぎり、裁判所は行為者の答責性を通常の場合として出発点にすることができることを意味するが、諸事情によって責任能力について疑う契機が示されるならば、責任能力は詳細に調査されなければならず、通常、鑑定人の助力を得て調査されなければならない[71]。」などといった指摘である[72]。もっとも、このように成人の責任能力の調査にあたっては具体的な根拠が、ないしは責任

66　Perron, a.a. O., §20, Rdn. 1.（注4）さらに、vgl. Lenckner, a.a. O., S. 46.（注37）

67　さらに、このような見解として、vgl. Hans Joachim Hirsch, Das Schuldprinzip und seine Funktion im Strafrecht, ZStW, 106 (1994), S. 750.; Rudolphi, a.a. O., §20, Rdn. 1.（注18）; Urs Kindhäuser, Strafrecht Allgemeiner Teil, 2. Aufl. 2006, S. 173. Rdn. 1.; Verrel, Dölling/ Duttge/ Rössner, Gesamtes Strafrecht StGB/ StPO/ Nebengesetze, NomosKommentar, 2008, §20, Rdn. 1.; Schöch, Satzger/ Schmitt/ Widmaier, Strafgesetzbuch Kommentar, 2009, §20, Rdn. 1.

68　Joachim Bohnert, Strafmündigkeit und Normkenntnis, NStZ, 1988, S. 249.

69　Schmidt, a.a. O., S. 203. Rdn. 498a.（注6）

70　Blei, a.a. O., S. 181 f.（注65）

71　Schreiber/ Rosenau, a.a. O., S. 84.（注10）

72　さらに、このように責任能力の調査にあたって具体的な根拠ないし疑いを抱く契機が必要との見解として、vgl. Schmidhäuser, a.a. O., S.195. Rdn. 23.（注13）; Haft, a.a. O., S. 129.（注10）; Kühl, Strafgesetzbuch Kommentar, 26. Aufl. 2007, §20, Rdn. 19.; Verrel, a.a. O., §20, Rdn. 1.（注67）; Perron, a.a. O., §20, Rdn. 45.（注4）など。

76   責任能力の意義

能力について疑う契機が必要であるとの立場に立つ場合にも、――「責任無能力に関する規定が例外的な性質をもつことは、責任能力の訴訟上の推定や、被告人に責任能力の証明をゆだねるような証明法則が存在するということにはならず、責任能力の問題が明らかにならず疑いが残るならば、責任無能力を理由に無罪判決が下されなければならないのである。この点でも『疑わしきは被告人の利益に』の原則が妥当する。[73]」といった指摘が示す通り[74]――責任無能力（ないし責任能力の著しい減少）が証明されないかぎり、疑いがあっても（完全な）責任能力を有するとみなされるとの立場がとられているわけではないことには注意を払う必要があるように思われる。

　ともかく、ここでの21歳以上の年齢段階については（よって上述のごとく18歳以上21歳未満の年齢段階ついても）、以上のように一般にないしは通常は責任能力を有するものと位置づけられ、よって問題となりうるあらゆる行為の行為時に責任能力を通常有することが推定されることになるのである。（したがって行為時の「一般的な責任能力」が推定されることになる。）そして、かかる理解とともに、このことに対して、一般に責任阻却事由と解されている[75]刑法の責

73　Schreiber/ Rosenau, a.a. O., S. 84.（注10）

74　さらに、このような立場については、例えば、vgl. Blei, a.a. O., S. 181.（注65）; Schmidhäuser, a.a. O., S. 196. Rdn. 25.（注13）; Schöch, a.a. O., §20, Rdn. 118.（注67）など。また、判例についても同様に、例えばBGHSt 8, 113, 124. では、「『疑わしきは被告人の利益に』の原則が責任能力の問題についても妥当する」との主張は適切であるとした上で、「意識障害がそもそも存在するのか、あるいは、その意識障害が被告人の認識能力ないし制御能力を喪失させる程度に、ないしは著しく減じる程度に十分に重大であるのか、につき裁判所が疑いを抱くならば、被告人にとってもっとも有利となる可能性が出発点にされなければならない。」とされている。さらにvgl. BGHSt 36, 286, 290; BGH StV 1983, 278など。なお、この場合の「疑わしきは被告人の利益に」の原則の適用範囲については、拙稿『『疑わしきは被告人の利益に』の原則――責任能力の問題に対するその適用可能性』（ドイツ刑事判例研究）比較法雑誌43巻1号265頁以下参照。

75　明示的に責任阻却事由（Schuldausschließungsgrund）と位置づけるものとして、例えば、Streng, a.a. O., §20, Rdn. 2.（注9）; Stratenwerth/ Kuhlen, a.a. O., S. 192. Rdn. 10.（注22）; Schmidt, a.a. O., S. 202. Rdn. 495.（注6）; Krey, a.a. O., S. 83. Rdn. 222., S. 246. Rdn. 656.（注22）; Verrel, a.a. O., §20, Rdn. 1.（注67）; Fischer, a.a. O., §20, Rdn. 2a.（注10）; Kindhäuser, Strafgesetzbuch Lehr-und Praxiskommentar, 4. Aufl. 2010, Vor §§19-21, Rdn. 13 ff. など。また、責任阻却事由の項目の下で、20条について論ずるものとして、例えば、Kristian Kühl, Strafrecht Allgemeiner Teil, 4. Aufl. 2002, S. 390.; Otto, a.a. O., S. 212. Rdn. 1 ff.（注33）; Gropp, a.a. O., S. 267f. Rdn. 36 ff.（注33）など。もっとも、著しい減少の場合には当然に責任減少事由と理解されることになる。

任能力規定（所定の精神の障害による認識・制御能力の喪失・減少に関して定める20条、21条）にもとづいて反証可能性が保証されることになるが、やはり、ここでの反証活動はいかなる内容のものであるのか、または、どのような内容に対して反証がなされれば成功したといえるのかも問題となる。すなわち、——先に見た少年の場合と同様に——推定される「一般的な責任能力」そのものが反証の対象となるのか、あるいは、個々具体的な構成要件に該当する違法行為の責任能力（認識・制御能力）についてのみ関心をよせ、そのような個々の行為に関する責任能力（認識・制御能力）の不在（ないしは著しい減少）が反証の対象となるのか、つまりは、実体法上の要件として「一般的な責任能力」そのものが問われるのか、あるいは、個々具体的な行為についての能力が問われることで足るのかとの問題も生じることになるのである。

　(b)　この点については、「認識能力・抑制能力は、少年の場合と同様に具体的な罪（konkrete Delikt）に関係していなければならない。[76]」、あるいは、「認識・制御能力は、具体的な違法な構成要件の実現（konkrete rechtswidrige Tatbestandsverwirklichung）との関係において調査されなければならず、具体的な基点（konkreter Bezugspunkt）のない一般的な責任能力は存在せず、認識能力も制御能力もともに『可分的』である。[77]」、あるいは、「認識無能力、抑制無能力は、抽象的に確定されるのではなく、つねに具体的な構成要件の実現（konkrete Tatbestandsverwirklichung）との関係においてのみ確定されなければならない。[78]」、あるいは、「認識・制御能力は、具体的な行為（konkrete Tat）との関係においてそれぞれ調査されなければならず、一般的な責任無能力は存在しない。……禁止の錯誤の場合の不法の意識と同様に、責任能力も『可分的』である。[79]」、あるいは、「責任無能力は、一定の違法な行為（bestimmte rechtswidrige Tat）に関する責任阻却事由である。」「責任無能力は、行為者に関する一般化された状態評価などというものを意味するのではなく、具体的な行為に関する答責性の欠如を意味する……[80]」、あるい

76　Stratenwerth/ Kuhlen , a.a. O., S. 200. Rdn. 33.（注22）
77　Rudolphi, a.a. O., §20, Rdn. 22.（注18）
78　Roxin, a.a. O., S. 901. Rdn. 31.（注37）
79　Schreiber/ Rosenau, a.a. O., S. 100.（注10）

78　責任能力の意義

は、責任能力の確定にとって適切なのは行為の時点であり、このことが含意
するのは、責任能力に関して行われる確定は、一定の行為に関係するという
ことであり、「一般的な、――すなわち、行為から独立した (tatunabhängig)
――責任能力の存在や限定についての判断や言明は、法律上の規定からすで
に可能ではないのである。[81]」などといった指摘がなされるところである。
さらに、複数の罪が問題となる場合や、いわゆる部分的責任能力について
も、「……所為単一の関係にある複数の罪にあって、行為者は、ただその一
つに関してのみ責任能力を有することは可能である。[82]」、あるいは、「所為
単一の関係にある複数の罪にあっても、行為者は、ただその一つに関しての
み責任無能力となりうる。」「……一定の罪に対する部分的責任無能力も、ま
た例えば、病気による影響のない行為に対する精神病患者の部分的責任能力
もともに可能である。[83]」、あるいは、「……法律の定める方法によると、少
なくとも理論上は、部分的責任無能力を承認することや、部分的責任能力を
承認することを原理的に妨げるものはない。[84]」、あるいは、17条の禁止の錯
誤において複数の罪が問題となる場合に、構成要件関係的な不法の意識ない
しは不法の意識の可分性という考え方が採られることを前提とした上で、
「行為者が行為時に、行為が許容されないことを認識することができなかっ
たならば、これは、行為者が回避不可能な禁止の錯誤の状態であったという
認定と同等であり、したがって、禁止の錯誤の内容についてすでに述べたこ
とのすべてが、ここでも妥当するのである。[85]」、あるいは、精神の障害が当

80　Streng, a.a. O., §20, Rdn. 2. さらに、vgl. Rdn. 48, 51. (注 9)
81　Rasch/ Konrad, a.a. O., S. 68. (注54)
82　Rudolphi, a.a. O., §20, Rdn. 22. (注18)
83　Schreiber/ Rosenau, a.a. O., S. 100. (注10)
84　Vgl. Lenckner, a.a. O., S. 106 f. (注37)
85　Lenckner, a.a. O., S. 107. (注37) なお、S. 65 (禁止の錯誤に関する記述部分) においては、可
　　分性について、「責任にとって必要な不法の意識は、行為者がまったく一般的に『何か』不法を
　　行うという表象の下で行為しているに過ぎない場合には存在せず、むしろ、『構成要件関係的』
　　な不法の意識が必要である。つまり、行為者はまさに、それぞれの犯罪構成要件によって把握
　　される特定の法益侵害を不法として認識していなければならないのである。」「……行為者は、
　　自らが責任を負うことになる構成要件の実現に関してとくに不法の意識が欠けている場合に、
　　禁止の錯誤の状態にあるといえるのである。」とされており、「責任にとって必要な不法の意識」
　　は、つねに「構成要件関係的」な不法の意識でなければならないことが示されている。

該行為に影響を及ぼしていなければならず、精神の障害と行為との間で関連がなければならないことを前提とした上で、「……精神の障害は、具体的に実現された不法に関係していなければならず、責任無能力それ自体は存在しないのであって、このため、行為者は同じ行為の下で、ある一つの法違反に対して完全に答責的であり、他の別の法違反に対して答責的ではないということがありうる。[86]」などといった指摘がなされているのである。そしてさらに、より具体的に、特定の犯罪、特定の精神の障害の場合の責任能力の有無・程度に関する傾向についても指摘がなされるところである。すなわち、「例えば、精神遅滞では、戸籍上の身分を偽る罪の場合に不法の意識が謀殺罪の場合よりもより容易に否定されうるし、衝動異常では、性犯罪の場合に詐欺罪の場合よりもより容易に抑制能力が否定されうるということは明白である。[87]」、あるいは、「とりわけ、抑制能力の問題は、異なる種類の犯罪行為の下では、ごくまれにしか統一的な回答を与えることはできないのである。このため、性的衝動をもはや統制できず、それゆえ酩酊状態で強姦未遂行為をおこなうような酔っ払った者が、強盗の動機に対して抑制能力を働かせることはなお十分にありうるし、また酩酊状態ゆえに責任なく思わず侮辱行為にでる者が、危険な身体傷害に対してなお答責的であるということもありうるのである。[88]」「……また、認識能力を区分することも、まったく事実に即しているのである。したがって、軽度の精神遅滞者が、複雑な経済犯罪や環境犯罪に関して認識能力が欠けているとしても、強盗の不法をなお十分

そして、可分性の問題とは別に、この立場からは、不法の意識ないしは違法性の意識（の可能性）における不法ないし違法の認識がどのようなものであるのか、例えば、わが国の議論では、①悪いことの認識（反倫理性の認識）、②およそ法に反することの認識（全法秩序違反の認識）、③刑法上処罰されうることの認識（刑法違反の認識）、④（法定刑の認識を含む）刑罰法規の認識、のいずれであるのか、という形で問われるものについても（違法性の意識の内実についても）、禁止の錯誤に関して肯定される内容（禁止の錯誤論において認められる内容）が責任能力における認識能力にも反映されると考えるのが一般的かつ妥当ということになるであろう。ただ、本稿ではこの点については立ち入らない。

86　Jähnke, a.a. O., §20, Rdn. 35.（注5）; Schöch, a.a. O., §20, Rdn. 24.（注67）

87　Stratenwerth/ Kuhlen, a.a. O., S. 200. Rdn. 33.（注22）

88　Roxin, a.a. O., S. 901. Rdn. 31.（注37）なお、これは責任能力が一般的な能力か、あるいは具体的な行為関係的なものであるのかに関して、頻繁に引用される判例（BGHSt 14, 114, 116.）を援用する形で述べたものである。

80   責任能力の意義

に認識するということはありうるのである。[89]」などといった指摘がなされているのである。

つまり、ここでの21歳以上の年齢段階については（18歳以上21歳未満の年齢段階も同様に）、「具体的な基点のない一般的な責任能力」ないしは「一般的な責任無能力」、あるいは、行為時の「行為者に関する一般化された状態評価」、「行為から独立した責任能力の存在や限定」などといった表現が示すところの、具体的な構成要件該当違法行為から離れた責任能力は、20条、21条の責任能力判断にあっては問題とはならず、「具体的な違法な構成要件の実現」、「具体的な行為」、「一定の違法な行為」、「具体的な構成要件の実現」といったものに関心を寄せ、これとの関係における責任能力、すなわち、具体的な行為関係的な責任能力のみが問題にされていることになるのである[90]。したがって、この年齢段階においても、少年と同様に、通常は有するとされる「一般的な責任能力」そのものがダイレクトに調査の対象とはされておらず、反証活動も個々具体的な行為に関する能力をめぐって展開されることになり、問題となりうる具体的な行為ごとに反証の機会が保証されることになるのである[91,92]。

---

89   Roxin, a.a. O., S. 901. Rdn. 31.（注37）

90   なお、一般刑法の責任能力規定である20条、21条は、14歳以上18歳未満の少年もカバーするとの考え方が一般的であるが（Ⅰ1（2）(a) および（注93）参照）、この少年に適用される場合にも本文での内容が妥当することになると解される。

91   さらに、このように責任能力を具体的な行為関係的なものとして理解する立場として、本章Ⅰ1（4）(b) 部分で引用の論者のほか、例えば、Jescheck/ Weigend, a.a. O., S. 441.; Jescheck/ Weigend,（中空壽雅・訳）340頁（注22）; O. Berndt Scholz/ Alexander F. Schmidt, Schuld-fähigkeit bei schwerer anderer seelischer Abartigkeit, 2003, S. 12 f.; Otto, a.a. O., S. 213. Rdn. 4 f.（注33）; Kindhäuser, a.a. O., S. 174. Rdn. 7（注67）; Kühl, a.a. O., §20, Rdn. 16.（注72）; Fischer, a.a. O., §20, Rdn. 2a.（注10）など。これに対して、少数ながら部分的責任無能力を否定する立場として、例えばBockelmann, a.a. O., S. 116.（注10）

92   また、判例も責任能力を具体的な行為関係的なものとして理解していると解される。この点について、頻繁に引用される上述の（旧51条（責任能力規定）のもとでの）BGHSt 14, 114, 116. のほか、現行の責任能力規定の下でも多くの判例が存在している。例えば、NStE §21 Nr. 14では、強盗と所為単一の関係にある謀殺に関して、制御能力の減少が問題となった事案において、事実審裁判所が、病的な精神障害と判定された行為時の被告人の精神状態を理由に、制御能力が著しく減少していたことは排除できないとの見解に至ったことに対して、「行われた当該行為との具体的な関係なしに、導かれた一般的な結論は、十分ではない」と判示されている。また、BGH StV 1984, 419. では、完全酩酊（323条 a）にかかる事案において、被告人の責

第二章　刑法 39 条と刑法 41 条のそれぞれの責任能力　　81

（c）　なお、ドイツにおいては周知の通り、改善および保安処分制度があり、この年齢段階も含めて、一般刑法の適用対象者については63条以下の規定に沿ってその要件を満たすかぎりで、精神病院における収容などの自由剥奪処分が命じられることになる[93]。

任能力に対する脳器質的な損傷の影響も、多年にわたるアルコールの乱用による影響も、323条 a にもとづいて被告人が責任を負うことになる犯罪行為に関して、詳細に説明することが必要とした上で、「……責任能力の判断にとっては、行為者がまさに具体的な行為に対して、不法認識や抑制能力を働かせることができるか否かが問題となるのである。」とされている。さらに、vgl. BGH NJW 1983, 350.; BGH NStZ 1997, 383.;（第一段階要素の「その他の重大な精神的偏倚」の判断に関する）BGH NStZ 1997, 486.; BGH NStZ 2005, 206. など。

また、例えば、「その他の重大な精神的偏倚」による責任能力の有無・程度が問題となったBGHSt 49, 45, 55. においては、「行為遂行時の『その他の重大な精神的偏倚』のため、制御能力（の減少）が刑法21条の意味で『著しい』ものであったかどうかは、法的問題である。事実審裁判官は、この問題を鑑定人の言明に拘束されることなく自らの責任において判断しなければならない。この場合、規範的な観点が入り込み、法秩序によってあらゆる者に対して向けられる要求が決定的である。この要求は、問題となる罪が重大であればあるほど、よりいっそう高度なものとなる（カッコ内は筆者加筆）。」と述べられており、さらに BGH NStZ 1990, 231. でも、6 歳の子供に性的暴行を行い、その行為を隠蔽するために、その行為に引き続いて殺害行為に出たという事案において、「……子供を故意に殺害する場合、通常は性的暴行の場合よりもはるかに高度な阻止閾（Hemmschwelle）を乗り越えなければならない。さらに、原審は、両行為が異なる動機づけ――一方が異常な性的欲求を満たすことであり、他方が名声の失墜や処罰をはばむことである――にもとづいており、このため、それぞれの抑制能力は異なる程度で害されうるということも考慮しなければならない。」とされているのである。つまり、これらの判断にあっては、それぞれの罪につき、法秩序による、当該行為を思いとどまることに対する要求には差異があり、したがって当該法規範による動機づけに従って行為を思いとどまる可能性についても、それぞれの構成要件該当違法行為ごとに判定されるのが当然かつ適切であることが示されているとも解されるのである。

93　したがって、少年裁判所法 3 条が適用される場合と、一般刑法の責任能力規定（刑法20条、21条）が適用される場合とでは、法的効果が異なるということになる。このため、少年裁判所法 3 条（1 文）と刑法20条、21条との関係が（少年裁判所法 3 条の適用されうる対象者につき）問題とされることがある。この点について、比較的広く受け入れられている見解によると、両規定は併存する、あるいはそれぞれの要件は互いに独立して調査することが可能である、と解されている。すなわち、このような立場にあっては、少年裁判所法 3 条は、いまだ完成していない発達過程の結果と見なされ、成熟過程の進行とともに消え去ることが予想されるような精神的な発達の遅れについて妥当することになり、これに対して一般刑法の責任能力規定（刑法20条、21条）は、発達に起因するものではなく、また消え去ることがないか、あるいは不十分にしか消え去ることがないような、標準的な発達状態からの精神病理学的な逸脱を対象としていると理解されることになる。よって、この立場では、いまだ完成していない発達過程の結果ではなく、それとは関係がない精神病理学的な障害による責任無能力であれば、例えば、刑法63条による精神病院における収容が問題となり、これに対して、未成熟にのみ起因する答責性の欠如は、少年裁判所法 3 条 2 文による処分が問題とされることになるのである。またさら

2 責任能力制度の構造

以上のような概観にもとづくと、ドイツにおける現在の責任能力制度については、責任能力にかかわる年齢段階が細分化されていること、とりわけ、いわゆる「条件付の、ないしは相対的な責任能力」あるいは「条件付の、ないしは相対的な刑法上の成年」と呼ばれる中間層が存在すること、責任能力規定に積極的な規定形式と消極的な規定形式があり、解釈上それぞれに一定の意義が付与されていること、いわゆる生物学的要素に当たるものとして、大別すると、年齢の低さ、あるいはそれゆえの道徳的、精神的未成熟と精神の障害の二つがあり、後者についてはさらに「病的な精神障害」、「根深い意識障害」、「精神遅滞」、「その他の重大な精神的偏倚」の四つに分けられていること、刑法上の未成年に関する刑法19条、少年の責任能力に関する少年裁判所法 3 条、成人の責任能力に関する刑法20条のいずれも責任阻却事由についての規定と解されていること、14歳の年齢に達するまでは、問題となるあらゆる行為について責任無能力が反証不可能なものとして推定されると理解されること、刑法上の成人年齢である14歳に達すると、以後、通常はあらゆる行為につき責任能力を有すると見なされるが、これとともに少年裁判所法 3 条、刑法20条、21条にもとづいて反証可能性が保証されること、年齢の低さやそれゆえの道徳的、精神的未成熟を原因として責任能力が損なわれる場合は刑法19条、少年裁判所法 3 条によって規定され、精神の障害を原因として責任能力が損なわれる場合は刑法20条、21条によって規定され、18歳を超えると責任能力の有無について少年裁判所法 3 条が適用されないため、この

に、精神病理学的な状態でもあり、発達に起因した状態でもあり、これによって責任無能力が生じているような場合には、少年裁判所法 3 条 1 文と刑法20条がともに適用され、裁判所は、63条による収容と少年裁判所法 3 条 2 文による処分を個々の事案に応じて合目的的な観点から、選択できるとされる。なお、少年裁判所法 3 条は、限定責任能力にあたるものを予定していないが、少年についても刑法21条は適用可能とされる。このような少年裁判所法 3 条と刑法20条、21条の関係については、ここで示された見解とは異なる立場（とくに上述の精神病理学的状態と発達に起因した状態の競合の場合の処理の仕方に関する異なる立場）や関連する判例の紹介も含めて、vgl. Jähnke, a.a. O., §20, Rdn. 87.（注 5 ）; Brunner/ Dölling, a.a. O., §3, Rdn. 10 f.（注15）; Schaffstein/ Beulke, a.a. O., S. 67 f.（注31）; Laubenthal/ Baier, a.a. O., S. 34 ff. Rdn. 75 ff.（注33）; Diemer, a.a. O., §3, Rdn. 25 ff.（注50）; Verrel, a.a. O., §19, Rdn. 12.（注67）; Schreiber/ Rosenau, a.a. O., S. 105 f.（注10）; Schöch, a.a. O., §20, Rdn. 107 f.（注67）; Eisenberg, a.a. O., §3, Rdn. 33 ff.（注15）; Perron, a.a. O., §20, Rdn. 44.（注 4 ）など。

年齢以降は精神の障害を原因としてしか責任能力は損なわれえないと解されていること、責任能力の有無・程度の判断は、具体的な構成要件該当違法行為の存在を前提として、それについての能力の判断という形で行われ、一貫して責任能力は個々具体的な行為についての能力としてしか問題とはならないこと、年齢の低さ、それゆえの道徳的、精神的未成熟と精神の障害という責任能力の喪失・減少に対する原因に着目したいくつかの法的効果が用意されていることなど、多様な視点から様々な特徴を挙げることができるが、全体として、わが国との対比においてより重層的であり、やや複雑であるとの印象を与える構造がとられているようにも思われる。

　以下においては、ドイツにおける責任能力制度についてのこれまでの概観にもとづき、本稿の課題、すなわち、責任能力が「個々具体的な行為についての能力」であるのか、あるいは「一般的な能力」であるのか、さらには、刑法39条と刑法41条のそれぞれの責任能力がいかなるものであるのかという問題との関連で、その特徴をより正確に描くべく考察を加えることにする。

（1）考　察

　（a）　ここにあって、注目すべき点は、14歳未満の年齢段階については、刑法19条に従って年齢条件を満たす限り、つねに問題となるあらゆる行為（構成要件該当違法行為）に関して、責任無能力は反証不可能なものとして推定されることになり、さらに、刑法上の成人年齢である14歳に達すると以後、通常は、あらゆる行為につき責任能力を有すると見なされるが、これとともに少年裁判所法３条、刑法20条、21条[94]にもとづいて反証可能性が保証され、その際、責任能力の判断は、具体的な構成要件該当違法行為の存在を前提として、それについての能力の判断という形で行われ、一貫して責任能力は個々具体的な行為についての能力としてしか問題とはならない、との理解である。

94　なお、21条については、責任能力は認められ、有責ではあるが責任非難が減少する場合と解されることになる。

84 責任能力の意義

（b） 刑法19条と少年裁判所法 3 条、刑法20条、21条との共通性

　そして、まず、かかる理解においてより詳細に注目すべき点は、少年裁判所法 3 条や刑法20条、21条に関してこれまでに述べてきたことからも明らかなように、これらが規定する責任能力（責任無能力、著しく減少した責任能力）は、あくまで行為関係的な責任能力であり、個々の具体的な行為から離れた一般的な能力は、問題とはならないと理解されるが、14歳未満の年齢段階についても、構成要件該当違法行為の存在を前提として、これについての責任能力（行為関係的な責任能力）が問題とされており、したがって、刑法19条、少年裁判所法 3 条、刑法20条、21条のいずれにおいても、法的な問いとしての具体的な責任能力判断においては、つねに行為関係的な責任能力が問題となり、個々の具体的な行為から離れた一般的な責任能力が俎上に載せられることはないと解される点である。

　これは、14歳未満の年齢段階でも、特定の「構成要件該当違法行為」がやはり責任能力に関する問いの起点であり、責任能力判断の基点ともいうべきものであり、責任能力の評価対象はこれに限られていると考えられるからである。つまり、14歳未満の年齢段階においても、「構成要件該当違法行為」の存在を前提として、これについての責任能力（この行為に関して違法性を認識し、その認識に従ってその行為を思いとどまる能力）が問われ、その発せられた問いに対してつねに責任無能力が反証不可能な形で推定されるに過ぎず、この行為から離れた、ないしは独立したすべての行為に共通の一般的な責任能力（あるいはその否定としての一般的な責任無能力）といったものは問題とはされていないと考えられるということである。したがって、「14歳未満の子供は一般に責任無能力である」といわれる場合にも、それぞれの個々の具体的な「構成要件該当違法行為」につき、責任能力に関する問いが発せられ、それぞれの問いに対してつねに責任無能力が反証不可能な形で推定される結果として、そうなるに過ぎず、「一般的な責任能力」それ自体の不在が問題とされているわけではないというのが、より正確な理解ということになろうかと思われるのである。

　さらに、このように子供の責任無能力も含めて行為関係的な責任能力として把握する考え方は、責任能力をも包含する上位概念である「責任」や「非

難可能性」や「有責性」、あるいは、これらの概念と（刑法19条、20条、少年裁判所法3条の各責任能力規定に共通する概念としての）責任能力の関係についての、次のような説明とも整合性があるように思われる。

すなわち、例えば、不法の問題に続いて責任の問題が生じるが、ここでは「行為者が不法構成要件に対応する行為を行い、それが正当化されないことが確定された場合にはじめて、『その行為に関係する責任』が問われることになる。」、責任能力の問題では「……なんらかの任意の行為に関して一般的な責任能力が問われるなどということはなく、『不法な個々の行為における心的態度（unrechtliche Einzeltatgesinnung）の構成要素としての具体的な個々の行為に関連する責任能力』が問われることになる。[95]」、あるいは、「責任非難は、つねに行為者によって実現された具体的な構成要件的不法に関係していなければならず、不法は、あらゆる責任非難の不可欠の前提条件である。」、「刑法の意味での責任は、つねに行為責任である。[96]」、またあるいは、──犯罪成立要件の一つであり、責任能力や違法性の意識（の可能性）などの責任非難にかかわる要素の上位概念である有責性（Schuldhaftigkeit）と量刑にかかわる責任（Schuld）を概念上区別するという立場からの──「……犯罪論体系上の第三の段階も刑法上重要な行為によって特徴づけられる。有責となりうるために、その行為がどんな属性を有していなければならないのかが、とりわけ有責性概念である責任概念についての議論の対象である。」、「……有責性を構成要件に該当する違法な行為の属性と解したことによって、有責性は、個々の行為に現れた心情要素をも含めた、それぞれの具体的な行為に関係することになる。[97]」、あるいは、「責任非難の対象は、行為者の性格上の特性ではなく、個々の行為における法秩序に対する誤った態度（fehlerhafte Einstellung）である。[98]」、あるいは、「……責任判断にとって糸口となるのは、具体的な構成要件該当違法行為であり、行状責任や性格責任ではなく、個別行為責任が問題となっているのである。このため、確かに責

95　Schmidhäuser, a.a. O., S. 185 ff. Rdn. 1, 16.（注13）
96　Rudolphi, a.a. O., Vor §19, Rdn. 2, 3.（注18）
97　Gropp, a.a. O., S. 256 ff . Rdn. 2, 22.（注33）
98　Schmidt, a.a. O., S.201. Rdn. 493.（注6）

86　責任能力の意義

任のない不法は存在するが、構成要件該当性と違法性のない責任は存在しないのである。[99]」、あるいは、「責任判断の対象は、違法行為であるが、そこに現実化された法的に是認できない心情が考慮されるのであり、法的心情とは、社会秩序が実際に確証されるために不可欠な市民の属性である。」「……責任とは、構成要件に該当する違法な行為の中に表現された非難に値する法的心情の欠如である。[100]」などといった説明である。

　つまり、これらは、表現は多様であるが、その本質的な内容としては今日広く受け入れられていると解されるものであり、そして、これらすべてにおいて、「責任」ないし「有責性」ないし「責任非難」、さらにはその下位に位置する要素である「責任能力」は、行為者による構成要件該当違法行為の存在を前提とし、これに関係していなければならず、この構成要件該当違法行為の属性評価として判定されることになる、あるいは、行為者に対して「責任非難」が可能か否かの判断は、あくまで具体的な「構成要件該当違法行為」に付着する形で行われる、との理解が含意されているとも解されるのである。そうすると、子供の責任無能力を規定する19条も含めて、各責任能力規定が定めるそれぞれの責任能力は、いずれも個々具体的な行為から離れた一般的な能力ではなく、行為関係的な能力であり、行為者による「構成要件該当違法行為」の有責性に関する属性評価の一環として判定されるものと解するのが、体系的な説明として整合性があると考えられるのである。

（c）　刑法19条と少年裁判所法3条、刑法20条、21条との差異

　だがさらに、やや視点を変えて、刑法上の未成年（14歳未満）に関する刑法19条と刑法上の成年（14歳以上）の責任能力に関する少年裁判所法3条、刑法20条との差異についても考察することが必要であると思われる。上述のように、14歳未満の責任能力についても、14歳以上の責任能力についても、一貫して行為関係的な責任能力として把握されることになるが、両者には次のような際立つ差異も存在している。

　まず、14歳未満においても、14歳以上においても、特定の「構成要件該当

99　Krey, a.a. O., S. 82f. Rdn. 220.（注22）
100　Jescheck/ Weigend, a.a. O., S. 426.（注22）: Jescheck/ Weigend,（信太秀一・訳）328頁も参照。

違法行為」が責任能力に関する問いの起点であり、基点である点では両者は異ならないが、しかし、14歳未満では、この「構成要件該当違法行為」と、例えば観念的競合や法条競合などの形で、同時点で生じる行為のすべて（14歳になるまでの「ある時点」で問題となるすべての「構成要件該当違法行為」）について責任無能力が反証不可能なものとして推定されることになり、──さらに、14歳になるまでの「あらゆる時点」で問題となる「構成要件該当違法行為」についても同様であることから、結果として、14歳未満の年齢段階が一般に責任無能力のカテゴリーとして設定されることになるが──、他方、14歳以上では、この「構成要件該当違法行為」と、例えば観念的競合や法条競合などの形で、同時点で生じる他の「構成要件該当違法行為」のすべて（14歳以降の「ある時点」で問題となるすべての「構成要件該当違法行為」）について、そのそれぞれにつき責任能力判断が、──14歳以上18歳未満では必ず行われなければならず、18歳以上では、しかるべき調査の契機がある場合に行われるとの条件の下──行われることになる点で、両者は大いに異なるということになるのである。あるいはより簡潔にいえば、14歳未満では、問題となる「構成要件該当違法行為」に関する責任能力につき問いは発せられるが、そのすべてにつき、いわば「否」（無能力である）という回答を法が予定していることになるが、14歳以降では、これとは異なり、そのそれぞれにつき判断がなされなければならないということになるのである。そして、言うまでもないことだが、14歳未満については、刑法19条の明確な内容から、責任能力判断にあたって特に争いが生じることはほとんどないと考えられ、責任能力判断をめぐる実際上の問題が生じるのは少年裁判所法3条、刑法20条、21条の規定する責任能力ということになるのである。

　なお、ここでの差異につき付言すると、問題となっている「構成要件該当違法行為」の有責性あるいは非難可能性という属性評価として責任能力判断を位置づけるのであれば、時系列に沿って「構成要件該当違法行為」が複数個生じる場合には、例えば、同一人物が、ある窃盗行為の後、10時間後に殺人を行ったり、ある詐欺行為の後、3日後に強盗を行ったりする場合には、14歳未満の年齢段階でも、14歳以降の年齢段階でも、そのそれぞれにつき責任能力についての問いが発せられ、それに対して（法が「否」という回答を予定

88　責任能力の意義

する場合も含めて）回答が与えられるのは、まったく当然ということになり——あるいは、「行為遂行時」、「行為時」という文言や、いわゆる同時存在の原則からの帰結としても当然ということになり——、この意味では部分的責任能力とは別の概念としてのいわゆる一時的な責任能力・無能力（tem-poräre Schuld（un）fähigkeit）を認めるか否かは、特段論ずる必要がないとも思われるのである[101]。そして、時系列に沿って「構成要件該当違法行為」が生じる場合には当然にそれぞれに対して責任能力についての問いが発せられ回答がなされる、ということを強調して、14歳未満と14歳以降の責任能力に関する大きな差異をやや比喩的に述べるならば、14歳未満では、（14歳になるまでの）時間軸上のある時点で「構成要件該当違法行為」が確定されるならば、それと同時点で（例えば、観念的競合において）問題となる他の「構成要件該当違法行為」についても責任無能力が反証不可能な形で推定されるが、つまり、時間軸を横軸とするならば、その横軸上の（現実的に考えて一定の幅はあると思われるが）ある一点を基点にして、縦軸上に位置する行為についても責任無能力が反証不可能な形で推定されるが、他方で、14歳以降では、このような縦軸方向への責任無能力の推定という考慮はもちろんなく、時間軸上のある時点で確定される「構成要件該当違法行為」およびそれと同時点で問題となる他の「構成要件該当違法行為」について、そのすべてにつきそれぞれ責任能力の判断が必要になるという点に、両者の差異は求められるということになろうかと思われるのである。またさらに、加えて言うならば、かかる理解をおしすすめると、刑法上の成人の責任能力に関して、「部分的責任能力・無能力」という概念は当然に肯定されることになるであろうし、あるいはむしろ、あえてこの概念を用いる必要性すらないということにもなろうかとも思われるのである[102]。

101　ただし、「構成要件該当違法行為」が時系列に沿って生じる場合に、具体的な事案において実際に、責任能力の喪失・著しい減少の判断を行うにあたって、行為者において、ある精神障害の態様としてまったく同一の精神状態が一定期間継続している（あるいは変化があった）という立論にもとづいて判断することまで否定する必要はなく、また時には有効な責任能力の調査方法にもなりうるとも思われるが、犯罪論における有責性の判定という視点からは（犯罪論上の説明としては）、ただそれぞれの「構成要件該当違法行為」について責任能力が問われ、回答がなされなければならない、というにすぎないように思われるのである。

第二章　刑法 39 条と刑法 41 条のそれぞれの責任能力　　89

(d)　刑法上の成人が責任能力を通常は有していると見なされることの意義

さらに、ドイツにおける責任能力の構造を正確に把握するにあたっては、次のような点にも着目する必要があるように思われる。

すなわち、14歳未満の年齢段階では、つねにあらゆる構成要件該当違法行為につき、それぞれ責任無能力であることが反証不可能なものとして推定され、その結果として一般に責任無能力となるカテゴリーが設定されることになるが、この反対内容として、14歳を超えると、あらゆる構成要件該当違法行為につき一般にないしは通常は責任能力を有するとみなされる、あるいは、法がそもそも「人間」ないし「人」を一般にないしは通常は責任能力を有する存在と見なしていることを前提として、その上で、つねにあらゆる構成要件該当違法行為につき、それぞれ責任無能力であることが反証不可能なものとして推定されることによって、一般に責任無能力となる14歳未満のカテゴリーがその例外としてくくりだされることになり、14歳以降は、あらゆる構成要件該当違法行為につき一般にないしは通常は責任能力を有するとみなされる、との理解があり[103]、そして、他方において、——繰り返しになるが——14歳以降では、責任阻却事由と解されている責任能力規定に従って、特定の構成要件該当違法行為ごとに反証可能性が保障されることになり、責任能力はつねに行為関係的な能力であると解され、この特定の構成要件該当違法行為についてのみ責任能力判断が行われることになる、との立場が採られているという点である。

つまり、このような理解の下では、14歳以降の刑法上の成人があらゆる構成要件該当違法行為につき責任能力を有していること、それゆえ、刑法上の成人があらゆる構成要件該当違法行為につき法に従った動機づけが可能であ

102　もっとも、ある程度定着した概念として説明に際しての有益性を肯定した上で、この部分的責任能力概念を使用することまで否定する必要はないであろう。ただし、——わが国においても論者によってその意味するところがやや異なるようにも思われるが——無用の混乱を避けるべく、時間軸上のある時点で同一の行為者による複数の「構成要件該当違法行為」が問題となる場合に限るなどして使用するのが望ましいのではないかとも思われるのである。

103　ただし、14歳以上18歳未満については一定の留保があることについては前述した通りであり、この「一般性」、「通常性」が十全に妥当するのは18歳以上であることについてもすでに述べてきたところである（前述Ⅰ1（2）（c）、Ⅰ1（3）参照）。

ることそれ自体については、法によって、あるいは（刑）法の定立とともに、いわば問われざる前提条件としての地位が与えられていると解されるのである。したがって、ここにおいては、刑法上の成人があらゆる構成要件該当違法行為につき責任能力を有していること（具体的な行為から離れた、あらゆる行為に共通の「一般的な責任能力」を有していること）それ自体は、特定の構成要件該当違法行為に関して責任能力が損なわれていることが認められたとしても、完全に否定されることはないとの構造が採られているとも解することができるようにも思われるのである。言うならば、刑法上の成人の「一般的な責任能力」にあたるものが、過去の一時点であれ、全面的に否定されることはなく、つねに部分否定にとどまるのであり、「法に従った動機づけの可能性」の空白のスポットとも言うべきもの、あるいは、法による反対動機形成へと向けた働きかけが全面的に到達不可能な状態であることを宣言することは予定されていないとの構造を読みとることが可能かと考えられるのである。

　加えて言えば、このような意味においては、法に従った動機づけが可能な存在であることを特徴とする市民（Bürger）、同等者（Gleicher）、完全に等価な法共同体の仲間（vollwertiger Rechtsgenosse）といったものが、完全に否定されることは予定されておらず、ただ部分的にしか損なわれず、この部分否定の限りにおいてのみ、これらの概念が損なわれるに過ぎないとの構造が採られているとも言えるように思われるのである。

（e）　責任阻却事由との位置づけ

　また、14歳以降にかかわる責任能力規定が責任阻却事由として理解されている点にも着目し[104]、構造上これが意味するところを考察することも必要かと思われる。

　例えば、Schreiber/ Rosenau は、「責任非難は、行為者や行為状況における異常な諸事情が存在する場合に行われないことになる。この異常な諸事情は、責任無能力もしくは責任阻却事由に関する法律上の規定において例外と

104　なお、14歳未満に関する刑法19条についても責任阻却事由と解されるのが一般である。この点については、前述Ⅰ1（1）（b）参照。

第二章　刑法39条と刑法41条のそれぞれの責任能力　　91

してあげられている。この場合、行為者の一身的な状況が考慮の外に置かれるなどということはない。しかし、それは、例えば、認識・制御能力を排除しうる『病的な精神障害』のような一般化されたカテゴリーにおいてのみ法的には把握されるのである。それゆえ、責任能力は積極的には確定されず、ただ、一般に前提とされる答責性を排除あるいは減少させるような、発達に起因した、もしくはその他の異常な例外事情（Ausnahmetatbeständ）が存在するかどうかが問われることになるのである。[105]」との指摘を行っているが[106]、かかる指摘を厳密に受けとめ、14歳以降にかかわる責任能力規定が責任阻却事由として位置づけられることの意味を考えるのであれば、次のような構造上の特徴を描くことも可能かと思われる。

　すなわち、まず――これまでに述べてきたことから判明したものとして――、14歳以降では、あらゆる構成要件該当違法行為について責任能力を有するとみなされ、他面において、例外的な場合について定めるものであり、かつ責任阻却事由と解される責任能力規定に従って、個々の行為ごとに反証可能性が保証され、その際、――大別すると――「道徳的、精神的未成熟」と「精神の障害」を原因として責任無能力（場合によっては著しい減少）であるのかが問われることになるが、この場合に責任阻却事由の存在が認められれば、当該行為について責任能力が損なわれ、あらゆる構成要件該当違法行為について責任能力を有するとの状態は、ただ部分的にのみ損なわれることになり、反対に責任阻却事由の不在が認められれば、当該行為につき当然に責

105　Schreiber/ Rosenau, a.a. O., S. 82. （注10）また、Stratenwerth/ Kuhlen, a.a. O., S. 192. Rdn. 9.（注22）でも、「……責任能力は、積極的には確定されず、ただ一定の阻却事由の不在においてのみ把握することができるのである。」とされている。

106　また、このような指摘は、例えば、構成要件に該当する不法が存在する場合、責任無能力、回避不可能な禁止の錯誤、免責事由が認められる場合にのみ例外的に、責任非難は行われないため、構成要件に該当する不法は、行為者の責任にとっての徴候ともなるのである（vgl. Rudolphi, a.a. O.,Vor §19, Rdn. 2. （注18））、あるいは、「標準的な市民の場合には、『他行為可能性』としての非難可能性は法によって前提とされている。このため、責任の確定は、異常な状況や精神的、心的欠陥にもとづいて責任が例外的に否定されるかどうかという問題に限られることになる。このことに応じて、責任の調査は原則的に、純粋に消極的な方法で行われることになり、構成要件に該当する違法な行為は、責任阻却事由も免責事由も認められない場合に有責となるのである。」（Krey, a.a. O., S. 244. Rdn. 652. （注22））などといった指摘とも調和的であるようにも思われる。

任能力が肯定される、との理解が確認されなければならない。

　その上で、これをもう少し詳細に記述すると、ここでいう責任阻却事由は、「道徳的、精神的未成熟」や「精神の障害」を原因として、――とりわけ「精神の障害」を原因とする場合には文言上も明白であるが――「当該行為が違法であることを認識し、その認識に従って当該行為を思いとどまることができなかったこと」、すなわち「認識し、制御することが不可能な状態」であったことが内容であり、この阻却事由が認められれば、当該行為につき責任能力が否定されることになるが、他方で、この阻却事由にあたらない場合には、「当該行為が違法であることを認識し、その認識に従って当該行為を思いとどまることができなかった」状態ではない、あるいは「認識し、制御することが不可能な状態」ではなかった、ということになる。つまりは、この責任阻却事由にあたらない場合については、厳密には、当該行為についての責任能力の存在が確定されていないともいえるが、ここでは、責任阻却事由の不在をもって、一般に前提とされている責任能力の存在状態へといわば回帰するという形で、当該行為についての責任能力が肯定されるとの構造を読みとることも可能かと思われるのである[107]。そして、かかる理解においては、責任能力に関する規定を純然たる責任阻却事由と解したとしても、責任を基礎づける要素の一つとしての責任能力も肯定されるということにもなるのである。あるいはむしろ、こうした理解においては、責任能力を責任を基礎づける要素の一つと解すべきか、あるいは、責任能力を純粋に責任を否定する事情にかかわる要素であると解すべきか、といった二者択一的な問いは、あまり意味を持たないともいえるようにも思われるのである。

（f）評　価

　以上のようなものが、ドイツにおける責任能力制度の構造上の特徴として注目すべき点かと思われる。

　とくに本稿の課題との関係で、もっとも重要と思われる内容を簡潔に述べ

107　もっともこのように解したとしても、当該行為について、行為者の具体的な精神の障害や道徳的、精神的未成熟を基礎として、「認識・制御能力があった」との心証形成がなされる場合をも否定する必要はないように思われる。ただ、実体法上の最小限度の要求としては、阻却事由の不在で足るということになろうかと思われる。

第二章 刑法 39 条と刑法 41 条のそれぞれの責任能力 93

るならば、刑法上の未成年段階から刑法上の成人年齢である14歳に達する
と、通常あらゆる構成要件該当違法行為について責任能力を有する存在とみ
なされることになり、他方で、14歳以降は、特定の構成要件該当違法行為の
存在を前提として、つねにこれに対する行為関係的な責任能力として把握さ
れ、この具体的な行為との関係においてのみ責任能力判断が行われることに
なり、あらゆる構成要件該当違法行為について責任能力を有する状態である
ことそのものは、問われざる前提条件とでもいうべき位置づけが与えられて
いる、ということになろうかと思われる。そして、ドイツにおける、かかる
内容を本質的なものとする責任能力に関する理解は、次のような理由から基
本的に妥当であると考えられるのである。

　すなわち、①一定の年齢（14歳という年齢[108]）に達すると法による動機づけ
が可能な存在としてあつかい、このような存在を前提として社会生活も成り
立っていると考えられること、②実際にも「構成要件該当違法行為」を実現
して、責任無能力（場合によっては著しい減少）となる場合は少数であると考え
られ、原則・例外関係という構成にも合理性があり、さらに責任阻却事由と
の位置づけもこれと親和的であるとも思われること、③個別行為責任という
考え方と整合性のある説明が可能であること、④過去の一時点であれ、そも
そも刑罰法規の名宛人たる地位にあったのか、あるいは法共同体の対等の構
成員たる地位を有していたのかとの問いに相当するような問いは、特定の
「構成要件該当違法行為」について責任非難が可能か否かの判断にとって
は、過剰であり、必要なものとも思われないこと（あるいは、「原則・例外」構
成の下で、「原則」の内容として想定されるすべてが、「例外」の肯定によって全面的に否
定される必要はないこと）、⑤具体的な個々の行為について、それぞれ責任能力
の喪失（場合によっては著しい減少）に関する反証可能性が保証されるのであれ
ば、責任主義の要請としても不足はないと考えられること、⑥上述の具体例

108　ここでは、14歳という年齢設定そのものの当否を問題としているわけではない。これ自体
　は、時代、地域、文化的背景、教育制度などに依拠して異なるものであり、永遠に固定的なも
　のとはいえず、絶えず議論にさらされるものといえよう。ドイツにおいても例えば、「犯罪を
　行った者に対して、何歳から刑法を、すなわち今日では少年刑法を、適用するべきかというこ
　とは、ここ100年以上にわたって議論されている。」（Wolfslast, a.a. O., S. 274.（注10））との指摘
　もなされるところである。

94　責任能力の意義

にも示されているように、精神の障害や道徳的、精神的未成熟の種類・程度と一定の種類の具体的な犯罪との相関関係を重視して判定するという方法とその結論は、日常経験にもとづく一般的な感覚にも合致していると考えられること、⑦違法性の意識の可能性の構成要件的可分性を認めるのであれば、これと同様に責任能力も可分的であってもよく、むしろ、両要件がともに、特定の「構成要件該当違法行為」についての責任非難が可能か否か、あるいは、特定の「構成要件該当違法行為」について法による動機づけが可能か否かを問題にしているのであれば、ともに可分的であることが適切であると考えられること、などが理由としてあげられるであろう。

　以下では、これまでの考察を通じて示されたドイツにおける責任能力に関する理解を参考にして、わが国における刑法39条と41条のそれぞれの責任能力がいかなるものであるのか、とりわけ、責任能力判断にあたって、「一般的な責任能力」あるいはこれと実質的に同内容のものを問題とすべきかを見ていくことにする。

II　わが国における責任能力

1　ドイツと同様の理解の可能性および妥当性

　わが国の現行刑法における責任能力に関する規定は、39条と41条である[109]。39条1項は、「心神喪失者の行為は、罰しない」とし、同条2項は「心神耗弱者の行為は、その刑を減軽する」とし、41条は「14歳に満たない者の行為は、罰しない」としている。

　39条に関しては、まず39条にいう「心神喪失」、「心神耗弱」の意義については、大審院昭和6年12月3日判決において、「心神喪失ト心神耗弱トハ孰レモ精神障礙ノ態様ニ屬スルモノナリト雖其ノ程度ヲ異ニスルモノ」であって、心神喪失とは「精神ノ障礙ニ因リ事物ノ理非善悪ヲ辨識スルノ能力ナク又ハ此ノ辨識ニ從テ行動スル能力ナキ狀態」であり、心神耗弱とは「精神ノ

109　なお、40条の「瘖啞者」に関する規定も責任能力に関する規定として通常理解されてきたが、同規定は1995年の刑法一部改正法によって削除されている。

障礙未タ上敍ノ能力ヲ缺如スル程度ニ達セサルモ其ノ能力著シク減退セル状態」[110]であると定義されており、この定義は、今日判例および学説において一般に承認されているところである。そして、改正刑法草案16条1項でも「精神の障害により、行為の是非を弁別し又はその弁別に従って行動する能力がない者の行為は、これを罰しない」とされ、同2項では「精神の障害により、前項に規定する能力が著しく低い者の行為は、その刑を減軽する」とされ、上述の定義に沿った心神喪失・心神耗弱に関する規定が置かれている。また、これらの定義における「理非善悪」、「是非」については、このような文言からは、倫理的な意味合いが強調されるきらいがあるため、むしろ直截に自らの行為が違法であること、すなわち、「違法性」を意味するとの考え方が[111]、今日では広く支持されているといえる。したがって、このような立場から、大審院判決および改正刑法草案16条1項、2項をベースにして、簡潔なる39条をより具体化する形でその意味するところを示すとすれば、1項が「精神の障害により（精神の障害を原因として）、行為の違法性を認識し、その認識に従って行動する能力がない者は、これを罰しない」ということになり、2項が「行為の違法性を認識し、その認識に従って行動する能力が著しく低い者は、その刑を減軽する」ということになろうかと思われる。

　そして、言うまでもなく、これがドイツ刑法20条の定める「行為遂行時に、病的な精神障害、根深い意識障害、または精神遅滞もしくはその他の重大な精神的偏倚のため、行為の不法を認識し、またはその認識に従って行為する能力がない者は、責任なく行為したものである」、および21条の定める「行為の不法を認識し、またはその認識に従って行為する行為者の能力が、第20条に掲げられた理由の一により、行為遂行時に著しく減少していたとき

110　大判昭和6・12・3刑集10巻682頁。
111　墨谷葵『責任能力基準の研究』(1980) 226頁、内藤謙『刑法講義総論（下）I』(1991) 791頁、只木誠「精神鑑定と法的能力評価」季刊精神科診断学12巻2号 (2001) 212頁、辰井聡子「責任能力（39条）」法学教室261号 (2002) 20頁、大谷・前掲注 (1) 324頁など。また、最決昭和29・7・30刑集8巻7号1231頁では、「刑法上心神喪失者であるというのはその犯行の当時において行為の違法性を意識することができず又はこれに従って行為をすることができなかつたような無能力者を指」すとされている。

96   責任能力の意義

は、刑は、第49条第１項により、減軽することができる」に対応することに
なるが、両者を対比するならば、精神の障害が明示的に列挙されていること
や、必要的減軽が任意的減軽であることを除けば、いわゆる混合的方法の採
用や消極的な規定形式をはじめとして、基本的に同様の意味内容を有すると
思われるのである。

　41条については、まずその趣旨に関しては、「14歳未満の者は、精神的成
熟が不十分であるため、是非の弁別能力又はこれに従って自己の行動を制御
する能力（特に後者）が一般的に未熟であることを考慮したものであ
る。[112]」、あるいは、「本条は、満14歳未満の者を責任無能力者として、その
者の行為を処罰しないとするものであって、精神が成熟していないことを理
由として責任の排除をみとめようとするものである。[113]」などとされ、さら
にこの点に、年少者の可塑性が高いことや、年少者に刑事罰をもってのぞむ
のは適当ではないとの考慮が加わったものとされるのが一般的かと思われ
る[114]。そして、この14歳未満は、「行為時」を基準とするとされ[115]、この年
齢の算定に当たっては「年齢計算に関する法律」に従い、出生の日から起算
し、民法143条を準用して計算するとされ、さらに14歳未満であるかどうか
は事実問題であって、戸籍簿の記載は必ずしも反証を許さないものではな
い[116]、などといった説明がなされるところである。また、刑事未成年者に
よる侵害に対しても正当防衛が許されるとするのが通説的見解であること

112　若原正樹　大コンメンタール刑法　大塚ほか編（第二版）第三巻（1999）438頁。
113　福田平　注釈刑法（2）-Ⅱ　総則（3）団藤重光編（復刊版）（1991）435頁。
114　上記の見解のほか、本条の趣旨について、精神的未成熟ゆえに責任能力が一般に備わってな
　　いこと（ないしは不十分であること）、あるいは、この点に加えて年少者に刑事罰をもってのぞ
　　むことの不適切さを挙げるものとして、例えば、奈良俊夫『概説刑法総論』第三版（1998）202
　　頁以下、川崎一夫『刑法総論』（2004）219頁以下、安田拓人『アクチュアル刑法総論』（2005）
　　228頁、斎藤信治『刑法総論』（第六版）（2008）200頁、髙山佳奈子『たのしい刑法』島伸一編
　　（第二版）（2008）198頁以下、今井猛嘉『刑法総論』（2009）289頁、大谷・前掲注（1）330
　　頁、曽根威彦『刑法総論』第四版（2008）149頁など。
115　例えば、福田・前掲注（113）436頁以下、若原・前掲注（112）439頁、阿部純二　基本法コ
　　ンメンタール　改正刑法（第二版）阿部純二編　別冊法学セミナー161号（1999）76頁、注釈少
　　年法（第三版）田宮裕・廣瀬健二編（2009）63頁など。
116　大塚仁『注解刑法』（増補第二版）（1977）287頁、福田・前掲注（113）436頁、若原・前掲注
　　（112）439頁など。

第二章　刑法39条と刑法41条のそれぞれの責任能力　　97

や、刑事未成年者を利用して犯罪行為を行う場合の利用者に関する間接正
犯、共犯 (共同正犯・教唆) の成否をめぐる議論などからも明らかであるよう
に、刑事未成年者が「構成要件該当違法行為」を行うことが可能と解するの
が一般的であり、さらに、責任能力判断が責任判断 (有責性要件の判断) の一
つとして行われることから、「構成要件該当違法行為」が認められることが
責任能力判断の前提となると解することができよう。なお、14歳未満の者に
ついてはたとえ「構成要件該当違法行為」を行ったとしても、犯罪が成立せ
ず刑罰が科されることはないが、児童福祉法や少年法にもとづく種々の措置
がとられるということはありうる。

　したがって、41条の本質的な内容としては、14歳未満の者が「構成要件該
当違法行為」を行った場合に、そのあらゆる行為につき精神的未成熟を原因
として責任能力が存しないとみなしたもの、ということになろうかと思われ
る。この41条がドイツ刑法19条に対応する規定であるが、かかる41条に関す
る解釈と先のドイツにおける19条に関する一般的な解釈を対比すると、──
わが国において、年少者の可塑性が高いことや年少者に刑事罰をもってのぞ
むことが適さないことがやや強調されている点を除けば[117]──基本的には

117　この点に関して、三島聡「刑事責任年齢と刑罰適用年齢の不一致と少年法『改正』」団藤重光
　村井敏邦　斉藤豊治ほか著『「改正」少年法を批判する』(2000) 91頁以下では、現行刑法が刑
　事責任年齢を12歳から14歳に引き上げるに際しての、政府委員である石渡敏一の引き上げ趣旨
　についての説明、すなわち「現行法〔旧刑法〕の十二歳の是非の弁別と云ふのは標準となっ
　て、是非の弁別あって犯した場合は幼年者は罰する、是非の弁別なくして犯したる者は罰せぬ
　と云ふやうに現行法はなって居ります、是非の弁別を以て幼者の罪を決すると云ふのは不当で
　あるや否やと云ふことになると、少し不当ではないか〔,〕幼年者が罪を犯すのは是非の弁別よ
　りは此精神上の働きの為に已む得ぬこととして罪を犯す、然るに是非の弁別のみ以て罪の有無
　を問ふのは不当ではないか、普通ならばどこで幼年者の犯罪となるべき事実を行った場合に罪
　とする、罪とせぬと云ふことになりますと、どうも医学上研究しなければならぬと云ふので、
　医学者にも段段相談して見ました所が先づ普通の人間と見られるのは十四歳からと云ふ説でご
　ざいました、それ故に之を十四歳に上げました〔……〕成るほど人の物を取る、それが善いか
　悪いかと聞けば恐らく十二歳以下の者と雖も尚ほ悪いと云ふことは知って居るだらうと思ふ、
　其場合に是非の弁別があるからと云ふて之を罰すると云ふことは子供の心理上から考へて見た
　ならば非常に酷なことが起る、畢竟善い悪いは知っているけれども、それを止めないのは子供
　の性ではないかと思ふ、それを是非の弁別があるとして罰する段に至っては子供を罰すると云
　ふ精神が違ひはしないかと思ふ」との説明を示した上で、次のように評価している。
　　「……是非弁別能力を前提としたならば、幼い少年についても責任能力が認められてしまう。
　しかし、彼らは是非の弁別ができたとしても、制御できずに非行を犯してしまうものである。

98   責任能力の意義

同内容と評価することが可能かと思われる。

　このような、41条とドイツ刑法19条の解釈の類似性、39条（1項・2項）とドイツ刑法20条、21条の基本的な意味内容の類似性、さらに加えて、いわゆる責任と行為の同時存在の原則の肯定、責任能力に関する規定が「有責性」ないし「責任」、したがって「法に従った動機づけの可能性」、「非難可能性」にかかわる規定であると解すること、──とりわけ重要であるが──刑法上

そこで、責任年齢を引き上げて、これらの少年が刑罰を受けるのを阻止すべきである。これが石渡の説明の趣旨であった。彼は、少年の未成熟さを考慮しているものの、今後の成長発達を考慮しているのではない。行為時の制御能力を問題にしているのである。」、「もっとも、法案の理由書には『幼年囚を処罰するも其利益甚だ少なく却て累犯者の幼年囚に多きことは今日識者の一般に認むる所たるを以て本条の修正は之を済ふに最も適切なるものと謂ふべし』との説明があり、少年の将来に向けた刑罰適応性も刑事責任年齢引き上げに考慮されているといえる。しかし、石渡の説明と合わせてみると、この点はあくまで第二次的なものにとどまると評価することができよう。」、以上をまとめると、「現行刑法の刑事責任年齢の引き上げにおいては、主として、少年に制御能力が認められて初めて処罰されることを確保するために行われたものである。制御能力も責任能力の要素ととらえる今日の責任能力の議論からみると、この改正は、刑事政策的な考慮からの改正というよりも、実体法上の要件充足を保障するための改正ととらえられるのである。」と。
　基本的に適切な評価と考えられる。ただし、近時、この石渡の説明もふまえた上で、責任年齢について「……刑事責任を非難しうるかという意味で、能力評価の具体的基準として理解されたというよりも、あくまで精神的に未熟な幼年者一般の処分適正の評価という観点から、基準年齢に満たない年齢層を一律に刑事責任無能力者と評価する法制度を基礎づけるものとして機能したと理解する方が正確であろう。」とし、もっぱら処分適正や刑事政策的な特別予防的考慮から理解する見解も提示されている（渡邊一弘『少年の刑事責任──年齢と刑事責任能力の視点から』（2006）181頁、239頁参照。さらに、政策的に刑罰を科すことを控えたものとする立場として、例えば、前田雅英『刑法総論講義』第4版（2006）379頁以下参照）。
　しかしながら、上述のような、現在でいう「制御能力」が存しないことに配慮した政府委員の石渡の説明が存在していることは確かであるし、また、純粋に処分適正や刑事罰の不適切さが理由であれば、「行為時」と解する必要はなく、処分時を基準としてもよいとも思われるが、一般に「行為時」と解されているし、さらに責任を非難可能性と解し、責任能力もそれにかかわる要素と解するならば、これと無関係と解するのは無理があるようにも思われるし、また、刑事未成年者を利用する場合の利用者の共犯の成立をめぐる議論も「有責性」が欠けることを前提として通常展開されており、単なる処罰条件が欠けるにすぎないような場合を想定しているわけではなく、これともやや相容れないようにも思われるため、やはり第一次的には、責任非難にかかわる規定と解すべきかと思われるのである。なお、改正刑法草案18条も現行刑法41条と同じく14歳未満の者の行為を罰しないとしているが、この場合の刑事責任年齢についても「現実の処罰可能性ということより、犯罪行為をしたことに対する非難可能性という観点から決定すべきである」（刑法改正資料（六）法制審議会　改正刑法草案附同説明書　法務省（1974）114頁）とされている。

第二章 刑法39条と刑法41条のそれぞれの責任能力　99

の責任を個別行為責任と解することなどもドイツにおけるのと同様に、わが国においても一般に承認されていること、これらの諸点を考慮すると、わが国においても、これまでの考察において示されたドイツにおける責任能力に関する理解と同様のものを採用することは可能であり、かつ妥当ではないであろうか。

すなわち、14歳未満の年齢段階では、たとえ構成要件該当違法行為が行われようとも、つねにあらゆる構成要件該当違法行為につき、それぞれ責任無能力であることが反証不可能なものとして推定され（それぞれの構成要件該当違法行為について、その責任能力の問いに対して法が「否」という回答を予定することによって）[118]、その結果として一般に責任無能力となるカテゴリーが設定されることになるが、この反対内容として、14歳を超えると、あらゆる構成要件該当違法行為につき一般にないしは通常は責任能力を有すると見なされること、あるいは、法がそもそも「人間」ないし「人」を一般にないしは通常は責任能力を有する存在と見なしていることを前提として、その上で、つねにあらゆる構成要件該当違法行為につき、それぞれ責任無能力であることが反証不可能なものとして推定されることによって、一般に責任無能力となる14歳未満のカテゴリーがその例外としてくくりだされることになり、14歳以降は、あらゆる構成要件該当違法行為につき一般にないしは通常は責任能力を

118　例えば、わが国でも、山中敬一『刑法総論』第二版（2008）604頁以下では「責任無能力を反証の余地なく推定した」とされ、野村稔『刑法総論』改訂版（1997）179頁では「弁識能力や制御能力が備わっていないとした、みなし規定である」とされている。

　なお、反証不可能な推定と解すると、例えば、被告人が長男である刑事未成年者B（12歳10か月）に指示命令して強盗を実行させた事案において、「認定事実によれば、本件当時Bには是非弁別の能力があり、被告人の指示命令はBの意思を抑圧するに足る程度のものではなく、Bは自らの意思により本件強盗の実行を決意した上、臨機応変に対処して本件強盗を完遂したことなどが明らかである。これらの事情に照らすと、所論のように被告人につき本件強盗の間接正犯が成立するものとは、認められない。そして、被告人は、生活費欲しさから本件強盗を計画し、Bに対し犯行方法を教示するとともに犯行道具を与えるなどして本件強盗の実行を指示命令した上、Bが奪ってきた金品をすべて自ら領得したことなどからすると、被告人については本件強盗の教唆犯ではなく共同正犯が成立するものと認められる。」とした判断（最高裁平成13年10月25日決定　刑集55巻6号519頁）と相容れないようにも思われるが、この場合の刑事未成年者の責任能力の調査も、この者の刑事責任を認めるための反証ではなく、あくまで背後者の罪責、間接正犯、共同正犯、教唆犯のいずれにあたるかを検討するにあたっての考慮要素の一つでしかないとも解することができ、必ずしも矛盾するとはいえないように思われる。

有するとみなされること、そして他方で、14歳以降は、特定の構成要件該当違法行為の存在を前提として、つねにこれに対する行為関係的な責任能力として把握され、この具体的な行為との関係においてのみ責任能力判断が行われることになり[119]、あらゆる構成要件該当違法行為について責任能力を有する状態であることそのものは、問われざる前提条件とでもいうべき位置づけが与えられることになる、との理解を採用し、よって一般的責任能力なるものは、具体的な責任能力判断においては問題とはならないと解すべきではないであろうか。また、かかる理解をわが国の解釈において採用することは、上述のような41条とドイツ刑法19条の解釈の類似性、39条（1項・2項）とドイツ刑法20条、21条の基本的な意味内容の類似性、責任能力をめぐる基本的な考え方や関連する諸原則の共通性によってのみ支えられるわけではなく、日常経験からも、一定の年齢に達した者を、あらゆる構成要件該当違法行為に対して法に従った動機づけが可能な存在として扱うことは肯定されるであろうし、精神の障害の種類・程度と一定の種類の具体的な犯罪との相関関係を重視して判定するという方法とその結論は、日常経験にもとづく一般的な感覚にも、やはり合致していると思われ、この方向からも支持されるようにも思われるのである。

　ところで、わが国においては、責任能力を「一般的な能力」と解するか、「個々具体的な行為についての能力」と解するかについては、先の改正刑法草案16条に関する説明書における、「『行為の是非』という表現については、責任能力が具体的な犯罪行為との関係で問題となることを明らかにするた

119　なお、ドイツにおいては、14歳以降について「条件つきの、ないしは相対的な成年」と呼ばれる中間的な責任能力層（14歳以上18歳未満）が存在するが、わが国においては、これが存在しないことになる。もっとも、わが国においては、20歳未満の者については少年法の適用があり、少年法所定の措置が用意されていることはいうまでもないことである。ただ、この場合の保護処分の要件に、責任能力を含む有責性要件まで必要かは対立の存するところであり、不要説、必要説ともに有力に主張されているが、本稿ではこの問題には立ち入らない。例えば、不要説としては、町野朔「保護処分と精神医療」猪瀬慎一郎＝森田明＝佐伯仁志編『少年法のあらたな展開　理論・手続・処遇』（2001）85頁以下、丸山雅夫「少年に対する保護処分と責任要件――裁判例の分析を中心として」南山法学32巻1号（2008）31頁以下など参照。必要説としては、例えば、佐伯仁志「少年法における責任能力――アメリカ合衆国での議論を中心として」中谷ほか編『精神科医療と法』（2008）63頁以下など参照。

め、『自己の行為の是非』とすべきであるとする意見、あるいは、責任能力
が一般的な精神能力を指すことをはっきりさせるため、単に『是非』とすべ
きであるとする意見などがあったが、この点に関する考え方の違いを立法的
に解決することは適当でないとされ、いずれの考え方に従って解釈すること
もできるように、『行為の是非』という表現をとることになった。[120]」との
記述が象徴的に示すように、——部分的責任能力を認めるか否かというどち
らかというと稀な場合を除いて——ペンディングにしても責任能力判断にさ
して大きな影響を及ぼさないような、もっぱら純然たる責任論の体系上の相
違にすぎないかのような問題として捉えられてきたとの感も否めないのであ
る。だが、「一般的な能力」と「個々具体的な行為についての能力」に概念
上差異がある限り、両者が要求する内容はそもそも異なるものであるため、
具体的な責任能力判断においても少なからぬ影響を及ぼす重要な問題と解さ
れるのである。

　そして、わが国においては、実際上問題となる39条の責任能力判断におい
て、現在なお極めて有力に「一般的な能力」と解する見解が主張されてお
り、さらには、ドイツとは異なり「わが国では、責任前提説のみならず責任
要素説からも、責任能力は一般的な能力であるとする見解が多い」といった
指摘や[121]、「わが国の伝統的見解は、責任能力に関する責任前提説に立つか
どうかには関わりなく、責任能力が他の責任要素とは性質が異なると考えて
きたように思われる。」といった指摘もなされるところである[122]。

　以下においては、39条の責任能力について、「一般的な能力」ないしはこ
れと実質的に同内容のものを問題とする代表的な見解を、責任能力をあくま
で「個々具体的な行為についての能力」と解する立場から、批判的に見てい
くことにする。

2　「一般的な責任能力」を責任能力判断において問題とする見解

(a)　「一般的な能力」に盛り込まれる内容や理論構成の独自性から、大

120　改正刑法草案附同説明書・前掲注（117）111頁。
121　安田拓人『刑事責任能力の本質とその判断』（2006）111頁。
122　安田・前掲注（114）85頁。

102　責任能力の意義

別すると次のような三つの見解をあげることができるであろう。

　第一の見解は、厳格故意説の立場からのもので、浅田和茂を代表的な論者とする見解である。すなわち、「故意に違法性の意識、過失に違法性の意識の可能性を含めて考える厳格故意説に立」つと、「その能力には、犯罪事実の認識の能力と違法性の意識の能力との両方が必要」になり、「それがあってはじめて責任能力があり、それに応じて、今度はその能力のある者が、犯罪事実を認識したか、さらに違法性の意識があったかということを問うこと」になる[123]、責任能力は、規範の「名宛人たる能力」、「有責行為能力」であり、「故意・過失の能力」であり[124]、「構成要件的故意・過失を認める人は多い」が、「構成要件的故意・過失の能力ということは」言わないが、「とくに意味の認識が必要だということに」なると、「その意味の認識をする能力が前提になるはず」だが、「その点は無視して議論」がなされている[125]、と主張するものである。そして、いわゆる「部分的責任能力」については、「部分的責任能力とは、たとえば、好訴妄想のパラノイア患者は誣告罪につき責任無能力でも他の犯罪については責任能力があるとし、文書偽造につき責任無能力でも窃盗や殺人については責任能力の認められる場合があるとするなど、責任能力の犯罪の種類による相対性を認める考え方である。しかし、規範の名宛人たる能力という観点から見るならば、行為の社会的意味およびその違法性を理解する能力は、一般的に判定されるべきであって、犯罪の種類ごとに異なるものと理解すべきではない」とし[126]、「部分的責任能力を否定することと、責任能力を行為時に要求することとも矛盾」せず、「責任前提説に立っても、まさに行為時に決定規範の名宛人たる能力があったか否かが問題なのであって、およそ一般的に能力の有無が問題になるわけではなく、また行為責任論から離れて性格責任論や人格責任論に至るわけではない」[127]と主張するものである。

123　浅田和茂「責任能力制度の意義」『レヴィジオン刑法3　構成要件・違法性・責任』　中山研
　　一　浅田和茂　松宮孝明（2009）268頁。
124　浅田・前掲注（123）269頁、さらに、浅田和茂『刑事責任能力の研究　下巻』（1999）92頁以
　　下、浅田和茂『刑法総論』補正版（2007）282頁参照。
125　浅田・前掲注（123）269頁。
126　浅田・前掲注（124）（『刑事責任能力の研究　下巻』）94頁。

第二章　刑法39条と刑法41条のそれぞれの責任能力　103

つまりここでは、——厳格故意説自体の当否は別として——責任能力の喪失・著しい減少が肯定される際の「責任能力」につき、「一般的な能力」（犯罪の種類ごとに、あるいは個々具体的な行為ごとに異ならず、すべての犯罪に共通の能力）が要求され、その内容として「犯罪事実の認識の能力」と「違法性の意識の能力」があげられているということになる。すなわち、およそあらゆる犯罪事実について意味の認識も含めてそもそも認識でき、さらに違法性を認識することもできる能力、あるいは言い換えれば、およそあらゆる犯罪事実について表象したり、その意味を理解したり、それに対して、違法であるという評価に到達したりすることが潜在的に可能な精神状態ともいうべきものになり、これに制御能力の点も加えると[128]、「犯罪事実の認識の能力」と「違法性の意識の能力」および、これを前提として獲得された認識に従って、行為する能力ということになり、これがこの立場における責任能力の内容ということになろうかと思われる。したがって、この立場では、「犯罪事実の認識の能力」、「違法性の意識の能力」、「制御能力」が責任能力の内容に盛り込まれていることになるが、ここでの大きな特徴は、例えば、殺人、放火、傷害、窃盗、器物損壊、強制わいせつなどのあらゆる犯罪について、そもそも認識することを可能ならしめるような「犯罪事実の認識の能力」が含まれているということになろうかと思われる。

　（b）　第二の見解は、「個々具体的な行為についての能力」とする団藤説[129]に対応する形で、小野清一郎によって詳細に展開され、今日の代表的な論者としては、大谷實をあげることができるものである。責任能力を「一般的な能力」ないしこれにあたるものと解する立場の多くは、おおむねこの見解を念頭に置いていると思われる。まず、小野の見解は次のようなものである。

　すなわち、「責任能力、少なくとも近代刑法におけるそれは、自由な意思

127　浅田・前掲注（124）（『刑事責任能力の研究　下巻』）95頁。

128　論者の制御能力の理解については、浅田・前掲注（124）（『刑事責任能力の研究　下巻』）90頁、浅田・前掲注（124）（『刑法総論』補正版）287頁、浅田・前掲注（123）273頁以下など参照。

129　団藤重光「責任能力の本質」日本刑法学会編刑法講座3（1963）33頁以下、とくに、37頁以下、48頁以下。

104　責任能力の意義

決定のできる人格的能力をその本質としている[130]」とし、その上で「自己の当の行為の是非を弁別することができたかどうかは、責任『能力』の問題ではなく、具体的な行為『責任』の問題である。違法性の意識又はその可能性の問題として取り扱わるべき問題である。[131]」とし、さらに「外部的事情による責任の阻却は、例えば緊急状態における行為、厳格な規律の下にある兵士が上官の命令によってした行為などにおいてあり得るであろう。行為環境から来る意識の狭窄によって違法性の意識が欠如し、又は期待可能性のないことが考えられる。それは個別的な行為における責任阻却の問題である。責任『能力』の問題ではない。[132]」と述べることによって、責任能力（認識・制御能力）が違法性の意識の可能性や期待可能性と内容上重なり合うことはないとの理解が示される。そして、「責任『能力』はあくまで身体的・精神的な……『人間』を基体とする、倫理的『人格』の問題であ」り、「それ故にその弁別の能力は単に自己の当該行為の是非を弁別する能力だけでなく、それを含めて、およそ行為の是非を弁別する一般的な能力でなければならない[133]」、あるいは、「違法性を意識することのできる一般的精神能力」ということになる[134]、とされている。また、いわゆる部分的責任能力については、殺人については能力者であるが、窃盗については無能力者であるような一部的責任無能力者などというものはありえない、とも指摘しているのである。

　そして、大谷も、責任能力とは、責任非難を認めるための前提としての「人格的能力」であり、「その内容は、行為の違法性を弁識し、それに従って自己の行為を制御する能力と解すべきである。[135]」とし、この人格的能力と解する立場の妥当性については、「個々の行為に関する能力」と解する責任要素説との関係で、「①責任要素説のいうように、責任能力は個々の犯罪行為についての責任要素であるとすると、責任能力も究極において期待可能性

130　小野清一郎「責任能力の人間学的解明（二）」ジュリスト367号118頁。
131　小野・前掲注（130）122頁。
132　小野清一郎「責任能力の人間学的解明（三・完）」ジュリスト369号98頁。
133　小野・前掲注（132）98頁。
134　小野・前掲注（132）99頁。
135　大谷・前掲注（1）320頁。

第二章　刑法39条と刑法41条のそれぞれの責任能力　105

の問題に帰着しそれを独自の責任の要件とする意義が失われること、②人格は統一的なものであるから、単一の行為者のある行為につき責任能力を認め、他の行為につき責任能力を認めないことは許されるべきでないこと、③刑法典も、例えば、刑事未成年者については個々の行為責任の有無・程度の判断に立ち入るまでもなく責任を否定しており、このことは責任能力が他の責任要件から独立した要件、すなわち責任の前提要件であることを示すものであること」を理由としてあげている。そして、いわゆる部分的責任能力についても、「ある種の犯罪についてのみ責任能力を認める一部責任能力または部分的責任能力の観念は、刑法上認めるべきではない」としているのである[136]。

　つまり、この第二の見解と第一の見解の差異は、第二の見解では「犯罪事実の認識の能力」、すなわち、およそあらゆる犯罪事実について意味の認識も含めてそもそも認識することを可能ならしめるような能力までは、とくに要求されていないということかと思われる。したがって、第二の見解は、おそらくこのような「犯罪事実の認識の能力」は前提とした上で、およそあらゆる犯罪事実に対して違法であるとの評価に到達することができ、その認識に従っておよそあらゆる犯罪行為に対して自己の行為を思いとどまる（制御する）ことができる能力を責任能力の内容として捉えていると解されるように思われるのである[137]。言い換えれば、行為時に、当該犯罪事実も含め

136　大谷・前掲注（1）322頁。なお、部分的責任能力を認めない理由としては、①精神病者について部分的に病気と関係のない行為に責任能力を認めることは適当でないとする精神医学的観点からの反対があること、②実際上も文書偽造や詐欺の意味が理解できない者は、傷害や窃盗の意味も十分に理解できないと考えるのが妥当であること、③責任能力は責任を負担させる人格的能力をいうから、その人格を個々に評価するのは妥当でないこと、④一部責任能力を認めれば精神の障害と犯行との因果関係が証明されたときだけ責任無能力を認めることになって、不当に心神喪失を制限することになること、があげられている（大谷・前掲注（1）327頁）。
137　なお、小野清一郎は、厳格故意説の代表的な論者として一般に分類されるが、その『新訂刑法講義總論』（1956）150頁以下では、故意について、①犯罪構成事実を認識し、かつ少なくともその発生を認容して行為に出でたこと、②行為の違法性を意識したこと、③行為の当時における具体的情況上、行為者に対してその行為をしないことを期待し得る場合であったこと、の三点を要求しており、少なくともこの②については、ここでの責任能力が前提となるため、この意味では責任能力を「故意の能力」として位置づけているともいえよう。また、大谷については、厳格責任説の代表的な論者の一人であり、故意と違法性の意識の可能性は分離されるため、この意味では「故意の能力」という位置づけはなされていないといえよう。

て、あらゆる犯罪事実につき違法性を認識し、その認識に従って自己の行動を制御することができる一般的な能力ということになろうかと思われる。

（**c**）　第三の見解は、以上のような第一、第二の見解とは理論構成上かなり異なるが、責任能力判断において、実質的に「一般的な能力」と同内容のものを問題とすると評価できるもので、安田拓人によって主張されている立場である。この見解は、認識・制御主体と認識・制御可能性を分け、責任能力判断において、認識・制御主体が完全に損なわれているかをまず問題とし、これが完全に損なわれていれば心神喪失となり、これが完全に損なわれていなければ、当該犯行に出るなという規範の要求を判断の前提とし、法規範の立場からの要求を考慮に入れ、認識・制御可能性の判断を行うとするものである[138]。ここでの認識・制御主体が、実質的に「一般的な能力」と同内容のものと解されるのである。このことは、次のような部分的責任能力に関する説明において明瞭に示されているように思われる。すなわち、「認識主体あるいは制御主体が完全に損なわれている場合には、違法性の認識を獲得すること、あるいは、違法性の認識に従って行為を思いとどまることは、およそ不可能である。それゆえ、獲得されるべき違法性の認識の種類・その困難さ、あるいは、衝動の種類・その大きさがどのようなものであれ、一律に責任無能力と判断されるべきことになるのである。これに対し、認識主体あるいは制御主体が完全に損なわれていない場合には、獲得されるべき違法性の認識の種類・その困難さ、あるいは、衝動の種類・その大きさにより、違法性の認識あるいは抑制の難しさが異なることが考えられる限りで、ま

　　また、近時、心神喪失者等医療観察法の成立を受けて、この「故意の能力」との位置づけについては、「同法は、強制入院・医療を命じる対象行為を、一定の故意犯に限っているが、同法は心神喪失者を主たる対象とするものであるから、『心神喪失者が故意をもちうること』を基本的な前提としていることになる。それゆえ、……刑法における故意の理解にとって医療観察法との整合性が確保されるべきだとすれば、同法の成立により、故意を専ら責任要素とし、さらに責任能力を責任前提と解する見解は、立法的に否定されたことになる。」（安田拓人「責任論」法律時報81巻6号30頁）との指摘もなされている。なお、医療観察法における「対象行為」の主観面については、本書五章参照。確かに、「心神喪失者が故意をもちうること」（責任能力の喪失と故意の分離あるいはその両立可能性）を原則的に同法が前提としているのであれば、かつ、この原則的な内容と刑法における故意の理解との整合性ある説明を重視するのであれば、故意論における故意説の説明はかなり困難なものになるように思われる。

138　安田・前掲注（121）85頁以下、117頁以下、181頁以下参照。

た、法規範からの要求の水準が異なりうる限りで、責任能力に関する結論が異なることは否定できないように思われる。[139]」との説明である。

また、制御主体に関しては、「制御『主体』とは、……伝統的な精神医学の見解が人格的能力と呼んできたものである。」「もちろん、人格的能力にも様々なものがありうるが、責任能力論に関しては、違法性を認識する機能およびその認識に従って行為を思いとどまる機能に関わる部分だけが問題となるのだから、制御主体とは、違法性の認識に従って行為を思いとどまる精神的機能だということになる[140]」、との説明もなされているのである。

つまり、これらの説明において示されているように、この見解は、認識・制御主体につき、あらゆる犯罪事実についてそもそも認識できる能力をとくに要求しておらず[141]、責任能力判断において、第二の見解と同様の「一般的な能力」とされる責任能力を問題としていることになると考えられるということである[142]。したがって、あらゆる犯罪事実につき違法性を認識し、その認識に従って行為を思いとどまることがおよそ不可能な精神状態が、認識・制御主体が完全に損なわれている場合ということになろうかと思われるのである[143]。

(d) 以上のようなものが、39条の具体的な責任能力判断において、「一

139　安田・前掲注（121）186頁。

140　安田・前掲注（121）119頁以下。

141　なお、安田拓人「精神の障害に基づく錯誤について」中谷ほか編『精神科医療と法』（2008）57頁では、「主観的違法要素としての構成要件的故意を認め、さらに、責任論において故意が占めるべき位置はないと考える場合には、故意の成否は責任能力の有無には影響されない。」ともされている。また、論者が責任説を妥当とすることについては、安田・前掲注（121）84頁など参照。

142　さらに、「一般的な能力」と、ここでの「主体」が同様のものであることについては、安田・前掲注（121）111頁も参照。

143　もっとも、この認識・制御主体は、完全に損なわれているかが重要であり、完全ではないが著しく損なわれている、あるいは相当に損なわれている場合には、認識・制御可能性の問題としている（安田・前掲注（121）86頁、119頁など参照）。なお、同説に対しては、町野朔「『精神障害』と刑事責任能力：再考・再論」町野＝中谷＝山本編『触法精神障害者の処遇』〔増補版〕（2006）16頁以下では、簡潔に、「原理的にこのような区分があるとは思われない。」とされ、かつ、「制御能力を含めた責任能力の判断は、すべて、精神医学的・刑法的方法による『事実の規範的把握』であり、具体的な犯罪行為の関係で判断されるべきものであることにおいては、変わりはない。」との指摘もなされている。

般的な能力」ないしは、これと実質的に同内容のものを問題とする代表的な見解といえよう。

　まず、これまでの考察をふまえて端的にいうと、第一の見解のいう「規範の名宛人たる能力」も、第二の見解のいう「人格的能力」も、第三の見解のいう「認識・制御主体」もいずれも、これを問題とすることは、特定の「構成要件該当違法行為」（具体的な当該行為）について責任非難が可能か否かの判断にとっては、過剰であり、必要なものとも思われないということである。「責任」ないし「有責性」判断というものが、行為者による特定の「構成要件該当違法行為」の存在を前提として、これに対する「有責性」という属性評価を行うことを内容とするのであれば、その一環として行われる責任能力判断も、ただ具体的な個々の行為についてのみ行えば足るのであって、他の犯罪行為まで視野に入れる必要はないのではないであろうか。また、あらゆる犯罪に妥当する、それゆえに共通の責任能力を、例えば、殺人、窃盗、放火、文書偽造、強制わいせつなどの刑法典上の罪から、道路交通法や国家公務員法違反の罪、軽犯罪法違反の罪などにわたるあらゆる犯罪に共通する責任能力を構想し、つまりは、これらの罪も含めたあらゆる犯罪について、その犯罪事実を認識したり、違法性を認識したり、その認識に従って行為を思いとどまったり（第一の見解）、あるいは、違法性を認識し、その認識に従って行為を思いとどまったり（第二、第三の見解）することを可能ならしめるような能力を構想し、これを39条の判断場面において、問題とすることが、はたして可能かつ適切であるのかも疑問に思われるのである。やや極端にいえば、厳密には、有限個数ではあるが、おびただしい数にのぼるあらゆる罪についてすべて検討しなければわからないともいえ、過分に推測的な性質をもつことにもなりうるようにも思われるのである。また、例えば、酒に酔うなどして、公然とわいせつな行為をしたり、軽犯罪法に違反する行為を行ったり、公然と他人を侮辱する発言を行ったり、賄賂にあたるものを受けとったりする場合に、これらの行為について見ると制御能力が損なわれていると考えられるのであれば、その時点においては、同時に、殺人、放火、強盗といった罪についても「法に従った動機づけの可能性」がない、あるいは著しく減少していることになるというのは、やはり一般的な感覚からは受け

第二章　刑法 39 条と刑法 41 条のそれぞれの責任能力　　109

入れがたいようにも思われるのである。

　また、さらに、「一般的な能力」とする見解、とくに第二の見解を支持
し、とりわけ部分的責任能力を否定する立場が、「特定犯罪につき責任能力
に欠陥があるならば、他の犯罪については大丈夫と言い切って良いのか[144]」
といった考え方を、そもそもそのような立場を採ることの重要な契機の一つ
とするならば、個々の行為ごとに責任能力を問い、――「疑わしきは被告人
の利益に」の原則の適用もありうることも前提として――反証可能性を保証
すれば、責任主義の観点から見て不都合な事態は不足なく回避できるのでは
ないであろうか。あるいはむしろ、比較的軽微な罪から、かなり重大な罪に
いたるまでのすべての罪に共通の責任能力を構想することによって、その要
求内容が高まり、当該行為についての責任能力という点で責任主義の観点か
ら不都合な事態が生じるということも否定できないようにも思われるのであ
る[145]。そして、この点については、第三の見解、すなわち、第二の見解に
おける「一般的な能力」を内容とする責任能力の喪失と認識・制御主体の完
全な損傷を、同内容のものとして提示する見解が、その「主体」につき、統
合失調症を念頭におき、「病的な部分が健康な部分を圧倒・支配している場
合には、もはや正常な制御主体は認められない」とし[146]、あるいは、制御
主体の判断に際しては、「正常な人間における衝動制御のメカニズムを前提
として、そうしたメカニズムが完全に損なわれていたかを判断すれば足り
る」などとし[147]、正常な人間の衝動制御のメカニズムや人格構造の完全な
破壊を「主体」の完全な損傷と位置づけた上で、ここまでには至らない場合
を「認識・制御可能性」の問題としてカバーすることによって責任主義上問
題の生じない構成がとられていることにも、示されているように思われるの
である。

144　例えば、斎藤・前掲注（114）95頁でも、このような指摘がなされている。

145　とくに制御能力については、いわゆる狭義の適法行為の期待可能性の判断が、伝統的な理解
　　に従えば、行為者を取り巻く、「精神の障害」などではない外部的事情を考慮して、当該行為に
　　出たことを宥恕する判断であるため、この方向からの責任阻却も不可能ということになろうか
　　と思われる。

146　安田・前掲注（121）122頁。

147　安田・前掲注（121）123頁。

以上のような諸点から、第一の見解のいう「規範の名宛人たる能力」、第二の見解のいう「人格的能力」、第三の見解のいう「認識・制御主体」のいずれも、具体的な責任能力判断において、これを問題とすることは支持できず、責任能力はあくまで個々具体的な行為に関する能力と解すべきであり、例えば、鑑定人の助力を得て判定する際に、その者から、行為時に人格構造が完全に破壊されていた、さらにはあらゆる犯罪につき責任能力がないような精神状態であった、などの所見がたとえ提示されようとも、ただそれを基礎として、当該行為について責任能力がないとすれば足り、刑法上の「責任」ないし「有責性」判断の一つとして行われる責任能力判断とは、そのようなものと解すべきかと思われる。

ただ、これらの見解のいう「規範の名宛人たる能力」、「人格的能力」、「認識・制御主体」が意味するものは、責任論においてまったく占めるべき地位をもたない、というのではなく、その内容からして、むしろ、具体的な責任判断に先行して存在するが、しかしそれ自体としては問われることのない前提ともいうべき地位が与えられていると解すべきかと思われるのである。つまり、「およそあらゆる犯罪事実につき違法であることを認識することができ、その認識に従っておよそあらゆる犯罪行為に対して自己の行為を思いとどまることができること」、さらには、その前提ともいうべき、「およそあらゆる犯罪事実をそもそも認識できる能力」といったものは、刑法上の成人においては、法によって有するとみなされ、問われざる前提条件ともいうべき地位が与えられ、特定の「構成要件該当違法行為」に対する非難可能性の判断として行われる具体的な責任判断において、これ自体が直接に問題とされることはない、と解されるということである。

そして、まさにこのような意味において、責任能力を「一般的な能力」と解する見解をいちはやく詳細かつ重厚に論じた小野が、——「すべてを『責任』、しかも具体的な行為における『責任』の概念に集約することによって、責任能力の特殊の意義を否定するに至る」見解と位置づける Armin Kaufmann や Hellenthal の見解に抗して、「具体的な行為『責任』は、刑法において最も重要な原理である」が、「『責任』には責任を負う主体がなければなら」ず、「単なる観念上の存在ではな」く、「その基体は、身体的・精神

的な実存であ」り、「仏教学でいうなら、身心一如の『人間』である。」と述べ、Kaufmann らの見解を、「『非難可能性』又は『責任非難』という抽象的概念によって」、「実存を基体とする責任能力の概念を禁止の錯誤のうちに解消し」、「実存的な『人間』を疎外する」見解として論難することで[148]——擁護しようとした、「責任を負う主体」、「身体的・精神的な実存である人間」なるものは、責任論において、まったく疎外されたわけではなく、完全に放逐されたわけでもなく、とくに責任阻却事由という構成を無理なく可能にし、そもそも犯罪事実の認識（や、あらゆる犯罪事実に対して違法であるとの評価）を可能ならしめるような能力をことさら問わずにすませることを可能にするといった役割を担いつつ、ひっそりと、しかし、法的次元においても確たるものとして、存続しつづけているとも言えるように思われるのである。

おわりに

　本稿は、責任能力が「個々具体的な行為についての能力」であるのか、あるいは、「一般的な能力」であるのかとの問題を中心に据え、刑法41条の責任能力（責任無能力）と39条の責任能力（責任無能力・限定責任能力）のそれぞれがいかなるものであるのかを考察してきた。その際、ドイツにおける責任能力に関する規定であるドイツ刑法19条（子供の責任無能力）、20条、21条（精神の障害による責任無能力・限定責任能力）、少年裁判所法3条（少年の責任無能力）によって構築される責任能力制度について概観し、これに分析的に考察を加え、一定の特徴を描くことを試みた。そこから、本稿の課題との関係で、次のような理解を重要なものとして抽出し、これをわが国の刑法39条、41条の解釈においても採用すべきことを支持した。すなわち、14歳未満の年齢段階では、構成要件該当違法行為が行われようとも、つねにあらゆる構成要件該当違法行為につき、それぞれ責任無能力であることが反証不可能なものとして推定され、その結果として一般に責任無能力となるカテゴリーが設定されることになるが、この反対内容として、14歳を超えると、あらゆる構成要件

148　小野・前掲注（130）123頁。

該当違法行為につき一般にないしは通常は責任能力を有するとみなされること、あるいは、法がそもそも「人間」ないし「人」を一般にないしは通常は責任能力を有する存在と見なしていることを前提として、その上で、つねにあらゆる構成要件該当違法行為につき、それぞれ責任無能力であることが反証不可能なものとして推定されることによって、一般に責任無能力となる14歳未満のカテゴリーがその例外としてくくりだされることになり、14歳以降は、あらゆる構成要件該当違法行為につき一般にないしは通常は責任能力を有するとみなされること、そして他方で、14歳以降は、特定の構成要件該当違法行為の存在を前提として、つねにこれに対する行為関係的な責任能力として把握され、この具体的な行為との関係においてのみ責任能力判断が行われることになり、あらゆる構成要件該当違法行為について責任能力を有する状態であることそのものは、問われざる前提条件とでもいうべき位置づけが与えられることになる、との理解である。

　より具体的な主たる帰結としては、刑法39条、41条ともに責任能力に関する規定であり、よって「責任」ないし「有責性」にかかわる規定であり、したがって、伝統的な理解から「法に従った動機づけの可能性」、「非難可能性」にかかわるものと解され、かつ責任阻却事由と解されること、39条の責任能力（責任無能力・限定責任能力）も41条の責任能力（責任無能力）も、ともに当該の具体的な「構成要件該当違法行為」が前提となり、これが責任能力の問題を問う起点となるが、41条の責任能力については、14歳になるまでは、そのすべての問いに対して、それぞれ反証不可能な形で責任無能力が推定され、結果として刑事未成年という責任無能力のカテゴリーが設定されることになり、「一般的な責任能力」が想定され、これが否定される（このような概念が問われ否定される）わけではないこと、他方で、39条は、あらゆる構成要件該当違法行為について、一般にないしは通常は責任能力を有するとされる14歳以降の刑法上の成年にかかわる規定であり、その責任能力については、具体的な「構成要件該当違法行為」ごとに反証可能性が保証され、その場合、この具体的な行為との関係で把握される「行為関係的な責任能力」が判断対象とされ、やはり「一般的な責任能力」は問題とはならないこと、などをあげることができよう。

第三章
責任能力の意義と責任非難の構造について

　「肝心なのは、心身の分割といっても、身体の物質性が心の非物質性に対置されるわけではないということです。この分割は、なんといってもまず一個の言説——人間、つまり話す動物の言語的な組立てを指し示す言説——なのですから。
　言葉と物の分割が言語の内部にあるのと同じように、身体と心の分割もまた言語の内部にあります。これは、実に厳密なことがらです。身体が心身の分割のうちに入るためには、まずそれが言語によって再構築されなければなりません。そこには、ことばによる身体の二重化ということがあって、身体を語るということは、身体のイメージという迂回路を前提としています。身体の物質性が廃滅されるわけではありませんが、それは、組立てのうちに、イメージとして、制定されたイメージとして引き受けられるのです。まさにこうした代償を払うことで、話す動物はことばによって統治され、（フロイトの表現を借りていうならば）『文化のための闘争』のうちに引き込まれることになります。」
　「心身の分割をめぐる以上の考察は、生き物についての問いかけのうちに、ドグマ的な組立てをめぐる問題を導入することになります。それは何を意味しているのかといえば、身体が科学的な知——近代科学が発展させてきたような知——の対象であるということ、しかしそれと同時に、身体は表象の生の対象として、表象の論理に属しているということです。宗教や実証主義の誤解から抜け出るための一歩は、科学的な知の二重性を理解することです。それは計測可能なものの実証性についての知であると同時に、ドグマ的な組立てについての知でもあるのです。脳細胞の新陳代謝や生化学的なプロセスについての知は、思考や美学や倫理について何の光明ももたらしません。それらは、社会の生というドグマ的な宇宙に属しているからです。」
　〔ピエール・ルジャンドル『西洋が西洋について見ないでいること』森元庸介訳（2004年、以文社）91頁以下〕

はじめに

　刑法解釈学上問題となる諸概念は、日々変容しうる状況にある。これは、刑法解釈学における議論の場に、その素材を学説・判例が絶えず提供し続けるからであるが、このこと自体は、刑法解釈学という分野が存在し、それを支える学説があり、また、その学説が働きかけ、反対に、触発もされる判例実務がある以上、——肯定的にも否定的にも評価される必要すらないかもしれない——単なる当然の事実ということになるであろう。そして、日々変容を被りうる刑法解釈学上の諸概念もまた、その変容自体は、それが進歩なのか、退歩なのかも（ある時代においては進歩、ある時代においては退歩ともいえ）、にわかには決しがたいようにも思われるのである。ともかく、刑法解釈学に携わる者に可能なことは、自らが置かれた時代、状況のもとで、合理性があり、説得力があると思われる議論を提示することしかないのかもしれない。

　責任能力についての概念・理解に関しても、同様に日々変容しうる状況にあることはいうまでもない。いやむしろ、刑法解釈学という限られた領域を越えて議論・関心の対象とされることが比較的多いといえ、変容しうる状況にあることは、より顕著であるともいえるかもしれない。例えば、「責任能力論は、いわば、『常に未開の分野』である。それは、犯罪と刑罰の関係、行為と行為者の関係を考えるとき、常に考察し直されなければならない問題領域だからであり、しかも、とりわけ精神医学や心理学の発展に伴って、その影響を受けつつ、新たに展開されることが予定されている分野だからである。他方、責任能力論は、罪刑法定主義と並ぶ近代刑法の重要な基本原則である『責任主義』と直接的に関係しており、右の新たな展開にも、一定の限界があることを銘記しておかなければならない。」「責任能力に関する内外の文献は、（概説書における言及は当然として、それ以外にも）枚挙に遑がない。それらの研究の蓄積に応じて、問題の所在は、漸次明らかにされてきたといえるが、すでに解決済みといえる部分はほとんどなく、むしろ日ごとに新たな問題が提起されているといっても過言でない。」[1]との指摘がなされたのは約30年前であるが、今日においても、かかる指摘は、ほぼ完全に妥当するように

第三章　責任能力の意義と責任非難の構造について　　115

思われるのである。実際、ごく近時においても、伝統的な責任、責任能力論
（今日においてそう呼んでもさしつかえないもの）をベースにしつつ、責任能力
や、その他の犯罪成立のための主観的要件である行為意思、故意・過失のそ
れぞれの内容および相互の関係につき、いかなるものかを詳細に論じ、これ
らについての理解をより精緻化することを試みる論稿[2]や、他面では、責任
能力とは、犯罪意思を状況に応じて得失を衡量しながら形成し、適切な手段
で遂行する能力、及び、犯罪の社会的・法的意味合いと犯罪への反作用とし
て社会的・法的非難が生じることを理解し、考慮に入れて行動する能力をい
う、とし、この責任能力では、刑法を遵守して犯罪を思いとどまる能力とい
う意味での行動制御能力は不要である、との主張を展開する論稿[3]や、さら
に、責任能力論において弁識能力と制御能力を区別することには意義や根拠
は存在せず、従来的意味における弁識・制御能力要件は、弁識プロセスに着
目することでその意味内容が豊富化された実質的弁識能力に一元化される、
とし、加えて、法的概念として再構成された「精神の障害」を弁識・制御能
力に並ぶ実体要件としては維持できず、法的概念としての「精神の障害」は
心理学的要素の認定資料に位置づけられる、との主張を展開する論稿[4]な
ど、一般に受容されている責任能力の理解から大きく離れる見解を提示する
ものも現れている。

1　浅田和茂「責任能力論」『刑法理論の現代的展開――総論I』芝原ほか編（1988）204頁、同
　様の記述は10年余り後にも反復されている。浅田和茂『刑事責任能力の研究　下巻』（1999）77
　頁。
2　伊東研祐「行為能力及び責任能力の犯罪論体系的内実規定と関係構造――刑法における主観
　的ないし行為者的なもの1――」『曾根威彦先生・田口守一先生古稀祝賀論文集［上巻］』
　（2014）475頁以下、同「故意と行為意思の犯罪論体系的内実規定――刑法における主観的ない
　し行為者的なもの2――」『川端博先生古稀記念論文集［上巻］』（2014）269頁以下、同「前構
　成要件的目的達成意思ないし行為意思と故意・過失及び責任能力――刑法における主観的ない
　し行為者的なもの3――」『浅田和茂先生古稀祝賀論文集　上巻』（2016）49頁以下、同「行為
　者の表象（予見・認識）と責任能力及び有責性――刑法における主観的ないし行為者的なもの
　4」『刑事法と歴史的価値とその交錯――内田博文先生古稀祝賀論文集』（2016）21頁以下。
3　樋口亮介「責任能力の理論的基礎と判断基準」論究ジュリスト19号（2016）192頁以下。
4　竹川俊也「刑事責任能力論における弁識・制御能力要件の再構成（1）（2・完）」早稲田法
　学会誌66巻2号321頁以下、67巻1号225頁以下参照。竹川俊也「『精神の障害』と刑事責任能力
　（1）～（4・完）」早稲田大学大学院法研論集158号249頁以下、159号269頁以下、160号185頁以
　下、161号149頁以下参照。本文で示した内容は、平成29年1月4日の研究会の報告資料による。

116　責任能力の意義

　本稿は、これらの諸論稿をも視野に入れながら、今日広く受け入れられている責任・責任能力についての考え方、原則（責任主義、個別行為責任、規範的責任論、判例における心神喪失・耗弱の定義など）を考慮し、これらと整合的で調和しうる内容とするべく、責任能力の意義や責任能力と他の犯罪成立のための主観的要件との関係についての理解を、あらためて——確認的な意味も含めて——、示そうとするものである[5]。確かに、こうした作業により提示されるものは、厖大なる責任能力論という「常に未開の」学問分野に供される、ごくささやかな一素材にすぎない、あるいは、あってもなくてもかまわないもの、かもしれない。ただ、日々眼前にあり、避けては通れない責任能力に関する判断にたずさわる裁判実務に対して、まずもって判断対象が何であるのかという意味での「責任能力の意義」を明らかにし、その背景となる考え方を示そうとすることは、多少なりとも意味のある作業であるかもしれないとも思われるのである。

　以下のおいては、いくつかの視点から、責任能力の意義、他の犯罪成立のための主観的要件と責任能力との関係、さらには責任非難の構造がいかなるものか、について見ることにする。

I　判例の定義の観点からの責任能力

　周知のとおり、判例（大審院昭和6・12・3刑集10巻682頁）では、「心神喪失ト心神耗弱トハ孰レモ精神障礙ノ態様ニ属スルモノナリト雖其ノ程度ヲ異ニスルモノニシテ即チ」、心神喪失は、「精神ノ障礙ニ因リ事物ノ理非善悪ヲ辨識スルノ能力ナク又ハ此ノ辨識ニ従テ行動スル能力ナキ状態ヲ指稱シ」、心

5　なお、上述の広く受け入れられている責任・責任能力についての考え方について、これらの考え方を否定したり、一般的な理解とは大きく異なる理解をこれらに与える場合には、本稿において提示される内容は、ほとんど無意味なものかもしれない。むしろ、その場合には、これらの基本的な考え方の当否そのものについて論じる議論領域がふさわしいということになるであろう。本稿の主たる目的は、こうした議論領域を直接に扱うものではなく、これらの考えを基本的に肯定した場合に、責任能力の意義や責任能力と他の犯罪成立のための主観的要件との関係についての理解がいかなるものかにつき、あらためて考察を加えようとするものにすぎない。

神耗弱は、「精神ノ障礙未タ上叙ノ能力ヲ缺如スル程度ニ達セサルモ其ノ能力著シク減退セル狀態ヲ指稱スルモノ」と定義されている[6]。字義通りに見れば、「心神喪失」は、「精神の障害に因って、事物の理非善悪の弁識能力及びその弁識に従って行動する能力の両者又は一方が欠如する状態」であり、「心神耗弱」は、「精神の障害に因って、事物の理非善悪の弁識能力及びその弁識に従って行動する能力の（両者又は）一方が著しく減退している状態」ということになる。これが、刑法39条1項・2項——すなわち、責任を非難可能性とみる現在の通説的な立場からは、その非難可能性の有無・程度に関する規定と理解される条項——の内容を判例が具体化したものであり、学説も一般に支持するものである。ただし、これを基本的な定義としながら、その後の責任論の進展に応じて、若干の補正を施されたものがその内容として理解されることになる。

　まず、ここでの「事物ノ理非善悪」という場合の「理非善悪」については、刑法上の責任非難は、法的な非難可能性であるとの今日ほぼ一致した考え方（法的責任が問われるとの考え方）から、弁識の対象が倫理的な含意を有する用語としての「理非善悪」や「是非」よりも、端的に「違法性」とするのが適切であるとされることになる[7]。またさらに、弁識対象に関する「事物」についても、行為主義、個別行為責任の考え方から、単に自分の身のまわりのことや、一般的なものごとの是非について弁別するだけでは足りず、自己の行為が違法であることを弁識する能力が要求される[8]、との理解が採られることになる。そして、最高裁においても、訴訟能力との対比で責任能力の定義を示した判例において、「刑法上心神喪失者であるというのはその犯行の当時において行為の違法性を意識することができず又はこれに従つて行為をすることができなかつたような無能力者を指」す（最決昭和29・7・30刑集8巻7号1231頁）とされ、こうした考え方が採用されているといえる。もっとも、ここでの「行為」については、個々の構成要件該当行為を指すのか、あ

6　同様の定義として、例えば、大判昭和7・11・21刑集11巻1644頁。
7　墨谷葵『責任能力基準の研究』（1980）226頁、内藤謙『刑法講義総論（下）Ｉ』（1991）791頁、大谷實『刑法講義総論』第四版（2012）324頁など。
8　島田聡一郎＝馬場嘉郎『大コンメンタール刑法第三版第三巻』大塚ほか編（2015）431頁。

るいは、そうした限定はとくに付されない行為一般を指すのか、との対立
——伝統的な議論の枠組みでは、責任能力の体系的地位をめぐる問題として
も論じられ、具体的争点としては、いわゆる部分的責任能力の肯否をめぐる
問題として論じられる対立——が存するところである。これに関しては、個
別行為責任の考え方があくまで妥当するならば、個々の構成要件該当行為に
ついて違法性を弁識（ないし認識）する能力が問題とされるべきであろうし、
また、現実の裁判においても、罪となる事実として示された行為をめぐって
審理がなされ、その行為、すなわち、（当該）構成要件該当（違法）行為につ
いてしか違法性を弁識する能力は問題とはされず、さらに、問題とする必要
もないことから、やはり個々の構成要件該当行為についての能力（当該行為
について違法性認識が可能か否か）が問われるべき問題ということになるであろ
う[9]。判例については、この点必ずしも明瞭とはいえない感もあるが、例え
ば、下級審判例（札幌地判昭和41・9・5下刑集八巻9号1221頁）では、責任能力
の判断にあたって考慮すべきこととして、「刑法上の責任能力は、あくま
で、現に問題とされている一定の行為との関係で是非善悪の識別能力があつ
たか否か、および、それにしたがつて当の行為を制御することができたか否
かという角度から考察されるべきもので、一般的な責任能力の有無を問うと

---

9 例えば、佐伯仁志『刑法総論の考え方・楽しみ方』（2013）323頁では、「行為責任主義をとる
以上、責任能力が問題となるのは、特定の構成要件該当行為（例えば殺人）についてであり、
行為を離れた行為者の人格一般が問題となるわけではない。実際の裁判においても、ある罪で
起訴された被告人の責任能力は、その行為に関する責任能力が問題になるだけであって、起訴
されていない他の犯罪に関する責任能力が問題となるわけではない。」とされる。さらに、個々
の行為についての能力とするものとして、井田良『講義刑法学・総論』（補訂）（2011）367頁、
林幹人『刑法総論第2版』（2008）319頁以下など。なお、部分的責任能力を否定し、かつ、責
任能力を故意・過失の能力と解する責任前提説については、責任無能力者にも故意が認められ
るとの今日ほぼ異論なく支持されている見解からは、「責任無能力者にも故意・過失を認めるこ
とができるから、故意・過失を責任要素（あるいは、違法要素であると同時に責任要素でもあ
る）と解する立場からは、責任能力は故意・過失と並ぶ責任要素ということになる。」（上掲佐
伯323頁）との適切と解される指摘が向けられることになるであろう。ただ、こうした指摘に対
しては、刑事未成年者の故意につき、触法の認識や「殺人の故意」と呼ぶ必要はない「殺意」
といった特殊な故意概念を採用することにより問題はないといった主張（この点については、
中山研一　浅田和茂　松宮孝明『レヴィジオン刑法3　構成要件・違法性・責任』（2009）280頁
浅田発言参照）もありうるが、かかる特殊な故意概念に意義があるのかは疑問であり、意義が
あるとすれば、責任能力を故意・過失の能力とする見解をただ可能ならしめるといった限られ
た意義しかないのではないであろうか。

第三章　責任能力の意義と責任非難の構造について　　119

いう性質のものではない」との指摘がなされており、また、例えば、部分的
責任能力について肯定的な判例として、ときに引用される大阪地判平成11・
1・12（判タ1025号295頁）でも、「本件覚せい剤自己使用が許されず、これが
犯罪となることの弁別能力には全く問題がなかったものと認められる」との
表現がみられ、ここでの「許されず、これが犯罪となること」が、刑法上違
法であることを意味するならば、当該構成要件該当（違法）行為が違法性弁
識の対象であることが明示されているということになるであろう[10]。する
と、一般化まではできないとしても、おおむね裁判例も同様の立場と解する
ことはできるであろう。

　以上を踏まえて、刑法39条1項・2項の内容を示せば、1項の心神喪失
は、「精神の障害に因って、（構成要件該当行為と捉えられるところの）行為の違法
性の弁識能力及びその弁識に従って行動する能力の両者又は一方が欠如する
状態」であり、2項の心神耗弱は、「精神の障害に因って、行為の違法性の
弁識能力及び弁識に従って行動する能力の（両者又は）[11]一方が著しく減退し
ている状態」となり、「精神の障害」（生物学的要素）を原因として、弁識能
力・制御能力（心理学的要素）が損なわれているか否かを判定するという混合
的方法が採られているということになる。なお、ここでの制御能力について
は、責任能力を有責行為能力と解し、犯罪論体系上の有責性（責任）段階に
関する要件とする一般的理解からは、構成要件該当違法行為が認められるこ
とが責任能力の有無・程度の判断の前提となるため、行為論における行為を
可能ならしめる行為能力とは異なるものであり[12]、違法性の弁識（ないし認
識）に従って、つまり、違法性の認識にもとづいて規範意識を働かせて（あ

10　ただし、部分的責任能力に関する先例としての価値については、安田拓人「刑事責任能力の
　　本質とその判断」（2006）185頁参照。
11　ただし、違法性の認識（弁識）を有している場合には、それ自体として弁識能力の著しい減
　　少があったとしても限定責任能力は認められないとの立場（弁識能力が著しく減少し違法認識
　　に至らなかった場合に限定責任能力とする立場）を採るならば、両者の著しい減少は法的には
　　有意味な問いとしては問われることはなく、ただ、仮定的に、たとえ違法認識を有していたと
　　しても制御能力も著しく減少していた場合であろうといった形で判明するにすぎない、という
　　ことになろう。これについては、本書八章Ｉ2（4）、八章補論（3）(d) および（4）参照。
12　例えば、伊東・前掲注（2）「行為能力及び責任能力の犯罪論体系的内実規定と関係構造」
　　480頁なども参照。

るいは、法による要求に応じて動機づけをおこない)、行為を思いとどまる能力がその内容ということになるであろう[13,14]。

13　この点については、例えば、安田拓人「制御能力について」金沢法学40巻2号112頁では、「制御能力による行動の制御というものは、(……) 自己の行為の違法性を認識することによって正常な制止を生じて、そうした行為に出ないように意思決定をすることなのであり、決して、実行行為を最後までコントロールすることではない。このコントロール能力は、犯罪が完全に行われるための行為能力にほかならず、そうした犯行に出ないための能力である制御能力とは全く別のものである。」とされる。さらに、安田・前掲注(10) 103頁も参照。

14　なお、近時、犯罪を思いとどまる能力という意味での行動制御能力は不要との立場から、そのように解しても大審院昭和6年判決に反しないとの主張もなされている。すなわち、昭和6年判決が出る2カ月弱前の刑法並びに監獄法改正調査委員会(総会)において、「『14条　心神の障礙に因り是非を弁識する能力なき者又は是非の弁別に従て行為を為すの能力なき者の行為は之を罰せず能力減弱したる者の行為は其の刑を減軽す』という条文案について、泉二新熊は、精神障害の程度が喪失に至っているかについて医学者ではなく裁判官に判断させる趣旨と説明している。そして、山岡萬之助は『科学的に見て此の男がノルマルであるか、アブノルマルであるかと云ふところが問題』との理由で是非弁別ではなく事理弁別という文言にすべきでないかと論じている。」「大審院判事であった泉二の立場と昭和6年判決が『事物の理非善悪』という文言を採用していることに鑑みると、泉二と山岡のやり取りを昭和6年判決の意義を理解する資料としてよいであろう。そして、やり取りをみる限り、心神喪失は裁判官が判断すべきことと正常・異常の区分が問題にされており、規範的責任論に立脚して責任能力を具体化する意図は見当たらない。むしろ、これは、現在の人格／精神障害の二元的定式に連なるものとみうるのであって、犯罪を思いとどまる能力を不要とすることは判例に反するものではないと考える」(樋口・前掲注(3) 199頁以下)と。

　　しかしながら、まず山岡については、その刑法体系書(山岡萬之助『刑法原理』昭和2年訂正増補17版)において、自身の責任能力の理解について大略次のような説明を行っている。すなわち、まず、「責任能力ハ即チ具體的 In concreto 犯罪能力ナリ。」(106頁)とした上で、その犯罪能力につき、「犯罪能力ノ本質ハ自然上ニ於ケル心意ノ力 Psychiche Kraft ナリ。之ヲ換言セハ決意ノ能力又ハ遠因ニ因リ正式ニ決定 Normale Bestimmbarkeit スルヲ得ヘキ精神上ノ力ナリ。故ヲ以テ舊刑法ノ所謂『是非辨別力』即チ悪意能力トハ性質ヲ異ニスルモノタルヲ知ラサル可カラス。何トナレハ前者ハ自然的ノ關係ニシテ後者ハ道德的關係ナルヲ以テナリ。而シテ犯罪能力ノ内容ハ(一)自識　(二)外界及行爲ニ因リ外界ニ來ス影響ノ理解竝ニ　(三)其行爲ト禁制命令トノ關係ヲ了知スル精神上ノ力ヲ包括ス。茲ニ一言スヘキハ行爲ト禁制命令トノ關係ヲ了知スル能力ト悪意能力トヲ混同スヘカラサルコト是ナリ。蓋シ悪意能力ハ前述ノ如ク行爲ノ善悪ヲ識別スル能力ナルヲ以テ道義上ニ關係ヲ有スレトモ行爲ト禁制命令トノ關係ヲ了知スル能力ハ行爲者ノ企テタル行爲ヲ禁制若クハ命令スル法規カ事實上存スルヤ否ヤヲ認識スル力ニ外ナラサルヲ以テ自然的關係ノ範圍ニ於テ存スルモノ」(107頁以下)、「犯罪能力ハ遠因ニ基キ正式ニ決定スルヲ得ヘキ精神力則チ正則的ノ決意力ヲ本質トスルモノナルヲ知可 シ。」(108頁以下)としている。また、心神喪失、心神耗弱、刑事未成年については、「我刑法ニ於テハ正則的ノ決意能力ヲ有スル者ヲ以テ責任能力者トシ正則的ノ決意能力ニ障害アル者ヲ二種ニ區別シ其程度ノ微弱ナル者ヲ心神耗弱者ト爲シ責任能力ヲ認メ强度ノ障害アル者ヲ心神喪失者ト爲シ責任無能力ト爲セリ。而シテ年齡十四歳未滿ノ者ヲ以テ法律上正則的決意能力ナキモノト爲シタリ。」(117頁)と説明されている。すると、具体的犯罪能力である責任能力は、「決意ノ

第三章　責任能力の意義と責任非難の構造について　　121

能力又ハ遠因ニ因リ正式ニ決定スルヲ得ヘキ精神上ノ力」であり、是非弁別力である悪意能力
とは性質が異なり、「自然的關係ノ範圍ニ於テ存スルモノ」あるいは、「正則的決意カヲ本質ト
スルモノ」であり、「道義的關係ナル」ものではない、との理解が示されていることになるであ
ろう。だとすれば、ここで示された山岡の見解に関する限りではあるが、むしろ、大審院判例
は「理非善惡ヲ辨識スルノ能力」を内容とすることで、良い・悪いや法に反するか否かといっ
た道義的識別能力を要求しており、山岡の言うところの、自然的関係の範囲において捉えられ
る「正則的」か否か、やノルマルかアブノルマルかといった考え方は否定されているのではな
いであろうか。
　次に泉二については、その刑法体系書（泉二新熊『日本刑法論上巻』昭和2年訂正第40版
（昭和8年第43版も同じ記述））において、自身の責任、責任能力の理解について大略次のよう
な説明がなされている。すなわち、まず、刑法上の責任については、「犯罪ヲ有責行爲卽チ責任
アル行爲ナリト認ムル直接ノ根據ハ刑法第三十八條乃至第四十一條ノ規定ニ在リ此等ノ規定ニ
依ルトキハ一定ノ主觀的要素ヲ具備セサル行爲ハ之ヲ指ス可カラサルカ故ニ原則トシテ一定ノ
主觀的要素ヲ以テ犯罪ノ成立條件ナリト認メサル可カラス而シテ玆ニ所謂責任ハ上叙ノ規定ニ
依リ處罰上必要ナリトセラルル主觀的要素ノ全體ヲ指稱スルニ外ナラサルナリ」（411頁以下）、
「一定ノ行爲ニ對スル客觀的責任卽チ（刑罰制裁）ヲ本人ニ連結スルニ必要ナル主觀的要素ノ全
體ヲ以テ責任ナリト解ス」（412頁）、この意味における「責任ハ主觀的ノ責任ハ所謂道義的責任
（Responsibilité morale）ノ觀念ト一致スルモノナリ現行刑法ハ此點ニ於テ舊刑法ト異ル所ナシ
唯舊刑法ノ如ク單ニ是非ノ辨別力ノミヲ高潮セサルノ差アリト雖モ第三十九條乃至第四十一條
ニ規定シタル者ヲ處罰セサルモノト爲スノ精神ハ畢竟此等ノ者ニ道義的責任ナシト認メタルニ
因ルモノナリ」（412頁）とされている。さらに、責任能力と犯意（故意）・過失の関係について
は、「主觀的責任ハ責任能力ト犯意又ハ過失トヨリ成ル然レトモ責任能力ハ犯意過失ノ成立條件
タル可キモノニ非スシテ二者全ク別個ノ觀念タリ例ヘハ十四歳以下ノ幼者ハ責任能力ヲ有セス
ト雖モ竊盗ノ犯意ヲ有スルヲ得ヘシ要スルニ責任能力ハ犯意過失ノ有無ニ關セスシテ存在シ犯
意過失ハ責任能力ノ有無ト獨立ニ存在スルコトヲ得ルモノ」（414頁）、「廣義ノ責任ニ屬スル責
任能力及ヒ犯意過失ハ行爲ノ當時ニ於テ併存スルコトヲ要ス行爲者ニ責任能力アリト雖モ犯意
過失ナケレハ犯罪ナク犯意過失アリト雖モ責任能力ナケレハ犯罪ナシ然レトモハ是レ普通刑法上
ニ於テ例外ナキ原則タル」（415頁）とされている。その上で責任能力の意義については、「現行
刑法ニ於ケル責任能力ハ法律カ違法行爲ニ付キ本人ヲシテ法律上ノ制裁ヲ負擔セシムルニ必要
ナリトスル主觀的適格ナリ故ニ前述ノ如ク責任能力ハ意思責任ヲ有シ得ル能力ニアラスシテ所
謂『責ニ任スル』能力卽チ刑罰制裁ヲ負擔スルノ能力ナリ而シテ犯罪ハ刑罰ヲ科セラル可キ行
爲ナルカ故ニ刑罰ニ付テ責任能力ナキ者ハ犯罪ヲ犯スノ能力ナキコト疑ヲ容レス從テ普通刑法
上ニ於ケル犯罪能力ハ責任能力ニ依リテ定ルモノト認ム可ク責任能力ナキ者ハ犯罪行爲ヲ爲ス
ノ能力ヲ有セサルナリ然レトモ犯罪能力ナキ幼者若クハ精神病者モ亦意思活動（卽チ行爲）ノ
能力アルカ故ニ刑法上ノ責任能力ナキ者ト雖モ犯罪以外ノ行爲能力ヲ有シ得ルモノトス」（416
頁）、「從來ノ立法及ヒ學說ニ依ルトキハ責任能力ノ實質ハ是非ノ辨別力（Unterscheidungsver-
mögen, Discernement）及ヒ自由意思ナリトシ（舊刑法第七十八條及ヒ第八十條參照）是非ノ
辨別力トハ特定ノ意思活動及ヒ其影響ヲ認識シ其意思活動ノ法律上ノ效果ヲ辨識スルニ足ル可
キ智能ナリトス」（417頁）、「責任能力ノ要素タル可キ精神狀態ノ存否ヲ確ムルニハ精神作用ヲ
知情意ノ作用ノ各方面ヨリ觀察シ其全體若クハ一部カ著シク不完全ニシテ普通一般ノ人ニ比シ
著シキ缺陷ヲ有スルヤ否ヤヲ審査セサル可カラス從テ是非辨別ノ知能アリヤ否ヤ自己ノ行動ニ
對スル普通ノ抑制力アリヤ否ヤ又其感情作用ニ著シキ變狀ナキヤ否ヤ等ノ問題ハ何レモ之ヲ看
過スルヲ得サルモノ」（417頁以下）とされている。他方、意思責任としての故意・過失につい

Ⅱ　故意犯における責任非難

　責任能力の内容が以上のようなものであるとすれば、まずもって違法性の認識（違法であるとの評価）の対象である行為（構成要件該当行為）の認識がなければ、「その行為」についての違法性認識の可能性やその認識に従って行為を思いとどまる可能性の有無・程度の判断は通常問題とはならないため、故意犯については構成要件該当行為の認識、すなわち、（少なくともこの意味での）故意があることが責任能力判断の前提となるはずである。以下では、この故意と責任能力の関係についてごく簡単ながら考察を加え、犯罪の原則型とされる故意犯において責任非難が肯定される場合の構造について考えることにする。

（1）故意、犯罪実現への意思

　故意が認められるには構成要件該当事実の認識が必要となるが、その事実

ては、「行爲者カ責任ヲ負擔スルニハ責任能力者タルコトヲ要スルノミナラス尙ホ其行爲カ反社會的性格（Antisozialer Karakter）ヲ有スル意思ニ起因スルコトヲ要ス卽チ社會的ニ批難セラル可キ意思（犯意及ヒ過失）ニ因ル行爲アルニ非サレハ處罰スルヲ得ス（…）犯意ハ罪ト爲ル事實ノ認識ニシテ過失ハ可能ナル認識ノ欠缺ナリ」（448頁）とされている。
　これらの記述から考えると、確かに個々の構成要件該当行為についての違法性認識能力とその認識に従って行為する能力という考え方までは、明瞭には、見られないが、責任能力は、道義的責任を構成する要素の一つとして捉えられ、行為能力とも異なり、意思責任（故意・過失）を有しうる能力とも異なる能力とされ、故意・過失と併存してはじめて全体として責任が認められることになる要素として位置づけられ、その上で、その内容として、是非弁別の知能、自己の行動に対する普通の抑制力、感情作用の著しい変状の有無により決せられるものとの理解が示されていることから、とくに限定を付されない、いわば裸のノーマルかアブノーマルか、正常なのか異常なのかを問題とする能力とは理解されてはいないように思われるのである。また、より確かかと思われることは、是非の弁別力と並置して自由意思をあげ、審査内容として抑制力の有無をあげていることから、今日でいう制御能力（行為を思いとどまる能力）を排除する意図はまったくないのではないであろうか。すると、もちろん、個人的な見解が大審院判例にダイレクトに反映していると考えるべきか否か、あるいは、そうしたダイレクトな影響は考えるべきではない、といった問題もあるが、大審院判例を理解するための一資料であることが許されるのであれば、むしろ、少なくとも大審院判例における「此ノ辨識ニ從テ行動スル能力」（今日の行為を思いとどまる能力である制御能力）は、文字通り、要求されており、これを否定することは、やはり同判例の立場とは相容れないのではないであろうか。

第三章　責任能力の意義と責任非難の構造について　123

認識の対象は、構成要件の客観的要素にあたる事実のすべてとされ、その客観的要素としては、行為の主体、手段・方法（行為態様）、行為の客体、行為状況、（結果犯では）結果などが一般にあげられ、さらに、行為の有する一定の危険性についての認識も必要とされる[15]。また、多数説では、因果関係についても、現実の因果経過の詳細まで認識する必要はないが、その基本的部分（ないし大筋）についての認識で足りるとしつつも、認識は必要とされる[16]。またさらに、このような事実認識は、意味認識を欠いた認識では足りず、意味の認識を含むものとされる。この点については、刑法が着目する属性の認識、あるいは、構成要件該当の意味ないし性質に関する素人的理解としての意味の認識が必要とされる[17]。また別に、こうした意味の認識も含む構成要件該当事実の認識は、まさに表象・認識することで足りるのか、それとも、このような事実の発生に対する意思、あるいは事実の発生についての積極的な態度としての意思的要素も故意概念に含まれるのかは対立の存するところである。伝統的には、表象説（認識説）と意思説（認容説）の対立と呼ばれるものである。これについては、多数説は（および判例も）意思的要素が故意概念に含まれると解するが、認識で足りるとする認識説も、故意概念には含まれないが、故意犯成立にとって意思的要素を要求し、それは、行為意思として行為の要素と解するため[18]、故意犯成立にとって意思的要素を不要とする見解は存在しないということになるであろう[19]。そうすると、──正

15　これについては、井田・前掲注（9）156頁。

16　佐久間修『刑法総論』（2009）111頁、井田・前掲注（9）156頁以下など。

17　意味の認識の必要性とその内容につき、詳述するものとして、例えば、髙山佳奈子『故意と違法性の意識』（1999）174頁以下参照。

18　例えば、この点については、山口厚『刑法総論　第3版』（2016）214頁以下では、「故意を認めるために意思的要素が必要だとしても、それは『行為にでる』意思である行為意思（これは行為の要素である）にすでに含まれており、その意思に担われた行為者の心理内容が故意といえるものか否かが問題なのだから、そのような心理内容を確定する際に再び意思的要素を持ち出すことはできない」とされたり、佐伯・前掲注（9）248頁では「認識説・蓋然性説も行為意思を要求して」いる、「ただし、認識説・蓋然性説が要求する行為意思は、故意の要素ではなく、行為の要素に位置づけられるべきものである。」との説明がなされるところである。さらに、伊東・前掲注（2）「故意と行為意思の犯罪論体系的内実規定──刑法における主観的ないし行為者的なもの2──」273頁以下、髙山・前掲注（17）150頁以下なども参照。

19　なお、「故意は実行行為時に存しなければならず、故意の内容はたんに構成要件的事実の認識に止まるものではない。この認識にしたがって、その事実の発生を決意することが必要であ

確な定義は措くとして——単なる認識を越えたなんらかの意思的要素（あるいは構成要件該当事実にあたる行為に出る意思や、構成要件該当事実の実現へと向けられた意思的態度や、構成要件該当事実の発生に対する肯定的な態度といったもの）も、それが行為の要素であるのか、あるいは、行為の要素でもあり故意の要素でもあるのか、あるいは、もっぱら故意の要素であるのか、との問題は別として、故意犯成立にとって不可欠の要素ということになるであろう。

　以上のことを踏まえると、故意犯における責任能力判断の前提として、上述のような、構成要件の客観的要素にあたる事実のすべてにつき意味の認識も含めた認識が存在しなければならず、また、その構成要件該当事実にあたる行為に出る意思も存在しなければならず、これらが認められない場合は、故意がない、あるいは、場合によっては行為にあたらない、ということになり、責任能力についての問いは基本的には発せられない、あるいは、発せられる必要がないということになる[20]。他方、この反面として、構成要件の客観的要素にあたる事実のすべてにつき意味の認識も含めた認識が存在し、かつ、その構成要件該当事実にあたる行為に出る意思も存在する場合にはじめて責任能力についての問いが生じるということになる。すなわち、（14歳以降原則的に有するとみなされる）責任能力（認識能力・制御能力）が、精神の障害に因って、当該構成要件該当行為につき損なわれているのか否かが問われることになる。こうして、故意犯成立にとっての主観的要件としては少なくとも、構成要件の客観的要素にあたる事実のすべてにつき意味の認識も含めた

　　る。この点で、認容説が故意の意思的要素を指摘することは正当である。この構成要件実現の決意の点に故意と希望・願望の区別が可能となる。故意の意思的要素をこのように解するならば、認識説もこれを肯定する。構成要件的事実を認識し、行為に出た以上、結果発生への決意は当然に存するからである。認識説はあえてこの点を故意概念として取り上げる必要はないと解したのであろう。『認識説こそ、本来の意思説だ』という見解もこのことを意味する。この意味では今日、意思的要素の有無をめぐる認識説と認容説との間に本質的な対立は存しない。」（堀内捷三「行為意思と故意の関係について——実行の着手時期への一つの視座」警察研究55巻8号11頁）との指摘さえ見られるところである。

20　ただし、「精神の障害」が原因となって、例えば、構成要件要素中の客体につき錯誤が生じているような場合（いわゆる精神の障害にもとづく錯誤の場合）には、例外的に責任能力も問題となりうるであろう。これについては、拙稿「Ⅰ　精神の障害にもとづく錯誤の場合の医療観察法における『対象行為該当性』判断」（特集・故意と責任能力）刑事法ジャーナル41号78頁など参照。また、本書五章も参照。

認識、その構成要件該当事実にあたる行為に出る意思が存在すること、および、その構成要件該当事実についての違法性評価（認識）の可能性（認識能力）、違法性認識に従ってその構成要件該当行為を思いとどまる可能性（制御能力）が認められること、が必要ということになるであろう。では、これらの要素のすべてが「有責性」という属性評価を肯定するための要素、つまりは犯罪論上の責任段階に配される要素となるのであろうか。結論としてこれを肯定すべきと考えるが、以下、簡単ながら規範的責任論という視点から考えることにする。

（2）規範的責任論における責任非難

　責任の本質を非難ないし非難可能性と解する規範的責任論には今日異論をみない[21]とされる。この規範的責任論を受容する立場からの責任非難ないし有責性ないし非難可能性については次のように説明される。例えば、規範的責任論においては、「行為者が、違法行為の決意をしてはならないという法の意思決定規範の要求に反して、いいかえると、義務に違反して、違法行為の決意をしたという点に、責任非難の根拠がある。しかし、義務に違反した意思があれば、それだけで、ただちに責任があるとはいえない。法は、不可能を要求するものではない。そこで、義務にしたがって意思決定をしうるばあいに、これをしなかったとき、いいかえると、具体的事情のもとで、適法行為の決意を期待することが可能であるのに、それをしなかったばあいに、責任非難がなされる」との主張がなされる[22]とされたり、あるいは、「刑法は法益保護の見地から一定の行為を禁止・命令し、その違反に刑罰の制裁を予告・実行することにより国民が犯罪を犯さないように動機づけるものである。それゆえ、そこでは、このような動機づけが可能であったこと、いいかえれば、行為者が当該犯罪行為を行うにあたって他の適法な行為を選択することも可能である心理状態にあったことが前提となる。これを他行為可能性という。それは、当該違法行為をせずに適法行為を行うことを期待すること

21　堀内捷三「責任論の課題」芝原ほか編『刑法理論の現代的展開——総論Ⅰ』（1988）175頁。
22　福田平『全訂　刑法総論〔第五版〕』（2011）189頁以下。

ができたという意味で期待可能性と言い換えることができる。要約すれば、有責性とは、他の適法な行為をすることが期待できたのに（他行為可能性・期待可能性）、違法行為をしたことに対する法的非難である。」[23]とされたり、あるいは、「非難を基礎付けているのが『他行為可能性』（構成要件該当・違法行為を回避できたこと、それ以外の行為を行うことができたこと）であるといえよう。（……）『他行為可能性』を欠く場合に、構成要件該当・違法行為を行った者を非難することはできない。他の行為を行うことが可能であったのに、当該の構成要件該当・違法行為にでたといえる場合に、『その行為をすべきでなかった』という非難が可能となるのである。」[24]とされたりするところである。つまり、これらの立場における責任非難の本質を簡潔に定式化して表現するとすれば、「構成要件該当（違法）行為が避けられた（あるいは適法行為の決意を期待することが可能であった）にもかかわらず」、「当該構成要件該当（違法）行為に出たこと（当該違法行為の決意をしたこと）」に責任非難が向けられるということになるであろう。これを、上述の故意犯成立にとって必要な主観的要件に即して言えば、「……避けられたにもかかわらず」が、法による動機づけの可能性にかかわる(1)認識能力と(2)制御能力に対応するものであり、「……行為に出たこと（行為の決意をしたこと）」が、(3)構成要件の客観的要素にあたる事実のすべてにつき意味の認識も含めた認識と(4)その構成要件該当事実にあたる行為に出る意思に対応するものということになるであろう。そして、法による動機づけの可能性にかかわる(1)、(2)が、構成要件該当（違法）行為を抑制する方向での作用であり、他方、(3)、(4)が、当該構成要件該当（違法）行為を推進する方向での作用と分析的に解することもできよう。そうすると、(1)、(2)の抑制方向での作用と(3)、(4)の推進方向での作用が同時併存する中で、後者の推進方向での作用が優位していること、あるいは、それが凌駕している状態に対して責任非難は向けられると解することができるのではないであろうか。さらに加えて言えば、(1)、(2)の抑制方向での作用のみでも非難可能との評価はできず、また、(3)、(4)の推進方向での作用のみでも非

---

23 西田典之『刑法総論〔第2版〕』（2010）206頁。

24 山口・前掲注（18）195頁以下。

第三章　責任能力の意義と責任非難の構造について　　127

難可能との評価はできず、あくまで前者、後者があいまった中で後者が優位
しているという状態のみ非難可能との評価が可能となるのではないであろう
か。もちろん、こうした状態は、このように分析的に(1)、(2)、(3)、(4)といっ
たパーツに分けて記述しうるものではあるが、行為時の行為者の内面におけ
る一つの事象、一つの主観的状態として生じるものであり[25]、かかる状態に
対して非難可能との評価がなされることになるのである。

　また別に、規範的責任論については、次のような説明もなされる。すなわ
ち、例えば、「規範的責任論は、それまでの心理的責任論を全面否定して成
立したものではなく、心理的責任論を前提として主張されたものと解すべき

[25]　例えば、目的論的行為論における行為能力ないし行為意思に肯定的な見解からであるが、意
　　思的推進力と意思的制動力は、「犯罪論的には異なった次元でいわば逆方向に機能するものとし
　　て観念されるが、それらは同一の表象を巡って異なった視座・コンテクストにおいて同時的に
　　錯綜して行われるものに過ぎず、積極的な意思的推進力とこれに抑止的・抑制的に対抗する意
　　思的制動力との（状況依存的で）相対的な優劣・強弱により、行為意思の客観化としての行為
　　が発現することとなる。」との指摘がなされている。伊東・前掲注（２）「前構成要件的目的達
　　成意思ないし行為意思と故意・過失及び責任能力――刑法における主観的ないし行為者的なも
　　の３――」58頁。また、本文で述べたような、抑制方向での作用と推進方向での作用が同時併
　　存する中で、後者の推進方向での作用が優位している状態に非難が向けられるとの理解と同様
　　の理解は、近時の司法研究（司法研修所編　協力研究員　佐伯仁志　酒巻匡　研究員　村瀬均　河
　　本雅也　三村三緒　駒田秀和『難解な法律概念と裁判員裁判』61輯１号（2009））における「資
　　料３-５責任能力が求められる理由及び医療観察法上の制度の説明案」（同書285頁）の中での
　　「刑事責任を問うことができるのは、その人が自分の意思で犯行に及ぶことを決めたことに対し
　　て非難を加えることができるからである。」、「……（同時に、非難を加えることができるために
　　は、自分の行っていることが悪いことと分かった上で、これをやめることができることが前提
　　といえる。）」との表現に見出すことも可能かと思われる。
　　　なお、同説明案でも用いられている「もともとの人格に基づく判断で罪を犯したと評価でき」
　　るか否かという、いわゆる「もともとの人格論」については、安田拓人「責任能力の具体的判
　　断枠組みの理論的検討――司法研究『難解な法律概念と裁判員裁判』を素材として」刑法雑誌
　　51巻２号266頁では（「もともとの人格」は「正常な精神機能」であるとの理解の下（270頁））、
　　「責任と責任能力の本質をダイレクトに表現したものではなく、責任能力の具体的判断のための
　　中間項としての補助線の一つを提言したものだと理解されるべきことになる。」との指摘がなさ
　　れており、適切な方向を示すものと思われる。また、さらに加えて言えば、司法研究では、統
　　合失調症の影響を理由とする責任能力の問題についての一つの説明例（もともとの人格論によ
　　る説明例）を示したに過ぎず、その部分に続けて、「判例の定義する弁識能力及び制御能力とい
　　う概念を無視しているわけではない。この判断対象というのは、飽くまで裁判員に理解しやす
　　い審理評議をする目的からのものであり、裁判官としては、弁識能力及び制御能力の概念を念
　　頭に置いておく必要がある。」（上掲「司法研究」37頁）とも明言されていることには、注意を
　　払う必要があるといえよう。

128 責任能力の意義

である。すなわち、規範的責任論の下でも、責任の中核をなしているのが、故意・過失という行為者の心理状態であることに変わりはなく、その心理状態が非難可能なものであることが要求されている」[26]とされたり、あるいは、規範的責任論では、「……行為者の主観面である故意以外に、過失、さらには、期待可能性や違法性の意識などが、規範的に理解された責任を左右する要素として、責任論で重要な地位を占めることになるのである。このように、責任は、行為者に認められる単なる心理的事実ではなく、非難を基礎付ける規範的な評価である。とはいえ、責任判断の対象である心理的な事実がないがしろにされてはならない。故意だけでなく、過失にも、行為者の心理面は存在するのである。むしろ、責任評価はそのような心理的事実の上に形成されるものであり、どのような心理的事実が責任を基礎付ける要素となるのかを明確にすることが重要である。」[27]とされたり、あるいは、「責任は、違法行為に出るのを思いとどまらなかったことに対する非難可能性として理解されるようになった（規範的責任論）。もっとも、非難は事実に基づくものでなければならないから、規範的責任論においても心理的事実の重要性が失われるわけではない。非難可能性を基礎づける責任の要素としては、①故意・過失、②責任能力、③違法性の意識の可能性、④適法行為の期待可能性がある。」[28]とされたり、あるいはまた、「責任を判断そのものと解することは規範的責任論の帰結ではなく、責任の領域においても、評価（判断）それ自体と評価の客体とは区別さるべきであり、規範的責任論者の多くは、故意は、責任判断の対象となり責任評価の基礎となる因子であるという意味において、責任要素と解している」[29]と、されたりする説明である。

　こうした説明は主として故意・過失も責任の要素であるとの主張として展開されたものといえるが、これはまた、いわゆる純化された規範的責任論ではなく、責任を評価の客体たる心理的事象・主観的状態とその評価から構成される複合的概念として捉える規範的責任論[30]に位置づけられるものであ

26　浅田和茂『刑法総論〔補正版〕』（2007）272頁。
27　山口・前掲注（18）197頁。
28　松原芳博『刑法総論』（2013）200頁以下。
29　福田平「故意の体系的地位について」『刑法解釈学の諸問題』（2007）24頁。

る。かかる説明が規範的責任論についての妥当な理解であるとするならば、上述の行為時の行為者の主観的状態（(1)、(2)、(3)、(4)のすべてのファクター）は、——(3)、(4)にあたるものについての犯罪論体系上の位置づけをめぐる多様な考え方がありうる[31]が、この問題を別として、ともかく——責任の要素（責任段階に配される要素・有責性を構成する要素）と解するべきではないであろうか。

（3）責任能力と構成要件該当事実の認識・行為に出る意思との関係

　以上のように、故意犯が成立するためには、少なくとも主観的要件として、(1)認識能力、(2)制御能力と(3)構成要件の客観的要素にあたる事実のすべてにつき意味の認識も含めた認識、(4)その構成要件該当事実にあたる行為に出る意思、が必要であり、さらに、これらの要素はいずれも有責性を（あるいは有責性をも）構成するものと解されることになる。そこで、これら諸要素間の関係についてであるが、まずもって重要と思われるのは、(3)、(4)については、ただ存在するのか否か、あるのか、ないのかが問われると考えられることである。つまりは、(3)、(4)については、それが不存在となる場合、その原因も限定されていないと一般に解されており、また、(3)、(4)をもちうる能力[32]についても直接に問われることはなく、これらは、ただ(3)、(4)の有無と

30　この点につき、例えば、福田・前掲注（29）24頁では、Moos を援用しつつ、「責任は、（……）純粋に規範的な概念ではなく、心理的な事象とその評価から成る複合的な概念であるとし、意思形成という心理的事実が責任において独自の地位を占めるものであるということは、もともと規範的責任論によって基礎づけられたものである」との見解は、「規範的責任論についての通説的理解に合致する」とされている。なお、純化された規範的責任論については、例えば、安田拓人「意思能力、行為能力、責任能力の関係」法学セミナー567号24頁など参照。

31　例えば、行為意思と故意をともに違法段階に配し、かつ責任段階にも配するのか（(3)、(4)にあたるものに体系的に二重の地位を認めるのか）、あるいは、行為意思のみを違法段階に配し、故意を責任段階にのみ配し、その際、故意概念に意思的要素も含まれるとするのか、あるいは、行為論における「行為」に行為意思（ないし意思的要素）は不要とし、さらに、意思的要素が含まれる故意概念を採り、その故意を責任段階にのみ配するとするのか、などなど様々なものがありうるように思われる。なお、体系的に二重の地位を認めることについては、これへの批判として思考経済的見地が理由としてあげられることが多いが、「不法と責任では評価の視点がちがう」（例えば、福田・前掲注（29）23頁以下など参照）との考え方からすれば、決定的な論拠にはならないように思われる。

32　例えば、かかる能力については、「構成要件的故意・過失を認める見解からは、それをもちう

いう問いに収斂し、「ない」と判断されれば「故意」や「行為」が否定されることになると考えられることである。他方、(1)、(2)の責任能力については、刑法上の成人については、一般に有するとみなされるが、それが「精神の障害」という限定された原因によって損なわれている場合に問題となるものである。そして、その内容は、(3)、(4)が認められることを前提とした上で、(3)の認識・表象を媒介として、それに対する違法であるとの認識の可能性の有無・程度であり、また、違法であるとの認識がある場合には、その認識に従って（規範意識を働かせて）当該行為を思いとどまる可能性（とくに(4)の意思を放棄・修正する可能性）の有無・程度ということになる。また、こうした責任能力の内容から考えると、刑法上の成人については、(3)、(4)をもちうる能力も当然に一般に有するとみなされているとの理解も可能であろう。ただし、例外的、付加的に、(3)、(4)の不在が「精神の障害」に因って生じていることが疑われる場合には、(1)、(2)についてもその喪失が同時に競合する場合として問題（検討対象）とされることになるであろう。

むすびに代えて

これまで述べてきたように、責任非難は、意味の認識も含めた構成要件該当事実についての認識およびその構成要件該当事実にあたる行為に出る意思と、その構成要件該当行為につき違法性を認識する可能性・その認識がある場合その認識に従ってその行為を思いとどまる可能性とが同時併存する中

る能力と責任能力は明らかに別のレベルの能力である」（安田・前掲注（30）23頁）との指摘がなされている。そして、故意の体系的地位の如何は措くとしても、責任無能力と「故意」（や「行為」）の両立を肯定するならば、(3)、(4)をもちうる能力にあたるものを責任能力の内容にとり込むことは、責任無能力と「故意」（や「行為」）の両立を否定することにつながりうるため、やはり「別のレベルの能力」とされなければならないであろう。さらに、角度を変えて表現すれば、責任無能力と「故意」（や「行為」）の両立、併存の肯定は、責任能力と(3)、(4)をもちうる能力の分離、区別をもたらし、かつ、(3)、(4)の有無のみが問われるべき問いとされることによって、(3)、(4)をもちうる能力は、責任能力と区別されつつも直接には問われざる前提ともいうべき位置づけがあたえられる、ということになるであろう。またさらに付言すれば、故意（や行為意思）を構成要件段階（違法段階）に（も）配する立場では、(3)、(4)をもちうる能力は、よりいっそう際立って「別のレベルの能力」（いわば違法行為を可能ならしめる能力）と（も）なることには、注意を払う必要があるように思われる。

で、前者の意思が優位している状態に向けられることになる。構成要件該当
違法行為は、こうした状態に担われた場合に「有責性」という属性を付与さ
れることになるのである。こうした状態を「犯罪を犯すか否かを自由に決し
うる主体」あるいは、刑法上の「理性的能力のある人間」と呼ぶことも可能
であるかもしれない。名称はともかく、ここでは、所定の事実を識別し、そ
の意味を理解し、かつ、それに対して違法か否かを判別し、さらに、違法と
の認識があれば法の要求に応じてそれを思いとどまることが可能な人間（規
範によって造型された人間）が想定されており、したがって、「有責である」
(「責任阻却事由にあたらない」) と告げることは、こうしたステイタスを告げる
ことをも意味することになるであろう。

第四章
責任能力制度の理解と事前責任論

「恐るべき犯罪（…）が起きると、あらゆる社会は裁判手続を仲立ちにして、その犯罪を象徴的に追体験することになる。それによって社会は、犯罪を侵犯として登録することで人間化し、そうして同時に、犯罪にひとつの意味を与え、それを語りのことばのうちに再統合するのである。」

「有罪宣告の司法的ねらいがしだいに明らかになる。誰かを有罪と審判するということは、あらゆる人間を〈定礎的準拠〉との関係のうちにあらかじめ捉え、押さえ、固定する——それが推定（présomption）という語のもとになっているラテン語動詞 praesumo の意味だ——その手立てとなっている諸形式の言説を、裁かれる者に差し向けることである。〈理性の推定〉とはファタを厳かに喚起することで、司法的記録の集積をとおしておのおのの主体をあらかじめ語っている、予言のことばを働かせることなのである。この観点から見ると、刑事裁判とは、殺人をファタの社会的言説のうちに書き込み、もって主体をことば（parole）に再統合するものである。構造的論理から言えば、有罪判決とは原理的に、仮借なきこと〔殺人〕の完遂を明示する儀礼的反復なのである。それが、政治的基礎の構築になる。」

〔ピエール・ルジャンドル『ロルティ伍長の犯罪』西谷修訳（1998年、人文書院）61頁以下、75頁〕

はじめに

　本稿は、責任能力制度についての理解、あるいは、あるべき理解を、責任主義、個別行為責任、同時存在原則、罪刑法定主義等の諸原則の要請に配慮しつつ、かつ、違法性の意識の可能性や期待可能性についての議論が対象とする領域との差異と共通性を意識しながら、示そうとするものである。

　なお、本稿ではそのような責任能力制度の理解の提示に加えて、そこで得られた理解を、(構成要件該当) 行為時に責任がない場合にも、当該行為以前の何らかの落ち度や自招性により、当該行為について責任非難を肯定すべき場合があるとする事前責任論や原因において自由な行為の理論の分野に対して、適用した場合の影響如何について、仮定的な適用の域は出ないが、若干ながら言及することにする。

　以下では、まず責任能力制度の構造上の特徴について述べ、次に認識・制御能力を損なう原因、とくに「精神の障害」の範囲と意義について述べ、最後に責任能力制度について得られた理解が事前責任論に対して及ぼす影響について述べることにする。

I　責任能力制度の構造上の特徴

　犯罪とは、「構成要件に該当し、違法かつ有責な行為」であるとされ、したがって犯罪が成立するためには、構成要件該当違法行為について、責任が認められること (有責性を肯定できること) が必要となる。ここでの「責任」とは、非難可能性であり、非難可能性は、「他行為可能性」ないしは「法に従った動機づけの可能性」によって基礎づけられる、あるいはこれを本質的な内容とする、というのが今日の一般的な理解である。そして、この「責任」あるいは「有責性」を肯定するための要件の一つとして、責任能力があげられる。現行刑法では39条1項、2項と41条がこの責任能力にかかわる規定とされる。

　これらの規定中まず41条については、14歳という年齢基準にもとづいて一

律に責任無能力にする、というものであり、責任能力の有無をめぐる具体的な争点として論じられることはほとんどないといえる。つまり、ここでは――ドイツにおいて一般的な考え方であり、かつ我が国においても、一部では明示的に指摘されるところであるが――、14歳未満という低年齢であること、すなわち、子どもであること、あるいは、それによる未成熟であることを原因（理由）として、責任無能力が反証不可能に推定されていると解することができるであろう[1]。

　他方、39条については、「心神喪失」、「心神耗弱」の定義に関するリーディングケースであり、今日の判例・学説においても一般に承認されている大審院昭和6年12月3日判決[2]にもとづいて、その内容を示せば、精神の障害により、行為の違法性を認識し、その認識に従って行動する能力がない場合が心神喪失（責任無能力）、行為の違法性を認識し、その認識に従って行動する能力が著しく低い場合が心神耗弱（限定責任能力）ということになる。つまり、精神の障害が原因となって、行為の違法性を認識できることを内容とする認識能力または、その認識に従って行為を思いとどまることができることを内容とする制御能力が喪失ないし著しく減少している場合に責任非難がないか、それが減じるとするものである。すると、この認識・制御能力の定

1　14歳未満の子どもの責任能力について規定するドイツ刑法19条に関しては、同規定は、子どもの責任無能力（認識・制御能力の欠如）が反証不可能に推定されていることを内容としているとの理解が一般的といえよう。例えば、多くに代えて、vgl. Perron/Weißer, Schönke/Schröder, Strafgesetzbuch Kommentar, 29. Aufl. 2014, §19, Rdn. 1. なお、わが国においても、41条につき、例えば、山中敬一『刑法総論』第三版（2015）655頁では「責任無能力を反証の余地なく推定した」とされ、野村稔『刑法総論』改訂版（1997）179頁では「14歳未満の者は、14歳に満たないという生物学的要素の存在を根拠として、一律に責任無能力であるとされる。41条は、人間が年齢とともに精神的発達を遂げる存在であることを重視して、14歳未満の者には弁識能力や制御能力が備わっていないとした、みなし規定である。」とされている。

2　大判昭和6・12・3刑集10巻682頁。同判決では、心神喪失とは「精神ノ障礙ニ因リ事物ノ理非善悪ヲ辨識スルノ能力ナク又ハ此ノ辨識ニ従テ行動スル能力ナキ状態」であり、心神耗弱とは「精神ノ障礙未タ上敍ノ能力ヲ缺如スル程度ニ達セサルモ其ノ能力著シク減退セル状態」であると定義されており、この定義は、今日判例および学説において一般に承認されているところである。また、この定義における「理非善悪」については、「違法性」を意味するとの考え方が今日では広く支持されているといえる。これについては、墨谷葵『責任能力基準の研究』（1980）226頁、内藤謙『刑法講義総論（下）Ⅰ』（1991）791頁など。さらに、最決昭和29・7・30刑集8巻7号1231頁も参照。

義の部分を、もうひとつの責任能力規定の41条にもあてはめると、その内容は、子どもであることによる未成熟を原因とする違法性認識が不可能な場合またはその認識に従って行為を思いとどまることが不可能な場合ということになる。

そして、こうした責任能力の内容に対して、さらに、次のようないくつかの可能な解釈や理解を加味し、責任能力規定の構造上の特徴を描くことにする。

まず41条の刑事未成年との関係では、①刑事未成年者についても、構成要件該当違法行為を行うことが可能であるとの前提の上で、そのすべてにつき、法が責任無能力と見なしており、その反対の内容として、刑法上の成人については、あらゆる構成要件該当違法行為について一般に責任能力（認識・制御能力）を有する存在とみなされ、責任能力が問題とされる場合にのみ個々的に反証可能性が保障されるとの理解が可能であること、もしくは、②法がそもそも「人間」ないし「人」を一般に認識・制御能力を有する存在と見なしていることを前提として、その上で、14歳未満の者に関しては、つねにあらゆる構成要件該当違法行為につき、それぞれ責任無能力であることが反証不可能なものとして推定されることによって、一般に責任無能力となる例外的なカテゴリーとしてくくりだされることになる一方で、14歳以降では、あらゆる構成要件該当違法行為につき一般に認識・制御能力を有するとみなされると考えることが可能である、との解釈である。またさらに、39条の規定ぶりからは、③39条が内容上、心神喪失・耗弱の場合に有責性がない、あるいは責任非難が減じるとするのみで、責任能力自体の積極的な定義もなされておらず、その確認もとくに求めていない消極的な規定形式であることや、④原則的に責任能力を有し、例外的に要件を充足した場合にのみ責任非難が否定・減少するという責任阻却・減少事由として責任能力規定が一般に解されている、といった理解である。これらの諸点をも加味し、責任能力規定の構造上の特徴を描くと次のようなものになろうかと思われる。

すなわち、責任無能力・限定責任能力という責任阻却・減少事由は、「子どもであることによる未成熟」や「精神の障害」といった所定の原因によって、「当該行為（構成要件該当違法行為）」につき、「認識・制御することが不可

能な状態か、著しくその可能性が減じた状態」が生じていたことが内容であり、この阻却・減少事由が認められれば、当該行為につき責任能力が否定されたり減じるとされたりすることになるが（14歳未満の子供の場合は、つねに責任無能力が反証不可能に推定されることになるが）、他方で、この阻却・減少事由にあたらない場合には、「認識・制御することが不可能な状態、ないしは著しくその可能性が減じた状態」ではなかった、ということになり、よって、この阻却・減少事由にあたらない場合については、厳密には、当該行為についての責任能力の存在が確定されていないともいえるが、ここでは、責任阻却・減少事由の不在をもって、一般に前提とされている責任能力の存在状態（あるいはそれ自体としては直接には問われざる前提条件ともいうべき位置づけが与えられている認識・制御能力を有する状態）がそのまま認められるという形で、当該行為についての責任能力が肯定される、との構造である。

　なお、この点について、我が国と同様に刑法典上の責任能力について消極的規程形式を採り、責任阻却事由との理解が一般的であり、混合的方法を採用するドイツにおける、例えば、Schreiber/Rosenau による次のような指摘は、このような構造について正確かつ明確に捉えたものといえよう。すなわち、「責任非難は、行為者や行為状況における異常な諸事情が存在する場合に行われないことになる。この異常な諸事情は、責任無能力もしくは責任阻却事由に関する法律上の規定において例外としてあげられている。この場合、行為者の一身的な状況が考慮の外に置かれるなどということはない。しかし、それは、例えば、認識・制御能力を排除しうる『病的な精神障害』のような一般化されたカテゴリーにおいてのみ法的には把握されるのである。それゆえ、責任能力は積極的には確定されず、ただ、一般に前提とされる答責性を排除あるいは減少させるような、発達に起因した、もしくはその他の異常な例外事情が存在するかどうかが問われることになるのである。」[3]との指摘である。

　ともかく、このような構造上の特徴をもつ責任能力についての理解を描く

3　Hans-Ludwig Schreiber/ Henning Rosenau, in Venzlaff-Foerster-Dreßing-Habermeyer Dreßing/ Habermeyer (Hrsg.), Psychiatrische Begutachtung, 6. Aufl. 2015, S. 93.

138 責任能力の意義

ことが可能であるように思われるが、さらに、後述する事前責任論、原因において自由な行為の理論との関係では、個別行為責任原理および責任主義からの要請ともされる責任と行為の同時存在原則、すなわち、犯罪構成要件に該当する行為を選んで行おうとする時点で責任能力がなければならないとの原則や、その構成要件はあらかじめ法律で定められたものでなければならないとする罪刑法定主義にも配慮し、責任能力制度の特徴を示すことが必要であるように思われる。

つまりは、責任能力を含めた有責性判断は、構成要件該当違法行為に対する属性評価であり、また、犯罪行為は主観と客観から成り立つものであり、犯罪行為を構成する客観面を下部構造として犯罪を構成する主観面もその上部に位置していなければならないならば、有責性という主観的要件の一つである責任能力についても同様ということになるのである。またさらに、この考え方を進めて言うならば、犯罪を構成する客観面から離れた前段階に位置する責任では、当該行為についての有責性を認めるには、どこまでも不十分ということになるのである。そして、この点については、違法性の意識の可能性につき責任非難の遡及を肯定する見解に対してであるが、「……現存する構成要件該当事実に関して違法性の意識又はその可能性があるということと（現時点では不存在の）将来の可能的に存する構成要件該当事実に関して違法性の意識又はその可能性があるということとは同視ないし等置し得ず、従って、責任非難の遡及が可能であることの説明として不充分である。」[4]との指摘もなされるところである。

このような同時存在原則や罪刑法定主義を重視する考え方に立つならば、構成要件該当違法行為時の認識・制御可能性のみが有責性を基礎づけるということになる。やや角度を変えて言い換えれば、責任能力判断は、構成要件該当違法行為という事態が、一般に有するとされる認識・制御能力が限定された原因によって損なわれた主観的状態に担われて生じたのか、それとも、そうではなく、限定された原因によって損なわれることなく認識・制御能力

4　伊東研祐「責任阻却の原理と事由——その2：『原因において自由な行為』の法理、責任無能力等の効果」法学セミナー620号86頁。

のある状態に担われて生じたのか、という、いわば答責的な因果の起点に担われた事態か否かについての、仕分けないし按配する作業ともいえるように思われるのである。

Ⅱ　認識・制御能力を損なう原因について
——とくに「精神の障害」の範囲と意義——

　次に、法によって指定、限定された原因に目を向けることにする。まず、41条についてであるが、以上のような責任能力制度の理解に従うと、法は、41条の「刑事未成年であること」を法による動機づけの可能性を失わせる一般化されたカテゴリーとして指定したということになり、この要件を満たすか否かは、年齢基準を満たすか否かによるため、その該当範囲にとくに争いはないといえる。

　他方、39条の「精神の障害」については、その該当範囲に関しては必ずしも明らかではなかったきらいがあるが、近時、この概念については、ドイツ刑法20条において示された混合的方法（二段階的方法）の生物学的要素、あるいは、その第一段階として列挙された各精神障害の総和と基本的に同様であるとの見解が有力に主張されている。かかる見解によると、「精神の障害」の範囲は、20条において列挙された「病的な精神障害」、「根深い意識障害」、「精神遅滞」、「その他の重大な精神的偏倚」といった第一段階要素の総和ということになる。これは旧ドイツ刑法51条のもとでBGH判例によって展開された法的病気概念が立法化されたものと理解するものであり、その法的病気概念の特徴は、一方において、Schneider流の狭い医学的病気概念から離れ、医学的、心理学的言説において障害とされうるところのあらゆる障害が含まれるとし、障害の範囲に限定を加えないとしながら、他方においては、認識・制御能力への影響の観点から、「根深い」、「重大な」といった程度概念を通じて、この広範な障害に限定が加えられるというものである。つまりは、旧51条下の要件との関係で、拡張方向での作用と限定方向での作用の両者によって第一段階の「精神の障害」の範囲設定がなされたものであって[5]、精神医学等で障害とされるあらゆる障害が分母ないし最大の外枠とい

うことになり、これに認識・制御能力の低減への影響が重大であるとの限定が加わったものが「精神の障害」概念の内容ということになる。したがって、ここでの精神の障害とは、医学的、心理学的な概念としての側面と、法的、規範的な概念としての側面を併せもつ概念であり、精神医学的な性質と法的な性質を併せもつ「両性具有の産物」[6]とも評されることになるが、かかる精神の障害概念を採る場合、実務上大きな問題となりうる人格障害なども認識・制御能力の低減への影響が重大である限りはこれに含まれうるということになる。

　そして、「精神の障害」がこのような内容・範囲であるとした場合、何ゆえに原因が限定されたのか、すなわち、認識・制御能力の喪失、減少の原因を精神の障害に指定、限定するという方式である混合的方法がいかなる理由により採用されたのかも、問われるべき問題である。これに対する回答は、究極的には、法的安定性という考え方にあるとするのがドイツにおける主要な見解といえ[7]、わが国においても共有できるものと思われる。この考え方は、とりわけ認識・制御能力を低減させる原因を限定せず、認識・制御能力を低減させる精神状態をダイレクトに問題にする心理学的方法との対比において論じられるものであるが、その中身を簡潔に示すならば、次のような2点があげられる。すなわち、その第一は、精神医学や心理学によって研究されている精神的欠陥に原因を結びつけることによる裁判官の恣意的判断の抑制（あるいは単なる感覚的な説明を排すること）であり、第二は、裁判官をして認識・制御能力を害しうる諸原因の無際限な探索に追いやることの回避である。混合的方法の採用理由がかかる考え方によるものだとすれば、ここでの第二の点である、無際限な原因探求の回避は、事前責任や原因において自由な行為を考えるにあたって、とくに重要な視点を与えるように思われる。無

　5　こうした範囲設定につき、Krümpelmann は「水平方向での開放性と垂直方向での限定」と表現している。Vgl. Justus Krümpelmann, Die Neugestaltung der Vorschriften über die Schuldfähigkeit durch das Zweite Strafrechtsreformgesetz vom 4. Juli 1969 ZStW 88, 1976, S. 30.

　6　責任能力規定の特徴につき、このような表現を用いるものとして、vgl. Siegfried Haddenbroch, Forensische Psychiatrie und die Zweispurigkeit unseres Kriminalrechts, NJW 1979, S. 1236.

　7　例えば、vgl. Begründung Entwurf 1962, Drucksache IV/650. S. 138など。

第四章　責任能力制度の理解と事前責任論　　141

際限な原因探求の回避とは、端的にいうと、法によって指定、限定された原因が行為時に認められるのかだけを問題にし、それが認められる場合にそれによる認識・制御能力の喪失・減少を論定するというものであり、行為時に認められるその原因のさらなる原因を問わないとの考え方といえる。そしてまた、行為時に存在するかもしれない限定された原因以外の認識・制御能力を低減させる原因についても問題とはならず、違法性の意識の可能性や適法行為の期待可能性といった他の責任阻却事由の射程にそれを委ねることを含意する考え方ということになるであろう。

　このように解すると、原因が限定された責任阻却・減少事由については、限定された原因のみが問題となり、原因のさらなる原因を問わないとの考え方が強力に働くといえ、他方、これとは反対に、原因が限定されていない他の責任阻却・減少事由については、こうした原因のさらなる原因を問わないとの考え方が働かないと考えることは可能であろう。もっとも、その場合の原因の探索は、全く無制約になんらの方向性もなく行われるわけではなく、有責性を否定するのにふさわしい原因の探索ということになるであろう。というのは、責任阻却・減少事由は、十全な責任非難を否定するという意味付与がなされた概念であることからして、刑法上の成人につき、一般に有するとみなされる認識・制御可能性という非難可能性を担保する要素を阻害するにふさわしい性質ないし属性を、そもそも備えたものでなければならないといえ、そして、この性質・属性を特徴づけるものが、認識・制御可能性の低下を招いた原因ということになり、こうした特徴づけがなされる原因の探索が行われることになると考えられるからである。

　そして、刑法上の成人につき一般に有するとみなされる認識・制御能力という非難可能性を担保する要素を阻害するにふさわしい性質を特徴づける原因として、法は、「精神の障害」を、「刑事未成年」と並べて指定したのであり、これらに準ずると考えられる原因の探索が、原因限定なき責任阻却・減少事由にあっては、原因探求の回避という考え方が妥当することなく、なされることになるのである。あるいは言い換えれば、これらの指定された原因は、子どもであることや広い意味での病気であることから、いわば寛容、寛恕の精神をもって対応すべき場合とも評価できるものであるが、このような

場合と同等視できるような原因（ないし理由）にあたるか否かが、原因限定から生じる制約なしに、問われることになるのである。

したがって、「精神の障害」や「刑事未成年」といった原因が限定された原因とそれ以外の限定されていない原因は、一般に有するとみなされる認識・制御能力という非難可能性を担保する要素を阻害するのにふさわしい性質をともに持つことになり、この点で両者は共通性を有することになるのである。よって、このような性質をもつ原因が、一般に有するとされる認識・制御能力を損なう場合に限って、責任阻却・減少事由に該当することになるのである。

Ⅲ　事前責任論への影響

以下においては、上述のような責任能力制度についての理解が、事前責任論や原因において自由な行為の理論の分野に対していかなる影響を及ぼすのかについて簡単ながら言及するが、ここで問題とする事前責任論では、例えば、違法性の意識の可能性であれば「実行行為時点に……違法性の意識の可能性がないといえる場合であっても、当該行為が予見可能な段階で熟慮・照会等の適切な手段をとっていればその違法性を意識することができた場合には、適切な手段により当該行為時点で回避不可能な禁止の錯誤を回避することができた、すなわち当該行為についても違法性を意識することができた」として、行為時点での「違法性の意識の可能性の欠如に至る事情を、行為以前に可能な回避措置により回避しなかったことに責任非難が認められる」とされたり、例えば、期待可能性であれば、「実行行為時に期待可能性が欠如する場合であっても、それ以前の緊急避難行為が予見可能な段階で危難を回避することができ期待可能性があったと評価することができる場合には、法は行為者に規範に従った行為への動機づけを期待することができるといってよい」とされたりしている[8]。また、原因において自由な行為の理論では、

8　松原久利「責任阻却事由と事前責任」『大谷實先生喜寿記念論文集』（2011）267頁、285頁。さらに、事前責任論については、安田拓人『刑事責任能力の本質とその判断』（2006）52頁以下も参照。

第四章　責任能力制度の理解と事前責任論　　143

認識・制御能力を損なう精神の障害を事前の悪意や落ち度によってもたらした場合に、事前責任論と同様に当該行為以前の責任によって、当該行為についての責任非難を肯定したり（例外モデル）、あるいは、構成要件該当行為を拡張的に解することによって当該行為についての処罰を認めたりする（構成要件モデル）、考え方が提示されている。こうした処理のあり方に対していかなる影響が生じるのかについて簡単ながら考察を加えることにする。

　違法性の意識の可能性、期待可能性に関する各理論が対象とする領域についてであるが、まず、「心理学的要素である弁識能力は、規範的な責任要素である違法性の意識の可能性に、同じく制御能力は、やはり適法行為の期待可能性という規範的責任要素に、それぞれ対応する。」[9]、といった指摘が示す考え方を採る場合、責任能力における認識・制御能力の喪失・減少と、違法性認識の不可能・困難、適法行為に出ることの不可能・困難とが内容上重なることになる。そして、違法性認識の不可能・困難、適法行為に出ることの不可能・困難といった責任阻却・減少事由を肯定する学説のいずれの見解においても[10]、法による原因の指定があるとは考えられておらず、また、違法性の意識を不可能・困難ならしめるような法的知識の不備や適法行為に出ることを不可能、困難ならしめるような外在的な付随事情とその心理面への反映といったものが学説上の議論においてあげられることはあるが、そこでもとくに原因の限定がなされているとは考えられていないといえる。あえて言えば、心理学的方法で理解されているともいえる。また、他方において、責任阻却事由ごとに、責任主義、個別行為責任、罪刑法定主義等の諸原則の要請に差異があるとは考えられないため、当然に、同時存在の原則についても、違法性の意識の可能性、期待可能性が問題となる場合にも妥当すると解

　9　町野朔「『精神障害』と刑事責任能力：再考・再論」町野ほか編『触法精神障害者の処遇』（2006）17頁。またさらに、井田良『講義刑法学・総論（補訂）』（2011）364頁でも「責任能力の要素である、弁識能力と制御能力の延長上において、それぞれの要素に対応して、違法性の意識の可能性および適法行為の期待可能性という2つの責任要素が位置づけられる。」とされている。

10　違法性の意識の可能性、期待可能性の体系的な位置づけは多様であり、とくに故意論の内容にも左右されることになるが、少なくとも、今日有力な責任説では、違法性認識の不可能については、さらに通常は、適法行為に出ることの期待不可能についても、（超法規的な）責任阻却事由と理解されているといえる。

144 責任能力の意義

すべきかと思われる[11]。だとすると、責任無能力・限定責任能力との最も大きな違いは、原因が限定されているか否かであり、原因限定から生じる制約の有無ということになるであろう。

このように解するのであれば、違法性の意識の可能性や適法行為の期待可能性が問題となる場合にも、まずもって行為時の行為者の主観的状態をもとに、違法性認識の不可能・困難、適法行為に出ることの不可能・困難が問題となり、その上で、それが肯定された場合に、なお、そのような主観的状態に至ったプロセスを行為以前にさかのぼって考察し、原因適格性を欠くという形で、阻却事由には当たらず、その阻却事由の不在を通じて有責性が認められると考えることは可能ではないであろうか。

こうした考え方が採れるのであれば、行為時以前にさかのぼって、落ち度や、調査懈怠、自招性といったものに関する主観面を考慮し、違法性認識の可能性や適法行為の期待可能性を肯定するという広く受け入れられている見解は、結論においては支持できるものといえよう。もっとも、ここでの説明は、あくまで同時存在の原則を維持しながら、原因適格性を欠くことによる阻却事由の不在を通じて一般に前提となっている認識・制御能力を認めることによって、少なくとも直接には行為時の有責性を確保しようとする構成であって、阻却事由にあたることを肯定した上で、事前の責任をもってして、行為時の責任を基礎づけるものではないことには、注意を払う必要があるように思われる。

最後に、事前の悪意や落ち度によって認識・制御能力を損なうような精神の障害をもたらした場合で、原因において自由な行為の理論が主として対象としている領域についてであるが、この場合に処罰を肯定することは、同時存在原則や原因探求の回避という考え方を考慮すると、より慎重でなければならず、基本的には不可能と考えるのが素直であるようにも思われる。ただ、原因において自由な行為をめぐる学説は、処罰を肯定する見解が多数であり、それは大別すると（先にもふれた）構成要件モデルと例外モデルに分け

11　例えば、石井徹哉「責任判断としての違法性の意識の可能性」早稲田法学会誌44巻（1994）60頁以下、髙山佳奈子『故意と違法性の意識』（1999）336頁以下など参照。

られるとされる。いずれの立場に対しても、説得力のある批判が向けられているともいえる。ここでは学説の詳細に立ち入ることはできないが[12]、仮に、構成要件モデルが罪刑法定主義に対して処罰の必要性から妥協を強いることを内容とし、他方、例外モデルが個別行為責任や同時存在原則に対して処罰の必要性から妥協を強いることを内容とするのであれば、これらの諸原則を墨守しなければならないとの立場からは、いずれの見解にも疑念が向けられるということになるであろう。

　確かに、かかる諸原則は近代刑法の重要な原則であり、かかる諸原則を変更、変形することなく、あるいは、その要請を後退させることなく、維持可能であるならば、それが望ましいといえる。だとすれば、これら諸原則を維持しながら、かつ、ある程度、処罰の必要性を確保するという方策がベターな方策であるように思われる。

　そして、そうした方策があるとすれば、そもそも責任阻却・減少事由にあたらないという構成になるのではないであろうか。そこで、一つの試論ではあるが、それは、およそ原因の限定という趣旨に反し、寛容、寛恕の精神をもって対処すべき場合を示す一般化されたカテゴリーとしての原因とは言えないような場合、あるいは、原因限定という制度趣旨をおよそ没却するような場合で非難可能性減少のカテゴリーたる精神の障害とは言えないような場合、について、原因適格性を欠くとするものである。詳細な要件がいかなるものかは措くとして、このような場合を担保するような要件としては、例えば、意図的に当該行為の認識・制御能力の喪失・減少をもたらすような精神の障害を惹起したような場合などに限られる、とすることが考えられるであろう。実際上も、まったくの宿命的な病気は別として、精神の障害の中には、程度の差はあれ、広い意味での本人の落ち度が介在する場合も含まれることが想定されていると考えられ、これを前提とした上で、非難可能性の喪失・減少を肯定するのに適した原因として「精神の障害」を指定したのであ

12　原因において自由な行為の理論に関する学説状況については、多くに代えて、浅田和茂『刑事責任能力の研究　下巻』(1999) 105頁以下、中空壽雅「わが国の『原因において自由な行為論』の再検討（一）、（二）」関東学園大学法学紀要10巻2号（2000）129頁以下、同11巻2号（2001）75頁以下参照。

146 責任能力の意義

れば、この程度の限定は必要になるのではないであろうか。その他の場合は、いわゆる原因行為と呼ばれるものにつき罪刑法定主義上なんら拡張・変更ともいえない通常の構成要件該当性が認められる場合で、その有責性も肯定される限りにおいてのみ、処罰が可能ということになるであろう。したがって、ここでの処罰の肯定には、原因において自由な行為という特別な法理は存在しないということになるであろう。

おわりに

　本稿は、責任能力制度の理解とその理解が事前責任論に及ぼす影響について考えてきた。
　主要な主張内容は、次のようなものである。すなわち、刑法上の成人は、認識・制御能力を一般に有する存在とみなされること、そして、その例外である責任阻却・減少事由である刑法39条の責任無能力・限定責任能力については、このような認識・制御能力が限定された原因たる「精神の障害」によって阻害された場合にのみ肯定されること、さらに、この「精神の障害」という認識・制御能力の阻害原因については、その限定の趣旨から、通時的にも、共時的にも、これ以外の原因を問わないとの考え方が強力に働くと解すべきことであり、他方で、原因が特に限定されていないと解される責任阻却・減少事由については、原因のさらなる原因を問わないとの考え方が妥当することなく認識・制御能力の阻害原因の適格性判断を行うことが可能であると解され、かつ、適格性を備えた原因（・理由）によって阻害された場合にのみ、やはり責任阻却、減少が肯定されることになること、である。そして、このような原因の限定の有無や原因適格性に着目した責任阻却・減少事由についての説明は、構成要件該当行為時に責任がなければならないという命題を維持しながら、あるいは、少なくともそれを直接には害することなく、構成要件該当行為以前の一定の事情を視野に入れて、行為時に責任が喪失・減少している場合に、ある程度処罰範囲を確保する構成を可能にする説明足りうるのではないか、ということである。
　なお、本稿は、構成要件該当行為時に、責任の阻却・減少があるにもかか

わらず、それ以前のなんらかの事情に着目して、有責性を肯定するというあり方およびその法的処理については、その大枠での考え方を示したにすぎず、違法性の意識の可能性、期待可能性、原因において自由な行為の各理論が対象とする多様な具体的な事例を解決するにあたっての判断基準については扱われておらず、これについては今後の検討課題ということになる。

責任能力と精神の障害にもとづく錯誤

第五章
医療観察法における「対象行為」とその主観的要件
——精神の障害にもとづく錯誤の場合——

　「(…) 有罪性とは、西洋における責任をめぐる伝統的な二つの言説の蝶番的概念である、ということだ。いまでこそまったく別個のものになっているこの二つの言説は、初期スコラ学の時代（一二〜一三世紀）には、けっして混同されはしないが互いに不可分にまとめられた二つの要素のいわば結び目をなしており、禁止に関する決疑論のみなもとになっていた。中世の注釈家たちの論法にしたがうなら、殺人をなす者は二度過ちを犯し、二つの資格でその責を負う。すなわち、一度は行為した犯罪者（criminel）として、二度目は信仰上の罪人（pécheur）として。この主体を二分する論理によれば、殺人者ははじめにまず法（le droit）によって罰され、二度目は贖罪（la pénitence）によって罰されることになる。この分割には、二つの法廷——外的裁き（for externe）と内的裁き（for interne）——の管轄配分が対応している。それは明確に区別されているが連携してもいる——グラーティアーヌスの『犯罪という名はいかなる罪をも含む』という表現を見てみよう——その二つの法廷が、いわゆる社会的なものとの関係で、そして社会的なものの〈定礎的準拠〉との関係で、有罪者を位置づける。この二つの概念は人類学的見地から再検討されてしかるべきだろう。」

　〔ピエール・ルジャンドル『ロルティ伍長の犯罪』西谷修訳（1998年、人文書院）64頁以下〕

はじめに

　心神喪失等の状態で重大な他害行為を行った者に対して継続的かつ適切な医療並びにその確保のために必要な観察及び指導を行うことによって、その病状の改善及びこれに伴う同様の行為の再発の防止を図り、もってその社会復帰を促進することを目的とする「心神喪失等の状態で重大な他害行為を行った者の医療及び観察等に関する法律」（以下、医療観察法と略称する）[1]が2005年7月に施行され、すでに6年余り〔執筆当時〕が経過している。この医療観察法は、刑罰法規にふれる行為を行ったものの、刑法39条が適用されることによって不可罰となった者などに対して、刑法39条の適用を要件として強制的な治療を受けさせる制度が従来存在していなかったところ、これに制度上対応したものである。もっとも、同法においては、刑罰法規にふれる行為のすべてを処遇の対象としたわけではなく、殺人、放火、強盗、強姦、強制わいせつ、傷害という重大な他害行為を対象行為とするとの立場が採用されているのである[2]。そこで、この対象行為が犯罪成立要件のどこまでを充たさなければならないか、といったことも解釈上の問題として生じることになる。医療観察法による処遇が刑法39条の適用を前提としているため[3]、

　1　医療観察法1条1項参照。

　2　これらの行為が対象行為とされた理由について、立法担当者は、「これらの行為は、いずれも個人の生命、身体、財産等に重大な被害を及ぼすものであることに加え、他の他害行為に比べ、心神喪失者等により行われることが比較的多いことから、心神喪失等の状態でこれらの行為を行なった者については、特に継続的かつ適切な医療の確保を図ることが肝要であると考えられるからである」としている。白木功・今福章二・三好圭「心神喪失等の状態で重大な他害行為を行った者の医療及び観察等に関する法律（平成15年法律第110号）について（1）」法曹時報56巻10号26頁。〔なお、強制わいせつ、強姦といった性犯罪については、現行法では176条（不同意わいせつ）、177条（不同意性交等）、179条（監護者わいせつ及び監護者性交等）、180条（これらの未遂）となっている（医療観察法2条1項2号参照）。〕

　3　医療観察法2条3項は、同法による処遇の「対象者」に該当する者について次のように定めている。すなわち、「公訴を提起しない処分において、対象行為を行ったこと及び刑法39条第1項に規定する者又は同条第2項に規定する者であることが認められた者」（1号）「対象行為について、刑法第39条第1項の規定により無罪の確定裁判を受けた者又は同条第2項の規定により刑を減軽する旨の確定裁判（懲役又は禁錮の刑を言い渡し執行猶予の言渡しをしない裁判であって、執行すべき刑期があるものを除く。）を受けた者」（2号）としている。したがっ

第五章　医療観察法における「対象行為」とその主観的要件　　153

責任能力が損なわれている場合が想定されていることは当然のことであり、他方で、対象とされる各罪の構成要件が客観的に実現されており、かつ正当化事由などもないことについては、とくに異論のないところであると考えられる。だが、責任能力以外の犯罪の成立にとって必要な主観的要素も、完全に充足していなければならないのか、は重要な問題となりうるように思われる。上述のごとく、医療観察法による処遇は、心神喪失等の状態で所定の重大な他害行為を行った者に対するものであり、そして、この心神喪失等の状態とは、言うまでもなく、精神の障害により、責任能力（認識・制御能力）が喪失あるいは著しく減少した状態のことである。よって、精神の障害が行為者の主観面に大きな影響を及ぼしている状態が予定されているといえるが、この場合に責任能力以外の犯罪の成立にとって必要な主観的要素についても、それが害されるという事態は、十分に起こりうるということになるのである。つまり、このような点から考えても、医療観察法による処遇要件としての対象行為を肯定するために、その主観的要件はどこまで充たすことを要求されるのかは、かなり現実的な問題であると考えられるのである。

　より具体的には、精神の障害にもとづいて錯誤が生じている場合において、例えば、構成要件に該当する事実について錯誤が生じていることによって故意が否定されたり、あるいは、正当化事情について錯誤が生じることによって、――この場合にも事実の錯誤として故意が否定されるとの立場に立つならば[4]――やはり故意が否定されるということになるが、これらの場合

　て、同法による処遇は、不起訴処分の場合も含めて、対象行為を行ったこと、および39条1項ないし2項が適用される場合であることを前提条件として予定していることになる。また、同法による医療を受けさせる等の決定を求める検察官の申立て（33条1項）に対する裁判所の却下決定について定める40条1項も次のように規定する。すなわち「裁判所は、第2条第3項第1号に規定する対象者について第33条第1項の申立てがあった場合において、次の各号のいずれかに掲げる事由に該当するときは、決定をもって、申立てを却下しなければならない。（1号）対象行為を行ったと認められない場合（2号）心神喪失者及び心神耗弱者のいずれでもないと認める場合」と。ここでも39条1項ないし2項の適用が前提となっていることが示されている。〔なお、ここでの記述の2条3項は現在2条2項となっている。また、「懲役又は禁錮の刑」は「拘禁刑」に改められる。〕

4　この場合も事実の錯誤であって（正当化事由の前提事実に関する錯誤であって）、故意が阻却されるとの立場が今日のわが国における多数説であると思われるが、責任説の中の厳格責任説によれば、正当化事情の錯誤も法が禁止することにかかわる錯誤であって、違法性の錯誤と同

において、対象行為たりうるためにその主観的要件につきどこまで充たすことを要求するのかによっては、対象行為にあたらないことにもなりうるということである。つまり、前者の構成要件該当事実の錯誤の例としては、例えば、統合失調症を患っている者が妄想状態の中で、他人の財物に関してそれが神によって自分に与えられており、自分の物であると思い込み、持ち去ろうとしたところ、所有者がこれを妨げたため、強力な暴行を加えて、奪い取ったような場合、他人の財物を強取するという認識がなく、強盗の故意まではなく、対象行為としての強盗にはあたらないということにもなりうるし、あるいは行為者がこれと同様の精神状態のもとで、いったんは財物を持ち去ったが、所有者がその後気づいて取り返そうと追跡したところ、これに強力な暴行を加えたような場合にも、先行する窃盗の故意もなく、また、事後強盗の所定の目的も欠けるということにもなりうるようにも思われ、いずれにせよ、対象行為としての強盗にはあたらないということになりうる[5]、といった事例が考えられる。また、後者の正当化事情の錯誤の例としては、例えば、追跡妄想に苦しんでいる者が、見知らぬ通行人を自分に対して危害を加える者あるいは追跡者であると考え、その者が金属バットでまさに自分を殴打しようとしていると思い込み、自分の身を守ろうとして相当な範囲のものと考えた反撃として、持っていたステッキで相手を殴ったが重傷を負わせてしまったような場合、急迫不正の侵害が誤って認識されており、正当化事情の錯誤として、傷害罪の故意が否定されることにもなり、対象行為としての傷害にはあたらないということになりうる、といった事例が考えられる。このように、精神の障害にもとづいて錯誤が生じ、これによって構成要件該当事実や正当化事情にも錯誤が生じるような場合に、対象行為の主観的

様の錯誤と解されることになる。よって、この立場では、これが精神の障害にもとづいて生じていれば、精神の障害により自らの行為が違法であることの認識ができなかった場合として、結局、責任能力のうちの違法性の認識能力が欠けることになり、ダイレクトに責任無能力の問題ともいえるため、ここでの錯誤の問題はとくに生じないようにも思われる。なお、この場合に、主観面において行為反価値が否定されることにより違法性が阻却されるとの見解と、ここでの精神の障害にもとづく錯誤の関係については、安田拓人「精神の障害に基づく錯誤について」中谷ほか編『精神科医療と法』(2008) 46頁参照。

5　なお、医療観察法2条2項5号において、事後強盗罪も (238条) 規定されている。〔2条2項5号は2条1項5号となっている。〕

第五章　医療観察法における「対象行為」とその主観的要件　155

要件に関して、責任能力以外の主観的要素のすべてが充たされていることが
要求されるのであれば、医療観察法の対象行為にはあたらず、同法による処
遇は行われないことになるが、この結論が妥当であるのかは、検討を要する
ように思われるのである。またこれとは反対に、このような精神の障害にも
とづく錯誤の場合に、責任能力以外の犯罪の成立にとって必要な主観的要素
が、必ずしも完全に充たされていることまでは要求されないとの立場を採る
ならば、これについてもその根拠がいかなるものかを検討することが必要と
なるように思われるのである。そして、実際、妄想型統合失調症による幻覚
妄想状態での行為について主観的要件の欠如が問題となり、これにより対象
行為該当性が争われた事案について、近時、最高裁判所が判断を出すに至っ
ており[6]、この判断の当否を考えるにあたっても、かかる検討が必要である
といえるのである。また加えて、対象行為該当性に関して、責任能力以外の
主観的要素は、必ずしも完全に充たされていることまでは要求されないとの
立場を採り、かつ、例えば、故意をはじめとする主観的要素を犯罪論上の違
法性段階までに（も）配し、これらを違法性を基礎づける要素である、ある
いは構成要件該当性を肯定する要素である、などと解するわが国において広
く主張されている立場に立つならば[7]、犯罪の成否という点で、違法ですら
ない行為あるいは構成要件にさえ該当しない行為についても、医療観察法に
よる強制的な医療を肯定することにもなりえ、一見するとやや躊躇をおぼえ
る結論ともいえるため、この点からもやはり重要な問題であるとも思われる
のである。

　また、精神の障害にもとづいて責任能力以外の主観的要素に錯誤が生じて
いる場合において、対象行為にあたるのか、という対象行為該当性の問題と
は別に、そもそもこのような場合には、刑法39条が適用されないのではない
のか、ということも問題となるように思われる。上述のように、医療観察法

6　最高裁平成20年6月18日決定。本決定については後述する。
7　例えば、構成要件の故意や一定の主観的構成要件要素（あるいは主観的違法要素）を認め、
　これを構成要件段階に配するのは、多数の見解が支持するところである。また、主観的違法要
　素を基本的に認めない立場からも、未遂犯における結果惹起意思、目的犯における目的など限
　定的ではあるが、主観的違法要素の一部は認められている。後者の立場としては、例えば、平
　野龍一『刑法総論 I』（2000）122頁以下、山口厚『刑法総論』第2版（2007）94頁以下。

による処遇は刑法39条の適用も前提としていると解されるため、例えば、正当化事由などの他の理由があることによって犯罪が成立しないとされる場合には、当然に、この正当化事由の存在に対応した処理がなされることによって、刑法39条の適用は問題とはならず、処遇の前提条件が欠けるということになるのである。すなわちこのような場合には、心神喪失ないし心神耗弱のいずれかであるという、医療観察法にいう「対象者」たる要件を充たさないということになるのであるが、そうであれば精神の障害にもとづいて錯誤が生じ、故意等が否定される場合にも、やはり同様のことが妥当するのではないのか、ということも問われてしかるべき問題であると思われるのである。つまり、構成要件に該当する事実や正当化事情につき錯誤が認められれば、故意が否定されるというのが、わが国において広く支持される立場であり、これによると通常は、少なくとも刑法39条が適用されるということにはならないからである。

　そして、医療観察法による医療という処遇制度が存在しなかった状況においては、故意が否定されるにせよ、責任能力（違法性の認識能力）の喪失が認められるにせよ、犯罪が成立しないとの結論に至る点では異ならず、かつ後者であれば、なんらかの処遇が用意されているというわけではなかったため、ここで提示したような問題は特段大きな争点とはならなかったとも思われるが、同法の制定により従来の状況に変化が生じたともいえるのである。よって、精神の障害にもとづく錯誤の場合に限って、なぜ刑法39条が適用されるのか、あるいはこれが肯定されるとしても、どのような理論構成の下に39条が適用されるのか、といったことも問われるべきかと思われるのである。

　本稿は、以上のような視点から、精神の障害にもとづいて錯誤が生じている場合に、医療観察法における対象行為が認められるのか、あるいは認められるとすればその場合、対象行為の主観的要件はどこまで充足することが要求されるのか、について検討を加えるものである。その際、ドイツにおいても、精神の障害にもとづく錯誤がある場合に、精神病院における治療処分要件の一つである「違法な行為」に該当するのかについては、比較的古くから議論がなされているところであり、ドイツにおけるこの問題をめぐる判例お

および学説の議論状況を参考にして検討を加えていくことにする。また、医療観察法における処遇の前提としての刑法39条の適用に関しても、精神の障害にもとづいて故意や正当化事情について錯誤が生じている場合に、そもそも刑法39条は適用されるのか、あるいは適用されるとしてもいかなる理論構成のもとでそれが肯定されるのか、といった問題にも若干ながら考察を加えることにしたい。そして最後に、これらの考察をふまえて、対象行為該当性に関して下された、近時の最高裁の判断についても言及することにする。

I　ドイツにおける議論

（1）BGH の判例

（a）　ドイツ刑法は、改善および保安処分の一つである精神病院における収容処分について、63条において「責任無能力（20条）又は限定責任能力（21条）の状態で、違法な行為を行なった者があるとき、行為者及び行為の総合評価により、行為者について、その状態を理由として重大で違法な行為が予想され、そのために行為者が社会にとって危険であることが明らかとなった場合には、裁判所は、精神病院（psychiatrisches Krankenhaus）における収容を命じる」[8]と定めている。また、この刑法63条の旧規定である42条 b においてもその１項で「ある者が責任無能力（51条１項、55条１項）又は限定責任能力（51条２項、55条２項）の状態で、刑罰でもって威嚇された行為を行った場合において、公共の安全が必要とするときは、裁判所は、精神病院又は福祉施設（Heil-oder Pflegeanstalt）への収容を命ずる。但し、違警罪の場合はこのかぎりではない」[9]との規定が置かれていた。ここでの「違法な行為（rechtswidrige Tat）」もしくは「刑罰でもって威嚇された行為（mit Strafe bedrohte Handlung）」という要件については、精神の障害にもとづいて錯誤が生じている場合、すなわち、故意や特定犯罪において要求される主観的な構成要件

8　法務省大臣官房司法法制部編　「ドイツ刑法典」法務資料461号（2007）44頁参照。
9　法務大臣官房司法法制調査部「ドイツ刑法典（1966年１月１日現在の正文）」法務資料第397号（1967）20頁参照。"Heil-oder Pflegeanstalt" については「治療・看護施設」とも訳される。内藤謙『西ドイツ新刑法の成立』（1977）153頁参照。

要素ないし違法要素に錯誤が生じていたり、あるいは正当化事情に錯誤が生じているような場合に、これが肯定されるのか、という問題が比較的古くから議論されており、この問題に関する判例も、旧規定の下での判例も含めて、すでに複数存在するところである。わが国の医療観察法は、「対象行為」を殺人、放火、強盗、強姦、強制わいせつ、傷害という故意犯である重大な他害行為に限定していることから、こうした特定の犯罪に対する限定がなされておらず、かつ、過失犯も含むとされている[10]ドイツにおける63条の「違法な行為」や42条ｂの「刑罰でもって威嚇された行為」とは、その範囲が異なるものといえる。だが、これらがわが国における「対象行為」に対応する概念であることは確かであり、精神の障害にもとづく錯誤の場合に、この「違法な行為」や「刑罰でもって威嚇された行為」が肯定されるのかをめぐるドイツにおける判例は、わが国において同様に、精神の障害にもとづく錯誤の場合に対象行為該当性が肯定されるのかを考えるにあたって、大いに参考になるものと考えられるのである。そこで、後に言及することになるが、今日の学説の主要な対立点との対応も考慮して、故意や特定犯罪において要求される主観的な構成要件要素ないし違法要素（あるいは特定犯罪の意思的要素（Willensmerkmale））が錯誤によって欠如する場合、すなわち今日の一般的な理解からは、故意に関する規定であるドイツ刑法16条がダイレクトに適用されて故意が阻却されることに対してとくに異論のない錯誤の場合[11]と、これ

---

10 この点については、例えば、Lang-Hinrichsen, Leipziger Kommentar zum Strafgesetzbuch, 9. Aufl. 1974, §42b, Rdn. 17.; Hanack, Leipziger Kommentar zum Strafgesetzbuch, 11. Aufl. 1991, §63, Rdn. 30.; Horn, Systematischer Kommentar zum Strafgesetzbuch, 7. Aufl. 1999, §63, Rdn. 4.; van Gemmeren, Münchener Kommentar zum Strafgesetzbuch, 2005, §63, Rdn. 10. など。

11 なお、ドイツとわが国において、また各論者間において、用語とそれに対応する概念については、必ずしも統一されているとは言いがたい状況にあるように思われるが、例えば、Hanack は、精神の障害にもとづく錯誤を論じる際に、特定の意思的要素の例として詐欺罪の欺罔意思をあげ、主観的不法要素（subjektive Unrechtselemente）の例として窃盗罪や詐欺罪の不法領得・不法利得の意思（違法に領得する目的、違法な財産上の利益を得る目的）をあげるが、いずれもこのカテゴリーに属するものとして論じていることから（Hanack, a.a. O.,§63, Rdn. 28. (注10))、このカテゴリーのもとには、客観的構成要件該当事実の認識を意味する故意や、わが国では主観的超過要素とも呼ばれる不法領得・不法利得の意思や、さらには欺罔意思などの特定犯罪において要求される主観的要素なども含まれることになる。

以外の、錯誤における法的な処理の仕方について学説上見解が分かれるところである正当化事情、許容構成要件の錯誤の場合に分けて判例を見ていくことにしたい。

(b)　故意や特定犯罪において要求される主観的な構成要件要素ないし違法要素の錯誤

　まず、前者の故意や特定犯罪において要求される主観的な構成要件要素ないし違法要素が錯誤によって欠如する例としては、精神の障害にもとづく錯誤の場合に、精神病院における収容要件としての「違法な行為」あるいは「刑罰でもって威嚇された行為」が肯定されるのか、との問題をめぐって頻繁に引用され、かつこの問題のリーディングケースともされる① BGHSt 3, 287をあげることができる。これは、被告人が不適切な説明を行い、実際には存在しない支払い能力があると主張し、これによって取引の相手方を錯誤に陥れ、この者が事実を知っていれば提供しなかったであろう給付を行わせ、財産上の損害を与えたという詐欺（ドイツ刑法263条）にかかる事案であったが、他方で、被告人は、いつか何らかの方法で金銭を手に入れ、これによって債務を支払うことができると期待していたが、その期待がばかげたものであることを慢性的に患っていた軽度の躁病ゆえに理解しておらず、さらに、この精神病ゆえに、自らの給付能力や収入を得る可能性についての尺度を失い、債務を支払うための金銭を手に入れることになるとの全く不確かな見込みを、根拠もなく現実的なものとみなしていたというものである。かかる事案につき、原審である LG は、被告人が責任無能力状態で刑法263条の詐欺を行ったことを認めて、42条 b にもとづき精神病院・福祉施設における収容を命じたが、これに対する上告では、行為の内面的な側面に関する LG の説明では被告人が責任無能力状態で刑法263条に反する行為を行ったことを基礎づけることはできない、との主張がなされていたのである。

　BGH は、42条 b の「刑罰でもって威嚇された行為」は、構成要件該当性および違法性と併せて、原則としては、構成要件に属する主観的要素をも備えたものでなければならないとの立場を示した上で、LG の判断に関しては、「……刑法263条の内面的な構成要件要素も、それが被告人と同様の精神病患者のもとであれば概して存在しうるという限りで、存在しているとみな

しうる」とLGが考えたことには法的な誤りはないとし、なぜなら、被告人においては、不確かな期待に根拠がないこと、確約した内容が不適切であること、相手方に財産的損害を与えること等につき誤認があったが、このような表象の欠陥は精神病に起因するからである、と述べて、さらに、精神の障害にもとづく錯誤がある場合の42条bの解釈を展開する部分として、次のように判示している。すなわち、「明確で疑いないLGの認定によれば、被告人がいだいていたすべての誤った表象が、精神病にのみ原因を有していたということは疑念のないところである。この精神病によって、行為が許されないものであることの認識だけでなく、同様の状況に置かれた精神的に健全な者であれば疑いをいだきえない事実状態に関する適切な認識についても、当該被告人においては、妨げられていたのである。しかしながら、精神病によってのみ引き起こされた表象の欠陥は、ただ被告人の答責性を損なうだけであって、さもなければ存在していたであろう内面的な構成要件要素が否定されるということにまではならないのである。違法性や個々の行為の内面的な要素に関する精神病に起因した錯誤によって、刑法42条bの適用可能性が否定されなければならないのならば、同項による保護は断念されることになり、また、同項によって追及された目的は、刑法42条bの法律の意思に従って特に対象とされるべき場合——すなわち、精神病者が精神病によって自らの行為の社会侵害性を認識することを妨げられているがゆえに、その精神病が危険であることが明らかであるような場合——において、まさに挫折することになるのである。もっとも、精神病やそれが精神病者の表象像に対して及ぼす影響があるにもかかわらず、依然として刑法42条bが適用されなければならないとしても、被告人の行為、したがって、熟慮と決断から生じ、自然的意思に導かれた振舞いは、なお存在していなければならないのである。本件においては、その認定に従うと、これは認められる場合といえるのである」と。

　つまり、ここでは、同様の状況に置かれた精神的に健全な者であれば疑いをいだきえない、事実状態に関する適切な認識について、当該被告人においては、精神病によってそれが妨げられており、そして、かかる表象の欠陥が、精神病によってのみ引き起こされていることを前提として、このこと

第五章　医療観察法における「対象行為」とその主観的要件　　161

は、被告人の答責性のみを損なうのであって、こうした事情がなければ存在
したであろう内面的な構成要件要素が否定されることにまではならない、と
されているのである。このことから、当該犯罪の成立にとって要求される主
観的構成要件要素あるいは故意につき、精神の障害によってのみ、その錯誤
が引き起こされているならば、このような主観的要素が実際には欠けていた
としても、刑法42条ｂの「刑罰をもって威嚇された行為」は、——本判決
においても述べられているところの原則的な場合とは異なり——、肯定され
るとの立場が示されていると考えられるのである。そして、その理由とし
て、刑法42条ｂによる社会にとって危険性のある行為者からの保護が断念
させられることになり、同条の目的も挫折させられることがあげられている
のである。さらに、本判決では、このような立場を採ることによって、精神
の障害にもとづく（事実認識にまでおよぶ）錯誤の場合には、責任能力以外の
主観的要素に対する通常の要求よりも要求が緩和されているともいえるが、
これとともに、他方で42条ｂが適用される場合には、「被告人の行為」が、
したがって「熟慮や決断から生じた、自然的意思に導かれた振舞い」が、な
お存在していなければならないともされていることから、一般に行為論の文
脈でいうところの「意思的な振舞いの意味での行為」までは少なくとも存在
していなければならないとの立場が示されていると解されるのである[12,13]。

12　この点については、例えば、Hugo Schlegl, Der Rücktritt vom Versuch eines zurechnungs-
　　unfähigen Täters und die Unterbringung nach §42b StGB, NJW 1968, S. 25.; Lang-Hinrichsen,
　　a.a. O., §42b, Rdn. 11. （注10）; Hanack, a.a. O., §63, Rdn. 22. （注10）; さらに vgl. Hans-Jürgen
　　Bruns, Zur Problematik rausch-, krankheits- oder jugendbedingter Willensmängel des schul-
　　dunfähigen Täters im Straf-, Sicherungs- und Schadensersatzrecht, JZ 1964, S. 477. なお、
　　Hanack は、行為（Handlung）は、つねに存在していなければならないとの旧42条ｂのもとで
　　の立場は、その文言（刑罰でもって威嚇された行為（Handlung））によりどころを求めること
　　ができるとも指摘している。他方、少数ながらこれに反対する見解としては、例えば、Jürgen
　　Baumann/ Ulrich Weber, Strafrecht Allgemeiner Teil, 9. Aufl. 1985, S. 189 f, 715 f.
13　なお、本判決の表題では、「精神的に健全な者であれば適切に認識するであろう事実を責任無
　　能力者が誤認するならば、このことは、病気によって引き起こされたその他の表象の欠陥とも
　　同様に、ただ被告人の答責性のみを損なうことになるが、さもなければ存在していたであろう
　　内面的な構成要件（「自然的な故意（natürlicher Vorsatz）」の意味における）が否定されるとい
　　うことにまではならない」とされているが、後のこの判例を支持する学説などによって、精神
　　の障害にもとづく錯誤の場合に、「違法な行為」が認められるには、自然的故意があれば足る、
　　といった趣旨の見解が示される場合には、これが念頭に置かれているものと思われる。ただ

162 責任能力と精神の障害にもとづく錯誤

　このような精神の障害にもとづく錯誤の場合の判断枠組みは現行刑法63条の下でも用いられることになるが、その例として、同様に詐欺の故意ないし主観的構成要件要素に関する錯誤が問題となった②BGH MDR 1983, 90を見ることにする。事案は、責任能力を排除するような妄想性の精神病に罹患している被告人が、実際には無資力であったが、妄想ゆえに夫と共同でスイスに莫大な資産を所有していると信じていた場合に、当該被告人が、複数のホテルで宿泊および飲食を行い総額17000ドイツマルクにまで達してしまったというものと、さらにこれとは別に、当該被告人は高価な不動産の購入契約も締結していたが、入金が行われなかったため所有権移転はなされないままであったというものである[14]。

　BGHは、かかる事案において、ホテルでの無銭宿泊および飲食の点に関して、次のように判示している。すなわち「被告人は、ホテルの所有者の負担となる形で飲食及び宿泊を行うことによって詐欺の構成要件を実現し、これによって刑法63条、同11条1項5号の意味での違法な行為を行っていた。確かに、被告人は、契約の相手方に対して負っていた支払い義務をただちに果たすことは自分自身や夫にとって可能であると信じていた。しかしながら、仮に精神的に健全な行為者であれば刑法16条に従って詐欺の故意が否定されるような本件の錯誤は、スイスにあると称する莫大な財産に関する、被告人の妄想による表象に起因していたのである。このような病気に起因する

　し、この自然的故意については、論者によって、その意味内容には微妙なニュアンスの違いがあるようにも思われ、一義的にその内容を確定することは不可能であるようにも思われるが、ここではさしあたり、次のような理解で足るように思われる。すなわち、少なくともこの判例を支持する立場であれば、精神の障害にもとづいて錯誤が生じている場合であっても、自然的意思に導かれた振舞い、つまり意思的な行為は必要であり、他方で真正な故意（echter Vorsatz）あるいは専門的な意味での故意（Vorsatz im technischen Sinne）までは必要ではないということになるため、いわば、行為（Handlung）において要求される「意思」以上で「真正な故意」未満のものということになり、精神の障害にもとづく錯誤の場合に、処分要件の「違法な行為」が認められるために必要な主観的要件の名称ということになろうかと思われる。おおよその内容としては、同じ状況に置かれた精神的に健全な者が認識したであろう事実を基礎として導かれる主観的要素といったものが考えられているように思われるが、あくまで当該犯罪との関係での行為者の主観面に焦点をあてるならば、実質的には、真正な故意は存在しないのであるから、「行為」として要求される意思、自然的意思にきわめて近いものともいえよう。
14　なお、LGは、不動産購入契約の締結については詐欺未遂（不能未遂）と評価していた。

第五章　医療観察法における「対象行為」とその主観的要件　　163

錯誤は、保安手続においては考慮されない。というのは、自らが刑罰構成要件を実現していることを誤認する責任無能力者は、まさしく社会にとってとくに危険なものとなりうるのであり、それゆえに、刑法63条の保護目的によって方向付けられた解釈のもとでは、同規定による収容から除外されてはならないからである」と判示されているのである。そして、もう一つの高価な不動産購入契約の点に関しては、大略次のような判断が示されている。すなわち、被告人の求めた所有権移転は、当該契約においては、購入代金の支払いと結びついており、標準的な知力をもち、契約交渉の場にも立ち会っていた被告人が、このような法的状況について誤認していることは明らかではないこと、被告人の妄想は、もっぱら日々期待されたスイスからの支払代金の入金に関連するものであり、このため、当該契約においてあらかじめ定められた契約の履行方法に関する被告人の表象は、精神的に健全な行為者のふさわしい表象と同様に、法的に意味のあるものであったこと、被告人の表象は、購入者の負担となる違法な財産上の利益の獲得をめざしたものではないため、違法な財産上の利益を得る目的という構成要件要素が充たされていないこと、被告人が契約の相手方の負担となる財産的利益の獲得をめざしていたことを示す事情も特に見あたらないこと、精神的に健全な者が無資力であることを認識し、個々の事実を把握していたとしても、当該不動産契約の締結によっては、詐欺罪に関しては不可罰となる場合であり、このため、この不動産契約の締結を被告人の危険性を示す証明上の根拠（Beweisgrund）として用いてはならないこと、など指摘して、刑法63条の「違法な行為」を否定するとの判断が下されているのである。

　つまり、ここでは、ホテルでの無銭宿泊および飲食については、その詐欺罪の故意が錯誤によって欠けているのであるが、この錯誤は精神病に起因するものであるため、刑法63条の「違法な行為」の判断にあたっては被告人にとって有利に考慮されることはなく、他方で、不動産契約については、詐欺罪の成立にとって必要な、違法な財産上の利益を得る目的が欠けるが、それが欠けることは、精神病に起因するものではないため、あるいは精神病とは関係がないため、63条の「違法な行為」は認められないとの判断がなされたものと解され、上述のBGHにおける精神の障害にもとづく錯誤の場合の判

断枠組みが維持されているといえるのである。なお、判断の中で示された「被告人の危険性を示す証明上の根拠（Beweisgrund）」については、他の判断（後述のBGHSt 10, 355など）においても使用される表現であるが、次のような理解を背景とするものであると解される。すなわち、例えば、Schreiber/ Rosenauは、「行為者の危険性」、「違法な行為」、「責任無能力・限定責任能力の状態」という三つの概念について、行為者の危険性、つまりは、重大で違法な行為が予想されることは、責任無能力あるいは限定責任能力の状態ゆえに存在しているのでなければならず、このような行為者の危険性は、「契機となる行為（Anlasstat）」（収容の契機となる実際に行われた「違法な行為」）の原因でもあった状態（責任無能力・限定責任能力の状態）を原因とするものでなければならない[15]、と説明しており、また判例においても、行為者の精神状態がその者の危険性を示すような関係がなければならず、これは、「契機となる行為」も、将来行われることが懸念される行為もともに責任無能力あるいは責任能力の著しい減少をもたらした精神状態の結果であるということを意味する[16]、などとされている。そして、Hanackも、法律（63条）は、刑法20条または21条の状態で行われた行為に限定することによって、収容を正当化する契機となる行為の範囲を、20条、21条の意味での障害が契機となる行為においてもはっきりと現れている行為者に限定し、これによって同時に行為者の将来の危険性について必要な総合評価の際にも、この行為を考慮に入れることが可能となる[17]、と述べているのである。そうすると、このような関係の中にある、実際に行われた「違法な行為」は、これを経由して、行為者の将来の危険性を推定したり、これを肯定したりするための要素と解されているともいえ、したがって、いわば将来の危険性を担保する機能を有する要素と理解されていることになるのである[18]。このような理解が背景にあると

---

15 Hans-Ludwig Schreiber/ Henning Rosenau, in Venzlaff/ Foerster（Hrsg.）Psychiatrische Begutachtung, 5 Aufl. 2009, S. 115.

16 Vgl. BGHSt 27, 246, 249f.; BGHSt 34, 22, 27.; BGH NStZ 1985, 310.; BGH NStZ 1991, 528. など。

17 Hanack, a.a. O., §63, Rdn. 19.（注10）

18 なお、この点については、安田拓人「心神喪失者等医療観察法における医療の必要性と再犯の可能性」三井＝中森＝吉岡＝井上＝堀江編『鈴木茂嗣先生古希祝賀論文集（上）』（2007）641頁も参照。

第五章　医療観察法における「対象行為」とその主観的要件　　165

いえよう。

（c）　正当化事情、許容構成要件の錯誤

次に、正当化事情、許容構成要件の錯誤の場合の例として、やはり頻繁に引用され、かつ刑法42条ｂの「刑罰でもって威嚇された行為」に関する解釈を比較的詳細に論じた③ BGHSt 10, 355を見ることにする。事案は、被告人が、自らの行為が、正当防衛によって正当化されるであろうという事実状況を誤認していたという誤想防衛の場合であるが、BGHは、これに対して、当該錯誤は、刑法42条ｂの意味での「刑罰でもって威嚇された行為」を認めることを否定するものではないとし、それは当該錯誤が被告人の責任無能力の原因となった被告人の精神病によって引き起こされていたからであるとし、さらに、刑法42条ｂの「刑罰でもって威嚇された行為」という概念は、客観的な要件のほか、責任能力を除いたすべての主観面での要件も、つねに認められなければならない、といったようにその内容を決することはできないと述べた上で、この「刑罰でもって威嚇された行為」に関する解釈をより詳細に、次のように述べている。すなわち「『刑罰でもって威嚇された行為』という概念は、法律がそれぞれこれを使用している文脈においてのみ、理解することができる。刑法42条ｂにおいて、この概念が意味するものは、――例えば刑法330条ａ[19]とは異なり――、行為が、次のようなことの証明上の根拠でなければならないということである。すなわち、行為者を社会的に危険なものとし、このため精神病院・福祉施設における収容を必要とするような精神病が、行為者のもとに存在していることに関する証明上の根拠でなければならないということである。行為は、一定の病気、つまり、その種類から判断すると、行為者を社会にとって危険であると思わせるような

19　330条ａは、現行ドイツ刑法323条ａの旧規定にあたるものであり、323条ａ１項は「アルコール飲料又はその他の酩酊剤により、故意又は過失により酩酊状態に陥った者が、この状態で違法な行為を行ったにもかかわらず、酩酊の結果、責任無能力であったために、又は、その可能性を排除できないために、その違法な行為を理由としては罰することができないときは、５年以下の自由刑又は罰金に処する。」（法務省大臣官房司法法制部編・前掲注（８）194頁参照）と規定している。330条ａ１項もこれと同様に、故意または過失によって、責任能力を排除する酩酊状態に陥った者が「刑罰でもって威嚇された行為」を行った場合を罰するとしている（法務大臣官房司法法制調査部・前掲注（９）148頁参照）。

行為を将来行うことになる蓋然性を基礎づけるような一定の病気の発露でなければならないのである。このため、行為がそれによって決せられたところの行為者の内面的な表象や感情面を調査することも通常は必要である。……行為が、上述のような意味での証明上の根拠といえるかどうかは、かかる調査によってのみ確定されうるとの理由からも、このような調査が必要であることは少なくないのである。行為者が犯罪行為の客観的構成要件を実現する行為は、例えば、行為者が正当化事由の事実的前提条件を誤って存在しているとみなしたが、この錯誤が行為者の精神病とはそもそも関係がない場合には、このような証明上の根拠とはいえないのである。かかる行為は、行為者の精神病によって引き起こされているのではなく、それとは独立して存在する諸事情の結果といえるのである。しかし、本件のように、錯誤が、行為者を責任無能力状態にいたらせた精神病のまさに発露である場合には、行為は証明上の根拠となるのである。このような病気に起因した錯誤は、刑法42条ｂの適用を排除するものではない。」[20]と。そしてこれに続けて刑法42条ｂをこのように解する理由として、「これと反対の見解をとるならば、経験上とくに危険な精神病者、すなわち、追跡妄想を患っている病者が、まさに原則的に刑法42条ｂによる収容から除外されることになるであろうが、これは法律の趣旨に適合しえないものである」ともされているのである。

　このように、誤想防衛の場合にも、精神の障害にもとづく錯誤にあっては、「刑罰でもって威嚇された行為」は肯定されうるとの立場が明確に示されているのである。加えて、本判決では、精神の障害にもとづく錯誤とその他の事情による（一般的な）錯誤の区別に関しても、刑法42条ｂにおける行為は、「行為者を社会的に危険なものとし、このため精神病院・福祉施設における収容を必要とするような精神病が、行為者のもとに存在していることに関する証明上の根拠でなければならない」とされ、さらに、その行為は「行為者を社会にとって危険であると思わせるような行為を将来行うことになる蓋然性を基礎づけるような一定の病気の発露でなければならない」、「錯

20　なお、本判決では、行為者の表象や感情面の調査が必要であるもう一つの理由として、行為が重罪ないし軽罪にあたるか否かを確定することがあげられている。これは刑法42条ｂの但書部分に対応するものであると思われる。

誤が、行為者を責任無能力状態にいたらせた精神病のまさに発露である場合には、行為は証明上の根拠となる」ともされるが、他方で、行為は、「錯誤が行為者の精神病とはそもそも関係がない場合には、このような証明上の根拠とはいえ」ず、「かかる行為は、行為者の精神病によって引き起こされているのではなく、それとは独立して存在する諸事情の結果」であるともされていることから、その区別に関する基準がより具体的に示されているといえるのである。

　さらに、正当化事情、許容構成要件の錯誤の場合の例であり、かつ、精神の障害にもとづく錯誤の状態での行為あるいは責任無能力状態での行為と、過剰防衛の規定である刑法33条[21]の定める精神状態のもとでの行為との関係についても言及している④ BGH NStZ 1991, 528を見ることにする。事案は、被告人を性的に悩ませていた59歳の夫を、統合失調症に罹患していた被告人が刺殺した場合に、LG が、統合失調症ゆえに責任無能力であった被告人に精神病院における収容を命じていたというものであるが、これに対して、BGH は、ここで問題としている精神の障害にもとづく錯誤に関して、防衛行為の必要性が新たな手続においても仮に否定されることになろうとも、防衛行為の必要性に関する錯誤の可能性は考慮されなければならないとした上で、次のように述べている。すなわち「このような許容構成要件の錯誤は、責任無能力をもたらした病的な状態の結果であると評価されてはならない場合には、刑法63条の適用の枠内においては、責任無能力の行為者にとっても考慮されることになる。というのは、このような誤表象は、同じ状況に置かれた責任能力者であっても同じ錯誤に陥ることがありえたと認められる場合には、——故意行為という観点のもとでは——病気に起因した危険性を確定することを許容しないからである」と。そして、これに続く部分において刑法33条との関係についても、「責任無能力者が、錯乱、恐怖または驚愕から正当防衛の限度を超える場合には、確かに、免責規定である刑法33条が、免責事由として、実際上役割を果たすということはないが、にもかか

21　ドイツ刑法33条は、「行為者が、錯乱、恐怖又は驚愕から正当防衛の限度を超えたときには、罰せられない」と定めている（法務省大臣官房司法法制部編・前掲注（8）27頁参照）。

168 責任能力と精神の障害にもとづく錯誤

わらず、刑法63条の収容命令の問題にとっては、間接的には次のような理由から同規定には意義が認められる。すなわち、刑法33条の要件のもとで行われた違法な行為は、正当防衛の限度を超えるに至らせた錯乱、恐怖または驚愕が、責任無能力をもたらすような、刑法63条の適用にとってふさわしい精神状態のまさに発露や結果ではない場合には、病気に起因した危険性を示すものではないからである」と述べられている。そして、本件の結論としては精神病院における収容要件が充たされていないとの判断がなされているのである[22]。

ここでもやはり、正当化事情の錯誤について、精神の障害によってそれが引き起こされた場合には63条の「違法な行為」を認める方向で考慮され、そうではない場合（一般的な錯誤の場合）には「違法な行為」が否定されることになりうるとの考え方が採られており、かつこの点とともに、刑法33条の定める精神状態が、責任無能力をもたらした精神状態の発露、結果ではない場合には、33条の要件のもとでの違法な行為は、病気に起因した危険性を示すものではない、とされていることから、反対に、刑法33条の定める精神状態が、責任無能力をもたらした精神状態の発露、結果であると評価される場合には、63条の「違法な行為」が認められる方向で考慮されうることを示したものと解され[23]、ここにあっても精神の障害にもとづく錯誤とそうでない錯

22　なお、本決定では、LGは、行為者の精神状態が当該行為者の危険を示すような関係や、これとともに刑法63条によって要求される病気に起因した被告人の危険性を疑いの余地なく認定していたわけではない、ともされている。また、LGが、身体的に被害者にまさる被告人は、ナイフを手にした時には確かに、正当防衛状況（刑法32条）に置かれていたが、刺殺行為に出ることによって、防衛のための必要な限度を意識的に超えていたのであり、刑法33条の要件は認められない、としていたことに対しても、本決定では、「この法的に疑いがないわけではない判断を別にしても、認定に従うと、少なくとも、被告人は、当該行為事情によると、刺殺行為が精神病によって、あるいはそれによっても引き起こされていたことが明らかではないような、例外状況に置かれていたことが前提とされなければならず、このためこの点についてのより詳細な説明が必要であったが、これが欠けている……」と述べられている（vgl. S. 528.）。さらに刑法33条の要件を否定した考慮は、明確とはいえない（vgl. S. 529.）、とも指摘している。これらのことから、結局、いくつかの点で刑法63条の要件を充たすことについて疑いが残る場合であるとの判断を下したものと解される。

23　この点については、例えば、Hanack, a.a. O., §63, Rdn. 32.（注10）では、それ自体免責される行為の付随事情が、――行為者がその精神状態にもとづいて、錯乱、恐怖または驚愕から、刑法33条の意味で重大な過剰行為を行う傾向があるため――、当該行為者が、その精神状態ゆえ

第五章　医療観察法における「対象行為」とその主観的要件　　169

誤の区別という考え方がさらに拡張的に用いられており、精神の障害に起因
した精神状態を特別な場合として位置づけようとする態度が一貫してとられ
ているともいえよう。

　(d)　以上のように BGH は、「違法な行為」ないし「刑罰でもって威嚇さ
れた行為」は、原則的には責任能力以外のすべての主観的要素を備えていな
ければならないとの立場を採りつつ[24]、精神の障害にもとづく錯誤の場合に
は、故意や特定犯罪において要求される主観的な構成要件要素ないし違法要
素につき錯誤が生じている場合にも、正当化事情や許容構成要件につき錯誤
が生じている場合にも、いずれにおいても、「違法な行為」ないし「刑罰で
もって威嚇された行為」が認められうるとの立場を採っていることになるの
である。そして、精神の障害にもとづく錯誤とそうではない（一般的な）錯
誤とを区別するということに関しては、当該錯誤が、責任無能力をもたらし
た行為者の精神の障害の「発露」、「結果」であったか否か、あるいはそのよ
うに評価されるか否か、という基準が提示されており、さらに、その判断に
際して、同様の状況に置かれた精神的に健全な者であれば疑いをいだきえな
い事実状態に関する適切な認識について、当該被告人においては、精神病に
よってそれが妨げられていたのか否か（① BGHSt 3, 287）、行為者の妄想状態
での錯誤が、当該犯罪の成立にとって必要な主観的要素と関連するものであ
るのか（② BGH MDR 1983, 90）、行為者の錯誤がその精神病とそもそも関係が
ない場合なのか（③ BGHSt 10, 355）、同じ状況に置かれた責任能力者でも行為
者と同じ錯誤に陥ることがありえたと認められるか否か（④ BGH NStZ 1991,

に危険であることを示す場合には、免責事由が考慮されないということも例外的には考えられ
うる、との説明がなされている。また、例えば、BGH NStZ-RR 2004, 10, 11でも、殺人未遂等
にかかる事案において、被告人は、生命の危険にさらされていると思い込み、死の恐怖をいだ
いていたのであり、必要な防衛行為の限度を超えたことは、被告人の錯乱、恐怖、驚愕にもと
づくものであったため、刑法33条の要件が存在している、とした上でこれに続けて、刑法33条
による刑の免除は「被告人の収容を否定するものではない。なぜなら、被告人の恐怖は、まさ
に刑法20条、21条の意味での精神状態の結果であったからである」とされている。なお、ここ
での刑法33条と責任能力規定との関係については、わが国においても、責任無能力状態と期待
可能性を失わせる状況の交錯が考えられるような場合にどのように考えるのかにとって参考と
なるようにも思われるのである。

24　① BGHSt 3, 287, 287 f. ④ BGH NStZ 1991, 528.; BGHSt 31, 132, 133. など。

528）などが考慮要素としてあげられているといえよう[25]。

（2）学　説

（a）　次に学説の状況を見ていくことにしたい。まず、学説は、「違法な行為（刑法63条）」ないし「刑罰でもって威嚇された行為（旧刑法42条）」に関する次のような内容については、ほぼ見解が一致するところであると思われる。すなわち、単なる秩序違反では足りず、行為者が客観的な構成要件を実現しており[26]、正当化事由や責任能力以外の責任阻却事由や免責事由が存在しないこと[27]、よって、構成要件に該当し、違法な行為であって、責任能力だけが損なわれている場合であること[28]、他方で、意思的な振舞いの意味での「行為」は、つねに存在していなければならないこと[29]、さらに責任能力の著しい減少（限定責任能力）の場合には、処分が刑罰に併科されることからも、処罰のためのすべての前提条件が充たされていなければならないこと[30]、である。したがって、意思的な行為であることはもちろん、構成要件

25　なお、BGH が採用する、精神の障害にもとづく錯誤とそうでない錯誤との区別という考え方は、すでに RG の判断においてもみられるものである。これについては、RGSt 73, 314, 315. さらに、vgl. RGSt. 73, 11. また比較的近時のその他の関連する BGH 判例として、BGH NStZ-RR 2003, 11.; BGH NStZ-RR 2008, 334. など。

26　例えば、この点につき、明示的に示されているものとして、Hanack, a.a. O., §63, Rdn. 28.（注10）; Horn, a.a. O., §63, Rdn. 4.（注10）; Stree/ Kinzig, Schönke/ Schröder, Strafgesetzbuch Kommentar, 28.Aufl. 2010, §63, Rdn. 3.; Kristian Kühl, Strafgesetzbuch Kommentar, 26. Aufl. 2007, §63, Rdn. 2. など。なお、刑法11条 1 項 5 号は「違法な行為とは、刑法典の構成要件を実現する行為のみをいい」と定めているが、刑法63条の行為も原則的にはこれと同内容と解されるのが一般的であるため、むしろこの点は当然視されているともいえよう。

27　例えば、vgl. Hermann Blei, Strafrecht I. Allgemeiner Teil, 18. Aufl. 1983, S. 433.; Hanack, a.a. O., §63, Rdn. 31.（注10）; Braasch, Dölling/ Duttge/ Rössner, Gesamtes Strafrecht StGB/ StPO/ Nebengesetze, NomosKommentar, 2008, §63, Rdn. 3.; Stree/ Kinzig, a.a. O., §63, Rdn. 4.（注26）; など。

28　なお、未遂も過失も含まれるとされている。未遂については、例えば、Lang-Hinrichsen, a.a. O., §42b, Rdn. 20.（注10）; Hanack, a.a. O., §63, Rdn. 33.（注10）; van Gemmeren, a.a. O., §63, Rdn. 10.（注10）; Stree/ Kinzig, a.a. O., §63, Rdn. 6.（注26）など、過失については（注10）であげた文献参照。

29　この点については、（注12）参照。

30　例えば、Lang-Hinrichsen, a.a. O., §42b, Rdn. 10.（注10）; Hanack, a.a. O., §63, Rdn. 20.（注10）; Böllinger/ Pollähne, Nomos Kommentar zum Strafgesetzbuch, 2. Aufl. 2005, §63, Rdn. 69. など参照。

に該当する違法な行為であって責任能力だけが損なわれており、かつ限定責任能力にあっては、責任能力が著しく減少しているにすぎないため、犯罪成立要件に欠けるところがないというのが、原則的な内容、あるいは少なくとも典型的に予定される内容といえるのである[31]。だが、このような「違法な行為」ないし「刑罰でもって威嚇された行為」の内容を前提とした上で、なお、本稿で問題としている精神の障害にもとづく錯誤のような場合において——つまり、故意や特定犯罪において要求される主観的な構成要件要素ないし違法要素、さらには正当化事情、許容構成要件に関して、精神の障害によって錯誤が生じている場合において——、この「違法な行為」ないし「刑罰でもって威嚇された行為」が、いわば例外的に、あるいは非典型的な場合として、肯定されるのかについては学説上激しく対立するところである。そして、その主要な対立点は、故意や特定犯罪において要求される主観的な構成要件要素ないし違法要素、および正当化事情、許容構成要件のいずれの錯誤についても積極に解する立場、すなわち判例を支持する立場と正当化事情、許容構成要件の錯誤についてのみ積極に解する立場、すなわち判例の態度を部分的に否定する立場との対立といえよう。以下では、この主要な対立軸にそって学説を見ていくことにする。

(b)　正当化事情、許容構成要件の錯誤についてのみ肯定する立場

はじめに、後者の判例の態度に部分的に反対する立場から見ていくことにするが、まず、これに属する論者としては、この問題について詳細に論じているBrunsをあげることができる。Brunsは、先に述べた① BGHSt 3, 287に反対し、③ BGHSt 10, 355を支持しつつ、かつ酩酊状態での詐欺の事案であり、330条a[32]に関して下された判断をめぐって評価が分かれるところでもあるBGHSt 18, 235を重視あるいは強調する立場から、構成要件要素の錯誤

31　なおこの点について、例えば、主観的要素の錯誤の場合について、van Gemmeren, a.a. O., §63, Rdn. 13. (注10) では、構成要件的錯誤（刑法16条）、回避不可能な禁止の錯誤（刑法17条）、いわゆる許容構成要件の錯誤がある場合には、収容は原則的に否定されるが、刑法20条、21条の「状態」によって引き起こされた誤表象の場合には例外となる、とされている。また、明示的にではないまでも、多くの論者は、その論述の順序などから、本文で述べたような内容を、原則的な内容、あるいは典型的に予定される内容と解しているといえよう。

32　刑法330条a については（注19）参照。

については消極に解する見解を強力に展開している。そこでまず、BGH の態度をより正確に見定めるためにも重要である BGHSt 18, 235が示されなければならない。事案は、被告人が勘定を支払うための十分な金銭を持っていないにもかかわらず、飲食店で、食事と飲み物を提供させ、他の客にまでふるまったという詐欺（刑法263条）に関するものであるが、他方で、被告人は、酩酊状態ゆえに勘定を支払うための十分な金銭を持っていると信じており、また、持っていると勘違いされた手持ちの金銭を支払のために使うつもりでもあったという場合である。このような事実関係において、原審であるLG は、十分な金銭を持っているという被告人の誤表象は、もっぱら酩酊に起因するものであって、それゆえに当該錯誤は、被告人にとって有利に考慮することはできないとして、完全酩酊罪（刑法330条 a）を理由に有罪判決を下していた。これに対して、BGH は、刑罰威嚇が特別な意思的要素と結びつくところでは、つまり、特別な意思的要素が客観的な行為事象に付け加わらなければ、犯罪構成要件が充足されないという場合には、酩酊行為者の意思は重要であるとして、その例として窃盗罪の不法領得の意思をあげた上で、次のように判示している。

　すなわち、「刑法263条においては、行為者の意思の内容（Willensrichtung）が二つの点で構成要件の実現にとって決定的に重要である。つまり、『違法な財産上の利益を自ら得または第三者に得させる目的』と『虚偽の事実を真実に見せかけること、または真実を歪曲もしくは隠蔽すること』の二点においてである。それゆえ、追求された利益のために、欺罔によって、損害を与えることになる財産上の処分を他人に行わせる者が詐欺行為を実行することになるのである。しかし、不適切な主張を真実であるとみなす者にあっては、欺罔意思が欠けているのである。したがって、かかる錯誤は、欺罔意思を排することになるのである。だが、この欺罔意思がなければ、詐欺としての『刑罰でもって威嚇された行為』は存在しないのである。つまりは、被告人が飲食代金を支払うための十分な金銭を持っていたと信じていたのであれば、この錯誤は、被告人の表象だけでなく、意思の内容にもかかわるものであったことになる。認定に従うと、勘違いされていた手持ちの金銭を支払いのために使うつもりであったということもまた、前提とされなければならな

第五章　医療観察法における「対象行為」とその主観的要件　173

いため、『虚偽の事実を真実に見せかけること』という構成要件要素が欠け
ていることにもなる。また、この場合、違法な財産上の利益を自ら得または
第三者に得させる目的も被告人は有していなかったのである。このため、被
告人は、原審の認定にもとづくと、刑法330条ａを理由に有罪判決を下され
てはならなかったのである。

　当法廷は、刑法42条ｂの場合においても同様のことがはたして妥当しな
ければならないのか否かを、未決定のままにしておくことができる。確か
に、刑法42条ｂにおける『刑罰でもって威嚇された行為』の概念と刑法330
条ａにおけるそれが同じ内容であるということは、しばしば認められるとこ
ろであるが、しかし、それは自明であるとはいえないのである。なぜなら、
両規定は異なる目的に奉仕するからである。判例が刑法42条ｂについても
また原則的に、――自然的な――行為者の意思の内容、表象、感情面を考慮
することを要求しているとしても、やはり特殊な場合においては、行為者の
一定の錯誤が重要であるかどうか、との問題に対して、この二つの条項の規
定内容のもとで同じ意味をもつものとして、回答しなければならないとは限
らないのである。このため、刑法42条ｂの適用にもっぱらかかわるもので
あり、330条ａには言及していない BGHSt 3, 287の判断には立ち入る必要は
ないのである。」と。

　Bruns は、この判断につき、とくに詐欺罪の構成要件要素が欠けてお
り、詐欺としての「刑罰でもって威嚇された行為」が存在しないとして刑法
330条ａによる有罪判決を否定した点を重視し、① BGHSt 3, 287やこれを支
持する見解は、この判断に矛盾するのではないかとの観点から[33]、次のよう
な議論を展開している。すなわち、行為の決断は、つねに存在していなけれ
ばならず、行為者は、一定の刑罰でもって威嚇された行為の実行を意図した
のでなければならない。殺害、傷害、損壊、詐欺、強姦を行うことを実際に
決断した者のみが対応する構成要件を、責任無能力者として実現できるので
ある。すると、不適切な主張を真実であるとみなす者にあって、欺罔意思が
欠けているのは、本来は自明であるように思われる。かかる錯誤は、例え酩

33　Vgl. Bruns, a.a. O., S. 473 f. (注12).

酊に起因するものであろうとも、欺罔意思を排するのであり、この場合、詐
欺としての「刑罰でもって威嚇された行為」は存在しないのである。誤表象
はあくまで誤表象であって、それがどんな原因を有するのかに左右されな
い。したがって、BGHSt 18, 235は適切である。このことは、酩酊ゆえの善
意の無銭飲食者は、少なくとも詐欺にとって必要な違法な財産上の利益を自
ら得る目的を有していないことからも容易に判明することである。完全酩酊
の者は、確かに責任無能力は援用できないが、しかし犯罪の決断が欠如する
ことは援用できるのである。BGH は、この判断によって適切にも、法解釈
上の論拠を、通常反論として持ち出される刑事政策的な主張に優先させたも
のである。この結論から離れようとする者は、酩酊行為者の故意的な行為を
放棄し、これによって、この者の行動の構成要件該当性を放棄しなければな
らないなどと主張するのである[34]。

　さらに Bruns は、構成要件にとっては、すべての構成要件要素は等しく
重要であるとして、自身の立場からは、酩酊や精神病に起因した錯誤を考慮
しないとする見解は、実際にも従来主として承認されてきた特定の領域にお
いてのみ、すなわち、正当化事由や責任阻却事由の錯誤の分野においての
み、認められることになり、RG や BGH の重要な判断が緊急事態や正当防
衛状況の誤想の事案について下されてきたことも偶然のことではないとし、
その上で、「この場合の帰結は、実のところ理解できるものであり、法解釈
上もうまく理由づけることができるのである。というのは、いわゆる消極的
構成要件要素の事実的基礎に関する錯誤においては、行為者の意思や各構成
要件要素が存在していることについては疑いがないからである」と述べて、
このような場合における「責任無能力の行為者の、行為の違法性に関する特
殊な形で条件づけられた錯誤は、責任無能力と同じように考慮されないとす
ることができ、その際、法解釈上のあつれきを生むこともない」のであり、
他方で、構成要件の錯誤の場合には、酩酊に起因した錯誤と酩酊に起因しな
い錯誤との区別は重要ではなく、構成要件の錯誤は、構成要件の故意的な実
現を否定することになる、ともしているのである[35]。さらに加えて①

34　Bruns, a.a. O., S. 478.（注12）

第五章　医療観察法における「対象行為」とその主観的要件　175

BGHSt 3, 287が、精神病によってのみ引き起こされた表象の欠陥は、「さもなければ存在していたであろう内面的な構成要件要素が否定されるということにまではならない」として、いわゆる自然的故意（natürlicher Vorsatz）があれば、「刑罰でもって威嚇された行為」は認められうる、との判断を下したと解されている部分についても、Bruns は、こうした表現は、ただフィクションとしてのみ解釈できるものであって、この助けを借りることによって自然的故意という要件は維持されるのであるが、しかし、それは現実に反して肯定されることになると指摘し[36]、また、構成要件の錯誤の場合に、責任無能力の行為者の、特殊な形で条件づけられた錯誤（精神の障害にもとづく錯誤）を考慮しないとすることは、完全酩酊の者や精神病者に versari in re illicita の責任を負わせることを意味し、責任主義に反することを意味することになるとさえ指摘しているのである[37]。

　また、同じくこの立場に属し、かつ① BGHSt 3, 287と③ BGHSt 10, 355を対比し、これらの当否についてもやはり明確に示す論者として、Jescheck/ Weigend をあげることができる。Jescheck/ Weigend は許容構成要件の錯誤について、構成要件の錯誤との類似性は、許容構成要件の錯誤も、法命題の記述的、規範的要素にかかわるという構造面にあり、他方で、（間接的な）禁止の錯誤との類似性は、構成要件の認識がなお損なわれないままであり、このため構成要件の提訴機能は完全に働きうるのであって、ただその錯誤によって行為者が、禁止規範が例外的に許容命題の背後へと退くと信じているに過ぎないという結果面にある[38]、との理解を前提として、この立場から[39]、①判例および③判例に関して、次のように指摘する。すなわち、①の場合には、故意が欠如するため、「違法な行為」が欠けることになり、③の

35　Vgl. Bruns, a.a. O., S. 480. （注12）

36　Vgl. Bruns, a.a. O., S. 475. （注12）

37　Vgl. Bruns, a.a. O., S. 480. （注12）

38　Vgl. Hans-Heinrich Jescheck/ Thomas Weigend, Lehrbuch des Strafrechts Allgemeiner Teil, 5. Aufl. 1996, S. 462f.: Jescheck/ Weigend, （野崎和義・訳）『ドイツ刑法総論』（第五版）西原春夫・監訳（1999）357頁以下も参照。

39　Vgl. Jescheck/ Weigend, a.a. O., S. 464 f. （注38）: Jescheck/ Weigend, （野崎・訳）・前掲注（38）358頁以下も参照。

場合には、錯誤は故意責任にのみ関係するため、「違法な行為」は存在することになる。他方で、いずれの場合にも、行為者は、精神病ゆえに危険であり、可罰的行為の客観的要素を充たしているが、その主観的要素をただ精神病を理由として充たしていないことには疑う余地がないといえる。このため、こうした事実の性質からすれば、刑法63条の処分命令が命じられるにもかかわらず、構成要件の錯誤の場合には、類推禁止ゆえに無視することができない明確な文言（「違法な行為」）に従って、やはりこの処分命令は、否定されることになる。だが、許容構成要件の錯誤の場合には、精神病の行為者も、犯罪構成要件に類型化された不法要素を自らが実現していることは認識しており、このため——精神病の行為者において構成要件の提訴機能が擬制ともいうべきものであるとしても——文言上の限界が、事実上必要な処分命令をさまたげることはないと指摘するのである[40]。

　さらに、① BGHSt 3, 287や③ BGHSt 10, 355に対して、その当否に関する直接的な態度表明こそなされていないが[41]、これらを例にとり、かつ① BGHSt 3, 287の刑法解釈学上の矛盾を示唆しつつ、これとともに、精神の障害にもとづく錯誤の場合に処分要件としての「違法な行為」が肯定されうるのか、というここでの問題は、故意や主観的構成要件要素の体系的な位置づけや、正当化事情の錯誤の場合の法的理論構成に依拠することになり、したがってその回答もこれらに左右されることを明確に示すものとして、Lencknerの見解をあげることができる。Lencknerは、まず、処分要件としての「違法な行為」との関係で、行為者の誤表象がどのような意義を持つのかははっきりしないが、少なくとも正当化事由や免責事由の事実的前提を誤認した場合に限っては、責任能力の喪失ないし減少をもたらした行為者の精神の障害にまさに起因するような錯誤であれば、精神病院における収容処分を命じることは妨げられない、とする点では広く見解が一致するところである[42]、とした上で、次のように指摘している。

40　Jescheck/ Weigend, a.a. O., S. 808 f.（注38）: Jescheck/ Weigend,（京藤哲久・訳）・前掲注（38）643頁以下も参照。

41　なお、Hanackは、構成要件の錯誤について処分要件としての「違法な行為」を認めない立場にLencknerを位置づけている（Hanack, a.a. O., §63, Rdn. 32.（注10））。

第五章　医療観察法における「対象行為」とその主観的要件　　177

　すなわち、行為者が構成要件要素に関して誤認した場合には、議論の余地
がある。刑事政策的な理由からは、正当化事由や免責事由の事実的前提の錯
誤の場合と同様に扱うことが支持されることになる。このため、判例（例え
ば、BGHSt 3, 287）は、なるほど原則的には「自然的」構成要件的故意を要求
してはいるが、にもかかわらず、この場合にあっては、精神病に起因した、
行為者の構成要件要素に関する誤表象を取るに足らないものと評価している
のである。だが、これに対して、故意をもっぱら、あるいは少なくとも不法
構成要件に属するものと考えるのであれば、あらゆる構成要件的錯誤ととも
に、故意犯の意味での「違法な行為」もまた脱落することになるのである。
この場合には、適切な過失構成要件を使用することができないならば、収容
は、ただ刑事手続の外で、ラントの収容法によってのみ可能となるにすぎな
い、と[43]。加えて Lenckner は、正当化事情の錯誤においても故意が脱落す
ることを前提とする立場をとる場合、厳密に考えれば、刑法42条 b、63条に
よる収容の可能性を否定することは、この正当化事情の錯誤についても、妥
当することになるのである[44]、とさえ述べているのである。
　また同様に、こうした故意や正当化事情の錯誤についての考え方を反映さ
せる形で、Blei も、正当化事情の錯誤に関しては、処分要件としての「違法
な行為」を認めうることを積極に解し、故意を阻却する構成要件的錯誤に関
しては、これを消極に解するとの立場をとっているのである[45]。また、この
ような故意に重きを置く立場は目的的行為論とも親和性をもって、展開され
ていたことも指摘されるところであり[46]、Welzel や Maurach などによって
もこの立場は支持されているのである[47]。このようにかかる立場は、故意や

42　Theodor Lenckner, Strafe, Schuld und Schuldfähigkeit, in Göppinger/ Witter (Hrsg.),
　　Handbuch der forensischen Psychiatrie, Bd. I, 1972, S. 188 f.

43　Vgl. Lenckner, a.a. O., S. 189. （注42）

44　Vgl. Lenckner, a.a. O., S. 189. （注42）

45　Blei, a.a. O., S. 433. （注27）; さらに BGHSt 3, 287. に否定的なものとして、vgl. Werner Niese,
　　Die Rechtsprechung des Bundesgerichtshofs in Strafsachen, JZ 1953, S. 548.

46　Vgl. Lang-Hinrichsen, a.a. O., §63, Rdn. 12. （注10）、さらに、Bruns も、自らの結論は
　　Maurach, Welzel の見解を認めることを意味する、としている （Bruns, a.a. O., S. 480. （注12））。

47　Hans Welzel, Das Deutsche Strafrecht, 11. Aufl. 1969, S.264.; Reinhart Maurach, Deutsches
　　Strafrecht Allgemeiner Teil, 3. Aufl. 1965, S. 754.

主観的構成要件に関する刑法解釈学上の見解とも密接に結びつく形で、多数の論者によって主張されてきたのである。

なお、これらの論者のほか、例えば Böllinger/ Pollähne は、構成要件の錯誤や主観的不法要素の欠如は刑法63条の適用を排するのであり、このような構成要件要素や違法要素は刑法の領域の規範的限定に資するのであって、経験的限定に資するものではなく、かかる規範的限定は、行為に随伴する行為者の表象が病気に起因するのかどうかの判断を鑑定人に委ねるのであれば、刑法の拡張という意味をおびて経験的であるかのように（pseudo-empirisch）かいくぐられてしまうであろう[48]、と指摘しており、さらにHorn も、故意がいかなる理由で行為者に欠けるのか、すなわち故意が病気に起因して欠けていたのかどうかによって区別することは、実際上ほとんど不可能であり、かつ、法的に無意味である[49]、との指摘を行っている。これらは、BGH 判例の採る精神の障害にもとづく錯誤とそうではない錯誤の区別という考え方自体に疑念をいだくものといえよう[50]。

(c) 判例を支持する立場

では次に、判例の立場を支持し、故意や特定犯罪において要求される主観的な構成要件要素ないし違法要素、および正当化事情、許容構成要件に関するいずれの錯誤も、処分要件としての「違法な行為」ないし「刑罰でもって威嚇された行為」を認めうるとする見解を見ることにする。この立場としては、上述の反対説の主張に配慮しながら、比較的詳細に論じるものとしてHanack をあげることができる。Hanack は、まず、行為者が犯罪の客観的構成要件を実現したが、その精神状態ゆえに当該犯罪の主観的構成要件にとって必要な要件要素を充たしていない場合に、精神病院における収容が許されるのかは議論のあるところだが、この場合に、多くの論者（Bruns, Jescheck-Weigend, Horn など）が「違法な行為」もしくは「刑罰でもって威嚇

---

48 Böllinger/ Pollähne, a.a. O., §63, Rdn. 69. (注30)

49 Horn, a.a. O., §63, Rdn. 4. (注10)

50 なお、さらに、精神の障害にもとづく錯誤とそうではない錯誤との区別という考え方に批判的なものとして、vgl. Andrea R. Castaldo, Der durch Geisteskrankheit bedingte Irrtum: ein ungelöstes Problem, ZStW 103, 1991, S. 543. など。

第五章　医療観察法における「対象行為」とその主観的要件　　179

された行為」について主観的構成要件をも完全に充たしていることを要求
し、とくに故意犯の場合に故意を行為にとって構成的なもの（konstituierend）
とみなす論者は、たいていは真正な故意を要求し、このため、構成要件の錯
誤や主観的不法要素の欠如の場合に、それが病気に起因している場合でさ
え、一貫して収容が否定されることを認める立場を採るが[51]、かかる見解は
満足のいくものではない、と述べた上で、以下のような主張を展開してい
る。

　すなわち、ここでは解釈学上、故意を構成要件に分類することについてど
のように考えるのかは重要ではなく、この見解では、事態に反したやり方
で、責任無能力の行為者に対する保安上の予防措置が刑事裁判官の任務領域
から取り除かれることになってしまうのである。例えば、この見解では、他
人の財物に関して、神が自分に与えた物であるとの妄想状態において、それ
を頻繁に危険な態様で奪取する精神病者が、刑事裁判官によって精神病院に
収容できないことになる。したがって、一般的な誤表象と病気に起因した誤
表象を区別することが適切なのであって、なぜなら、このような区別によっ
てのみ、責任無能力者の特別な状況と刑法63条の目的とを、事態に適合した
形で結びつけることができるからである。さらにこの見解では、他の病気に
起因した錯誤（正当化事情の錯誤）の取り扱いにおいて矛盾が生じることにも
なる、といった主張がなされるのである[52]。そしてかかる主張に続けて、病
気に起因した錯誤とそうではない（一般的な）錯誤に関して、同様の状況に
置かれた責任能力者であっても有利に働くことになる誤表象は、責任無能力
者にとっても不利に扱われてはならず、このため収容がなされることにもな
らず、この場合には、収容処分の単なる「ネタ（Aufhänger）」にされてはな
らないため、十分な契機となる行為が存在しないのであるが[53]、他方、これ
とは異なり、行為者の異常な精神状態によってのみ引き起こされた誤表象
が、収容を否定することはないのであって、したがって、行為者が、精神的
に健全な者であれば正確に認識したであろう諸事情をただ自己の異常な精神

51　Vgl. Hanack, a.a. O., §63, Rdn. 23.（注10）
52　Vgl. Hanack, a.a. O., §63, Rdn. 24.（注10）
53　Vgl. Hanack, a.a. O., §63, Rdn. 25.（注10）

180 　責任能力と精神の障害にもとづく錯誤

状態ゆえに、誤認していたならば、この者にとって有利に働くことはないのである[54]、との見解が示されるのである。さらに加えて、この病気に起因した錯誤とそうではない錯誤との区別は、実際上ほとんど実行不可能であり、かつ、犯罪概念は構成要件に該当する行為の担い手としての故意を断念することはできないため、法的に無意味であるとする批判（とりわけ上述の Horn や Bruns など）に対応するものとして、この区別が実際上やっかいなものであることは——このことは過度に評価されるべきではないが——、行為者の感情や表象に関して真摯な調査に努めること、これとともに「疑わしきは被告人の利益に」の原則も考慮に入れるならば、確かに認めなければならない、だが、この区別が法的に無意味であり、犯罪概念に矛盾するとの立論の方は承認できないものである、ともされているのである。そして、その理由として、このような区別は、刑法63条にとって必要な目的的考察（Zweckbetrachtung）から生じるものであり、「刑事裁判官がここにおいてなぜ介入するのか理解できない」といった指摘もこの目的的考察に対抗してなされるものとしては、有効ではないこと、刑法的収容と非刑法的収容という二元主義が現行刑法下で採られている限りにおいて、違法な行為をもたらした、病気に起因した動機づけを、よりによって、刑事裁判官の管轄から取り除くことは、目的論的に基礎づけることができず、反対に、まったく不合理な結論に至ること、などが述べられているのである[55]。こうして、Hanack は、結論として、構成要件の錯誤の場合も[56]、正当化事情の錯誤の場合も[57]、それが精神の障害に起因した錯誤である場合、ともに処分要件としての「違法な行為」について、行為者の有利には考慮されないとの立場を採り、よって判例の立場を支持するのである[58]。

　また、すでに旧刑法42条 b の下でも、ほぼこれと同様の主張は、Lang-Hinrichsen によっても展開されている[59]。この Lang-Hinrichsen の見解に

54　Vgl. Hanack, a.a. O., §63, Rdn. 26.（注10）
55　Vgl. Hanack, a.a. O., §63, Rdn. 29.（注10）
56　Hanack, a.a. O., §63, Rdn. 28.（注10）
57　Hanack, a.a. O., §63, Rdn. 32.（注10）
58　Vgl. Hanack, a.a. O., §63, Rdn. 26, 32.（注10）
59　なお Hanack は、自説を Lang-Hinrichsen を引き継ぐものと位置づけている（Hanack, a.a. O.,

第五章　医療観察法における「対象行為」とその主観的要件　　181

あっては、とくに先に述べた Bruns が自説を論証するにあたって強調する、酩酊状態での詐欺に関する BGHSt 18, 235についての指摘が注目すべきものである。すなわち、BGHSt 18, 235が、刑法330条 a に関して下した判断において、欺罔意思が欠けるため、詐欺としての「刑罰でもって威嚇された行為」は存在しないのであって、このため、刑法330条 a を理由に有罪判決は下されてはならないと判示したことや、欺罔意思などの特別な意思的要素の欠如が行為者の酩酊状態に起因している場合にも、その欠如によって「刑罰でもって威嚇された行為」が否定されることになるのか、との問題についてこれを肯定したことなどを、まず、Lang-Hinrichsen は、指摘するのである。だが、他方で、Lang-Hinrichsen は、問題が刑法330条 a にかかわる限りにおいては、この判断に対しては態度表明を行わないとの立場をとり、そして、ここで関心のある問題は、――仮にこの判断を支持するとしても――この判断と同じことが刑法42条 b についても妥当するのか、ということであると述べて[60]、さらに以下のように議論を続ける。

　すなわち、BGH は、ここで関心のある問題を未決定のままにしたが、しかし刑法42条 b における「刑罰でもって威嚇された行為」の概念と刑法330条 a におけるそれが同じ内容であることは、両規定が異なる目的に奉仕するため、自明であるとはいえない、ということを強調している。実際、目的の相違ゆえに両概念は、異なって解釈されなければならない。完全酩酊罪は、継続的な状態を前提とはしておらず、また、この状態から将来生じる危険に対処するという任務を一次的に有するものでもない。だが、このことは、まさに刑法42条 b の目的であって、この目的から「刑罰でもって威嚇された行為」という要素は、解釈されなければならず、そうすることによって、同条は、その目的に適合するのである。したがって、精神病者が、飲食店で勘定を支払うための十分な金銭を持っているという誤った表象を抱いた状態で注文を行い、そして、その表象が、その者の精神状態ゆえに手持ちの金銭や引き受けた債務を把握できないことに起因するならば、たとえ欺罔意思や違

---

　§63, Rdn. 29. (注10))。

60　Vgl. Lang-Hinrichsen, a.a. O., §63, Rdn. 15. (注10)

法な財産上の利益を得る目的が病気に起因して欠けていたとしても、刑法42
条 b の規範目的に従って、「刑罰でもって威嚇された行為」は肯定されなけ
ればならないのである。このように解するのでなければ、例えば、誤表象の
ため不法領得の意思を欠いて、他人の財物を奪う行為に出る場合に、このよ
うな行為を実際に行っており、かつ、将来も同様の行動が予想されるような
精神病の行為者に対する保安上の予防措置が、事態に適合しないやり方で、
刑事裁判官の任務領域から取り除かれることになってしまう、と[61]。またこ
れに加えて、Lang-Hinrichsen は、精神の障害に起因した錯誤の場合に、行
為の内面的な側面に対する要求を緩めるとの自身の立場について、とくに
Bruns の批判に対応する形で、この立場にあっては、安易な刑事政策的な
考慮を問題にしているのではなく、刑法42条 b の趣旨と目的に従った、「刑
罰でもって威嚇された行為」という概念の目的論的解釈を問題にしているの
である[62]、とも述べているのである。

　このように、Hanack、Lang-Hinrichsen らの見解においては、故意や主
観的な構成要件要素ないし違法要素の錯誤についても、刑法63条の「違法な
行為」、刑法42条 b の「刑罰でもって威嚇された行為」が肯定されうること
が主張されており、従って① BGHSt 3, 287などの判断内容を含めた判例の
立場が支持されていることになるが、こうした立場を採る見解も先に述べた
有力な反対説に劣らず、やはり多数存在しているのである。

　例えば、van Gemmeren も、精神的に健全な者なら陥らないような、刑
法20条、21条の意味での「状態」に起因した錯誤は、刑法63条の枠内におい
ては考慮されないとして、刑事政策上の考慮からは、例えば、責任無能力を
もたらした精神病ゆえに、過失行為において自らの行為の危険性を認識しな
かったり、あるいは追跡妄想の状態で侵害者と思いこんだ者を傷害したりす
るような、とくに危険な行為者は、刑法63条の適用領域から除外されてはな
らないとしながら、これに対して他方では、場合によっては完全責任能力で
ある行為者であっても陥ったかもしれないような、刑法20条、21条の意味で

　61　Vgl. Lang-Hinrichsen, a.a. O., §63, Rdn. 15.（注10）
　62　Vgl. Lang-Hinrichsen, a.a. O., §63, Rdn. 19.（注10）

第五章　医療観察法における「対象行為」とその主観的要件　　183

の「状態」に起因したのではない誤表象は考慮されることになる[63]、と述べているのである。また、Schreiber/ Rosenau も、責任無能力の行為者の故意に対して、どのような要求がなされるのかについては、議論があるところだが、支配的な見解および判例（例えば、BGHSt 3, 287）によると、いわゆる「自然的故意」で足るのであり、専門的な意味での故意は重要ではないとされているとした上で、行為者が、自らの病的な状態に起因した誤表象をいだいているならば、この誤表象は、このために精神病院における収容が不可能であるといった意味において、行為者にとって有利に働いてはならないのである、としている。その例としては、ある行為者が、病気に起因して、すべての物は自分の所有物であると信じたため、他人の財物を奪取するという、刑法242条（窃盗罪）の意味での故意がこの行為者に欠けていた場合には、当該行為者はそれでもなお収容されうる、との例があげられているのである。そしてその理由として、こうした病気に起因した錯誤は、まさに行為者の危険性や再犯の危険性を意味するからであり、かかる場合に、故意を否定し、収容を否定することは、刑法63条の保護目的に反することになるであろう、と述べているのである[64]。このように、これらの見解においても、行為者の収容が肯定されうる錯誤は、正当化事情、許容構成要件の錯誤には限定されておらず、故意や特定犯罪において要求される主観的な構成要件要素ないし違法要素の錯誤についても、精神病院における収容要件としての「違法な行為」を肯定できるとの見解が採られているのであり、したがって上述のような判例の立場が支持されているといえるのである。とりわけ、後者のSchreiber/ Rosenau にあっては、先の① BGHSt 3, 287が引用され、その判断内容にそって説明がなされてもいるのである。そして、この立場は、この他にも、複数の論者によって支持されているのである[65]。

63　van Gemmeren, a.a. O., §63, Rdn. 13.（注10）

64　Schreiber/ Rosenau, a.a. O., S. 112.（注15）

65　例えば、Paul Bockelmann/ Klaus Volk, Strafrecht Allgemeiner Teil, 4. Aufl. 1987, S. 284.; Braasch, a.a. O., §63, Rdn. 4.（注27）§63, Rdn. 4.; Stree/ Kinzig, a.a. O., §63, Rdn. 5, 7.（注26）、さらに、vgl. Fischer, Kommentar zum Strafgesetzbuch, 56. Aufl. 2009, §63, Rdn. 3.

（3）検　討

　以上見てきたように、刑法63条および旧刑法42条 b の処分要件としての「違法な行為」ないし「刑罰でもって威嚇された行為」について、その「行為」の主観面に対してどの程度の要求がなされるのか、あるいは——より具体的に、かつ実際上の争点としては——、精神の障害にもとづいて錯誤が生じることによって、責任能力以外の主観的要素が損なわれている場合に、この「違法な行為」ないし「刑罰でもって威嚇された行為」が肯定されうるのか、との問題をめぐって学説は対立してきたのである。また、この場合の学説上の主要対立は、正当化事情、許容構成要件の錯誤に関しては、これを積極に解し、故意や主観的な構成要件要素ないし違法要素の錯誤に関しては、これを消極に解し、したがって判例の立場を部分的に否定するという見解と、このような限定を加えず、正当化事情、許容構成要件、故意、主観的な構成要件要素ないし違法要素のいずれの錯誤に関しても、積極に解し、したがって判例の立場を支持する見解との対立であったといえる。ここにおいて、両見解の主張内容の本質的なものを示すならば以下のようなものになろうかと思われる。

　まず、正当化事情、許容構成要件の錯誤に限定して積極に解する見解は、構成要件に該当する違法な行為であって、主観面についてもただ責任能力のみが損なわれているという原則的な場合をより厳格に遵守する見解——この意味では、精神の障害にもとづく錯誤とそうではない錯誤とを区別する考え方自体に疑念を呈するかのような見解は、この原則的な場合にもっとも忠実な立場ともいえよう——、あるいは、刑罰が科せられる対象となる「構成要件に該当する違法な行為」を処分要件としての「違法な行為」においても、より厳格に維持する見解、といえるように思われる。そして、このような見解を支える考え方としては、第一に、あくまで文言上、刑法63条で「違法な行為」、刑法42条 b で「刑罰でもって威嚇された行為」となっており、これらの概念は、刑罰が科せられる対象となる「構成要件に該当する違法な行為」と同内容であると解されること、第二に、故意を構成要件に分類し、あるいは不法構成要件に属するものとし、故意犯においてこの故意を重要な構成要素と理解し、これが欠ければ「構成要件に該当する違法な行為」は否定

第五章　医療観察法における「対象行為」とその主観的要件　　185

されなければならないとの刑法解釈上の帰結を重視すること、第三に、第一・第二の考え方とあいまって、類推禁止の原則が働くことへの配慮、および「構成要件に該当する違法な行為」でもない場合には、刑事裁判官の管轄事項とはいえないとの理解、などが考えられる。これに対して、故意、主観的な構成要件要素ないし違法要素、正当化事情、許容構成要件のいずれの錯誤についても積極に解する見解は、構成要件に該当する違法な行為であって、主観面についてもただ責任能力のみが損なわれているという原則的な場合をより緩やかに維持する見解、あるいは刑罰が科せられる対象となる「構成要件に該当する違法な行為」を処分要件としての「違法な行為」において、必ずしも完全に同一の内容を保持する必要はないとする見解、といえるように思われる。このような見解を支える考え方としては、第一に、刑罰と処分の二元主義を採る刑法を前提として、処分の目的を考慮すると、刑罰の対象となる「構成要件に該当する違法な行為」と処分要件としての「違法な行為」を必ずしも同一のものと解する必要はないとの理解、第二に、精神の障害によってまさに引き起こされた錯誤の状態で、客観的構成要件を実現する行為者は、経験上とくに危険な者といえ、適切な対応が必要であるとの考え、第三に、改善および保安処分の一つとしての精神病院における収容処分が存在することを前提として、第二の考え方とあいまって、このような行為者の行為が刑事裁判官の管轄から除外されることは不合理であるとの理解、などが考えられるであろう[66]。

　そして、これをさらに還元的に図式化して表現するならば、刑罰が科せられる対象となる「構成要件に該当する違法な行為」と処分要件としての「違法な行為」との内容上の完全な一致あるいは一致すべきとの考え方を前提として、そこから導かれる刑法解釈学上の諸々の帰結を重視する思考と、刑罰が科せられる対象となる「構成要件に該当する違法な行為」と処分要件としての「違法な行為」は内容上必ずしも完全に一致している必要がないことを

66　なお、安田・前掲注（4）52頁においても、「違法な行為」の意義を同一視する立場に対して、「……刑罰と処分の法的効果の正当化根拠が異なり、それに応じてそれぞれの行為の意義も異なって解するのであれば、こうした同一視は、十分な説得力をもたないであろう。」との指摘がなされている。

186　責任能力と精神の障害にもとづく錯誤

前提とした上で、現実に生じた事態に即した対応の必要性および精神病院における収容処分制度の趣旨・目的を重視する思考との対立ということになるように思われる。こうした対立の図式は、前者の立場から、例えば、Brunsが、正当化事情の錯誤について、行為者の意思や各構成要件要素が存在していることについては疑いがないため、この錯誤は（行為者にとって有利には）考慮しないことが可能であり、その際、法解釈上のあつれきを生むこともないとし、他方で、構成要件の錯誤の場合には、精神の障害に起因した錯誤とそうではない錯誤との区別は重要ではなく、構成要件の錯誤は、構成要件の故意的な実現を否定することになる[67]、といった内容の主張を行い、これに対して後者の立場から、Hanack が、解釈学上、故意を構成要件に分類することについてどのように考えるのかは重要ではなく、前者の立場では、事態に反したやり方で、責任無能力の行為者に対する保安上の予防措置が刑事裁判官の任務領域から取り除かれることになってしまうため、構成要件の錯誤においても、一般的な誤表象と病気に起因した誤表象を区別することが適切であって、なぜなら、このような区別によってのみ、責任無能力者の特別な状況と刑法63条の目的とを事態に適合した形で結びつけることができるからである[68]、といった内容の主張を行う場合に、端的にあらわれているように思われるのである。では、いずれの立場をもって妥当とすべきであろうか。突きつめれば、いずれの立場も成り立ちうるようにも思われる。また、ひょっとすると、最終的には、前者の価値に重きを置くのか、後者の価値に重きを置くのか、ということによって決せられるのかもしれない。ただここで、わが国の対象行為の主観面を考えるにあたっての示唆を得るべくこの問題に回答を与えるとすれば、次のようなことになろうかと思われる。

　まず、例えば、前者の立場に属する Jescheck/ Weigend が、構成要件の錯誤の場合も正当化事情の錯誤の場合も、いずれも行為者は精神病ゆえに危険であり、事実の性質に即したものであれば、刑法63条の処分命令が命じられるにもかかわらず、構成要件の錯誤の場合には、類推禁止の制約から、や

67　Vgl. Bruns, a.a. O., S. 480.（注12）［本章 I （2）(b) Bruns 引用部分も参照。］
68　Vgl. Hanack, a.a. O., §63, Rdn. 24.（注10）［本章 I （2）(c) Hanack 引用部分も参照。］

第五章　医療観察法における「対象行為」とその主観的要件　　187

はり処分命令が否定される[69]、との旨の指摘を行い、また Lenckner が刑事政策的な理由からは、構成要件の錯誤も、正当化事情の錯誤も同様に扱うことが支持される[70]、との旨の指摘を行う場合、ここにあっては、本来は、精神病院における収容を命じてしかるべきであるにもかかわらず、刑法解釈学上の帰結からやむなく断念しなければならないといったニュアンスを感じざるを得ないのである[71]。

　そうだとすれば、刑事政策的な考慮やそれと結びついた結論の妥当性を確保しつつ、刑法解釈学上のあつれきを除去あるいは許容可能な程度に軽減するような方途が、まずもって探られなければならないように思われるのである。そして、これは、上述の後者の立場によってすでに十分に達せられていると考えることも可能であると思われるのである。その論拠は、例えば、上述の BGHSt 18, 235, (237) の判示の中での「……刑法42条 b における『刑罰でもって威嚇された行為』の概念と刑法330条 a におけるそれが同じ内容であるということは、しばしば認められるところであるが、しかし、それは自明であるとはいえないのである。なぜなら、両規定は異なる目的に奉仕するからである。」[72]との言明や「……安易な刑事政策的な考慮を問題にしているのではなく、刑法42条 b の趣旨と目的に従った、『刑罰でもって威嚇された行為』という概念の目的論的解釈を問題にしているのである」[73]との後者の立場に属する Lang-Hinrichsen の主張などに、見い出すことができるのではないであろうか。つまりここでは、目的論的解釈といった一般的に承認されている解釈手法を通じて、前者の立場が前提とする「違法な行為」の内容

69　Vgl. Jescheck/ Weigend, a.a. O., S. 808f.（注38）［本章 I（2）(b) Jescheck/ Weigend 引用部分も参照。］

70　Vgl. Lenckner, a.a. O., S. 189.（注42）［本章 I（2）(b) Lenckner 引用部分も参照。］

71　また、過失犯処罰規定の有無や比例性原則からの限定が加わることになり、現実的な実効性として必ずしも十分とはいえないように思われる過失犯による対応を、あえて指摘する立場（例えば、Maurach, a.a. O., S. 754.（注47））についても、刑事司法上の介入の必要性を肯定しつつ、これを大幅に断念することを正面から認めることを巧妙に回避しようとするものともいえなくはないのである。

72　本章 I（2）(b) BGHSt 18, 235. 引用部分も参照。

73　Vgl. Lang-Hinrichsen, a.a. O., §63, Rdn. 19.（注10）［本章 I（2）(c) Lang-Hinrichsen 引用部分も参照。］

上の完全な同一性という考え方が、絶対的な公準ではないことが可能となり、これと同時に、処分要件としての「違法な行為」に対する、目的に適合した内容の付与が可能となることが示されているように思われるのである。だとすると、刑事政策的な考慮を法解釈上の論拠に不適切に優先させるとか、故意的な行為や行為の構成要件該当性を放棄することになるなどの批判は、決定的なものとはいえないように思われるのである。また、例えば、妄想型統合失調症に罹患した者が、妄想状態で、殺傷してもかまわない獣と思って見知らぬ人をバットで撲殺したり、壁と思ってバットで何度も段ったが実は人を殴り重傷を負わせてしまったとか（構成要件要素の錯誤）、あるいは、見知らぬ通行人を自分に対して危害を加える者あるいは追跡者であると考え、その者がハンマーでまさに自分を段打しようとしていると思い込み、身を守るための反撃として、近くにあった金属製のパイプで相手を段って重傷を負わせてしまったような場合（正当化事情の錯誤）、これらの生じた事態を日常レベルで記述すると、前者後者ともに「精神病者が妄想をいだいて、急に無関係な人に激しい暴力をふるって、死亡させたり、大怪我を負わせた」というに過ぎないともいえ、ここにあって、一般の錯誤論に従って両者を厳密に区別し、前者については処分要件を満たさず、後者については満たしうる、とすること、つまりは、妄想の内容の（ときには微妙な）違いによって大きく法的効果が変わるとすることは、一般人の常識からすると、十分に納得のいく説明とはいえないようにも思われ、むしろ処分制度の存在を前提とすれば、いずれもその対象としてふさわしいと考えるのが普通であるようにも思われるのである。（やはり、結論やそれに至る根拠が、一般の感覚からおよそ受け入れがたいというのであれば、解釈としての妥当性を再考する必要があるのではないであろうか。）このように考えるのであれば、後者の立場、すなわち、故意、主観的な構成要件要素ないし違法要素、正当化事情、許容構成要件のいずれの錯誤についても、精神の障害に起因した錯誤の場合には、処分要件としての「違法な行為」を肯定しうるとの見解は支持されてしかるべき程度の説得力を有しているといえるように思われるのである[74]。

74　なお、この立場からも、未遂犯についてはその認定にあたって慎重でなければならないこと

第五章　医療観察法における「対象行為」とその主観的要件　　189

Ⅱ　医療観察法における「対象行為」の主観面

　では、わが国における医療観察法の「対象行為」の主観面については、ど
のように考えるべきであろうか。この点について考察を加えることにする。
上述のように医療観察法は、「対象行為」を殺人、放火、強盗、強姦、強制
わいせつ、傷害という重大な他害行為に限定している（２条２項〔現在２条１
項〕）。他方で、これが「対象行為」として認められるには、これらの各罪の
客観的構成要件が実現されており、かつ正当化事由がないことについてもと
くに異論のないものと考えられる。また、「心神喪失等の状態で重大な他害
行為を行なった者」が本法による処遇、すなわち精神科医療の枠内での強制
医療の対象者であるため、責任能力が損なわれている場合が想定されている
ことは当然といえ、かつ精神の障害と無関係の責任阻却事由がないことにつ
いても予定されていると考えられるであろう。またさらに、「重大な他害行
為」が重大な故意犯であること、および故意まで存しないことをとくに予定
しているとはいえない規定形式であることにも着目するのであれば、主観面
について通常は故意があることが要求されていると解することができるであ
ろう。そして、立法担当者も「対象行為を行った」というためには、行われ
た行為が２条２項各号に掲げる罪の構成要件に該当し、違法である必要があ
るが、心神喪失等の状態で重大な他害行為を行った者の社会復帰を促進する
という本法の目的に照らし、責任の有無は問わない[75]、との説明を行ってい
るのである。そうすると、医療観察法の「対象行為」は、構成要件に該当
し、違法な行為であり、その主観面については責任能力のみが損なわれてい
ることが、少なくとも原則的には予定されていると解するのが自然であると
思われるのである[76]。ただ、このように解したとしても、例えば幻覚妄想状

　が指摘されていることには留意する必要があるように思われる。この点については、（注28）の
　文献など参照。
[75]　白木ほか・前掲注（２）26頁以下。
[76]　なお、上述の立法担当者の説明に関して、「この考え方を徹底して、『対象行為』の認定に当
　たってはすべての責任要素が不要であると解するのであれば、……故意が欠けることや、誤想
　防衛が成立することといった事情は対象行為の存否に関する主張として意味を持たないことと

態での誤表象を顕著な例として、精神の障害に起因して故意や主観的な構成
要件要素ないし違法要素に関する錯誤が生じることも少なからず起こりうる
ため、この場合に「対象行為」を肯定しうるのかは、重要な問題となりうる
のである。つまり、より直截にいえば、ドイツにおける判例や、これを支持
する見解と同様に、医療観察法における処遇制度の趣旨・目的を考慮して、
ここでの「対象行為」を、刑罰が科される対象としての「構成要件に該当す
る違法な（所定の）故意行為」と必ずしも同一内容ではないと解することが
許されるのか、が問われることになるように思われるのである。

　そこでまず、医療観察法における強制処遇の目的が問題となるが、これ
は、同法による強制医療の正当化根拠が何であるのかをめぐる問題として、
見解の対立が存するところである。明瞭な見解の相違という観点から大別す
ると、第一のものは、自己の医療的利益を選択する能力が欠如・減退してい
る精神障害者には、公権力が、親代わりとなって彼に強制的に治療を受けさ
せることが許されるのだとする考え方、すなわち、パレンスパトリエ的考慮
であり、第二の考え方は、強制医療の正当化根拠に関して、再犯の可能性や
それに対する社会の正当な関心を退かせることは、妥当でないとの視点か
ら、医療観察法による強制治療が再犯の可能性によっても正当化されること
を正面から認めるべきだとする立場である。第一の考え方は、「彼に医療を
強制することのできる理由は、彼に医療を与えるというパレンス・パトリエ
的考慮以外にはないのであり、ただ、後見的強制医療の範囲が過剰に広範に
渡ることを避けるために、再犯の危険性の除去という大きな社会的必要性が

なるが、そのような理解が実務において共有されているとまでは言えないようである。」（加藤
俊治「心神喪失者等医療観察法における対象者が幻聴、妄想等に基づいて行った行為が対象行
為に該当するかどうかを判断する際の対象者の認識等の取り扱い」研修　722号7頁）との指摘
もなされている。この指摘における故意の体系的位置づけについてはさしあたり問題にしない
として、確かに、「……責任の有無を問わない」を「すべての責任要素が不要である」との意味
に解することは不可能ではないようにも思われる。しかし、（仮に認められることを前提とし
て）精神の障害と無関係の責任阻却事由がある場合に、「対象行為」に該当するとは考えにく
く、また、主観面について通常は故意が要求されているとも考えられるため、やはり、原則的
な場合としては本文で述べたような内容と解するのが自然であるように思われるのである。し
たがって、「……責任の有無を問わない」との説明は「責任能力が損なわれることによって生じ
る責任の喪失、減少は問題とはならない」との内容を示したものと解すべきかと思われる。

第五章　医療観察法における「対象行為」とその主観的要件　　191

制約原理として要求されることになるのである。」[77]との見解において明確に示されるものであり、第二の考え方は、「医療観察法による強制入院は、対象者が重大な他害行為に及んだことにより、対象者が同様の行為に及び、生命・身体などの法益を侵害するおそれが看過できない水準になり、対象者の自由権の侵害という不利益に優越する法益保護の利益が認められることにより、国家の法益保護義務の具体的発動が要求されることによって正当化されるのであるが、その手段が精神科的対応に限定されているため、精神科医療の枠内で、医療の必要性が認められる場合に限られるという限定が付加されることになるのである。」[78]との見解において明確に示されるものである[79]。

しかし、こうした見解の対立があるにもかかわらず、医療観察法における「対象行為」の主観的要件を考えるにあたって、むしろ重要なことは、いずれの立場においても、刑罰を科す目的と同一であるとは理解されていないと解される点に求められるように思われる。つまり、刑罰を科す目的は、いまだ決着をみていないともいえるいわゆる刑罰目的論に関わる問題であるが、少なくとも、わが国においては、刑罰それ自体は害悪の付加であり、刑罰には「非難」の意味が込められているとの理解は広く受け入れられているものであり[80]、このような意味を医療観察法による処遇が有しているとは、明ら

77　町野朔「精神保健福祉法と心神喪失者等医療観察法――保安処分から精神医療へ」ジュリスト増刊「精神医療と心神喪失者等医療観察法」町野朔編（2004）73頁。さらにこの立場に立つものとして、例えば、林美月子「責任能力制度と精神医療の強制」ジュリスト増刊「精神医療と心神喪失者等医療観察法」町野朔編（2004）113頁、また、この立場に立ちつつ制約原理の点についてのみ妥当ではないとする見解として、山本輝之「心神喪失者等医療観察法における強制処遇の正当化根拠と『医療の可能性』について――最高裁平成19年7月25日決定を契機として」中谷ほか編『精神科医療と法』（2008）134頁以下。

78　安田・前掲注（18）636頁以下、安田・前掲注（4）56頁。さらに、この立場に立つと解されるものとして、前田雅英「司法的判断と医療的判断」ジュリスト増刊「精神医療と心神喪失者等医療観察法」（2004）94頁、林幹人「責任能力の現状」上智法学論集52巻4号（2009）51頁など。

79　なお、この正当化根拠に関しては、中谷雄二郎「心神喪失者等医療観察法への期待――刑事裁判実務との良き連携を願って」『小林充先生・佐藤文哉先生古希祝賀刑事裁判論集　上巻』（2006）542頁以下では、①パレンス・パトリエのみに正当化根拠を求める立場、②パレンス・パトリエを正当化根拠としつつ、ポリスパワーを制約原理とする立場、③パレンス・パトリエとポリスパワーの両者に正当化根拠を求める立場、④ポリスパワーのみに正当化根拠を求める立場、の四つに分類されており、③の立場が支持されている。

80　例えば、山口・前掲注（4）3頁、大谷實『刑法講義総論』新版第三版（2009）42頁以下、

かに考えられないということである。また、責任無能力者にあっては、有責性要件を充たしておらず、「非難」を受けるべき場合でもないのである。そして極端な言い方をすれば、医療観察法による処遇が、純然たる福祉法上の医療的な措置の一つであると理解する場合はもちろんのこと[81]、反対に、実質的な保安処分あるいは保安処分に準ずる制度と理解するとしても[82]、上述のような意味を背景とする刑罰の目的と医療観察法による処遇の目的が、同一であるとは考えられないのである[83]。したがって、医療観察法による処遇制度の趣旨・目的を考慮して、同法における「対象行為」を、刑罰が科される対象としての「構成要件に該当する違法な（所定の）故意行為」と同一内容ではないと解することは可能であると思われるのである。そうすると、故意、主観的な構成要件要素ないし違法要素などに関して、精神の障害に起因して錯誤が生じている場合には、つまりは、例えば妄想等によって、適切な、表象、認知、状況把握などの精神的機能が損なわれ、主観的要素に関して錯誤が生じた状態で、重大な他害行為にあたるような行為が行われる場合には、医療観察法による治療の必要性が経験上高いと考えるのであれば、「後見的に医療を与える必要性」が高いといえるし、また、同様の行為を行う可能性が経験上高いと考えるのであれば、「再犯の可能性が高いため行為の再発防止を図る必要性」が高いといえるのであり、いずれの目的に力点を置くにせよ（あるいは両者を肯定するにせよ）、「対象行為」に該当すべきとの要

西田典之『刑法総論』〔第2版〕（2010）19頁、井田良『講義刑法学・総論』（2008）9頁など。

[81] なお、町野・前掲注（77）の73頁では、医療観察法は「精神保健福祉法の延長上にある精神医療法である」とされている。

[82] なお、この点について、実質的に保安処分にあたると解するものとして、例えば齋野彦弥『刑法総論』（2007）176頁、井田・前掲注（80）547頁、また、中谷陽二「触法精神障害者——問題の広がりと深層」ジュリスト増刊「精神医療と心神喪失者等医療観察法」（2004）57頁では、医療処分的な性質と刑事処分的な性質の折衷性があるとした上で、「裁判所、保護観察所という刑事司法機関が行い、また要件を特定の重い罪種に限定している点は保安処分的な要素である。」とされている。

[83] 例えば、「刑罰は、法の要求に従うことができたのに従わなかったという意味において非難を加えるのであり、この点で保安処分とはその本質を異にする……」（大谷・前掲注（80）43頁以下）、「刑罰は非難の意味を持つ点で本質的に規範的・倫理的なものである。その点で倫理的に無色な保安処分と本質を異にする。」（立石二六『刑法総論』第三版（2008）361頁）、などと指摘されるところである。

第五章　医療観察法における「対象行為」とその主観的要件　　193

請が働くと考えられ、この要請に対処する主観的要件の緩和もまた是認でき
るということになるのである。さらにあえてやや強調的にいえば、医療観察
法の対象行為該当性の問題は、──BGH が収容要件としての「違法な行為」
について、行為者の将来の危険性を示す証明上の根拠か否かを問題にしてい
るように──所定の罪にあたる行為の厳格な存否の問題あるいはこの問題に
尽きるというよりもむしろ、行為が同法による医療処分の正当化根拠を示す
ような証拠たりうるのかの問題という性質を強くもつものともいえるのであ
る。

　このように考えると、医療観察法における「対象行為」は、所定の罪の構
成要件に該当する違法な行為であり、その主観面については責任能力のみが
損なわれていることが、原則的には予定されていると解され[84]、その上で、
精神の障害に起因して、故意、主観的な構成要件要素ないし違法要素などの
要素に関して、錯誤が生じている場合には、あるいは、BGH の表現を借り
れば、その錯誤が精神の障害の発露、結果として評価される場合には、かか
る錯誤は特別な錯誤であってこの原則的な場合の限りではなく、「対象行為」
に該当しうると解すべきかと思われるのである[85,86]。そして、錯誤が精神の

84　このように、原則的に予定されているものを確定し、それをひとまず原則型として保持する
　ことは重要であると解される。こうした態度は、たとえ、刑法における罪刑法定主義の内容と
　される類推禁止が完全な形では働くことがないとしても、明文規定を持つ現行法の解釈を行う
　以上、文言上の制約はおろそかにしてはならず、また行動の自由の制限を伴う処遇の要件を考
　えるにあたってはその要件の緩和には当然に慎重でなければならない、との考え方によって肯
　定されるように思われるのである。

85　したがって、わが国の「対象行為」の解釈にあたっても、先に見た、BGH の判例（本章 I
　（1））やこれを支持する学説において示された考え方が基本的に妥当である、というのが本稿
　の立場であるが、なお、わが国においても、こうした立場に対するドイツにおける反対説の結
　論と同様に解される立場も主張されている。例えば、高橋則夫「責任無能力者の故意について
　──刑法と医療観察法との交錯──」研修736号11頁以下では、「構成要件的故意については、
　犯罪論の一般原則がそのまま適用され、行為者に意味の認識が認められるか否かによって判断
　されることになる。」とし、誤想防衛については、責任故意が阻却されるとした上で、誤想が
　「精神障害に基づく誤想」であるか、「精神障害に基づかない誤想」であるかという視点から、
　前者であれば、錯誤を考慮せず医療観察法を適用し、後者であれば、錯誤を考慮し医療観察法
　を適用しないという処理も可能である、とし、さらには、医療観察法の適用については、「対象
　行為の構成要件該当性（違法性）は認められていることが前提であ」り、「そこでは、犯罪論体
　系における責任段階における変容だけが認められるべきである。」との指摘がなされている。

86　なお、安田・前掲注（4）58頁では、「解釈的疑義を避けるためには『精神の障害に基づく錯

障害の発露、結果として評価される場合にあたるのかに関する判断にあたっての考慮要素としては、精神医学の観点からの精神の障害の精神的機能への影響はもとより、——BGHやこれを支持する論者が指摘するものと同じように——同様の状況に置かれた精神的に健全な者であれば疑いをいだきえない事実状態に関する適切な認識について、当該行為者においては、精神病によってそれが妨げられていたのか否か、精神的に健全な者であれば正確に認識したであろう諸事情を、行為者がただ自己の異常な精神状態ゆえに誤認していた場合か否か、同じ状況に置かれた責任能力者でも行為者と同じ錯誤に陥ることがありえたと認められるか否か、などが考えられるであろう[87]。ただ、この場合あくまで錯誤がまさに精神の障害の発露、結果であると評価されるか否かが重要であり、これが肯定されれば、当該行為が医療処分の正当化根拠を示すような証拠であることは担保できると思われるため、ここで仮定的に用いられる精神的に健常な者に対しては、目的や意図などを含めて具体的な対象行為の主観的要件のすべてを完全に導けるような表象を有することができなければならない、といった要求までは必ずしも必要ではないであ

誤があった場合でも他害行為は故意に行われたものとみなす』といったみなし規定を置く方がより望ましい」が、これを置かなくても「現行法の解釈としては……精神の障害に基づく錯誤は考慮しないとすることこそが、医療観察法における強制入院制度の趣旨にそぐうのである」とも指摘されている。

87　なお、安田・前掲注（4）では、ドイツの判例について、「錯誤が精神の障害の所産であって、かつ、同一の状況に置かれた精神的に健常な者であれば陥らなかったであろうものである場合にのみ、当該錯誤は考慮されず、……収容が認められることになる」（50頁以下）とした上で、わが国の対象行為該当性についてもこの基準が妥当するとされている（59頁以下）。ここでは、①錯誤が精神の障害の所産であること（錯誤が精神病の発露である場合）と②同一状況に置かれた精神的に健常な者であれば錯誤に陥らなかったであろう場合が並列的な要件として、ないしは①に対して②を付加的な要件として理解されているが、両者は両立する関係には立たないのではないかと思われる。つまり、錯誤がまさに精神の障害の発露（行為者の精神障害の確たる帰結）であると評価されれば、精神的に健常な者でも同じ錯誤に陥ったという関係には立たないように思われるからである。あるいは同じことだが、同一状況下に置かれた精神的に健常な者でも同じ錯誤に陥るのであれば、精神の障害以外の要因が作用したか、ないしはその可能性が高く、当該錯誤がまさに精神の障害に起因したものとは評価できないようにも思われる。精神の障害にもとづく錯誤とその他の事情による錯誤は二者択一関係であり、これを識別すれば足るように思われ、ドイツにおける判例もこのような理解に基本的に立つのではないかと解される。もっとも、実際の事案に用いた場合には、本稿の理解と対比して結論上の相違はほとんどないようにも思われる。

第五章　医療観察法における「対象行為」とその主観的要件　　195

ろう。

　なお、このような立場を採る場合、とくに未遂については、かなり慎重な判断が求められることになるであろう[88]。また、ドイツにおいては、客観的な構成要件を実現し、正当化事由などもない行為であることが、刑事裁判官の関与のいわば最小限度の条件であるとの考え方が強くうかがわれるが、わが国においても、確かに直接には医療観察法の処遇審判ではあるが、刑事手続に連動する形で裁判所が関与する手続であることを考えれば、さらには、所定の「対象行為」を行ったことを要件とする医療観察法による処遇制度が、これを要件としない精神保健福祉法による措置入院制度とは別個に創設されたことをも考えれば、このようなドイツにおける考え方は基本的には共有できるものとも思われるのである。したがって、精神の障害にもとづく錯誤の場合に主観面での要件を緩和する立場に立つとしても、客観面での要件の充足は常に要求されるということになり、この点は強調されなければならないであろう。ただし、例えば、精神の障害によって、意思的な振舞いの意味での行為における「意思性」あるいは「意思支配性」が欠如し、これによってすでに刑法上のいわゆる「行為（Handlung）」にもあたらないならば、——これは厳密には主観的要素の欠如ともいえるが——、たとえ法益を侵害する事態が生じていたとしても、一種の自然災害にも似た事態として、あるいは、刑事手続に連動する形で裁判所が関与して処理することを肯定するほどの事態ではないとして、「対象行為」にあたらないとすることは、一つの考え方としては成り立ちうるようにも思われるのである[89,90]。

　88　なお、ドイツにおける未遂の議論については注（28）の文献など参照。

　89　この点については、本章Ⅰ（1）（b）の「意思的な振舞いの意味での行為」についての言及部分参照。なお、後述の最高裁平成20年6月18日決定の高裁判断を評釈した、安田拓人「対象者が幻覚妄想状態（心神喪失状態）で行った行為の心神喪失者等医療観察法対象行為該当性判断における対象者の認識や意図の認定方法（②事件）」判例時報2033号174頁では、「考慮外に置かれるべきなのは『対象者自身の幻覚妄想状態での中での認識』面に関わる部分であり、誤って認知された対象に対する『実現意思』については、当該対象者の主観面を前提として判断することが可能だと思われる。そして、他害行為の危険性を基礎づけるのは、この実現意思の部分であり、医療観察法による罪種の限定は、当該重大な故意犯により保護されるべき客体に関して誤った表象が生じ、それに『実現意思』が向けられることを特に危険としたものだと理解すれば、精神の障害に基づく錯誤を考慮外に置いてもなお、医療観察法による医療の正当化根拠に直接関わる部分は、対象者本人の主観を基に判断されているのだと言うことが可能となるよ

Ⅲ　刑法39条の適用について

　では次に、刑法39条の適用に関する理論構成について若干ながら考察を行うことにする。先にも述べたように、医療観察法による処遇の対象となる「対象者」たる要件においては、「対象行為を行ったこと」に加えて、39条の適用を受ける場合であることもまた、その内容となっているのである[91]。このことから、例えば、精神の障害に起因して、構成要件該当事実や正当化事情に関して錯誤が生じる場合に、とくに精神の障害に起因しない錯誤の場合に通常行われる処理の仕方に従って、仮に38条によって故意ないし故意責任が阻却されるとすれば、39条1項の規定する「心神喪失者」あるいは同条項により無罪となった者にあたらず、「対象者」たりえないということも考えられるのである。しかしながら、これまでに見てきたように、精神の障害にもとづく錯誤によって、故意が欠ける場合にも、「対象行為」に該当しうるとの立場を採用し、当該行為者にも医療観察法による処遇が行われることを支持するのであれば、このような結論は受け入れられないということになる

うに思われる。」との指摘がなされている。つまり、ここでは、この「実現意思」すら欠ければ（考慮外に置かれず、対象者本人の主観面を基に判断して欠けるのであれば）、医療観察法による医療の正当化根拠に直接関わる部分も欠くことになり、対象行為に該当しないということにもなりうることが示されているともいえるように思われるが、この点で、——この「実現意思」についての犯罪論上の内容や位置づけについては明確に示されてはいないが——仮に、この「実現意思」が、本文で示した意思的な振舞いの意味での行為における「意思性」（刑法上の「行為」を認めるための「意思」）と同様のものを意味するのであれば、（本文にいう）成り立ちうる一つの考え方と結論において同じものが提示されているとも考えられるであろう。

90　もっとも、この場合には、「対象行為」該当性とは別に、「精神の障害」にもとづく場合であっても、すでに刑法39条が適用される場合にはあたらないと考えることも可能かと思われる。なお、この点に関しては、例えば、1962年ドイツ刑法草案理由書においては、（同価値の）意識障害が意思的な態度一般を排除する程度にまで達しているときは、意識喪失が発生し、この意識喪失は、第一に責任能力を排除するのではなく、すでに刑法的意味における行為を排除するのであって、それ故、この規定（責任能力規定）にはあたらない（vgl. Begründung Entwurf 1962, Drucksache Ⅳ/ 650. S. 140.; 法務省刑事局「1962年ドイツ刑法草案理由書」刑事基本法例改正資料第10号（1966）139頁参照）、とされている。さらに、vgl. Streng, Münchener Kommentar zum Strafgesetzbuch, 2003, §20, Rdn. 1. など。他方、刑法39条が適用される場合でもあるとの考え方もありえよう。

91　この点については、注（3）参照。

第五章　医療観察法における「対象行為」とその主観的要件　　197

であろう。したがって、このような場合にどのような法的構成によって39条の適用が可能となるのか、が考えられなければならない。だが、この問題は、故意や責任能力の概念・体系的位置づけ、さらには多様な錯誤論の帰結にも密接にかかわるものであり、本来ならばこれらについてもある程度詳細な検討を加える必要があるともいえるが、ここでこれらすべてを論じることは本稿の射程をはるかに越えるものと思われる。そこで、一定の有力な責任能力に関する理解を基礎とし、さらに先のドイツにおける議論を参考としながら、かつ、精神の障害に起因して、構成要件該当事実に関して錯誤が生じるなどして、これによって故意が欠ける場合を、この問題における一つの典型例と考え、これを例として考えていくことにする。

　まず、責任能力に関する理解については、認識能力が違法性の意識の可能性に対応し、制御能力が適法行為の期待可能性に対応するとの考え方を基礎とする[92]。さらに、故意と違法性の意識の可能性の関係については、本稿は責任説の立場を基礎として論じるものとする[93]。すると、ここで考える例においては、精神の障害に起因する錯誤による故意の欠如の場合を考えるため、

92　もっとも、原因の点では、必ずしも完全には一致しないと考えられる。すなわち、違法性の意識の可能性については、――ドイツにおける一般的な考え方にもとづいて考えると（本文でも後述）――原因が「精神の障害」に限定されておらず、「精神の障害」以外の原因も含まれることになり（むしろ、こちらが違法性の意識の（不）可能性の法理の典型的な場合であって、責任能力規定が適用される場合を特別な場合と考えれば、本来的な対象と解され）、さらに、適法行為の期待可能性については、――伝統的な理解にもとづいて考えると――「精神の障害」といった行為者の内にある事情によるのではなく、適法行為に出ることを不可能ないし困難ならしめるような外部的な事情による、ということになるであろう。ただ、違法性の意識の（不）可能性、適法行為の期待可能性の不存在・減少、責任能力の喪失・減少は、いずれも究極においては（いわゆる広義の）期待可能性の観点から統一的に理解され、ひいては非難可能性の喪失・減少として説明されるということになるであろう。この点については本書一章も参照。

　また、例えば、町野朔「『精神の障害』と刑事責任能力：再考・再論」町野＝中谷＝山本編『触法精神障害者の処遇』増補版（2006）17頁では、「心理学的要素である弁識能力は、規範的な責任要素である違法性の意識の可能性に、同じく制御能力は、やはり適法行為の期待可能性という規範的責任要素に、それぞれ対応する。だが、これら規範的責任要素の欠如が精神障害に起因しない場合においては違法性の意識の不可能性、期待可能性の欠如は具体的な行為事情の特殊性を考慮して、それぞれ例外的にのみ認められる責任阻却事由にとどまる。」とされている。さらに、島田仁郎＝島田聡一郎　大コンメンタール刑法　大塚ほか編（第二版）第三巻（1999）28頁以下、鈴木茂嗣『刑法総論〔犯罪論〕』（2001）127頁以下、井田・前掲注（80）363頁以下、林・前掲注（78）44頁以下など参照。

93　この点については、本書二章注（137）も参照。

違法評価の対象となる認識が欠ける場合であり、少なくとも第一次的には、違法性の意識の可能性に対応するところの「認識能力」にかかわる問題が生じることになる[94]。つまり、「自らの行為の違法性を認識する」という場合の「自らの行為」が何たるかについての必要な認識が欠ける状態であり[95]、これによって、「自らの行為の違法性を認識できること」を内容とする認識能力の欠如と故意の欠如がいわば競合する状態とも考えられるのである。そして、この場合、とくに精神の障害にもとづく錯誤でなければ、違法性の意識の可能性を論じるまでもなく、その前提としての故意が阻却されることで足ると考えられるが、精神の障害に起因する錯誤ゆえに、医療観察法との関係で上述のような問題が生じることになるのである。この点で、同法制定以前には、少なくとも具体的な形では顕在化しなかった問題ともいえよう。

　他方、ドイツにおいても、認識能力の問題を違法性の意識の可能性あるいは禁止の錯誤の回避可能性の枠内において考えるというのは、判例および支配的見解の採用する立場であり、先のドイツにおける議論の背景にもこのような責任能力（認識能力）の理解があることはほぼ確実であると考えられ、この意味でも、認識能力の喪失と故意の欠如の競合状態を考えるにあたってドイツにおける議論を参考とすることは有益と思われるのである。では、ドイツにおいては、責任能力規定（刑法20条）はどのようにして適用が可能となるのであろうか。（あるいは、どのようにして、精神病院における収容が可能となるのであろうか。）この点について、先のドイツにおける議論は、直接には処分要件としての「違法な行為」が肯定されるのかをめぐって展開されたものであり、少なくとも犯罪論段階（犯罪の成否の判断段階）での処理の仕方については明示的には言及されてはいないのである[96]。だがそこで用いられた表現

94　例えば、先の① BGHSt 3, 287. や③ BGHSt 10, 355. などでは、明示的に認識能力が問題とされている。また、司法精神医学でも幻覚や妄想などは、主として認知基準に関わるものとされている（例えば、岡田幸之「刑事責任能力再考──操作的診断と可知論的判断の適用の実際」精神神経学雑誌107巻9号922頁以下参照）。

95　なお、山口・前掲注（7）249頁では、違法性の意識に関して、「違法性の意識は、自分が行っている行為が『法的に禁止されていること』の認識であるから、何をやっているかが認識されていない限りは問題としようがなく、具体的な故意の存在がその前提であ」るとされている。さらに、故意が前提となることについては、髙山佳奈子『故意と違法性の意識』(1999)246頁以下、314頁以下、323頁以下など参照。

や、ドイツにおいて支配的な認識能力の理解などにもとづいて考えると、責任能力規定の適用に関する、次のような、ありうる選択肢を想定することは可能であると思われる。

　その際、支配的な見解が受け入れるもので、前提となりうる重要な理解としては、構成要件の錯誤は、それに関する規定である刑法16条[97]によって故意が阻却されること、禁止の錯誤に関しては、刑法17条[98]によって規律され、したがって精神の障害にもとづいて禁止の錯誤が回避不可能な場合には、認識無能力と内容上重なることになり、精神の障害に原因を限定していない17条が包括的な規定となり、刑法20条が特別な場合を規制する規定となること、さらにこの場合、刑法20条が違法性認識の不可能性の原因を精神の障害に限定し、かつ精神病院における収容などの処分制度が20条と結びつく形で存在していることから、なお20条には意義があるとされること、禁止の錯誤の場合の違法性の意識と同様に責任能力にも構成要件的可分性を認めるのが一般的であるため、構成要件該当事実の認識が先行して存在することが想定されていること、などがあげられるであろう[99]。そうすると、考えられうる選択肢としては、第一に、17条と20条の関係とパラレルに考え、16条の適用と20条の適用の競合状態と理解し、とくに精神病院における収容制度があることを重視して、この関係では20条が意味をもつとするものである。第二は、16条が適用されて、「20条の状態」であったとするもの、すなわち、犯罪論段階では16条のみが適用されて、処分要件としての「20条の状態」で「違法な行為」を行ったと解するものである。第三は、20条がただ適用され

96　なお、わが国とは異なり、ドイツにおいては原則的に、処罰の可否に関する判断を行った手続と同一の手続において、処分に関する判断も行われる（vgl. Hanack, a.a. O., Vor §§61ff, Rdn. 82. (注10)）。

97　ドイツ刑法16条1項は「行為遂行時に、法定構成要件に属する事情を認識していなかった者は、故意に行為したものではない。過失による遂行を理由とする処罰の可能性は、なお残る」と定めている（法務省大臣官房司法法制部編・前掲注（8）24頁参照）。

98　ドイツ刑法17条は「行為遂行時に、不法を行う認識が行為者に欠けていたとき、行為者がこの錯誤を回避し得なかった場合には、責任なく行為したものである。行為者が錯誤を回避し得たときは、刑は、第49条第1項により、減軽することができる」と定めている（法務省大臣官房司法法制部編・前掲注（8）24頁参照）。

99　この点については、本書一章および二章も参照。

るとするもの、すなわち、精神の障害にもとづく錯誤の場合に限って、故意は否定されず、存在しているとみなした上で、認識能力の喪失のみを捉えて、20条を適用するというものである。

まず第一のものについては、上述のような17条と20条の関係が肯定されるのであれば、可能な考え方であると思われる。また、精神の障害にもとづく錯誤により、故意が欠如し、違法評価の対象の不在を経由して、認識能力の喪失を認めるに至るとのプロセスをたどるのであれば、正確には、16条、17条、20条の競合状態ともいえ、だとするとなおのこと可能な考え方であると思われる。次に、第二のものについては、例えば、先の Hanack が、行為者が完全責任能力状態でまず行為を開始したが、最終的には、具体的な行為が20条、21条の状態を原因とするものであることが認められる形で、20条、21条の要件を充たして行為を終えた場合にも、処分要件としての20条、21条の状態で行われた違法な行為が、認められるとした上で、さらに、この場合においては、20条、21条が刑罰を科すことについて行為者の有利に働かないことは、63条の分野においては重要ではない[100]、といった趣旨の指摘をしていることは注目すべきである。つまりここでは、いわゆる実行の途中での責任無能力状態（ときには限定責任能力状態）に関して、故意犯既遂が認められる場合が考えられており[101]、その際、収容処分を肯定するために、犯罪論段階での20条、21条の適用は不可欠ではないことが示唆されているともいえる。そうすると、このような犯罪論段階での20条、21条の適用は不可欠ではないとの考え方をやや極端にすすめるのであれば（あるいは、例外的ともいえる場合を強調する形でいうならば）、犯罪成立要件に関してはただ16条だけが適用されて、処分要件に関しては、別個に「20条の状態」で「違法な行為」を行ったとすることも可能ということになるであろう。第三のものについては、例えば、先の① BGHSt 3, 287では「精神病によってのみ引き起こされた表象の欠陥は、ただ被告人の答責性を損なうだけであって、さもなければ存在していたであろう内面的な構成要件要素が否定されるということにまで

100　Vgl. Hanack, a.a. O., §63, Rdn. 19.（注10）

101　この点については、例えば、vgl. BGHSt 7, 325, 328 f.; Jescheck/ Weigend a.a. O., S. 442.（注38）: Jescheck/ Weigend,（中空壽雅・訳）・前掲注（38）341頁なども参照。

第五章　医療観察法における「対象行為」とその主観的要件　201

はならない」とされ、また②BGH MDR 1983, 90では「仮に精神的に健全な行為者であれば刑法16条に従って詐欺の故意が否定されるような本件の錯誤は、……被告人の妄想による表象に起因していたのである。このような病気に起因する錯誤は、保安手続においては考慮されない。」とされていることに着目し、この点を重視することも可能かと思われる。すなわち、この両判断は、精神の障害にもとづく錯誤によって故意が欠ける場合に、処分要件としての「違法な行為」を肯定しうるとの立場を採っているが、これが処分要件に留まらず、犯罪論段階にも妥当するとするならば、20条のみが（あるいは20条と17条が）適用されるということもありうるように思われるのである。つまり、精神の障害にもとづく錯誤に限って、実際には存在しない故意を存在しているものとみなし、16条を経由せず、認識能力の喪失のみを捉えて、20条を適用することもありえないとはいえないであろう。ただし、犯罪の成否に関して、フィクションとしての故意を認めることにもなりえ、この方向からの批判にさらされることが予想されるし、また、先の目的論的解釈によってもうまく基礎づけられないようにも思われ、あるいはむしろ不協和音を呈するかのようにも思われるのである。また、故意が欠如しているという現実を前にして、罪刑法定主義が異議なく妥当する領域（犯罪論段階）において、いわば「ないものがある」とすることにはやはり無理があるようにも思われるのである。

　以上のようなものが考えられるが、では、わが国の解釈にあたって示唆を受けるとすれば、いずれの考え方であろうか。結論からいえば、第一のものが適切かと思われる。第二のものは、ドイツにおいては不可能ではないのかもしれないが、重大な難点は、規定上明確な形で、39条が適用される場合であることを処遇の対象となる「対象者」たる要件とする医療観察法においては、有益な方法とはならないように思われることである。第三のものについては、犯罪論段階において、実際には欠けている故意を存在しているとみなすことになり、この点でやはり抵抗が感じられ、上述のような問題をかかえることになるように思われるのである。そうすると、構成要件該当事実に関する錯誤が38条1項により故意が阻却され、違法性の意識の不可能性あるいは回避不可能な禁止の錯誤は38条3項の延長上で理解される超法規的責任阻

却の場合である、との有力な立場を基礎とするのであれば、精神の障害に起因して、構成要件該当事実に関して錯誤が生じ、これにより違法評価の対象となる認識も欠けることになり、自らの行為が違法であるとの認識を獲得することができない状態の場合には、故意の阻却（38条1項）、違法性の意識の不可能性（超法規的責任阻却）[102]、認識能力の喪失（39条1項）ということになろうかと思われる。そして、39条が精神の障害に原因を限定しており、かつ、医療観察法による処遇が39条を前提条件とし、特別な処遇制度がこの39条と結びつく形で用意されていることを理由として、39条の適用に意味が与えられることになると思われるのである[103]。

Ⅳ　「対象行為」該当性に関する最高裁の判断

（a）　では、以上のことをふまえて、妄想型統合失調症の症状である幻聴、妄想等に基づいて行われた行為について、「対象行為」の一つである事後強盗に該当するのかが問題となった事案に関する最高裁の判断（最高裁平成20年6月18日決定）[104]を見ることにする。

〈事実の概要〉

〔1〕①　対象者は、本件当日、ビルの5階にあるB方居室内（以下「本件居室」という）に無施錠の入口ドアから無断で立ち入り、同所にあったBの二男C所有のベルト1本及びB所有の靴下1足（時価合計約3200円相当）を手に取り、ベルトを肩にたすき掛けのように掛けるなどして、それらを自己の占有下に置いた。②　その際、たまたま本件居室を訪れたBの妻Dは、対象者に対し、泥棒ではないかなどと尋ねた上、Bに対し、泥棒がいるなどと

102　なお、ドイツにおけるように、認識能力（違法性認識の可能性）について、20条が特別な場合を規定し、17条が包括的な規定であるとは理解せず、認識能力の喪失と違法性の意識の不可能性が原因において重なり合うことなく、いわば棲み分けという形で完全に原因が区別されるとの立場を採れば、違法性の意識の不可能性にはあたらないということになるであろう。もっとも、ここでは認識能力の喪失は、明文上の規定によるものであり、違法性の意識の不可能性は超法規的責任阻却と解されていることには、注意を払う必要があるだろう。

103　なお、例えば、責任無能力者に加功する共犯の問題などについては別個に考えるということも可能であろう。

104　刑集62巻6号1812頁。

第五章　医療観察法における「対象行為」とその主観的要件　　203

電話で連絡をし、Cと共に本件居室に駆けつけたBに対し、対象者を捕まえるよう求めた。Bは、警察に対し、泥棒を捕まえたので早く来てくれなどと電話で通報した。③　Cは、対象者が逃げないように、対象者が肩に掛けていたベルトを手でつかんだところ、対象者は、急に暴れ出し、Cに対し、その顔面等を手けんで数回殴打するなどの暴行を加えて全治約1週間を要する顔面打撲、胸部打撲及び右下腿擦過傷の傷害を負わせ、さらに、Bに対し、その顔面を手けんで殴打し、その左手親指付け根付近を歯でかみちぎる等の暴行を加えて全治約2週間を要する鼻骨骨折、左手皮膚欠損及び胸部打撲の傷害を負わせた[105]。他方で、対象者は当時病状の重い妄想型統合失調症にり患しており、幻聴、誇大妄想、被害妄想、病識欠如等の症状を呈しており、前記①及び③の行為は、妄想型統合失調症の症状である幻聴、妄想等に基づいて行われたものであり、その行為の当時、対象者は心神喪失の状態にあったというものである。

〔2〕付添人は、原審において、対象者の幻覚妄想状態の中での認識に基づき、①対象者が、本件各物品の所有者である亡くなった者と霊界で会話をして、同人から本件各物品を持ち出すことについて明確な承諾が得られたと認識していたのであるから、対象者には窃盗の故意がなく、②対象者が、B及びCが対象者を殺そうとするやくざであると認識し、B及びCの行為が逮捕行為であるとは考えていなかったのであるから、対象者には逮捕を免れる目的がなく、③対象者が、B及びCから自己に対する急迫不正の侵害があると誤認し、自己の身を守るために両名に暴行を加えたのであるから、対象者の暴行行為は誤想防衛に該当するとして、対象者には事後強盗が成立せず、対象行為が存在しないと主張した。

〔3〕これに対し、原決定は、対象者の本件行為は、客観的・外形的に見た場合、対象者が通常人であれば、本件居室内において、本件各物品が他人の所有物であることを認識しながら、所有者の承諾なくそれらを窃取したところ、B及びCから逮捕されそうになったため、その逮捕を免れるため

105　なお、傷害の点については、原審の関連する判断部分（刑集62巻6号1832頁以下）参照。さらに、加藤・前掲注（76）17頁の注2における記述も参照。

に、両名に対し、その反抗を抑圧するに足る暴行を加えたものであり、誤想防衛も成立しないことが十分に認定でき、対象者の本件行為が刑法238条に規定する事後強盗の行為に当たることは、明らかというべきである旨の判断を示して、対象行為に該当するとした。

〈決定要旨〉

この原決定の判断を不当とする抗告に対して、最高裁は医療観察法70条1項の抗告理由にあたらないとして、抗告を棄却し、職権で以下のように判示した。

「……医療観察法の趣旨にかんがみると、対象者の行為が対象行為に該当するかどうかの判断は、対象者が妄想型統合失調症による幻覚妄想状態の中で幻聴、妄想等に基づいて行為を行った本件のような場合、対象者が幻聴、妄想等により認識した内容に基づいて行うべきでなく、対象者の行為を当時の状況の下で外形的、客観的に考察し、心神喪失の状態にない者が同じ行為を行ったとすれば、主観的要素を含め、対象行為を犯したと評価することができる行為であると認められるかどうかの観点から行うべきであり、これが肯定されるときは、対象者は対象行為を行ったと認定することができると解するのが相当である。なぜなら、上記のような幻聴、妄想等により対象者が認識した内容に基づいて対象行為の該当性を判断するとすれば、医療観察法による医療が最も必要とされる症状の重い者の行為が、主観的要素の点で対象行為該当性を欠くこととなりかねず、医療観察法の目的に反することとなるからである。したがって、これと同旨の見解の下、対象者の本件行為が、医療観察法2条2項5号に規定する対象行為に当たるとした原判断は、正当として是認することができる。」

（**b**）　本件では、対象行為の客観面についてはとくに争いはなく、この点は問題なく認められるものといえる。他方、主観面については、付添人の主張において示されているように、「窃盗の故意」、「逮捕を免れる目的」がなく、正当防衛状況の誤認があることを理由に、対象行為である事後強盗の成立にとって必要な主観的要素が欠けていることが問題とされている。まずこの点については、「対象者は、当時病状の重い妄想型統合失調症にり患して

第五章　医療観察法における「対象行為」とその主観的要件　　205

おり、幻聴、誇大妄想、被害妄想、病識欠如等の症状を呈していた」、「本件
行為は、妄想型統合失調症の症状である幻聴、妄想等に基づいて行われたも
のであり、対象者は、その行為の当時、心神喪失の状態にあった」とされて
いること、さらに原々審の事実経過等の認定において、「現場のビルの前を
通りかかった際、このビルにおいて、2、3日前に住人であるおばあちゃん
とその息子がやくざに殺された旨直感したため、その事実を確認するために
入った」との陳述、「（既に死亡している）家の持ち主には承諾を得られるはず
なので、これら（ベルト等）を持ち出す旨の書置きをしておくつもりだった」
との陳述、「被害者2名からいきなり攻撃を受けた旨」および「殺されそう
になったのであるから、自己の生命、身体を防衛するために被害者2名に暴
行を加えた旨」の陳述があったとされていること、加えて、本件決定が基礎
としていると解される鑑定において「対象行為も、妄想型統合失調症の症状
である幻聴、妄想などに基づいてなされた旨」示されていること、などを考
慮すると、「窃盗の故意」、「逮捕を免れる目的」は欠けており、正当防衛状
況の誤認もあったと考えられる事案であるように思われる[106]。そうする
と、「対象行為」にとって必要な主観的要件が欠ける場合ということになる
が、本稿の立場からは、このような主観的要件の欠如が精神の障害に起因す
るのか、あるいは精神の障害の発露、結果であると評価されるのか、が重要
となるのである。そして、上述の事実関係、とくに──本件決定も当然に肯
定しているかのように思われるが──「本件行為は、妄想型統合失調症の症
状である幻聴、妄想等に基づいて行われたものであり、対象者は、その行為
の当時、心身喪失の状態にあった」との内容からすれば、同様の状況に置か
れた精神的に健全な者であれば認識したであろう諸事情を、行為者が自己の
幻聴・妄想等によって誤認していた場合と考えられ、まさに精神の障害に起
因して窃盗の故意等の主観的要件が欠けた場合と考えられるのである。した
がって、責任能力以外の主観的要件が欠けていたとしても「対象行為」にあ
たるということになるが、本件決定も、結論において「対象行為」該当性を

106　なお、加藤・前掲注（76）9頁においても、本件の認定に従えば「幻覚妄想に支配されてい
　　たものと認めざるを得ず、犯罪成立要件としての『故意』や『目的』は認められないと考えざ
　　るを得ない事案であると思われる」とされている。

認め、かつその理由として「……医療観察法による医療がもっとも必要とされる症状の重い者の行為が、主観的要素の点で対象行為該当性を欠くことになりかねず、医療観察法の目的に反することとなる」とし、同法の目的を重視する立場を採っている点で、妥当な判断ということになるのである。

次に、39条が適用されることについては、本件決定においては、「心神喪失の状態」であったとするのみで、とくに論じられておらず、認識能力、制御能力のいずれを主として問題としたのかについても明確には示されていない。上述のように、本稿の立場からは、幻覚妄想状態の中での認識にもとづく行為であるため、第一次的には認識能力の問題になると考えられる。つまり、本件に即していえば、まず、妄想型統合失調症の症状である幻聴、妄想によって、窃盗の構成要件該当事実について錯誤が生じ（窃盗の故意が欠如し）、違法評価の対象となる認識が欠け、自らの行っている窃盗にあたる行為についての違法性認識を獲得することができない状態となっており、結果として、この点において認識能力が喪失しているということになろうかと思われる。そして、より重要な、この財物窃取行為に続く（客観的には事後強盗態様での）暴行については、逮捕行為を、幻聴、妄想によって不正侵害と誤認しているため、「逮捕を免れる目的」を欠いた暴行は、誤想防衛と認識上交錯するものと考えられ、結局正当化事情の錯誤が問題になるのではないかと思われる。すると、正当化事情の錯誤について、故意が阻却されるとの立場に立ち、かつ全体として違法性を基礎づけるような事実認識がないことを理由に、この故意が阻却されるとの立場が採られるのであれば、やはり違法評価の対象となるべき事実認識が欠ける場合となるように思われ、自らの行為が違法であるとの認識に達することができない状態と考えられるであろう[107]。よって、自らの事後強盗にあたる行為が違法であるとの認識を獲得

107　なお、本件同様に、責任能力と故意の問題が扱われた東京高裁平成20年3月10日判決（判例タイムズ1269号327頁）では、「刑法では、故意を定めた38条の後に心神喪失及び心神耗弱を定めた39条が置かれているから、故意が肯定された後に、責任能力の有無を判断するといった判断順序となるのが、条文の順序に従ったものといえる。」、「……このような判断構造には、合理性に欠ける点が内在しているといえる」とした上で、「幻覚妄想に支配されて事理弁識能力を欠いた状態で殺人を犯した場合には、刑法上は、殺意がないと認定しても、心神喪失と認定しても、いずれにしても、無罪であるとの結論に差異は生じない、換言すれば、前記判断構造に内

第五章　医療観察法における「対象行為」とその主観的要件　　207

することが精神の障害によってできない状態と考えられ[108]、したがって、本件は、（故意阻却とともに）認識能力の喪失として39条が適用される場合ということになるであろう[109]。

在する不合理性は、無罪との結論との関係では顕在化しない。他方、医療観察法上は、故意がないとして無罪となった場合には対象者とならないのに対し、心神喪失として無罪となった場合には対象者となることとされているところ、医療観察法が本来対象とするのは、心神喪失者であるから、そういった者が、事理弁識能力を欠いていることに基づいて責任要素としての故意を欠くとして無罪とされ、その結果、対象者に該当しないということになれば、医療観察法の適正な運用・解釈に大きく背理する事態が発現することになるといえる。換言すれば、医療観察法における対象者の該当性に関しては、前記判断構造に内在する不合理性が顕在化することになるといえる。」とされている。しかし、本稿の立場からは、従来一般的に行われているように故意が判断され、その過程で精神の障害にもとづいてそれが欠けていることが疑われる場合には、同時併行的に責任能力についても検討対象となると考えられ、また、38条により故意が阻却されるとしても、39条によって責任無能力とすることも可能と考えられるため、必ずしも不合理とはいえないということになる。上記高裁判例については、拙稿「Ⅰ　精神の障害にもとづく錯誤の場合の医療観察法における『対象行為該当性』判断」（特集・故意と責任能力）刑事法ジャーナル 41号70頁以下も参照。

108　なお、誤想防衛による故意の阻却を介在させることなく、先行する窃盗の故意がなく、これと結びつく形で逮捕を免れる目的も欠けることに力点を置き、単に事後強盗の故意、目的が精神の障害にもとづく錯誤によって欠けることにより、事後強盗に当たる行為について違法であるとの認識に達することができない状態と考えることも可能かと思われる。ただ、この場合は、（行為者の認識では）事後強盗の一環としてではない（強力な）暴行の認識（および本件でも認定自体はされているその行為の結果としての傷害）の問題は残るかのようにも思われる。

109　なお、認識能力については、近時の判例（最高裁平成20年4月25日判決）において、「本件行為が、犯罪であることも認識していたり、記憶を保っていたりしても、これをもって、事理の弁識をなし得る能力を、実質を備えたものとして有していたと直ちに評価できるかは疑問である」としたものがある。これは、弁識能力を有していたとするには、犯罪であることを認識していたのでは足りない、との内容を示したとも解されうるものである。しかし、仮にこのような内容を示したのであれば、（弁識能力と同義に用いられる）認識能力の理解、すなわち、自らの行為が違法であることを認識する能力といった理解との整合性に疑問が生じるようにも思われる。つまり、認識能力の一般的とも思われる理解からは、自らの行為が犯罪であること（違法であること）を実際に認識していたのであれば、認識の前提である認識する能力は当然あったことになり、通常は認識無能力は問題とはならず、制御能力の問題だけが残されることになると解されるであろうし、またさらに、違法性の意識の可能性と内容上重なるとの立場からは、違法性の認識があれば、違法性の意識の不可能性が問題とはならないのと同様に、認識能力の喪失も問題とはならないと解されるであろうからである。したがって、判例のこの判示部分が上述のような内容を示したのであれば、認識能力の一般的な理解とは調和しえないように思われるのである。もっとも、この判示部分が、形式的、外形的には、あるいは一見、犯罪であることの認識を有しているかのように思われる場合にも、直ちに（実質を備えたものでなければ）弁識能力を肯定することはできないとの内容を示したにすぎないと解する余地はあるであろう。さらに、この判示部分について論じるものとして、安田拓人「責任能力の法的判断」

最後に主観面の認定に関しては、本稿の立場では、これまで述べてきたように、精神の障害に起因した錯誤によって、責任能力以外の主観的要素が欠ける場合にも「対象行為」にあたることになるため、したがって、当該錯誤が精神の障害にまさに起因している、あるいは精神の障害の発露、結果であると評価される場合には、客観的な構成要件が実現されていることを前提にして、これに対応する故意等の主観的要素があったものとみなされ、その「対象行為」該当性を肯定することになるであろう。つまり、故意等の主観的要素については、一種の擬制として認めることになるであろう。よって本件では、客観的な事後強盗にあたる行為とそれに対応する主観的要素があったものとみなされ、「対象行為」としての事後強盗に該当するということになろうかと思われる[110]。

おわりに

医療観察法は、殺人、放火、強盗、強姦、強制わいせつ、傷害にあたる行為を同法による処遇の「対象行為」としている。本稿は、この医療観察法における「対象行為」が犯罪の成立にとって必要な主観的要件をどこまで充た

　（判批）刑事法ジャーナル14号（2009）98頁、林・前掲注（78）31頁以下など参照。

[110]　なお、本決定は、対象行為該当性の判断方法として、「対象者の行為を当時の状況の下で外形的、客観的に考察し、心神喪失の状態にない者が同じ行為を行ったとすれば、主観的要素を含め、対象行為を犯したと評価することができる行為であると認められるかどうか」という判断方法（高裁では、「……対象者が通常人であれば、どのような認識や意図でその行為を行ったものであると認定できるか」）を示しているが、これについては、主観的要素が欠けるが、それが存在するとみなすことを正面から認める構成に躊躇したかのような表現ともとれるものである。結論において妥当なものを導きうる判断方法ではあるかと思われるが、仮定的に通常人を用いることで具体的な目的や意図をすべて正確に認定しうる、とすることには疑問が残るようにも思われる。本稿の立場からこの判断方法を理解するとすれば、主観的要素の欠如を前提とした上で、罪名を特定するための、客観面に対応する主観面の確認方法の一つということになろうかと思われる。（なお、最高裁の判断方法では「心神喪失の状態にない者」とされ、高裁のそれでは、「通常人」とされており、この点につき、最高裁の判示では、心神耗弱者も含まれ適切ではなく、精神的に健常な者が仮定的判断の基準とされるべきであって、高裁の表現の方がより妥当であるとの指摘もなされている（安田・前掲注（89）174頁参照）。もっとも、最高裁は、高裁と同旨としていることから、「心神喪失の状態にない者」を「通常人」の意味で用いたものと解することもできるであろう。）

第五章　医療観察法における「対象行為」とその主観的要件　　209

していなければならないのか、とくに精神の障害に起因して錯誤が生じ、それによって責任能力以外の故意等の主観的要素が欠けた場合に、医療観察法における「対象行為」に該当しうるのか、を検討してきた。また、この精神の障害に起因する錯誤の場合に、通常の錯誤の場合の処理に従って、例えば、単に38条によって故意が阻却されるなどすれば、医療観察法の処遇の前提条件の一つと解される39条が適用されないということにもなりうるが、この場合に39条の適用はどのようにして可能となるのかについても、若干ながら検討が加えられた。さらに、上記の各検討をふまえて、「対象行為」該当性に関して下された近時の最高裁の判断についても言及した。第一の点については、医療観察法における「対象行為」は、所定の罪の客観的な構成要件を実現し、かつ違法な行為であり、その主観面については責任能力のみが損なわれていること、すなわち責任能力以外のすべての主観的要件を充たしていることを原則的に予定していると解した上で、主観的要素の欠如が、まさに精神の障害に起因して生じたものであれば、あるいは、精神の障害の発露、結果と評価される場合には、特別な錯誤の場合として、「対象行為」にあたりうるとの立場を支持した。その際、ドイツにおける議論を参考として、刑罰が科される対象となる行為と医療観察法における「対象行為」は、刑罰と医療観察法による処遇の目的の相違ゆえに、内容上必ずしも完全に一致している必要はなく、医療観察法の目的を考慮して、前者と異なる内容を後者に付与することは可能であるということを主たる理由として提示した。第二の点については、認識能力、制御能力がそれぞれ違法性の意識の可能性、適法行為の期待可能性に対応するとの考え方を基礎とし、さらに、故意と違法性の意識の可能性の関係については、責任説の立場を基礎としつつ、精神の障害にもとづいて、構成要件該当事実に関して錯誤が生じた場合を例としながら、とくに認識能力の喪失として39条が適用される理論構成を探った。そして、これに関しては、精神の障害によって違法評価の対象となるべき認識が欠如することを経由して、「自らの行為の違法性を認識できること」を内容とする認識能力が欠ける状態となることにより、故意阻却とともに39条も適用される場合であるとの考え方を可能な構成の一つとして提示することが試みられている。第三点目の最高裁の判断については、まさに精神の障

害に起因して故意等の主観的要件が欠如していると考えられる事案において、「対象行為」該当性を認め、医療観察法の目的を重視する立場からこのことを根拠づけた点を、妥当な判断であるとして支持した。

責任能力と精神鑑定

第六章
責任能力判断における裁判官と鑑定人の関係
——鑑定人は、「責任能力の喪失あるいは著しい減少」についての言明を控えるべきか——

「一社会における〈理性原理〉とは何なのか？

それはある定礎イメージを文化的に構築するものであり、あらゆる社会はこの構築をもってその社会に固有の合理性のモード、つまりは因果性という人間的問いを前にしてとる態度を決定している。この構築はあるタイプの制度群と因果性の政治を生み出すのだが、西洋でわれわれが〈国家と法〉と呼んでいるあの禁止の組立も、そこから生まれている。」

「主体の側から言えば、有罪性は系譜的繋縛の問題、つまり人間の生が〈理性原理〉に結びつけられるための踏み込まねばならない狭い通路がおぼろげに（de demi-jour）含んでいるものへと、われわれを送り届ける。おぼろげに（…）、と言ったのは、刑法の主要なカテゴリーがその規範たる威力を法の〈定礎的準拠〉——それはジュピター的演出、すなわち政治における〈理性〉の表象の神話的備給を前提としている——から得ているというのが事実だとするなら、何が悪いかを知る能力をもっているとみなされるためには、主体は自分の方で何が悪いかについての政治的表象のうちに参入していなければならない、ということになるからだ。言いかえれば、かれは主体として法に関する知識を刻印されているはずである。このように考えると、主観的有罪性〔当人が自分に罪があると思うこと〕とはこの刻印の表象にほかならず、その刻印によってひとりの主体は、現在の犯罪学が課題にしている会計主義的言説にではなく、一社会で〈法中の法〉を演出し、われわれが〈理性〉と呼ぶところの因果性を設定する、そのような言説に参入したのである。その因果性の系譜的局面が父性原理であり、それが息子たちの〈理性〉を設定する。したがって〈理性〉の構造的枠組みが、社会に固有な制度的なものと、主体に関わる制度的なものとを、同時に統御しているのである。」

「（…）われわれが罪責感〔有罪性〕と呼ぶものは、主体のなかに制度的次元

214　責任能力と精神鑑定

があることを証言している。罪責感は制度の内面的な現前であると同時に、主体を超える制度的次元の指標でもあるのだ。要するに、制度化された主体なしに有罪性はありえない。」、「（…）諸々の社会行動科学は、個人と社会とを二つの実体に見立て、政治的秩序がその関係を対決形式で要約しうるかのように扱っているが、そうした行動科学の公準をまず告発しなければならない。だいたい、差し向かいの対決になるには、社会それ自体が第三項を知らないということでなければならない。だとすれば社会は構成要素の総和ということになり、刑事罰に関して言えば、一要素を除去せよ、そうすれば総和は減ることになるが、残った要素は悪影響を受けないですむ、というわけだ。経営管理的犯罪学はこの図式に支えられている。けれども社会は足し算でできているのではない。それは人類学的な意味でひとつの構造——あらゆる要素が相互に結びついているような集合——であって、一要素の変更は他のあらゆる要素に影響する。だからこそ、ヨーロッパの古い制度的神話にならって、犯罪を考慮に入れるとはすなわち、神のみが罪人を許すことができる、ということを司法的に表現するものでなければならない。というのも根本的には犠牲者たちをとおして侵害されたのは神なのだから。構造的観点からは、そしてわれわれの世俗化した社会にとっては、犯罪は〈絶対的準拠〉言いかえれば〈定礎的第三項〉を危ぶめるということになる。もっと簡単に言えば、犯罪とはわれわれ全員、犯罪者もわれわれも含めて、みながそれを糧に生きている論理的な原理に襲いかかるのだ。」

　〔ピエール・ルジャンドル『ロルティ伍長の犯罪』西谷修訳（1998年、人文
　　書院）69頁、76頁、84頁以下〕

はじめに

「鑑定」に関しては、鑑定とは、「特別の知識経験に属する法則又はその法則を一定の事実に適用して得た判断の報告」をいう[1]、あるいは、「特別の学識経験によってのみ知り得る法則及びその法則を適用して得た意見判断の報告である」[2]、あるいは、「第三者に行わせる、特別の知識経験に属する法則またはこれにもとづく具体的事実の判断についての報告である」[3]などといった説明がなされるのが一般的である[4]。また、判例においても、「鑑定は裁判所が裁判上必要な実験則等に関する知識経験の不足を補給する目的でその指示する事項につき第三者をして新たに調査をなさしめて法則そのもの又はこれを適用して得た具体的事実判断等を報告せしめるものである」[5]とされるところである。このような鑑定は、近年の社会の複雑化、細分化、専門化の進行とともに、さらには科学技術の発達とともに、裁判所に不足する専門的知識・知見を補う手段として、ますます必要の度を増しているともいえる。

　責任能力の判定のために行われる精神鑑定もこうした「鑑定」の一つであり、かつ、この精神鑑定は、鑑定の中でも比較的数量が多く、また、ときには対象となる事案が重大である場合には、精神鑑定の内容が世間の耳目を集めるということも稀ではない。そして、このような責任能力判断における精神鑑定にあって、鑑定人が「責任能力の喪失あるいは著しい減少」についての言明を行うことが許されるのか、あるいは、それを控えるべきか、は従来より対立の存するところであり、責任能力判断における裁判官（事実認定や法

1　亀山継夫『註釈刑事訴訟法　第一巻』著者代表　青柳文雄、伊藤栄樹、柏木千秋、佐々木史朗、西原春夫（1976）585頁。

2　小野清一郎、栗本一夫、横川敏雄、横井大三『ポケット註釈全書 刑事訴訟法（上）』〔新版〕（1986）344頁。

3　浅田和茂「わが国の刑事鑑定制度」『刑事鑑定の理論と実務――情状鑑定の科学化をめざして――』上野ほか編著（1977）87頁。

4　さらに、藤永幸治『大コンメンタール刑事訴訟法　第二巻』藤永ほか編（1994）669頁、鈴木茂嗣『注解刑事訴訟法　上巻』〔全訂新版〕平場安治、高田卓爾、中武靖夫、鈴木茂嗣共著（1987）487頁など参照。

5　最判昭和28・2・19刑集7巻2号305頁。

令の適用を行う者）と鑑定人のあるべき関係を考えるにあたって重要な問題の一つと位置づけることができるものである。もっとも、主として、精神医学、法律学の分野における、かかる対立にもかかわらず、刑事裁判実務においては、鑑定人が「責任無能力」、「限定責任能力」、さらには「心神喪失」、「心神耗弱」、といった用語さえときには用いて、刑法39条の規定する責任能力の問題について、自身の見解を参考意見として付すということが、かなり普通に、しかも長きにわたって行われてきたという事実がある[6]。また、裁判例においても、「（犯行当時の）『被告人の精神状態は、爆発性異常人格者の示した病的酩酊であつて、意識こんだくがあり、其の程度は法律の規定する心神耗弱に該当する。』旨の記載があること、すなわち、被告人の精神状態に対する鑑定人の医学的所見の外、同鑑定人の刑法第39条の解釈適用に関する見解の記載が、併存することを肯認し得るが、鑑定人が鑑定書中に自己の

6　例えば、「裁判実務上は、鑑定人が生物学的＝記述的要素の診断にとどまらず、それを前提として、心理学的＝評価的要素についても判断を示し、責任能力の有無・程度に関する参考意見を付した精神鑑定書が多く見られる。」（高橋省吾「精神鑑定と責任能力」小林充・香城敏麿編『刑事事実認定──裁判例の総合的研究──（上）』（1992）398頁。）、とされたり、あるいは、「実務上、責任能力について鑑定がなされる場合、精神医学者たる鑑定人は、生物学的要素について診断するにとどまらず、心理学的要素についても判断を示し、それを踏まえて、心神喪失であるとか、心神耗弱であるとかの鑑定結果を示すことも少なくない。」（仙波厚　榎本巧「精神鑑定の証明力」大阪刑事実務研究会編『刑事証拠法の諸問題（下）』（2001）634頁）とされたり、あるいは、「現在の実務で見られる鑑定書は、……弁識能力及び制御能力の程度について考察し、心神喪失・心神耗弱・完全責任能力の法律判断そのものについての鑑定人の意見が明示されていることが相当数ある」（司法研修所編『平成19年度司法研究（第六一輯第一号）難解な法律概念と裁判員裁判』（2009）研究員　村瀬均、河本雅也、三村三緒、駒田秀和、協力研究員佐伯仁志、酒巻匡、41頁。）とされたり、また、鑑定実務に携わった立場からも、「実際上、精神鑑定の命令の際、裁判官によっては、心神喪失に該当するか、それとも心神耗弱の程度であるかの点についても、その鑑定書で述べてもらいたいと、口頭で依頼されたことも稀ではない」（村松常雄　植村秀三（村松執筆部分）『精神鑑定と裁判判断──諸鑑定例について法律家との協力検討──』（1975）169頁。）とされたりするところである。さらに、この点については、亀山・前掲注（1）591頁、藤永・前掲注（4）685頁、福島章「刑事責任能力と精神鑑定　──法曹と精神医学の協働と統合をめざして──」現代刑事法36号（2002）62頁など参照。また、平成8年以降の10年間に刑事訴訟過程において責任能力が争点となり、公判中に責任能力鑑定が行われ、既に刑の確定した裁判事例50例の、精神鑑定書71例と判決等の記載された裁判書64例を対象とした研究において、すべての鑑定書に責任能力判断の記載があった、とするものとして、大澤達哉「鑑定人および裁判官の刑事責任能力判断に関わる要因の研究──裁判所等を通して実施した全国50事例の関係記録の分析より──」精神神経学雑誌109巻12号1105頁参照。

第六章　責任能力判断における裁判官と鑑定人の関係　217

法律的見解を附記すると否とは其の自由であ」る[7]、として責任能力に関して鑑定人が言明を行うことを否定しないとの立場を示すものも存在していた。

　しかしながら、このような実務のあり方に対する変更を迫るような動きも、近時、とりわけ裁判員制度の導入を目前に控えた段階やその導入後において、出てきている。例えば、「そもそも、精神鑑定において、『臨床医学的』判断を示すべき精神医学者が心神喪失・心神耗弱という『法的』結論を示すのは、越権行為なのであり、裁判員制度における裁判員に及ぼす影響力が強いものでありうることを考慮すれば、そうした結論を鑑定として示すことは厳に慎まれるべきものと思われる。」[8]、あるいは、──責任能力判断において「認識主体・制御主体」と「認識可能性・制御可能性」を分ける立場から──、「認識可能性・制御可能性」の判断は、「もっぱら法的・規範的な問題であり、精神医学の管轄外であるといわざるをえない。そうだとすれば、精神鑑定の結論が、心神喪失と心神耗弱に分かれたとしても、それは、精神鑑定が、本来的に精神医学の管轄外である法的問題にまで言及したために生じた無用の混乱にすぎないと考えられる」[9]といった見解が提示され、また、平成19年度の司法研究においても、「……当事者間に争いがある場合において、参考意見とはいいながら、精神医学の専門家である鑑定人が法律判断の一方に明示的に軍配を上げたときの裁判員に対する影響は相当に大きいと思われる。」、「……本来その立場にない鑑定人において、責任能力の結論に当たる意見を裁判員に提示することは、誤解を招き議論を混乱させるおそれもあるといわざるを得ない。」、「……責任能力の結論に直結するような形で弁識能力及び統御能力の有無・程度に関して意見を示すことはできるだけ避けるのが望ましいし、少なくとも心神喪失等の用語を用いた法律判断を結論として明示することは避けるべきである。」[10]といった提言もなされるに

　7　名古屋高裁金沢支判昭和26・4・20特報30号53頁。

　8　安田拓人「責任能力の法的判断」（最決平成20・4・25 判批）刑事法ジャーナル14号（2009）95頁。

　9　安田拓人『刑事責任能力の本質とその判断』（2006）182頁。

　10　司法研修所編『平成19年度司法研究』・前掲注（6）41頁以下。さらに、例えば、このような提言を妥当であるとするものとして、廣瀬健二「裁判員裁判と鑑定の在り方」刑事法ジャーナ

至っているのである。またさらには、この司法研究の見解を支持する立場から、最高検察庁が起訴前の鑑定嘱託に際して、鑑定医に対して責任能力に関する意見を求める方針を示していることに関して[11]、「公判手続において起訴前の鑑定人に鑑定結果の報告を求める場合には、やはり責任能力に関する結論に直結する意見を述べることは控えてもらう運用になると思われる。」とし、加えて、検察官または弁護人や裁判員が鑑定人尋問において責任能力の結論について質問することを止めることはできないのではないかとの指摘について、「裁判員に対しては、鑑定人は責任能力に関する法律判断の専門家ではないことを説明して理解を求めることになるし、検察官及び弁護人の質問についても、審理の状況にもよるが、相当でない質問として制限することがあり得ると思われる。」といった見解[12]さえ提示されるにまで至っているのである[13]。

かつて Lange は、裁判官と鑑定人、法律学と医学の関係をめぐる問題を論じる際に、「刑事訴訟における裁判官の任務に対して、接触を禁じる警告（Noli me tangere）は、刑事訴訟法261条[14]による裁判官の自由心証主義である。……」として、裁判官の任務領域への干渉を禁じる警告と自由心証主義を結びつける指摘を行っているが[15]、上述の、従来の実務に変更を迫るよう

ル20号（2010）33頁。

11　なお、検察庁の鑑定書式例については、http://www.kensatu.go.jp/saiban_in/kanteisho.htm 参照。この書式例では、「犯行時の善悪の判断能力・行動制御能力」、あるいは、「犯行当時の被疑者の善悪の判断能力及びその判断に従って行動する能力の有無及びその程度」などの項目の下に、責任能力についての意見表明が求められている。

12　稗田雅洋「裁判員が参加する刑事裁判における精神鑑定の手続」『原田國男判事退官記念論文集　新しい時代の刑事裁判』（2010）237頁。

13　なお、このような、責任能力判断に対する鑑定人の関与について抑制的である態度は、すでにアメリカにおいてもみられるところである。この点については、例えば、岡田幸之他「米国の刑事責任能力鑑定──『米国精神医学と法学会　心神喪失抗弁を申し立てた被告人の精神鑑定実務ガイドライン』の紹介（その1）：刑事責任能力判断の要点とその変遷──」犯罪学雑誌72巻6号183頁以下、横藤田誠「アメリカにおける Insanity Defense──合憲性の問題を中心に──」『責任能力の現在　法と精神医学の交錯』中谷陽二編（2009）236頁以下など参照。

14　ドイツ刑事訴訟法261条は、「自由心証主義」に関する規定であり、「裁判所は、審理の全体から形成された自由な確信に基づいて、証拠調べの結果を判断する。」と定めている（法務省大臣官房司法法制部編『ドイツ刑事訴訟法典』法務資料第460号（2001）120頁参照）。

15　Lange, Leipziger Kommentar zum Strafgesetzbuch, 10. Aufl. 1985, §21, Rdn.107.

な諸見解は、あたかもこれをより強力な形で体現するかのように、裁判員制度の導入をも背景として、改めて法律家サイドからNoli me tangere（「私に触れるな」[16]）が発せられたものとも言いうるようにも思われるのである。

　本稿は、こうした状況を受けて、「責任能力の喪失あるいは著しい減少」について鑑定人は言明を行うことを控えるべきか否か、また、従来の実務のあり方に変更を迫るような近時の見解が責任能力判断にとって有益な主張たりうるのか、といった問題を中心的な検討課題とし、これを通じて、責任能力判断における裁判官と鑑定人のあるべき関係を探るべく、考察を加えるものである。

I　記述的、事実的側面（生物学的要素）と評価的、規範的側面（心理学的要素）の峻別

　（a）　責任能力に関する規定である刑法39条は、大審院昭和6年12月3日判決[17]が、心神喪失・心神耗弱についての定義を与えて以来、これが、後の判例・学説にも定着し、いわゆる「混合的方法」を採用するものとして理解されている。つまり、「精神の障害」により、責任能力が喪失・減少したこと、より具体的には、第一段階要素としての「精神の障害」、いわゆる生物学的要素を原因として、第二段階要素としての「違法性を認識する能力たる認識能力、または、その認識にしたがって行為する能力たる制御能力」の喪失あるいは著しい減少が生じていたこと（いわゆる心理学的要素）が、刑法39条による刑の減免（責任阻却あるいは責任減少）の要件ということになる。そして、ここで問題としている、責任能力に関する言明を鑑定人が控えるべきか否かをめぐる問題は、このような混合的方法を前提とした上で、この第二段階要素についての言明を鑑定人が控えるべきか否かをめぐる問題としてこれまでもっぱら論じられてきたといえ、実際に存した以前の明確な対立もま

16　ヨハネによる福音書20章17節の訳では、「わたしにさわってはいけない。」（日本聖書協会『和英対照新約聖書』）、「わたしにすがりつくのはよしなさい。」（日本聖書協会『聖書　新共同訳』）などと訳されている。

17　大判昭和6・12・3刑集10巻682頁。

220　責任能力と精神鑑定

た、そのようなものとして展開されてきたといえる。

(b)-i　すなわち、第二段階要素についての言明を鑑定人が控えるべきとの見解は、第二段階要素（心理学的要素）について、評価的、規範的な性質を有するもの、あるいは、法的、規範的な性質を有するものとし、他方で、第一段階要素（生物学的要素）については、記述的、事実的なもの、あるいは、描写的、事実的なもの、さらには、責任能力における事実的、経験的側面として位置づけるなどし、第一段階要素と第二段階要素をその性質上の違いから質的に峻別し、この厳格な区別を前提として、鑑定人の判断権限が及ぶ範囲を第一段階要素に限定し、かつ、第二段階要素に対しては、禁欲的でなければならないとすることを主たる主張内容として展開されてきたといえるように思われるのである。つまりは、精神状態の「記述」、あるいは、精神状態を「事実的」に「描写」することを鑑定人の任務とし、それにもとづく「規範的」、「法的」な「評価」を行うことを裁判官の任務とし、両者の任務領域を厳格に区別し、鑑定人が後者に対して介入することを否定する考え方といえる。

例えば、植松正は、「責任能力の概念は刑法的価値概念であるにかゝわらず、司法の實際においては、はなはだしく鑑定人依存の傾向を示しているのが實情であつて、鑑定人も裁判官もそれを異としないかに見える。なかには、鑑定を命ずる裁判官の方から鑑定人に對し『心神喪失の状態にあつたか否か』を鑑定すべきことを求めることもあり、そうでないにしても、鑑定人の方から進んで、たとえば、鑑定の對象たる被告人が『心神喪失の状態にあつたものである』旨の鑑定をしたりする例も珍しくない。これはあきらかに裁判官と精神鑑定人との職分限界を混淆するものである。『心神喪失』という概念は法律上の概念であるから、精神鑑定人がそれにあたるか否かを鑑定すべきではなく、たゞその専門知識たる医学上の知見に照し、当該精神状態がどういうものであつたかをあきらかにするのが鑑定人の職分である。その鑑定によつてあきらかにされた精神状態が刑法にいわゆる心神喪失にあたるか否かは、法律家たる裁判官の認定すべき事項なのである。」[18]とし、また、

――――――――――――――
18　植松正『刑事法講座　第2巻刑法（Ⅱ）』日本刑法學會（1952）282頁。さらに、植松正「刑

第六章　責任能力判断における裁判官と鑑定人の関係　221

小野清一郎も「心神喪失者又は心神耗弱者であるかどうかは、人の精神機能の健全であるかどうかの事実を基礎として判断さるべきものである。然るに人の精神機能の異常は精神病學的知識に依らなければこれを認識すること困難である。故に實際上其の疑を生じた場合には鑑定人をして精神状態を鑑定させるのを常とする。しかし、心神喪失及び心神耗弱の概念は法律上の概念であつて、精神病學的又は心理學的な概念ではない。鑑定人はただ精神病學的、心理學的知識に依る事實認識を報告するに止まる。心神喪失者であるかどうか、心神耗弱者であるかどうかの判断は結局裁判官が法律の理念及び目的を基本として判断せねばならぬ。」[19]としている。またさらに、昭和30年度法務研究において、松本卓矣も、「精神鑑定医はその精神医学上又は心理学上の専門的知識によつて知り得た被鑑定人の精神障碍の有無とその障碍の程度、殊にその障碍が被鑑定人の行為に及ぼした影響の程度について詳細に鑑定報告し、裁判所等が被告人や被疑者の責任能力を判定する資料として役立つようにすべきであり」、これが、裁判所等が精神鑑定を命じ又は嘱託する目的であるとした上で、「鑑定書の多くはこの精神鑑定の目的と範囲を十分に理解せず、単に被鑑定人の精神障碍の有無のみを報告し、或いは精神鑑定医の権限を越えて裁判所の認定事項である被鑑定人の責任能力まで鑑定報告している。」とし、その原因に関しては、「……精神鑑定書に鑑定の経過を専門語によつて記述され、鑑定結果として精神障碍の種類を挙示されただけでは、被鑑定人の精神障碍の程度が判らず、鑑定人を喚問して述語の解説を聞くだけでなく、進んで右鑑定の結果被鑑定人が心障喪失又は心神耗弱の状態にあつたかどうかについての供述まで求め、或いは始めから心神喪失又は心神耗弱に該当するか否かを鑑定事項として掲示するに至つている。このた

法的価値概念としての心神喪失と心神耗弱」『宮本博士還暦祝賀現代刑事法学の諸問題』佐伯千仭編（1943）95頁以下も参照。なお、野阪滋男「Ⅱ精神分裂病者の責任能力」共同研究者　中谷瑾子　保崎秀夫「精神分裂者の刑事責任能力をめぐって――最高裁昭和59年7月3日第三小法廷決定を契機として――」判例タイムズ550号37頁では、植松のこのような立場について、「一般的な言い方をすれば、責任能力の記述的側面とされる『精神の障害の存否』については鑑定人が、評価的側面とされる心理学的要素、すなわち『是非善悪の弁別能力またはこの弁別に従って行動する能力』については裁判官（または検察官）がこれにあたるべきだということになる。」とされている。

19　小野清一郎『新訂　刑法講義』（1948）142頁以下。

め、鑑定人としても命令者や嘱託者の意向を汲み、鑑定事項中に掲示されなくても、鑑定人としての権限を越えて鑑定書中に自己の医学的見解の上に法律的見解まで附加するようになつた。」との指摘を行っているのである[20]。また加えて、松本は、精神医学の内村祐之が「責任能力有無の最後の判定は、いうまでもなく裁判官の任務であるが、精神機能とその障碍の本質、およびこれが行為におよぼす影響を知るものは精神医学者に如くはない。そこで、精神医学者が鑑定人となつた場合、己が分を守りつつ、被告の精神状態が行為におよぼした影響を判断し、その判断にもとずいて、責任能力に対する意見を述べることは、精神機能についての非専門家に対しても有力な資料を提供することである。」[21]としたことにつき、前半は適切であるが後半には問題があるとした上で、「被鑑定人の精神状態が行為に及ぼした影響を判断し、その判断を精神鑑定医としての分を守りつつ記述されることは正当なことであると共に必要なことでもある。しかし、『その判断にもとづいて責任能力に対する意見を述べる』ということは、もはや精神鑑定医の分を越えたものである。」との指摘も行っているのである[22]。

　これらの見解は、いずれも刑法39条の責任能力の喪失・減少という要件要素を、「記述的」、「事実的」、「描写的」なもの（あるいは非‐法的、非‐規範的なもの）と、「規範的」、「法的」、「評価的」なものとに峻別し、この区別を鑑定人と裁判官の任務分担にダイレクトに反映させ、鑑定人に後者の要素に対して禁欲的であることを求める立場と評価できるものである。なお、「記述的」、「事実的」、「描写的」なもの＝「生物学的要素」とし、「規範的」、「法的」、「評価的」なもの＝「心理学的要素」とする図式的な理解自体は、鑑定人が心理学的要素について言明を行うことを控えるべきとする見解を採用す

20　松本卓矢『精神鑑定の研究――刑事事件における精神鑑定の実証的研究』法務研究報告書第44集第一号（1956）14頁以下。

21　内村祐之『精神鑑定』（1952）4頁。

22　松本・前掲注（20）16頁、さらに同旨の指摘として、58頁も参照。なお、やや時代を下って、例えば、鈴木・前掲注（4）493頁においても、「精神鑑定を命ぜられる鑑定人は、通常、法律の専門家ではない。したがって、被告人が犯行当時心神耗弱の状態にあったかとか、心神喪失の状態にあったかといった、法律概念による判断を、このような者に求めることはできない。」とされている。

第六章　責任能力判断における裁判官と鑑定人の関係　223

ると否とにかかわらず、かなり広く受け入れられてきたように思われる[23]。

　(b)-ⅱ　そして、先に示した近時有力に主張されている、「責任能力の喪失あるいは著しい減少」についての言明を鑑定人は控えるべきであるとの見解は、──裁判員制度の導入を背景とし、これとともに裁判員への影響に対する懸念という付加的な理由が加わるとはいえ──上述の以前より主張されている、鑑定人が心理学的要素について言明を行うことを控えるべきとする見解を継承し、かつ、本質的にこれと同様のロジックを有するものと解されるのである。例えば、「『臨床医学的』判断を示すべき精神医学者が心神喪失・心神耗弱という『法的』結論を示すのは、越権行為」である、あるいは、「認識可能性・制御可能性」の判断は、「もっぱら法的・規範的な問題であり、精神医学の管轄外である」、あるいは、「精神鑑定が、本来的に精神医学の管轄外である法的問題にまで言及」する、あるいは、「本来その立場にない鑑定人において、責任能力の結論に当たる意見を裁判員に提示することは、誤解を招き議論を混乱させるおそれもある」、あるいは、「鑑定人は責任能力に関する法律判断の専門家ではないことを説明して理解を求めることになる」などといった表現は、「法的なもの」、「規範的なもの」と、「非－法的なもの」、「非－規範的なもの」を峻別し、この区別を鑑定人と裁判官の職分、管轄へとダイレクトに反映させる考え方をかなり明確に示すものといえよう。

　(b)-ⅲ　だが、このように、「法的」、「規範的」なものについて鑑定人が言明を行うことを否定する見解が従来より有力に主張されているにもかかわらず、──やはり先に述べたように──裁判実務においては、鑑定人が「責任能力の喪失あるいは著しい減少」（したがって、「法的」、「規範的」なもの）に

23　このような理解の普及は、Mezger によるかかる区別とその責任能力論についての植村秀三による比較的詳細な紹介に負うところが大きいように思われる。これについては、村松・植村（植村執筆部分）前掲注（6）14頁以下、40頁以下参照、植村秀三『刑事責任能力と精神鑑定』司法研究報告書　第八集第7号（1956）1頁以下、33頁以下参照。なお、前記二著の紹介においても示されているところであるが、Mezger 自身は、両者の一応の区別と同時に、両者を分かつ固定した限界が設けられないことも明確に指摘していることには、注意を払う必要があるように思われる。とくにこの点は、「規範的なものへの言明を鑑定人に控えるべきことを求める見解」に対する、後述の反対説の主張内容との関係で重要であるといえよう。

224 責任能力と精神鑑定

ついての言明を行うことは、かなり多くなされてきたのである[24]。そして、これに関しては、「心神喪失や心神耗弱は法律概念であるものの、生物学的及び心理学的要素を基礎とするものであり、かつ、心理学的要素も決して倫理的、形而上学的判断事項ではなく、生物学的要素と同様経験科学的に実証できる事項で鑑定になじむものである上、両者の判断を常に峻別できるものではないことから、鑑定人が生物学的要素のほかに、心理学的要素の判断をし、さらに、これに心神喪失等の法律的見解を付け加えることは、何ら差し支えないといえよう。」[25]、あるいは、「心神喪失等が法律概念であるといっても、それは生物学的及び心理学的事実を基礎とするものであり、そのような事実判断と法律的価値判断とを峻別できるものでもないから、鑑定人が精

---

24 なお、先の高裁判例（名古屋高裁金沢支判昭和26・4・20）とともに最高裁についても、例えば、最判昭和58・9・13（判例時報1100号156頁）は、「被告人の精神状態が刑法三十九条にいう心神喪失又は心神耗弱に該当するかどうかは法律判断であって専ら裁判所に委ねられるべき問題であることはもとより、その前提となる生物学的、心理学的要素についても、右法律判断との関係で究極的には裁判所の評価に委ねられるべき問題であるところ、記録によれば、本件犯行当時被告人がその述べているような幻聴に襲われたということは甚だ疑わしいとしてその刑事責任能力を肯定した原審の判断は、正当として是認することができる。」と判示しているが、これについては、例えば、宮崎礼壹「精神分裂病者の責任能力」（最決昭和59・7・3判批）警察學論集38巻2号151頁では、「刑事責任能力の判断方法に関する最高裁の考え方を一層明確に示した。右は、『被告人の精神鑑定は、その精神状態の鑑定にとどめるべきで、心理学的要素の判断は、裁判官の任務である』といった思考方法を必ずしもとらず、いわゆる心理学的要素も決して倫理的・形而上学的判断事項ではなく、生物学的要素と同様経験科学的に実証できる事柄であり、それゆえ共に鑑定になじむ問題であるけれども、その評価や取捨選択の最終的権限は裁判所に留保されているものである旨説示したものであって、正当である。」とされ、また、墨谷葵「責任能力」『刑法基本講座第3巻――違法論、責任論』阿部ほか編（1994）240頁では、「その前提となる生物学的、心理学的要素についても、右法律判断との関係で究極的には裁判所の評価に委ねられるべき問題である」との判示部分につき、「生物学的、心理学的要素という用語を用い、それらがいずれも鑑定の対象となることを明らかにした最初の最高裁判例である点、極めて重要である。」とされ、また、五十嵐禎人「刑事責任能力総論」『専門医のための精神科臨床リュミエール1　刑事精神鑑定のすべて』五十嵐禎人編（2008）12頁でも、「最高裁判所は、生物学的要素も心理学的要素もいずれも『究極的には』規範的・法律的判断であると宣言しているが、このことは逆にいえば、鑑定人は、生物学的要素はもとより心理学的要素についても精神医学的立場から自由に意見を述べることが可能であることを意味する。」とされるところである。これらの見解が妥当であるならば、――「心理学的要素」の性質がいかなるものかという問題はあるものの――「生物学的要素」にとどまらず、「心理学的要素」についても鑑定人が言明を行うことを間接的な表現ながら、最高裁判例も肯定しているということになるであろう。

25 藤永・前掲注（4）685頁。

神障害、弁別能力等の状況について判断した上、これに関する法律的評価を
付加することは何ら差し支えないというべきであろう。」[26]といった見解も示
され、かかる裁判実務は支持もされてきたのである[27]。

26　亀山・前掲注（1）591頁以下。

27　なお、以上のような、鑑定人が「責任能力の喪失あるいは著しい減少」についての言明を控
　えるべきか否か、をめぐる対立には、「不可知論」と「可知論」の対立という背景事情も少なか
　らぬ影響をおよぼしてきたという面は否定できないように思われる。もっとも、「不可知論」の
　立場では、責任能力についての言明を行うことはそもそも不可能ということになり、これにつ
　いての言明を控えるべきか否か、という問いすら立たないということになるのではないであろ
　うか。
　　「可知論」と「不可知論」の対立については、例えば、『刑事責任能力に関する精神鑑定書作
　成の手引き』（平成18～20年度総括版（Ver.4.0）分担研究代表者 岡田幸之）7頁では、精神障
　害がその人の意思や行動の決定過程にどのように関わるかを、評価できないとする立場が「不
　可知論」であり、できるとする立場が「可知論」であるとした上で、（1）不可知論的な立場に
　よる責任能力判断では、「精神医学的診断（疾病診断）を下した時点で判断を停止する。あと
　は、あらかじめ精神医学者と司法関係者との間で、診断と責任能力との間に一対一対応で決め
　た『慣例』に基づいて責任能力の結論を導く」ことになるとされ、（2）可知論的な立場による
　責任能力判断では、「精神医学的な診断（疾病診断）を下し、さらに個々の事例における精神の障
　害の質や程度を判断し、その精神の障害と行為との関係についての考察に基づいて、責任能力
　を判断する」ことになる、と説明され、またあるいは、西山詮「責任能力の概念」ジュリスト
　増刊「精神医療と心神喪失者等医療観察法」町野朔編（2004）75頁では、「責任能力の心理学的
　要素は自由意思の言い換えであるから、経験科学はこれを知りえないというのが『不可知論』
　である。これに対して、ある程度これを知りうる、または精神医学は純粋な経験科学ではない
　とするのが『可知論』である」と説明され、またあるいは、五十嵐・前掲注（24）8頁以下で
　は、「不可知論とは、弁識・制御能力とは自由意思であり、それは形而上学的、哲学的な次元の
　問題であるから、経験科学的に解答することは不可能であると考える立場であ」り、「可知論は
　不可知論に対するアンチテーゼとして出てきた考え方で、弁識・制御能力というのは形而上学
　的、哲学的な能力ではなく、より実体的な能力であり、経験科学的な証明がある程度は可能で
　あると考える立場である。可知論では、精神医学的な診断だけではなく、個々の事例の症状の
　質や程度、それらと触法行為との因果関係についての考察に基づいて、責任能力を判定するこ
　とになる。」と説明され、またあるいは、岡田幸之「刑事責任能力再考——操作的診断と可知論
　的判断の適用の実際」精神神経学雑誌107巻9号920頁では、「……生物学的要素のみに基づく責
　任能力判断は不可知論的アプローチであり、心理学的要素まで考えるのが可知論的アプローチ
　である。」と説明される、などするところである。このような「不可知論」の定義によれば、刑
　法39条の要件、とくに心理学的要素（認識・制御能力の喪失・著しい減少）についての言明は
　不可能であって、これについての言明を控えるべきか否か、の問いも生じることなく、正確に
　は不可能ゆえに（よって言明あるいは判断を行うという選択肢はなく）、当然に言明は、なされ
　えないということになろうかと思われる。（ただ、不可能なものについては、沈黙せねばならな
　いなどといった態度表明として現れることはありうる。このため、この態度表明が、とくに
　〔そもそも言明あるいは判断を行うという選択肢がともかくあることを前提として〕沈黙せず言
　明を行う立場に対して向けられる場合、ここで問いとして立てられている「認識・制御能力の

（c）　こうして、刑法39条による刑の減免についての要件要素（精神の障害〔第一段階要素〕による責任能力の喪失・著しい減少〔第二段階要素〕という要件要素）を、「記述的」、「事実的」、「描写的」なもの（非 - 法的、非 - 規範的なもの）と、「規範的」、「法的」、「評価的」なものとに峻別し、この区別を鑑定人と裁判官の任務分担にダイレクトに反映させ、鑑定人に「規範的」、「法的」、「評価的」なものへの言明（したがって、認識能力・制御能力の喪失あるいは著しい減少に対する言明）を控えるべきことを求める——あるいは、「記述的」、「事実的」、「描写的」なものに鑑定人の言明を限定する——見解が、はたして適切であるのか、さらには、有益であるのかが問われねばならないということになる。ただ、責任能力判断において、鑑定人が「責任能力の喪失あるいは著しい減少」についての言明を控えるべきか否かをめぐる議論は、わが国に固有の議論ではなく、諸外国においても存在しており、とりわけ、わが国同様に混合的方法を採用し、責任能力をめぐる解釈論に大きな影響をおよぼしてきたドイツにおいても活発な議論が存するところである。以下、この問題を考えるにあたって参考とすべく、ドイツにおける議論を見ていくことにする。

喪失・著しい減少」についての言明を控えるべきか否か、の問題に関与するということにもなりうるが、この方向での問題への関与には、究極的な先決問題として、「可知論」か「不可知論」かという問題が横たわることになりうるであろう。）

　ただし、この「可知論」と「不可知論」の対立に関しては、「近年は可知論"的"な立場をとる鑑定が多くなり、そしてそれを採用する法廷も多くなっている。」（『刑事責任能力に関する精神鑑定書作成の手引き』・上記7頁以下）、「今日の精神科医は、好むと好まざるにかかわらず可知論の立場に立って責任能力の判定を行う必要がある」、最決昭和59・7・3は、「不可知論的判断を明確に否定し、可知論的判断を採用すべきことを明言している。」（五十嵐・前掲注（24）10頁参照）、「わが国の刑事裁判の実務は、年来、大勢において可知論的方向を固めつつあるといえよう。」（西山・上記76頁）、「現在は確実に可知論的な考え方が主流である。」（岡田・上記922頁）などと指摘されるところであり、今日では、対立自体が「可知論」優位に、かなり下火になりつつあることが示されているといえよう。このため、今日の状況においては、「可知論」の枠内において、判断は可能であるが、それを控えるべきか否か、が問題の中心ということになろうかと思われる。（したがって、この状況における、言明を控えるべきか否かの問題には、「可知論」か「不可知論」かという先決問題は横たわっていないことになる。）

Ⅱ　ドイツにおける議論

　鑑定人が「責任能力の喪失あるいは著しい減少」について言明を控えるべきか否かをめぐる議論は、ドイツにおいても活発に行われており、かつ、多様な表現を用いて多彩に展開されているところであるが、上述のわが国において主張されているような、責任能力規定（ドイツ刑法では20条、21条[28]）による刑の減免についての要件要素を、「記述的」、「事実的」、「描写的」なもの（非‐法的、非‐規範的なもの）と、「規範的」、「法的」、「評価的」なものとに峻別し、この区別を鑑定人と裁判官の任務分担にダイレクトに反映させ、鑑定人に、「規範的」、「法的」、「評価的」なものへの言明を控えるべきことを求める見解にあたる立場（規範的要素に対して言明を行うことに禁欲的であることを求める立場）は、やはり有力に主張されており、そして、これに対する反対説（規範的要素に対しても言明を行うことを肯定する立場）も有力に主張されており、大きな対立軸を形成しているといえる。

（1）規範的要素に対して言明を行うことに禁欲的であること（normative Abstinenz）を求める立場

　（a）　「規範的要素に対して言明を行うことに禁欲的であることを求める立場」に属すると解される論者にあっても、その表現は多様で微妙なものも含まれており、また、具体的にどこから法的、規範的領域といえるのかについても論者によってやや差異があるともいえ、また、「不可知論」寄りの立場から主張するものであったり、背景となる「責任概念」についての理解に関しても若干ながら差異があるようにも思われるが、次のような見解・表現は、この立場を比較的明確に示す例としてあげることができるであろう。

28　20条は「行為遂行時に、病的な精神障害、根深い意識障害、または精神遅滞もしくはその他の重大な精神的偏倚のため、行為の不法を認識し、またはその認識に従って行為する能力がない者は、責任なく行為したものである」とし、限定責任能力に関する21条は「行為の不法を認識し、またはその認識に従って行為する行為者の能力が、第20条に掲げられた理由の一により、行為遂行時に著しく減少していたときは、刑は、第49条第1項により、減軽することができる」と定めている。

228 責任能力と精神鑑定

（**b**）　まず、例えば、かかる立場の代表的なものの一つを示しているとも
いえる Lenckner の見解においては、鑑定人は、委託により特別な専門知識
にもとづいて裁判所に一般的経験則を伝えたり、あるいは、裁判所によって
提示された、ないしは自らが突きとめた、一定の、鑑定の基礎となる事実か
ら、法的に重要な事実の存否を顧慮して推論結果を提供したりすることに
よって、裁判所が法の適用に先行する証明問題の判断を行うに際して、支援
することになるが、このような役割において、鑑定人は、裁判官による証拠
の判断の準備作業を任務とする裁判官の「補助者（Gehilfe）」と位置づけられ
るとされる。さらに、このことから、裁判官と鑑定人の関係については、
１. 鑑定人の助力によって突きとめられた事実資料に対する法的評価は、法
的問題として裁判官の任務領域にのみ属すること、および、２. 法の適用に
先行する事実の確定に関しても、裁判官が責任を担い、鑑定人は補助者にす
ぎず、したがって裁判官は、調査することなく鑑定を受け入れてはならず、
鑑定の説得力についても調査しなければならないこと、という二つの内容が
判明することになるとされる。このように、裁判官と鑑定人の関係について
の一般論が述べられた上で、「責任能力の判断は、確定された所見を法の下
へと包摂することが問題となる限りにおいて、法的問題である。この法的問
題は、ただ裁判官によってのみ回答されなければならない。それゆえ、裁判
官の任務は、法の解釈規則にもとづいて、抽象的な法律の意味を突きとめる
こと、例えば、刑法51条[29]における『病的』という要素の意味が医学的な狭
い意味での病気概念を越え出るかどうかを明らかにしたりすることだけでな
く、このようにして獲得された〔法的三段論法における〕大前提（Obersatz）を
個々の事案に適用することもまた裁判官の任務である。言い換えれば、行為
者を「責任能力を有している」、「限定責任能力」、「責任無能力」とみなすと
いう結論を事実から導き出すことは、ただ裁判官のみの義務であり、このた
め、実務において多く見られるように、鑑定人が、鑑定の末尾において『被

29　51条は、現行のドイツ刑法20条の旧規定にあたるものであり、第一段階要素としては、「意識
　障害」、「精神活動の病的障害」、「精神薄弱」があげられている。ここでは、この「精神活動の
　病的障害」の解釈として、医学的な狭い意味での病気概念（Schneider 流の医学的病気概念）
　を越えるものも含まれることになることが述べられていることになる。

第六章　責任能力判断における裁判官と鑑定人の関係　229

告人は行為時に責任無能力であった。』と明言することによって、被告人の無罪の弁明を行うならば、その鑑定人は、自身の管轄領域から権限を逸脱して裁判官の管轄領域へと干渉することになるのである。鑑定人が、『医学的観点から』被告人を答責的である、あるいは答責的ではないと判定するならば、ただ余分なだけでなく、まさに不適切ということになり、それは、問題となっている答責性が法の概念であって、医学の概念ではないからである。……」とされているのである[30]。さらにまた、Lenckner は、裁判官と鑑定人の管轄についてより具体的な言及も行っている。すなわち、①「鑑定人は、まず行為時の人格についての所見や診断を裁判官に伝えなければならず、しかも、行為者が行為時に置かれていた精神状態を可能な限り正確に、かつ理解できるように記述する（beschreiben）という方法で、それは行われなければならない。これに対して、裁判官の任務は、このような所見を法律によって示された生物学的要素の一つにあたるかどうかを決定することである。というのは、この場合、すでに法の適用の問題が対象となっているからである。」とされ、②心理学的要素については、「鑑定人は、確定された異常が、行為の遂行の際の意識および意思の力動（Bewußtseins-und Willensdynamik）に対して及ぼす影響について、意見を述べなければならないとしても、……これは、行為者が他の行為が可能であったかどうか、つまりは、適切な行為が可能であったか否かの問題とは同一ではなく、むしろ、ここでは、行為が行為者の生物学的状態（biologischer Zustand）から説明されうるかどうかについての言明が問題となっているのである。……」、「……他方でこれに対して、認識・決定能力（Einsichts-oder Bestimmungsfähigkeit）が喪失あるいは著しく減少しているとみなされる領域へと至る決定的な限界を越えているとするために、行為者の精神的欠陥がどれほど重大でなければならないのかという問題は、純粋な法的問題である。」とされ、この純粋な法的問題については、裁判官が回答しなければならないとされ、そして、このような①、②を内容とする責任能力判断の方法においては、「医師の判断と法律家

30　Vgl. Theodor Lenckner, Strafe, Schuld und Schuldfähigkeit,in Göppinger/ Witter（Hrsg.）, Handbuch der forensischen Psychiatrie, Bd. 1 , 1972, S.142.

230 責任能力と精神鑑定

の判断は、きちんと相互に区別されうるのであって、概念上、両者が混ざり合うことはない。」との指摘がなされているのである[31]。つまり、ここにおいては、法的問題としての「責任能力の喪失あるいは著しい減少」について、鑑定人が言明を行うことは鑑定人の任務にはあたらないとされ、かつ、非 - 法的、非 - 規範的なものとして捉えられた、あるいは、認識・制御能力の有無・程度には直接かかわらないものと捉えられた、行為者の精神状態を「記述」することに鑑定人の任務は限定されるとの考え方が示され、このように理解される鑑定人の任務の範囲内でなされる「鑑定人による判断」と「裁判官による法的判断」は、けっしてまじわることなく、厳格に区別されるとの立場が示されているといえるであろう。

　また、例えば、Sarstedt も、鑑定人が自身の任務を大幅に越えて、裁判官の任務へと逸脱して干渉したり、精神科医が医学的観点から被告人を答責的であるとみなしたりすることに対して批判的な立場を示した上で、「答責性の問題については、『医学的観点』なるものは、けっして存在せず、刑法上の答責性は、法の概念であって医学の概念ではない（ここでは、心理学や精神医学の現象などが問われているのではなく、『あなたは～すべきである（du sollst）』が問われているのである）。このため、答責性は、『医学的観点』から肯定されることも否定されることもありえない。」とし[32]、さらに別の箇所では、責任能力の問題は、鑑定人の問題ではなく、条文、とりわけ刑法51条は、鑑定人には関係がない、だが、精神科医は、確かに刑法51条が適用可能かどうかにつき、すすんではっきりと回答を与えたりする、とした上で、「しかしながら、精神科医は、裁判所に対して、行為時の行為者の頭の中の状態がどのようなものであったのか、またその場合、普通の行為者の頭の中の状態となぜいくらか異なっていたのかについて、ただ記述することのみを行わなければならない。これを、鑑定人は、可能な限り、率直な言葉で理解できるように説明しなければならない。」としている[33]。ここでも、責任能力、刑法上の

31　Vgl. Lenckner, a.a. O., S.144f.（注30）.

32　Vgl. Sarstedt, Löwe-Rosenberg Strafprozeßordnung Kommentar, 21. Aufl. 1963, Vor §§72 ff. 8.

33　Vgl. Werner Sarstedt, Auswahl und Leitung des Sachverständigen im Strafprozeß（§§73,

第六章 責任能力判断における裁判官と鑑定人の関係 231

責任の問題は、あくまで法的問題であって、規範的な性質、あるいは当為に
かかわる性質をもつものであり、心理学や精神医学の問題ではないこと、お
よび、責任能力の問題は、鑑定人が判断すべきでなく、鑑定人の任務は、
「行為時の行為者の頭の中の状態」等をただ記述することにとどまらなけれ
ばならないことが主張されているといえよう。

またさらに、Langelüddeke/ Bresser にあっても、裁判手続における鑑定
人の地位については、一般に、鑑定人は裁判官の補助者（Richtergehilfe）と
みなされているが、この名称は、批判を受けることもあるとした上で、「し
かしながら、この名称には長所が認められなければならない。つまり、この
名称は、鑑定人に自らがただ補助者にすぎないことを意識させるのにふさわ
しいからである。」、「だがまた、鑑定人は、履行の補助（Erfüllungshilfe）を行
うべきではなく、認識の補助を行うべきである。時おり、考慮される助言者
（Berater）という概念は、まったく誤解を招きやすいものである。鑑定人
は、裁判官に助言を与える必要はなく、裁判官にとって鑑定人の助力なしに
は獲得することができない、あるいは、許容しうる形では判断できないよう
な事実に関する知識を、ただ伝えなければならないのである。」とされ[34]、
また別の箇所では、Bresser は、「……責任は、現行法の適用の下で、行為
の非難可能性の程度にもとづいて、ただ確定され、量定されうるにすぎな
い。だが、作為や不作為の行為の非難可能性についての判断は、医学や心理
学の鑑定人にとってふさわしくないし、また、行為を分類したり、責任に相
応する形で判断したりすることを可能にする、法についての基礎知識も、こ
のような鑑定人が有していると認めることはできない。[35]」との指摘も行っ
ているのである。ここでも、裁判官の補助者としての鑑定人の地位をやや強

---

78 StPO) NJW 1968, S. 181.

34 Vgl. Albrecht Langelüddeke/ Paul H. Bresser, Gerichtliche Psychiatrie, 4. Aufl. 1976, S. 6 f.

35 Paul Bresser, Probleme bei der Schuldfähigkeits- und Schuldbeurteilung, NJW 1978, S.
1188. なお、Bresser については、西山詮『刑事精神鑑定の実際』（2004）35頁以下では、不可知
論的立場をとる代表的な論者と位置づけられ、さらに、不可知論者として、Boor、Leferenz、
Goeppinger、Witter、Rauch らの名前もあげられている。また、「鑑定人は裁判所の補助者で
あるというとき、補助者の意味を極めて限定的に解するのが不可知論者の特徴である。」との指
摘もなされている。さらに可知論者、不可知論者については、仲宗根玄吉「責任能力に関する
基礎的諸問題」『現代精神医学大系24 司法精神医学』懸田ほか編（1976）32頁以下も参照。

232 責任能力と精神鑑定

調的に堅持することによって、あくまで脇役的地位であることを強調し、鑑定人は、責任、ひいては非難可能性といった法的問題について判定する立場にはなく、裁判官による判断を可能にするための事実事項についての言明に限定されるべきことが主張されているといえよう。

また、Strengにおいても、責任能力においては、最終的に規範的な帰責、規範的な判断が問題となることを強調した上で、「……精神鑑定を行なう者による自由に関する診断（Freiheitsdiagnose）を、責任能力を明らかにする言明であると理解しようとすることは、許されない単純化であり、まさに裁判官自身が有する判断に対する責任から裁判官を逃避させることになるであろう。……」、「一見すると明確であるように思われる他行為可能性の問題に、いともたやすく回答を与える者が、善き鑑定人ではなく、方法上の差異を遵守し、自らの管轄の限界を遵守する者が、善き鑑定人である。したがって、法律家によって、とりわけ頻繁に鑑定や鑑定人の不十分さとして評価される『自ら確定しようとしないこと（sich-nicht-festlegen-Wollen）』は、本来は、多くの場合、肯定的に評価されなければならない。」、「……他方で、制御能力の決定という規範的任務に対する責任を承認し、それに応じる裁判官のみが、鑑定人にとって共同作業における善きパートナーである。」との指摘がなされているのである[36]。ここでもまた、鑑定人が、責任能力、他行為可能性といった法的、規範的問題について判定を行うことを否定的に捉え、かかる法的、規範的問題については、裁判官の領分にのみ属することになるとの考え方が示されているといえよう。

またさらに、Detterにおいても、責任能力判断においては、規範的な問題が問われているのであって、もっぱら医学的、精神医学的な問題が問われているのではない、とし、「刑法20条、21条の前提条件が被告人に認められるか否かという法的問題に対して態度表明を行うことは、鑑定人の任務ではない。」と明確に述べた上で[37]、「鑑定人は、刑事訴訟の基本的な考え方から

---

36 Vgl. Franz Streng, Psychowissenschaftler und Strafjuristen -Verständigungsebenen und Kompetenzkonflikte bei der Schuldfähigkeitsentscheidung- 2. Teil, NStZ 1995, S. 164 f. さらに、vgl. Franz Streng, 1. Teil, NStZ 1995, S. 15 f.

37 Vgl. Klaus Detter, Zur Schuldfähigkeitsbegutachtung aus revisionsrechtlicher Sicht, BLUT-

して、刑法20条、21条の第一段階要素にかかわる事実問題の調査に関して、自らが突きとめた所見を報告し、証拠調べの結果にもとづいて行為時の被告人に認められる精神状態が、認識・抑制能力（Einsichts- und/ oder Hemmungs-fähigkeit）に対してどの程度影響を及ぼしえたのかについて、意見を述べるという任務を有するにしかすぎない。」、「裁判所によって選任された鑑定人は、被告人の病的な精神障害が行為時に認められたか否かという事実問題の調査に関して、自らが突きとめた所見を報告し、専門知識を仲介する必要があるに過ぎないのであって、裁判官を、責任能力の問題を決定することに対する責任から解放することはできない。同様に、刑法21条の意味での制御能力の損傷の『著しさ』の調査の場合にも、事実審裁判官のみが自身の責任において答えなければならない法的問題が問われているのである。」、「それゆえ、鑑定人は、刑法20条、21条が認められるかどうかという法的結論を導くことを可能にする、事実的な基礎（tatsächliche Grundlagen）を突きとめ、説明することに限定されなければならないであろう。」との指摘がなされているのである[38]。ここにあってもやはり、法的、規範的な問題に対して鑑定人が言明を行うことは、鑑定人の任務領域には属さないこと、および、法的、規範的な問題についての結論を導くための、これに先行する非‐法的、非‐規範的なものとして捉えられた事実事項に鑑定人の任務は限定され、法的、規範的問題については裁判官の領分にのみ属することになること、が示されているといえよう[39]。

（c）　以上のような見解は、いずれも「規範的要素に対して言明を行うことに禁欲的であることを求める立場」であるが、これらの諸見解から、責任能力判断における鑑定人の態度・立場・あるべき姿を示すと次のようなものになる。すなわち、「行為者が行為時に置かれていた精神状態を可能な限り

ALKOHOL VOL. 36, 1999, S. 3 f.

38　Vgl. Detter, a.a. O., S. 4.（注37）さらに、vgl. Klaus Detter, Der Sachverständige im Strafver-fahren -eine Bestandsaufnahme-, NStZ 1998, S. 59 f.

39　上述Ⅱ（1）(b) であげた論者のほか、例えば、Fischer も、簡潔に、「鑑定人による責任能力の判断は、ありえない。というのは、裁判所の義務となる判断（Entscheidung）が問題となっているからである。」（Fischer, Kommentar zum Strafgesetzbuch, 56. Aufl. 2009, §20, Rdn. 63.）として、鑑定人が責任能力について言明を行うことに否定的な立場が示されている。

正確に、かつ理解できるように記述」したり、「行為が行為者の生物学的状態から説明されうるかどうかについての言明」を行ったり（Lenckner）、あるいは、「行為時の行為者の頭の中の状態がどのようなものであったのか」をただ記述したり（Sarstedt）、あるいは、事実問題の調査に従事し、「法的結論を導くことを可能にする、事実的な基礎を突きとめ、説明すること」のみを行ったり（Detter）することを活動内容とし、あくまで「補助者」にすぎず、裁判官による「履行の補助」を行うのでもなく、「認識の補助」を行うにとどまるような、「法についての基礎知識」も有していると認めることができない存在（Bresser）、あるいは、「方法上の差異を遵守し、自らの管轄の限界を遵守」することが善き行動とされ、かつ、責任、責任能力について「自ら確定しようとしないこと」が肯定的に評価される存在（Streng）として位置づけられるものであり、結局のところ、法的、規範的な問題領域へと入り込んではならない者ということになる。そして、これに対して、裁判官は、この法的問題・規範的問題に対して回答を与える者ということになるのである。したがって、――先に述べた表現を用いるならば――責任能力の規定による刑の減免についての要件要素を、「記述的」、「事実的」、「描写的」なもの（非‐法的、非‐規範的なもの）と、「規範的」、「法的」、「評価的」なものとを峻別し、この区別にもとづいて、鑑定人の任務領域に対しては、前者の「記述的」、「事実的」、「描写的」なもの（非‐法的、非‐規範的なもの）のみを配し、後者の「規範的」、「法的」、「評価的」なものに対する言明は、含まれず、控えなければならないとする見解（よって、通常は、第一段階要素についての言明にとどめなければならないとする見解）ということになるのである。

（2）規範的要素に対しても言明を行うことを肯定する立場

（a）「規範的要素に対しても言明を行うことを肯定する立場」に属すると解される論者にあっても、やはりその表現は多様で、ときに微妙な表現が用いられており、また、言明を肯定する際の積極性の程度や理由づけ等にも差異があるともいえるが、次のような見解・表現は、結論において、明確に、鑑定人が規範的要素に対して言明を行うことを肯定している点で共通するものといえよう。

第六章　責任能力判断における裁判官と鑑定人の関係　　235

（**b**）　まず、先の Lenckner や Sarstedt の見解と明確な対照をなすものと
して、Schreiber/ Rosenau の見解をあげることができるであろう。すなわ
ち、「いわゆる『生物学的』もしくは『精神的』な第一段階では、経験的、
臨床的な方法の助力によって確定されうる異常な精神状態が問題となる。こ
れが、精神医学、心理学の鑑定人の任務に属することについては異論の余地
がない。ただ、この場合、もちろん純粋な事実の確定のみが問題となるので
はない。というのは、……すでに刑法20条、21条は、『病的な』、『根深い』、
『偏倚』、『重大な』といったような価値的要素が含まれなければならない概
念によって規定されているからである。このため、すでにこの段階におい
て、鑑定人が、たんなる没価値的な記述や医学的な分類としての診断を行う
ことに限定されることはありえず、その言明は、裁判官による決定にとって
利用可能なものでなければならない。[40]」、「他方で、責任能力のいわゆる精
神的、規範的な第二段階においては、裁判官にのみかかわる、純粋な規範的
問題がただ問われているというわけではない。認識・制御能力は、純粋に事
実的な、経験的方法によって、把握、記述可能な所与ではなく、また、純然
たる規範的な構築物でもない。確かに、『標準人』に対していかなる要求が
なされるのか、また、認識・制御能力が著しく減じているとみなされる限界
にいつ達することになるのか、といった問題は、裁判官が答えなければなら
ない法的問題である。……だが、これに関しては、標準的な行為構造（nor-
males Handlungsgefüge）の精神面での損傷の重大さの程度が決定的となる。
なるほど、この損傷の重大さの程度は、正確な量において表すことはできな
いが、精神病との比較を行い、精神面での損傷が行為者に対してどのような
影響をもたらすのかによって示すことは可能である。これは、臨床経験を基
礎とすれば、精神医学の鑑定人の重要な任務にふさわしいといえるのであ
る。……[41]」とし、第一段階においても、第二段階においても、純粋な事実
の確定が問題となっているのではなく、また、純粋な規範的問題が問われて

40　Hans-Ludwig Schreiber/ Henning Rosenau, in Venzlaff-Foerster-Dreßing- Habermeyer
　　Dreßing/ Habermeyer (Hrsg.) Psychiatrische Begutachtung, 6. Aufl. 2015, S. 114. さらに vgl.
　　S. 95.
41　Schreiber/ Rosenau, a.a. O., S. 114 f. (注40)

いるのでもなく、それぞれ両方の性質をもつことが示され、かつ、第一段階、第二段階のそれぞれにつき鑑定人がその判断に関与することが示唆される。さらに Schreiber/ Rosenau は、次いで、「鑑定人の任務は、『行為時の行為者の頭の中の状態がどのようなものであったのか』について記述することに限定されることなく、『標準人』との対比において障害の強度や影響について説明することも含むことになる。『不可知論の』立場と結びついた、第一段階へと精神医学の鑑定人を制限する立場は、維持できないように思われる。もしこれを、──もっとも、実際にはほとんど行われていないが──徹底するならば、裁判においては利用不可能ということになるであろう。というのは、裁判官は、たんなる精神状態の記述やこれと結びついた診断をもってしては、認識・制御能力に対するそのような精神状態の影響について、なんらかの知識を有していない場合、自らが行う規範的な決定に関して何もできないということになるからである。」との指摘も行い[42]、結論として、「裁判官に最終的な決定権限があるにもかかわらず、責任能力の両方の段階が、精神医学、心理学の鑑定人の管轄に属することになる。精神的な第一段階に関して純粋に事実的と称する確定に制限することで、鑑定人が規範的要素に対して言明を行うことに禁欲的であることは、可能ではない。」と述べ[43]、加えて、先の Lenckner の主張を念頭に置きつつ、「医師の判断と法律家の判断は、混ざり合うことなく、きちんと相互に区別されうる、とすることは適切ではない。」、「経験的知識（Empirie）と規範的な性質（Normativität）は、相互に分かちがたく結びついているのである。」とも指摘しているのである[44]。つまりここでは、鑑定人が規範的要素に対して言明を行うことを控えるべきとの考え方は、責任能力判断においては維持できず、規範的要素についての言明を鑑定人が行うことを肯定する立場が明瞭に示され、その

---

42 Schreiber/ Rosenau, a.a. O., S. 114.（注40）

43 Schreiber/ Rosenau, a.a. O., S. 114.（注40）さらに、vgl. Hans-Ludwig Schreiber, Zur Rolle des psychiatrisch-psychologischen Sachverständigen im Strafverfahren, in Festschrift für Rudolf Wassermann, 1985, S. 1014 ff. など。

44 Schreiber/ Rosenau, a.a. O., S. 114 f.（注40）さらに、vgl. Hans-Ludwig Schreiber/ Müller-Dethard, Der medizinische Sachverständige im Strafprozeß, Deutsches Ärzteblatt, 1977, S. 376 ff. など。

第六章　責任能力判断における裁判官と鑑定人の関係　　237

　理由としては、第一段階においても、純粋な事実の確定が問題となっている
のではなく、すでにここでも、規範的な問題としての側面をも有しており、
この第一段階について、鑑定人が判定を行うことが当然に認められるのであ
れば、鑑定人は規範的問題にも自らの管轄にあたるものとして関与すること
になること、標準的な行為構造の精神面での損傷の程度がいかなるものか
を、臨床経験にもとづいて精神医学の鑑定人が判定することは可能であり、
その任務としてふさわしいものであり、したがって、認識・制御能力の喪
失・著しい減少の問題も鑑定人の任務に属するといえること、精神状態のた
んなる記述（規範的要素にわたる言明を一切排した記述）では、裁判官において、
そのような精神状態が認識・制御能力に対して及ぼす影響についての知識を
有していない場合、規範的な決定（認識・制御能力の喪失・著しい減少についての
判断）を行うことができず、裁判上有益とはいえないこと、医師の判断と法
律家の判断が、それぞれ純粋に事実的な確定と規範的判断、あるいは、経験
的知識にのみかかわる判断と規範的な性質をもつ判断へとはっきりと区別さ
れることはないこと、などがあげられているといえよう。
　また、例えば Rasch においても、心理学、精神医学の鑑定人が、規範的
要素に関して態度表明を行うべきか否かは、議論の存するところであるが、
認識・制御能力の問題を文字通りに解するならば、鑑定人が、規範的要素に
関して態度表明を科学的に行うことができないことについては異論はない、
とした上で、「それにもかかわらず、通常、法廷において鑑定人は、規範的
要素に関して態度表明を行うことが期待されるのであるから、鑑定人は、そ
れを行わなければならず、また、このような態度表明は、鑑定人の見解に従
うか否かにつき、最終的に自由裁量を有する法律家とのコミュニケーション
を容易ならしめることにもなるのである。[45]」とし、さらに、「だがまた、鑑

45　Wilfried Rasch, Die Zuordnung der psychiatrisch-psychologischen Diagnosen zu den vier
　　psychischen Merkmalen der §§20, 21 StGB, StV 1984, S. 267. さらに、Wilfried Rasch/
　　Norbert Konrad, Forensische Psychiatrie, 3. Aufl. 2004, S. 72. でも、「裁判所は、一般に、鑑定
　　人に対して責任能力規定の規範的要素についても態度表明を行うことを期待する。」とされ、鑑
　　定人は、それを行うべきであるともされているが、もっとも、この場合に、鑑定人は、「当該行
　　為者にとって他行為可能性があったであろう」という主張は提供することなく、これを行うべ
　　きともされている。

定人は、判断すべき精神状態と精神病とを対比しうることにもとづいて、人の社会的行為能力（soziale Handlungskompetenz）を判断する基準を使用できるという理由からも、規範的要素に関して態度表明を行わなければならない。」、「……この社会的行為能力の判断にあっては、証明されたあるいは仮定的に承認された、身体的な原因が認められることは、重要ではなく、むしろ、態度が類型化された過度の影響によってどれほど特徴づけられているのか、また、態度が特別な症状の支配によって病気のような構造をどの程度有していたのか、が決定的である。というのは、このような内容から、行為のバリエーションの可能性が狭められていることが結論づけられるからである。」ともしているのである。さらに加えて、Rasch は、法廷における鑑定人の管轄について、「規範的要素に対して禁欲的でなければならないとの要求に一貫して従うならば、鑑定人は、刑法20条、21条の４つの精神的要素についても、これらにおいても法的概念が問題となっているのであるから、態度表明を行ってはならないことになるであろう。」とも指摘しているのである[46]。ここでも、鑑定人が規範的要素に対して言明を行うことを肯定する立場が明確に示されているが、その理由としては、通常、鑑定人には規範的要素、つまりは認識・制御能力の喪失・減少についても言明を行うことが期待されるため、鑑定人はこれに応じるべきこと、認識・制御能力の喪失・減少についての言明を行うことは、最終的な判断者である法律家、つまりは裁判官とのコミュニケーションを容易にすること、社会的行為能力、行為のバリエーションがどの程度狭められているのか等を通じて、認識・制御能力の喪失・減少に関する判断を行うことは鑑定人にとって可能なのであるから、そうすべきであること、20条、21条の第一段階要素にあたるか否かについても規範的な性質をも有する法的概念が問題となるため、規範的要素に対する言明に禁欲的でなければならないならば、すでにこの第一段階要素についてさえ鑑定人が言明を控えなければならなくなってしまうこと、があげられてい

46　Vgl. Rasch, a.a. O., S. 267.（注45）なお、ここで最後に述べられている点については、Rasch/Konrad, a.a. O., S. 67.（注45）では、このような、第一段階要素にあたるか否かについても言明を控えるべきとの立場を、極端に推し進められた「管轄純粋主義（Kompetenzpurismus）」として、批判的な見解が示されている。

第六章　責任能力判断における裁判官と鑑定人の関係　　239

るということになるであろう。

　また、例えば、Foerster においても、とくに制御能力の著しい減少を例
にとり、判断対象者の制御能力が著しく減じていたか否かにつき、鑑定人が
言明を行うことが可能であり、かつ、許されるのか、また、そうする場合、
鑑定人は自身の領分を越えることになるのか、を問いとして立てた上で、
「……たとえ鑑定人が、制御能力の著しい減少の問題に、管轄を越え出るこ
とを危惧するあまり、答えないとしても、このことは、実際には、この問題
に対して禁欲的であることにはならず、むしろ、『制御能力の減少は認めら
れない』といったように、この問題に対する事前の決定を行っていることを
意味するのである。」、「このため、一見すると非常に控えめであると思われ
るような態度は、その装いに反して決して没価値的なものではない。」との
指摘を行いつつ、さらに、「鑑定人は、制御能力の著しい減少の問題を決定
することはもちろんできないが、それにもかかわらず、……刑法上の問題と
は別に、判断対象者と同様の状況にある患者に関する精神病理学や精神力学
の知識（psychopathologische und psychodynamische Kenntnisse）にもとづいて、
しかるべき評価を行うことは、鑑定人にふさわしいことである。」として、
制御能力の著しい減少について言明を行うことが鑑定人の管轄を越えるとす
る立場とは異なり、言明を行うことを肯定する立場を支持するとされてい
る[47]。そして、よりはっきりとした結論として、Foerster は、「……制御能
力の著しい減少の問題について態度表明を行うという任務は、十分に鑑定人
の任務領域にあたることになる。鑑定人は、経験的な調査にもとづいて、制
御能力の著しい減少が認められることにつき、具体的な論拠があるか否かに
ついて何らかの言明を行うことができるのであって、この場合、法的な意味
における著しい減少の問題も、かかわるかどうか、についての決定は、裁判
官にかかる事項である。」とも述べているのである[48]。ここにあっても、鑑

47　Vgl. Klaus Foerster, Der psychiatrische Sachverständige zwischen Norm und Empirie,
　　NJW 1983, S. 2052.
48　Foerster, a.a. O., S. 2052f.（注47）もっとも、Foerster は、鑑定人による経験的な判断と裁判
　　官による法的な判断との間では明確な限界が画されることも強調しており、あわせて、自身の
　　領域を大幅に越え出ないよう慎重でなければならない、との趣旨の指摘も行っている。ただ
　　し、――本文に示した最後の指摘部分にも関係する内容であるが――「鑑定人は、――可能な

240　責任能力と精神鑑定

定人が、規範的要素に対して言明を行うことを控えなければならないとの要求に配慮し、これを直接的に行うことを控えるとしても、実際には、すでに評価的、規範的な判断を行っていることが示唆された上で、やはり、精神医学の知識にもとづいて、責任能力判断における規範的要素とされる部分についても判定を行うことが、鑑定人には可能であって、その任務に属するとすべきことが示されているといえよう。

　また、上述の、鑑定人が規範的要素に対して言明を行うことに禁欲的であり、控えめな態度であるかのように見えても、実際には、没価値的ではなく、禁欲的でもない判断を行うことになりうる、との指摘をより強調する形で、例えば、Bertram Schmitt も次のような主張を行っている。すなわち、裁判所は、精神医学の鑑定人を選任することと必然的に結びつく権限の喪失を認めたがらないことが多いが、これは、犯罪に関する工学的な鑑定や自然科学の鑑定とは異なり、精神科医の管轄に対する反発心がしばしば生じるためであると考えられ、通常は、このような認めたがらない態度は、法律家と精神科医の思考方法や作業方法が非常に異なっていることによって説明されることになる、との指摘を行った上で[49]、「私見では、反対のことが妥当することになる。裁判所が抱くいらだちは、作業方法の違いに由来するのではなく、その類似性に由来するのである。精神医学の鑑定人は、ただ経験にもとづく知識によってのみ（nur kognitiv）、事実を探求することで、作業を行っているのでは決してなく、規範的な結論も引き出すのである。」としているのである。またさらに、「精神科医の活動にとって必要な評価的性質は、責任能力に関する法律上の規定の体系と内容にすでに基礎を置くものである。このことは、行為の不法を認識し、その認識に従って行為する能力を取り扱

　　限り自身の経験科学にもとづいて——診断に関する分類や判断を具体的な論拠にもとづいて行うことになり、この場合、法的に重要な判断も対象となっているのか否かについての規範的な決定は、裁判官が行うことになる。」ともされている。つまり、鑑定人は、可能な限り自らの領分とされる経験科学の分野から責任能力等の問題に関与するが、その際、法的領域に属する判断にもわたることもありうるのであって、その場合に、法的領域における判断に関係するか否かは裁判官が決めることである、との考え方が示されているともいえよう。

49　Vgl. Bertram Schmitt, Bemerkungen zur Bestellung des psychiatrischen Sachverständigen im Strafverfahren, in Festschrift für Friedrich Geerds, 1995, S. 544.

第六章　責任能力判断における裁判官と鑑定人の関係　241

う、責任能力のいわゆる『規範的な』第二の段階についてのみ妥当するのではない。むしろ、──誤解を招きやすい──責任能力判断の『生物学的な』第一の段階と呼ばれるものも、一定の精神状態のたんなる記述に限られるわけではなく、『病的な』精神障害、『根深い』意識障害、『重大な』その他の精神的偏倚のような概念を使用することによって、すでにこれ自体、規範的、評価的な要素を含んでいるのである。このことが、同様に、認識・制御能力が刑法21条の意味において『著しく減少していた』か否かという問題についても妥当することは明らかである。ここであげられたような法律上の要件要素に対する包摂は、精神医学の知識、すなわち、非‐法的な知識を背景としてはじめてなされうるのであって、すでに法律の文言からして、鑑定人が規範的要素に対して言明を行うことに禁欲的であることは、要求されていないのである。むしろ、実際上は、法的な判断を行うことも鑑定人にとってはふさわしく、この点で、その決定につき刑事裁判官の肩代わりをすることになるのである。」とも述べているのである[50]。さらにこれに加えて、Schmitt は、「司法における精神科医の活動と判断基準が、高度に規範的な特徴を有しているというまさにその理由から、司法における精神科医は、刑事裁判官との間で軋轢が生じることになる。つまりは、刑事裁判官が、評価（Wertung）や規範的な結論に関する分野をまさしく自分自身の活動領域と感じているからである。また、これとは別に、精神医学の鑑定人は、人間の態度を評価すること（Einschätzung）に従事するのである。しかしながら、人間の態度を判断することはまた、刑事裁判官が職業上の経験にもとづいて管轄を要求することになる、刑事裁判官の活動の中心領域ともいえるのである。[51]」との指摘も行っているのである。ここにおいても、鑑定人による規範的要素に対する言明がかなり強力に肯定されていることになるが、その理

50　Schmitt, a.a. O., S. 545. (注49) ただし、本文引用の「実際上は、法的な判断を行うことも鑑定人にとってはふさわしく、この点で、その決定につき刑事裁判官の肩代わりをすることになるのである。」の部分中、「この点で」以下の部分が、仮に、刑事裁判官が責任能力判断の最終的な判断者であること、いわば裁判官の最終判断者性ともいうべきものを否定することを意味するのであれば、明らかに行き過ぎということになるであろう。このような最終判断者性は、ドイツにおいてもほぼ異論のないものと思われる（これについては、後にも言及する）。

51　Schmitt, a.a. O., S. 545. (注49)

242　責任能力と精神鑑定

由としては、精神医学の鑑定人の作業方法にそもそも規範的な性質が含まれており、この点で法律家の作業方法と類似性をも有しており、当然に規範的要素について禁欲的な態度をとることができないこと、責任能力規定が定める要件要素に、とくに——通常、鑑定人の言明が当然視される——第一段階要素に「病的な」、「根深い」、「重大な」等の規範的要素が含まれているため、法律の文言からして、規範的要素に対して禁欲的であることは要求されていないこと、があげられていると解されるであろう。さらにここでは、鑑定人と裁判官の管轄をめぐる対立の原因を両者の方法上の差異よりも、むしろ両者がともに規範的、評価的な性質をもつという類似性に求めるべきとの考え方も示されているのである[52]。

---

[52]　鑑定人と裁判官の思考方法や作業方法の類似性とそれによる対立関係という考え方については、他の論者によっても提示されるところである。例えば、Arthur Kaufmann も、これに関して比較的詳細に論じている。すなわち、Kaufmann は、医学の鑑定人は、自らをすすんで自然科学を基礎として、経験にもとづく知識によって（kognitiv）、事実の世界を探求する純粋な科学の代表者であるとみなしている、ともされるが、これは、あまり適切ではなく、むしろ、このような傾向がうまく妥当するのは、工学、毒物学、化学、これに類する分野であって、これらの分野では、鑑定人は明らかに裁判官にとって別の陣営に属する存在であるため、裁判官と鑑定人の間での管轄をめぐる対立もほとんど生じないのである、との指摘を行った上で、「しかし、医学の鑑定人、とくに精神医学の鑑定人の場合は、異なることになるのである。医学、精神医学の鑑定人は、ただ事実のみを探求するのではなく、評価（werten）したり、判断（urteilen）したりもするのである。もちろん、医学、精神医学の鑑定人がこれをどの程度行うことが許されるのかについては、活発な議論が存するところであるが、これを実際に行い、また一定の範囲ではこれを行わなければならないということには、異論は存しないのである。このため、医学、精神医学の鑑定人は、裁判所に、ただ事実や自身の学問分野における経験則を報告するのではなく、また、確定された事実に対して自然科学の法則を適用することによってのみ得られるような結論を引き出すのでもなく、むしろ、規範的な結論も引き出すのである。言い換えれば、医学、精神医学の鑑定人は、意思表示（Votum）を提示するのである。まさに、このことが、医学、精神医学の鑑定人と裁判官との間で軋轢が生じる理由といえる。というのは、裁判官は、規範的な結論に関する分野を、……自身のなじみのある分野とみなしているからである。」としている（Vgl. Arthur Kaufmann, Das Problem der Abhängigkeit des Strafrichters vom medizinischen Sachverständigen, JZ 1985, S. 1066.)。また、続けてKaufmann は、「それゆえ、裁判官と医学の鑑定人は、まったく異なる世界の住人であるという理由では、互いにそれほど衝突することはなく、反対に、主として、思考方法や活動方法が非常に類似しているという理由によって、衝突することになるのである。」、「裁判官と医学の鑑定人の両者は、ともに規範的な決定を行うのである。すなわち、両者は、確実な真実を基礎とするのではなく、不確かな蓋然性を基礎として活動することになるのである。まさに、このために、両者はライバル関係となるのである。」とも述べているのである（S. 1066.)。よって、ここでも明瞭に、医学、とくに精神医学の鑑定人と裁判官の活動方法の類似性と、その類似性の内

第六章　責任能力判断における裁判官と鑑定人の関係　　243

　また、例えば、Roxin も、認識・制御能力の喪失・減少の問題が、経験的な問いとしての側面をもつことをやや強調する立場から、次のような主張を行っている。すなわち、「認識・制御能力の問題は経験的には答えることができない」とする見解が精神科医によって主張されることが少なからずあり、この立場に立つと、鑑定人は、生物学的・心理学的に所見を確定し、裁判官は、この確定された所見から評価的な方法を用いて認識・制御能力についての結論を導き出すといったような、鑑定人と裁判官の任務分担がなされることになるが、これでは、事態が正しく捉えられていないことになる、との指摘を行った上で[53]、「……『鑑定人は認識・抑制能力について言明を行うことができない』ということを承認する立場は、自由意思や、ただ個人の他行為可能性について言明を行うことが要求されているという誤解におおいにもとづくものである。だが実際には、このようなことが問題となるのではなく、行為者が行為時に規範による呼びかけに対して応答可能であったか否か、場合によっては、どの程度そうであったのか、あるいは、法規範が行為者の動機づけ過程において作用する可能性がそもそもあったのか、に関する判断がただ問題となるのである。鑑定人の任務は、行為者が適格性のある規範の名宛人（tauglicher Normadressat）であったのか否かを行為者の精神状態によって示すことである。これは、原則的には経験的な問いであって、現代の精神医学や心理学は、これに対して十分に何らかのことを述べることができるのである。精神医学や心理学にこれができないならば、責任主義を無意味なものにしてしまうような、学問上の無能さを示す証拠ということになるであろう。」、「……確かにこの場合、規範的な評価の余地はある。だが、これは、他の法的概念においても原則的には異ならないのである。この場合に

　容として規範的な性質をもつことが示され、かつ、このことが、両者の対立関係の主たる理由であることが示されているということになる。
　このような類似性に主眼を置いた対立関係の説明は、よく見られる、鑑定人と裁判官の思考方法や作業方法の差異性を強調し、これに主眼を置いた対立関係の説明とは異なり、なお比較的少数にとどまるともいえるが、重要な指摘を含むものであり、より注意が払われてしかるべき内容かと思われる。

53　Vgl. Claus Roxin, Schuldunfähigkeit Erwachsener im Urteil des Strafrechts, in Festschrift für Wolfgang Spann, 1986, S. 466.

おいても他の場合においても、裁判官の確信はなお変わらず決定的であり、鑑定人はこの裁判官を排してはならないのである。しかしながら、このように解することで、20条の両段階において、経験的な鑑定人と裁判官との共同作業が同じ法則にもとづいて行われるということが変わることもないのである。」と述べているのである[54]。ここにおいても、――「個人の他行為可能性」と、「行為者の動機づけ過程における法規範の作用可能性」、「規範による呼びかけに対する応答可能性」、「適格性のある規範の名宛人」との区別の妥当性や、その差異がいかなるものなのかといった問題や、また、後者の概念にあたるか否かの問題、あるいは、後者の概念を通じての認識・制御能力の喪失・減少に関する判定の問題が経験的な性質の問題であることを強調することの妥当性など、の詳細に関しては別として――ともかく、精神医学、心理学の鑑定人が認識・制御能力の喪失・減少についても言明を行うことに肯定的な態度が示されており、また、責任能力判断の問題が経験的な性質と規範的な性質の両面をもつこと、さらには、このような経験的、規範的な性質は、刑法20条の両段階、つまりは、第一段階、第二段階のいずれにも認められ、鑑定人と裁判官は、この20条の判断にあたって、経験的かつ規範的な方法を採るという点で、同じ法則にもとづいて活動することが示されていることになるであろう[55]。

　また、上述のRoxinや先に述べたSchreiberの見解に依拠しつつ、これを支持する立場から、Jürgen Tiemeyerも次のような主張を行っている。すなわち、可知論的な立場を採る場合、純粋な規範的考察方法が採られるわけではなく、他方で純粋な経験的方法が採られるわけでもなく、鑑定人は、規範的な観点をも用いて判断を行うことになる、との趣旨の指摘をまず行

54　Roxin, a.a. O., S. 466 f. (注53)

55　さらに、vgl. Roxin, a.a. O., S. 458. (注53) ここでは、「……規範による呼びかけに対する応答可能性にとって決定的な基準となる認識・抑制能力は、……徹底して、純粋な規範的帰責にもとづくのではなく、経験的・心理学的な基礎（empirisch-psychologische Grundlage）を有しているのである。それゆえ、両方の段階において、それぞれ同様に、心理学的・規範的な方法（psychologisch-normatives Vorgehen）が必要となり、その結果、両方の調査段階を方法上異なるものとして特徴づけることは、断念するのが望ましいということになる。」との指摘も見られる。

第六章　責任能力判断における裁判官と鑑定人の関係　　245

い[56]、そのひとつの理由として、認識・制御能力に関する基準は、異常な精神状態に置かれた行為者に対する社会的な要求についての変化する考え方によって確定され、最終的には規範的なものとならざるを得ないことがあげられる。そして、さらに、別の理由としては、「社会的な行動能力が狭められていることは、つねに近似値を用いた方法（näherungsweise）によってのみ見積もられるのであって、ここでは、評価的な因子（wertende Faktoren）の助けを借りてはじめて架橋される不確かな領域が残ることになる。だが、このような〔評価的な性質を含む〕判断の余地は、刑法20条の第二段階にとっての特別な特徴とみなされうる性質ではなく、その他の医療上の診断や心理学上の診断にも見られるものである。したがって、刑法20条の第一段階において定められている精神的な欠陥のある状態も、すでに、まったく規範的な性質なしに確定することはできないのである。また、このことには、『重大な』、『根深い』、『病的な』といった概念が明らかに価値的要素を含まなければならないということも付け加わることになるのである。」との指摘もなされる[57]。こうして、このような二つの理由から、医学や心理学の鑑定人が規範的な観点を用いて判断を行うこと、あるいは、その判断は規範的な性質をも帯びざるを得ないことを示した上で、Tiemeyer は、続けて、「刑法20条の両段階は、それゆえに、それぞれ同様に、評価的に承認するという方法の助力を受けて経験科学的に（erfahrungswissenschaftlich unter Zuhilfenahme wertender Annahmen）回答されなければならない問題を含むことになるのである。この点で、両方の段階において、経験的知識と規範的な性質は相互に分かちがたく結びついており、医師の判断と法律家の判断は、多くの点で混ざり合っているのである。」、「鑑定人は、裁判官に最終的な判断権限があるにもかかわらず、刑法20条の両段階において心理学的・規範的な方法を採ることになるのである。経験的な鑑定人と裁判官との共同作業は、それぞれ同じ法則にもとづいて行われるのである。」、「したがって、……Roxin の提案に従い〔責任能力判断における〕両方の調査段階について、方法上異なるもの

56　Vgl. Jürgen Tiemeyer, Zur Möglichkeit eines erfahrungswissenschaftlich gesicherten Schuldbegriffs, ZStW 100 (1988), S. 557.

57　Vgl. Tiemeyer, a.a. O., S. 557 f. (注56)

246　責任能力と精神鑑定

として特徴づけを行うことを断念すること」が支持される、との指摘も行っているのである[58]。ここでも、医学、心理学の鑑定人が、規範的な観点を用いることなく判断を行うのではなく、むしろ、多くの医学や心理学の活動において評価的、規範的な性質も伴うのであって、規範的要素に対する言明を控えることの不可能性が示唆されており、さらには、責任能力判断は、評価的に承認するという方法の助力を受けた経験科学的な方法による判断、すなわち、評価的、規範的であって、かつ経験的でもあるという性質をもつ判断であり、かかる性質は、第一段階、第二段階の両段階について妥当し、方法上の差異にもとづく特徴づけによって両者を分断することは適切ではなく、この「規範的・経験的」ともいえる方法にもとづいて、裁判官と鑑定人のそれぞれが責任能力の判定にあたることになることが示されているといえよう。

　またさらに、例えば、Schöch においても、責任能力判断が経験的かつ規範的な性質をもつことを強調する立場から、鑑定人が規範的要素に対して言明を行うことを肯定して、次のように述べている。すなわち、「鑑定人の任務が、行為時の行為者の頭の中の状態がどのようなものであったのかについて説明することに限定されることはない。むしろ、行為者と同様の状況に置かれた他の人間の行動に関する、自らが有する経験的知識を伝えることも鑑定人の義務である。法律の基礎となっている責任についての考え方を顧慮して、鑑定人は、行為者が、規範による呼びかけに対する応答可能性につき、標準人のそれと異なっていたのか、また、どの程度異なっていたのか、についても説明しなければならない。[59]」、「一方での、障害の種類や強さ、他方における、それと標準的な類型との比較や逸脱を著しいものとして評価することは、経験的なものと規範的なものの混合状態（eine empirisch-normative Gemengelage）を形成するため、責任能力の前提条件の判断を鑑定人に問うことは、管轄を越え出ることにはならない。[60]」と。また、この Schöch の見解が直接に依拠していると解される Jähnke においても、上記の Schöch の

58　Vgl. Tiemeyer, a.a. O., S. 558.（注56）

59　Schöch, Satzger/ Schmitt/ Widmaier, Strafgesetzbuch Kommentar, 2009, §20, Rdn. 111.

60　Schöch, a.a. O., §20, Rdn. 112.（注59）

第六章　責任能力判断における裁判官と鑑定人の関係　　247

記述に、鑑定人が規範的要素に対して言明を行うことをよりいっそう当然視するかのような記述を付加した形で、次のように論じられている。すなわち、「……行為者と同様の状況におかれた他の人間の行動に関する、自らが有する経験的知識を伝えることも鑑定人の義務である。標準的（基準的）なもの（者）という表象（Die Vorstellung vom Normalen）は、規範的な性質をもつものであり、このため鑑定人は、標準的なもの（者）に対して自らが設定する要求を説明しなければならない。」、「それゆえに、鑑定人が責任能力の喪失・減少の問題にも態度表明を行うかどうかに関する論争は、無意味である。鑑定人が、この責任能力の問題においては、裁判所によって回答されなければならない法的問題が問われているという理由で、この責任能力の問題に対して態度表明を行うことを拒むのであれば、その鑑定人は、ただ不十分にしか任務を果たしていないことになるのである。」、「一方での、障害の種類や強さ、他方における、それと標準的な類型との比較や逸脱を著しいものとして評価することは、経験的なものと規範的なものの混合状態を形成することになり、かかる混合状態は、事実的な基礎と規範的なものを区別することを許容しないのである。したがって、責任能力の前提条件の判断を鑑定人に問うことは、管轄を越え出ることにはならないのである。」[61]と。

　また、この他、例えば、Rudolphi も、先の Roxin が「行為者の動機づけ過程における法規範の作用可能性」や「規範による呼びかけに対する応答可能性」の有無・程度の問題が経験的な問いであることを強調するのとは対照的に、「責任能力の問題」、「具体的な行為者の動機づけの能力の問題」が、規範的な性質をもつことを強調する指摘を行った上で[62]、それに続けて、認識・制御能力の確定は、それゆえに裁判官に固有の任務であるが、それにもかかわらず、個々の事案において、責任能力の規範的な問題について態度表明を行うことも、すなわち、行為者が他者との比較において、なお他行為可能であったか否かを精神に関する所見にもとづいて評価的に（wertend）説明することも、鑑定人にとって禁じられてはいないのである、としているので

61　Jähnke, Leipziger Kommentar zum Strafgesetzbuch, 11. Aufl. 2003, §20, Rdn. 90.
62　Vgl. Rudolphi, Systematischer Kommentar zum Strafgesetzbuch, 7. Aufl. 2003, §20, Rdn. 23.

ある。だが他方において、Rudolphi は、このような言明には、責任能力の喪失・減少を指し示す価値としては重要ならざるもの（ein nicht wesentlicher Indizwert）を付与することが可能である、とし、このような言明が強力な示唆を与える作用（Suggestivwirkung）をもつこと、とりわけ素人裁判官（Laien-richter）に対してそうなることは、見誤られてはならない、とも述べているのである[63]。ここでも、鑑定人が規範的要素に対して言明を行うことを肯定する立場が採られていることになるが、とりわけ、裁判官の最終的な判断に対してその言明がもたらす強い影響を考慮して、やや控えめな態度として（非積極的に）、鑑定人による言明を肯定する立場が示されているということになるであろう[64]。

（c）　以上のような見解は、いずれも結論として「規範的要素に対しても言明を行うことを肯定する立場」に立つものであるが、先にも述べたように、その表現は多様であり、理由づけにも差異があるが（また、反対に重なり合う面も多くあるが）、「規範的要素に対して言明を行うことに禁欲的であることを求める立場」の主張内容との関係で、その反論として、本質的で重要であると解される内容を抽出して要約的に示すとすれば、おおよそ次のようなものになろうかと思われる。

　すなわち、まず、①責任能力判断における第一段階において、すでに純粋な事実の確定、没価値的な記述や診断が問題となっているのではなく、これは、「病的な」、「根深い」、「重大な」といった価値的、評価的な要素を含むことからも明らかであり、また他方で、第二段階についても、ただ純粋な規範的問題が問われているのではなく、事実的、経験的な方法で確定される基礎をも有するため、事実的、経験的な性質と規範的、評価的な性質を併せもつことになり、よって、第一段階、第二段階のいずれも事実的、経験的な性質と規範的、評価的性質をもつことになり、ともに経験的かつ規範的な方法によって判断がなされる、との主張内容をあげることができよう。

63　Vgl. Rudolphi, a.a. O., §20, Rdn. 23.（注62）
64　上述Ⅱ（2）(b) であげた論者のほか、鑑定人による規範的要素に対する言明を肯定する立場と解されるものとして、例えば、Kühl, Strafgesetzbuch Kommentar, 26. Aufl. 2007, §20, Rdn.20. など。

第六章　責任能力判断における裁判官と鑑定人の関係　249

　これにより、第一段階に事実的、経験的な性質を配し、第二段階に規範的、評価的な性質を配することで両者を峻別し、この第一段階（いわゆる生物学的要素）にあたるか否かの言明までに鑑定人の管轄を限定することで、規範的要素に対する言明に禁欲的であることを保持しようとする見解が不可能であることが、主として示されているといえよう。

　次に、②鑑定人が規範的要素に対して言明を行うことを外形的に控えるとしても、その装いに反して決して没価値的ではないこと、あるいは、精神医学の鑑定人は、ただ経験にもとづく知識によってのみ事実を探求するというやり方で作業を行うのではなく、規範的な結論を引き出しており、この点で裁判官の活動と類似性があること、あるいは、医療上の診断や心理学の診断にあっても、評価的性質を含む判断がなされており、医学、心理学の鑑定人の活動も規範的な性質をもつこと、等の指摘が示すように、責任能力判断における鑑定人の活動には（精神医学の範囲にとどまる活動でも）、そもそも規範的な性質が随伴することになる、との主張内容をあげることができよう。

　これにより、鑑定人が規範的要素に対して言明を行うことに禁欲的であること、つまり、非－規範的なものへの言明にとどまることを求める立場は、そもそも不可能であるか、あるいは少なくとも、きわめて困難であることが主として示されていることになるであろう。

　以上のような①、②の主張内容は、あえて分類するならば、「規範的要素に対して言明を行うことに禁欲的であることを求める立場」に対する理論面での問題点の指摘ともいえるが、さらに、現実的なメリット・デメリットの観点からの指摘といえるものもなされている。

　これについては、③法廷において鑑定人は、通常、規範的要素に関して態度表明を行うことが期待されるのであるから、その期待や現実の要請に応えて、規範的要素に関して態度表明も行うべきこと、また、このような規範的要素に関して態度表明を行うことは、責任能力判断の最終的な判断者である裁判官との間での責任能力判断にあたってのコミュニケーションを容易ならしめること、さらには、たんなる精神状態の記述やそれと結びついた診断あるいは純粋に事実的と称する確定に、鑑定人の活動を限定するならば、そのような記述的、純粋に事実的な精神状態とそれが及ぼす認識・制御能力の喪

失・減少に対する影響についての知識（前者と後者を結びつけるための知識）が裁判官に不十分である場合に、適切な責任能力判断が行えないこと、といった主張内容をあげることができよう。

これにより、鑑定人が規範的要素に対する言明を行うことへの現実の要請があるにもかかわらず、それに鑑定人が応えないことによる不都合さや、正確で適切な責任能力判断を行う上で、必要となる知識を補完し、互いの誤解などを解消することにも資する、裁判官と鑑定人の間でのコミュニケーションがうまくなされえないことによって生じる不都合さ、さらには、記述的、純粋に事実的な精神状態と認識・制御能力の喪失・減少を結びつけるための知識が裁判官に不十分である場合に、適切な責任能力判断が行えないという不都合さ、といったデメリットが「規範的要素に対して言明を行うことに禁欲的であることを求める立場」には伴うことになるという、かかる立場に対する批判が示されていると解することも可能であろう[65]。

このような各主張内容によって、あるいは、各主張内容がときには組み合わされることによって、「規範的要素に対して言明を行うことに禁欲的であることを求める立場」に対する反対説が展開されていることになるが、全体的なイメージとしては、「規範的要素に対して言明を行うことに禁欲的であることを求める立場」が責任能力規定が定める要件要素を規範的要素と非－規範的要素へと峻別し、これにもとづいて鑑定人の職分領域を厳格に限定すること、鑑定人と裁判官の責任能力判断における活動内容の差異性の強調、鑑定人の補助者としての地位の強調あるいは鑑定人の補助者としての地位の強固な保持、を特徴とし、あくまで脇役的地位あるいは従たる存在にとどまるとの鑑定人像を提示しているとすれば[66]、これに対して、「規範的要素に

65　なお、「規範的要素に対しても言明を行うことを肯定する立場」には、鑑定人が規範的要素に対して言明を行うことが（そもそも）可能であるとの主張内容も少なからず含まれているが、本章の（注27）で示したように、少なくとも責任能力の問題においては、今日、「可知論」的な考え方を肯定するならば、そして、これがドイツにおける議論についても同様にあてはまるとするならば、責任能力判断における、かつての「可知論」、「不可知論」の対立を念頭に置いて主として発せられた主張内容であり、今日では残滓ということにもなりうるし、あるいは、少なくとも、「可知論」的な考え方を肯定する今日のわが国の状況においては、とくだんとりあげて論じる必要がない内容ということになるであろう。

第六章　責任能力判断における裁判官と鑑定人の関係　251

対しても言明を行うことを肯定する立場」は、責任能力規定が定める要件要素それ自体は規範的要素と非－規範的要素から成る混合的あるいは複合的なものであることの強調、鑑定人と裁判官の責任能力判断における活動内容の類似性にも着目すべきこと、責任能力判断における共同作業の強調、鑑定人が補助者ないしそれに類する地位であることを基本的には承認しつつも、まったくのたんなる補助者ではなく、それを越える存在としての位置づけ、を特徴とし、まったくの脇役的存在にはとどまらない、責任能力判断における共同作業のパートナーとしての鑑定人像を提示しているということになろうかと思われる。

（3）考　察

（a）　これまで見てきたように、鑑定人が「責任能力の喪失あるいは著しい減少」について言明を控えるべきか否かをめぐる議論はドイツにおいても活発に行われており、その議論においては、大きな対立の構図として、「規範的要素に対して言明を行うことに禁欲的であることを求める立場」と「規範的要素に対しても言明を行うことを肯定する立場」があることが示され、さらに、両説のそれぞれの主要な主張内容やそれぞれの提示する鑑定人像がいかなるものであるのかが示された。以下では、わが国における、かかる議論を考えるにあたって示唆を得るべく、先に示した、「規範的要素に対しても言明を行うことを肯定する立場」の主張内容〔Ⅱ（2）（c）の①②③〕に主として沿って、ドイツにおける議論に考察を加えることにする。

　なお、この考察に入る前に確認されるべき事項としては、責任能力判断は、あくまで最終的には裁判官が行うものであり、最終的な判断権限は裁判官にあること（裁判官の最終判断者性ともいうべきものを肯定すること）、さらに、鑑定人が「責任能力の喪失あるいは著しい減少」について言明を行ったとしても、それに対して裁判官は拘束されないこと（いわゆる鑑定の拘束力がないこ

66　あえて付け加えるならば、精神医学等の鑑定人の一部においては、とくに「不可知論」よりの論者においては、このような鑑定人像は歓迎されてきたともいえ、このことが、「規範的要素に対して言明を行うことに禁欲的であることを求める立場」を根強く保持してきた一つの要因とも思われるのである。

と）については、判例および学説、少なくとも、判例および学説の大勢においては[67,68]、基本的には異論が存しないという点をあげることができよう。つまりは、鑑定人が「責任能力の喪失あるいは著しい減少」について言明を控えるべきか否かにつき、これを肯定するにせよ否定するにせよ、鑑定人が、いわゆる「白衣の裁判官（Richter in Weiß）」となることについては、

67　判例については、多くに代えて、例えば、鑑定人と裁判官の関係をめぐる問題を論じるにあたって頻繁に引用される、BGHSt 7, 238, BGHSt 8, 113. をあげることができよう。前者のBGHSt 7, 238, 239. では、「……鑑定人は、裁判官から、判決の基礎とされる認定に対する責任を取り上げるために任命されているのでもなく、また、そうすることもできない。このことは、鑑定人がその鑑定において出発点にしていた事実——鑑定の基礎となる事実——を確定することについてのみ妥当するのではなく、医学的な観察結果や結論にも妥当するのである。これらについてさえも、裁判官は、……特別な学問上の専門的な問題がかかわるような場合においても、説得力について審査しなければならない。」とされ、後者のBGHSt 8, 113, 118. では、「判断に関して手続法上出発点となるのは、扱いにくい専門的問題においても事実審裁判官が自ら判断を行う義務を負うということである。事実審裁判官は、この専門的な問題についても、その判断を自ら獲得し、その理由づけを自ら考えぬかなければならない。」などとされるところであり、明確に裁判官が最終的な判断者であることが示されているといえよう。なお、裁判官が最終的な判断者であることを相対化するようなBGH判例における表現も見られるが、裁判官の最終判断者性自体は、否定されているわけではなく、確固として維持されているといえよう。この点については、拙稿「事実審裁判官の鑑定とは異なる判断、無警戒で無防備であることの利用」（ドイツ刑事判例研究）比較法雑誌第45巻2号310頁以下参照。
　　拘束力がないことについても、とくに「責任能力の著しい減少」に関する判断に多く見られるところである。例えば、比較的近時のものとして、BGHSt 43, 66, 77.; BGHSt 49, 45, 53.; BGH NStZ 2005, 326, 327. BGH NStZ-RR 2010, 73, 74. など。
68　また、学説についても、多くに代えて、例えば、Kaufmann, a.a. O., S. 1067（注52）では、刑法20条、21条の責任能力に関して誰が最終的に決定するのかについては、「法律上は、これは明白である。つまり、基本法92条にもとづいて、裁判を行う権能は裁判官に委ねられているため、裁判官が決定しなければならないのである。」とされ、また、Schreiber, a.a. O., S. 1038.（注43）では、「基本法にもとづいて、裁判を行う権能は裁判官に委ねられており、鑑定人は、この裁判官には属さない。」とされ、また、Schreiber/ Rosenau, a.a. O., S. 113.（注40）では、裁判官の最終的な判断権限を強調することは適切であるとされ、S. 115. では、「裁判官は、簡単に、鑑定を引き継いだり、鑑定に従ったりしてはならない。裁判官は、法的な問題だけでなく、事実的な問題においても鑑定に拘束されない。」、「鑑定やその結論を調査せずに引き継ぐことは、決して許されるべきではない。」とされている。このような、裁判官があくまで自ら調査し最終的な判断を行うことになるとの指摘は、学説上広く受け入れられているものといえよう。なお、鑑定に拘束されないことについては、当然のことながら、これを認めたとしても、裁判官が恣意的な判断を行うことが許されるわけではなく、わが国においてよく見られる指摘と同様に、論理則、経験則からの制約を受けるとの指摘もなされるところである。この点については、例えば、vgl. Eschelbach, Beck'scher Online-Kommentar StGB, Stand: 01.02.2011. Edition: 14, §20, Rdn. 123. など。なお、拘束力については、本書七章参照。

第六章　責任能力判断における裁判官と鑑定人の関係　　253

――この用語が圧倒的に批判的な意味で用いられていることが示すように
――適切ではないという点では、見解の一致が見られるということである。
したがって、責任能力判断において、裁判官が最終的な判断者であること
は、いずれの立場に立っても当然の前提ということになる。

(b)　「規範的要素に対しても言明を行うことを肯定する立場」の主張内容について

（b）-ⅰ　さて、以上の点を確認した上で、考察にうつることにする。結論からいえば、「規範的要素に対しても言明を行うことを肯定する立場」の主張内容には「規範的要素に対して言明を行うことに禁欲的であることを求める立場」に対する反論として十分な合理性があるといえるのではないであろうか。

まず、先に示した「規範的要素に対しても言明を行うことを肯定する立場」の主張内容の①についてであるが、なんといっても、「病的な」、「根深い」、「重大な」といった形容語が第一段階の精神の障害に付されており、これらの形容語が、認識・制御能力の喪失・減少への影響の観点を加味した、あるいは、認識・制御能力の喪失・減少の指標となるような、価値的、評価的な性質をもつものであり[69]、この第一段階要素（いわゆる生物学的要素）自体が規範的要素をも含むものであり、究極的には法的概念であることは明瞭であって、第一段階要素にあたるか否かにつき鑑定人が言明を行うことを肯定するのであれば、すでに鑑定人が規範的要素に対して禁欲的であることは明らかに不可能ということになるであろう。

69　この点については、例えば、刑法20条、21条の第一段階における四つのカテゴリーは、精神障害の異なるカテゴリーではあるが、立法者の意思にもとづくと、「認識能力・行動能力に対してそれがもたらす影響の点では、ほぼ等しいものでなければならない。……」（Klaus Foerster/ Harald Dreßing, in Venzlaff/ Foerster (Hrsg.) Psychiatrische Begutachtung, 5. Aufl. 2009, S. 7.)、あるいは、「……意識障害の『根深い』という特性や偏倚の『重大さ』は、認識・制御能力の損傷の程度とほとんど区別することができず、それはこれらにとって同じ観点が決定的となるからである。」（Schreiber/ Rosenau, a.a. O., S. 108. (注40)）、あるいは、「精神的偏倚が重大である」という確定が刑法21条の意味における「著しい」との評価を、判例に従って、通常引き入れることになる場合で、そして同時に、「著しさ」が法的概念とみなされる場合、経験的なものと法的問題との間での境界設定はほとんど維持することができない（vgl. Fischer, a.a. O., §20, Rdn. 63. (注39)）、などといった指摘がなされるところである。さらに、安田・前掲注（9）154頁以下も参照。

254 責任能力と精神鑑定

　また、精神医学、司法精神医学の側からの鑑定にあたっての方法に関して、次のような複数のステップから成る方法が提示されていることにも留意する必要があるようにも思われる。すなわち、第一のステップとしては、診断を行うことが決定的であり、ここでは、あらゆる利用可能な情報にもとづいた調査時点での診断とともに、判断すべき時点に関する診断を行うことが鑑定人の任務であるとされる。次に第二のステップとして、その精神病理学的な診断を問題となる法領域における法的概念、例えば刑法20条、21条の要素カタログ（第一段階の精神の障害）の一つの下へと分類がなされなければならないとされる。つまり、精神病理学的な所見や診断を法的概念へと移し変えることが行われるとされる。そして、第三のステップとして、精神医学の鑑定人は証明問題（Beweisfrage）に答えなければならず、その際、鑑定の委託者の評価が優位することをつねに考慮しなければならないとされる[70]。またあるいは、第一のステップとして、あらゆる鑑定上の問題において、刑法上の問題、社会法上の問題、民法上の問題のいずれにかかわるのかということとはまったく独立に、診断を行うことになるとされる。続く第二ステップでは、この診断を法が定める概念へと分類することが行われるとされる。ここでは、この法が定める概念が、例えば、意識障害や精神遅滞のような診断上の表現と時には同じであるような感じを与えるが、様々な法分野において異なる内容をもちうる法的概念が問題となっているとされる。そして第三ステップでは、法的問題と診断を結びつけることが行われるとされる。つまりは、立てられた問いに回答がなされること、すなわち判断が下されることになるとされる[71]。またあるいは、第一ステップでは、臨床上の診断を行うこと、第二ステップでは、法的な病気概念の下へと包摂すること、第三ステップでは、臨床経験にもとづいて、障害によって引き起こされた機能損傷についての仮説を示すこと、第四ステップでは、法的に重要な機能損傷の定量化を行うこと、第五ステップでは、臨床上の仮説が適切である蓋然性を指定すること、とされている[72]。これらの方法についてここでは詳細に立ち入るこ

70　Vgl. Foerster/ Dreßing, a.a. O., S. 6 f.（注69）

71　Vgl. Foerster, a.a. O., S. 2052.（注47）

72　Vgl. Norbert Nedopil, Forensische Psychiatrie, 2. Aufl. 2000, S. 11.

第六章　責任能力判断における裁判官と鑑定人の関係　　255

とはしないが、第一および第二ステップは注目に値するように思われる。つまり、まず、精神医学的な診断、次いで、それを法的概念へとあてはめるという過程は、いずれにも共通しており、これにより、方法上、鑑定人が法的、規範的領域へと関与することがはっきりと示されていることになり、かつ、こうした判断過程は、鑑定人によって今日広く受け入れられているとも解されるのである。そうすると、法的、規範的要素に対して言明を行うことに禁欲的でなければならないとの考え方は、少なくとも責任能力判断の第一段階に関しては、多くの場合、鑑定人自身によって（自覚的にも）放棄されていることになり、規範的要素に対して言明を行うことに禁欲的であることを求める立場は、その有力かつ強固な主張にもかかわらず、この限りでは、現実として、完全に空洞化しているということになるであろう。

　また、混合的方法は、そもそも、第一段階要素としての「精神の障害」によって「認識・制御能力の喪失あるいは著しい減少」がもたらされた場合に「責任無能力」、「責任能力の著しい減少」が認められる、とすることで、責任の阻却・減少の要件要素を定める方法である。ここでは、認識・制御能力の喪失あるいは著しい減少の原因は第一段階要素としての「精神の障害」に限られることになり、当然のことながら、この第一段階要素としての「精神の障害」を原因としない、責任能力規定にもとづく「責任無能力」、「責任能力の著しい減少」は存在しないことになるのである。さらに、この原因となる「精神の障害」は、「認識・制御能力の喪失あるいは著しい減少」の観点から捉えられ、「認識・制御能力の喪失あるいは著しい減少」をもたらす可能性のあるものに限られている。このことは、認識・制御能力の喪失・減少への影響の観点を加味した「根深い」、「重大な」等の形容語が付されていることから明らかといえる。これらの点を確認の上で、この原因となる「精神の障害」と結果としての「認識・制御能力の喪失あるいは著しい減少」という因果連関をもう少し詳細に眺めるならば、第一段階要素（原因たる「精神の障害」）と第二段階要素（結果たる「認識・制御能力の喪失あるいは著しい減少」）から成る責任無能力・責任能力の著しい減少の要件のより正確な姿があらわれるように思われるのである。つまり、原因となる「精神の障害」は、認識・制御能力の喪失・減少への影響が加味されることで、いわば結果先取り的に

結果の属性を帯びることによって、法的、規範的な性質をも帯びることになり、よって、法的、規範的な性質と、非‐法的、非‐規範的な次元の産物（つまりは、精神医学、心理学といった精神にかかわる諸学の言説内に位置するもの）としての性質という二重の性質をもつことになり、他方で、結果としての「認識・制御能力の喪失あるいは著しい減少」は、このような二重の性質をもつ原因たる「精神の障害」が現実化したもの、あるいは、その現実的なあらわれ、あるいは、その一態様であり、この意味で、結果は原因を内包し、非‐法的、非‐規範的な次元の産物としての性質をも含みもつともいいうるのである。このような責任能力判断における原因（第一段階要素）と結果（第二段階要素）の関係において、第一段階と第二段階は、区別されるが、きわめて濃密な相互関係をもつことになるのである。そして、かかる原因（第一段階要素）と結果（第二段階要素）の、円環的でもあるかのような因果連関を内容とする要件は、精神医学、心理学といった精神にかかわる諸学の言説の産物としての性質と法的言説の産物としての性質を併せもつ、まさしく両分野の交錯領域としての特徴をもつことになるのである。つまるところ、第一段階では、認識・制御能力の喪失あるいは著しい減少をもたらしうるような（その可能性のある）「精神の障害」の有無が問題となり、第二段階では、そのような「精神の障害」が「認識・制御能力の喪失あるいは著しい減少」という形で現実化したか否かが問題となり、精神医学等の知見と法的知見の両者にもとづいて、いずれの段階も判断がなされるということが特徴ということになろうかと思われるのである。このように、原因たる「精神の障害」（第一段階要素）と結果たる「認識・制御能力の喪失あるいは著しい減少」（第二段階要素）との関係を観念できるのであれば、第一段階要素も、第二段階要素もともに、「法的、規範的な性質」と「非‐法的、非‐規範的な次元の産物としての性質」という二重の性質を分有することになるため、第一段階要素と第二段階要素をそれぞれ質的に特徴づけ、質的に一つのものへと純化し、両者を峻別することは不可能ということになるのではないであろうか。したがってまた、このような二重の性質は、責任能力規定の定める要件要素の全体を通じて、支配していると考えることになるのではないであろうか。まさに、「精神医学的・法的な両性具有の産物（Eine psychiatrisch-rechtliche Zwitterge-

第六章　責任能力判断における裁判官と鑑定人の関係　257

burt)[73]」、「認識・制御能力は、純粋に事実的な、経験的方法によって、把握、記述可能な所与ではなく、また、純然たる規範的な構築物でもない。[74]」、「刑法20条の両段階は、……それぞれ同様に、評価的に承認するという方法の助力を受けて経験科学的に回答されなければならない問題を含むことになるのである。[75]」、「経験的なものと規範的なものの混合状態[76]」などといった表現は、こうした二重の性質をもつ責任能力に関する要件を念頭に置いて使用された表現と思われ、適切な表象を喚起する表現であるように思われるのである。

　以上のような諸点から①の主張内容は、肯定できるように思われるのである。

　(b)-ⅱ　次に②の主張内容についてであるが、精神医学等の鑑定人の活動と裁判官の活動は、従来、多くの場合、その相違が強調され、両者の違いにもとづいて説明がなされてきたといえる。背景とする知識、知識体系、方法論や、それらを修得するための教育などの点で、両者は異なるのであるから、それぞれの差異に着目し、それにもとづいて両者の関係やそれぞれの特徴を説明すること自体は、確かに、適切ともいえるのである。そして、医学、精神医学等の諸学が経験科学的な性質を基調とし、法的思考が規範学的な性質を強くもつものであるならば、そのような両者の差異に着目することもまた、それ自体は適切であるといえよう。しかしながら、そのような差異性の強調が、類似性や共通性がある場合に、それをまったく無視したり消し去ったりすることにつながることは、適切とはいえないように思われるのである。したがって、類似性や共通性を探り、その類似性や共通性が認められる場合に、それに着目し、それにもとづいて説明を行うという方向にも、やはり正当な位置づけが与えられなければならないということになるのではないであろうか。思うに、医学、精神医学は、標準からの偏差を扱い、それに

73　Vgl. Siegfried Haddenbroch, Forensische Psychiatrie und die Zweispurigkeit unseres Kriminalrechts, NJW 1979, S. 1236.

74　本章Ⅱ（2）(b) Schreiber/ Rosenau の見解部分参照。

75　本章Ⅱ（2）(b) Tiemeyer の見解部分参照。

76　本章Ⅱ（2）(b) Schöch および Jähnke の見解部分参照。

かかわる営みという面をもつことは確かであるように思われ、その「標準な
るもの」の背後には、諸々の社会規範に支えられた「かくあるべき」という
性質が潜むのであれば——Jähnke が言うように、「標準的（基準的）なもの
（者）という表象は、規範的な性質をもつもの」であるならば——、医学、
精神医学にも規範的な性質があるという考え方は、十分に肯定できるように
思われるのである。そして、さらに、（刑法を含む）法規範も社会規範の一つ
であるならば、法律家の活動のもつ規範的な性質と精神医学等の営みのもつ
規範的な性質は、全面的に一致するとはいえないが、少なくとも部分的な重
なり合いは肯定されるのではないであろうか。そうだとすれば、法的、規範
的な領域にも及ぶ、あるいはそれに直結するような言明を行うことは、鑑定
人が精神医学等の自らの専門とする諸学の観点から、その枠内にとどまるこ
とを意図して活動する場合にも、ありうる（あるいは、ただ形式的に、法律用語
を用いた規範的要素に対する言明を控えたとしても、実質的には、法的、規範的な領域に
及ぶ言明を行うことになりうる）、ということになるのではないであろうか。こ
の限りで、鑑定人が法的、規範的な領域に及ぶ言明を行わないことは、不可
能とはいえないまでも、そもそもかなり困難ということにもなりうるし、あ
るいは、不自然な活動を鑑定人が強いられるということにもなりうるように
も思われるのである。結局のところ、精神医学等の鑑定人の活動と裁判官の
活動がともに規範的、評価的性質をもつという類似性への着目と、それにも
とづく両者の関係の説明は、責任能力判断における鑑定人と裁判官の間での
コミュニケーションや摺り合わせ作業の必要性を確認することを促すことに
つながるのではないであろうか。

　(b)-iii　以上のように、①、②の主張内容、すなわち、「規範的要素に対
して言明を行うことに禁欲的であることを求める立場」に対する理論面での
反論ともいうべき主張内容を妥当なものとして肯定したとしても、なお、徹
底して、——不自然な活動を鑑定人に強いるとしても——法的、規範的な領
域には達しないような、あるいは、責任能力の喪失・減少という評価に直結
しないような、事実的、記述的とされるものに鑑定人の言明をとどめること
を求め、規範的要素に対して禁欲的であることを要求することは不可能では
ないようにも思われる。つまり、いわゆる徹底した「管轄純粋主義（Kompe-

tenzpurismus)」[77]を要求する立場である。しかしながら、このような徹底した「管轄純粋主義」に対しても、現実的なメリット・デメリットの観点からなされた指摘ともいえる③の主張内容が、反論としてかなり有効に機能するのではないであろうか。

まず、責任能力判断において鑑定を行う目的は、その鑑定を通じて裁判所に不足する専門的知識を補うことで、正確で適切な責任能力判断を行うためであることは、異論のないところと思われる。そして、当然に、鑑定は、この正確で適切な責任能力判断に実際に資するものでなければならないように思われるのである。そうだとすれば、純粋に「事実的、記述的とされる精神の障害に関する言明」が鑑定人によって示された場合に、それと「認識・制御能力が喪失あるいは著しく減少しているかどうか」という結論とを結びつける知識が裁判所において不足しているならば、鑑定人に対してこの結論や結論に直結する言明を判断の参考として提示することを、裁判所が期待するということはもっともなことであり、他方、この期待に鑑定人が応えるということも、正確で適切な責任能力判断を行うという目的から、肯定されるのではないであろうか。また、例えば、Verrel によれば、鑑定の97パーセントがはっきりとした責任能力判断を含むとされ、このような鑑定人による態度表明の頻繁さは、鑑定人が判断対象者の刑法上の答責性に関する具体的な言明を行うことを、裁判所が期待していることを物語るものである、ともされているのである[78]。かかる指摘が妥当であるならば、責任能力の喪失あるいは著しい減少についての言明を鑑定人が行うことへの裁判所の期待は、現実にかなりあると考えられ、かつ、鑑定人も、実際に高い割合でこれに応えているともいえるのである。このような現実に存する期待や要請を、「管轄純粋主義」の徹底、あるいは、規範的要素に対して禁欲的であることの徹底によって、ことさら抑えこむことは、実際上、正確で適切な責任能力判断を阻害することにもなりうるのではないであろうか。

また、正確で適切な責任能力判断を行うにあたっては、裁判官と鑑定人

---

77 この用語については、本章注（46）も参照。

78 Vgl. Torsten Verrel, Die Verwertung von Schuldfähigkeitsgutachten im Strafurteil, ZStW 106 (1994), S. 339.

は、互いに必要となる知識を補完し、誤解がある場合には、それを解消することが必要となるように思われるが、この場合に、両者の間でのコミュニケーションが重要となると解され、その際、一方の鑑定人が徹底して、純粋に事実的、記述的とされるものに言明をとどめなければならないならば（法的、規範的な領域に及ぶ言明を一切控えなければならないならば）、ここでのコミュニケーションが有益な形でなされるのかは大いに疑問であり、正確で適切な責任能力判断を行う上では、かえってデメリットが際立つようにも思われるのである。

　確かに、先に見たように、Rudolphiが、「規範的要素に対しても言明を行うことを肯定する立場」に立ちつつ、裁判官の最終的な判断に対して鑑定人の言明がもたらす強い影響を考慮して、やや控えめな態度として鑑定人による言明を肯定する場合、かかる態度の背後には、鑑定人がいわゆる「白衣の裁判官」となることへの懸念を見て取ることができるように思われ、かつ、かかる「白衣の裁判官」化への懸念、つまりは、鑑定人による規範的要素に対する言明に伴いうるデメリットの側面に配慮すること、これ自体は正当であるとも思われるのである。そしてさらに、「規範的要素に対して言明を行うことに禁欲的であることを求める立場」が自説を導出した動機ともいえるものが、こうした「白衣の裁判官」化への懸念であるならば、この動機そのものとしては、やはり正当とも思われるのである。しかしながら、本来は、このような「白衣の裁判官」化への懸念といったものは、裁判官の最終判断者性の維持・確保、その周知徹底を通じて除去すべき事柄であって、鑑定人による規範的要素に対する言明をあらかじめ一切排して、懸念の現実化を予防するという方策によって対処すべき事柄とはいえないのではないであろうか。鑑定人の言明がもたらす強い影響が理由とされるが、鑑定人が参考意見として付した（規範的要素にも及ぶ）言明に影響を受けて、あるいは、それを合理性のあるものだと考えて、裁判官が判断を下すこと自体は何ら問題はなく、むしろ、裁判官が、最終的に判断を下す地位にある者として、鑑定人が提示した言明を調査し、吟味し、その自らの調査・吟味を担保する意味をも含む、最終的な判断に対する合理性のある理由づけを示すことが重要であって、これを怠って、ただ単に鑑定人の言明に従うことによって実質的な最終

第六章　責任能力判断における裁判官と鑑定人の関係　261

判断者が鑑定人となることが問題なのではないであろうか。そうであるならば、かかる問題に対する対応は、裁判官の最終判断者性の維持・確保を通じてなされるというのが本筋ということになるように思われるのである。

　こうして、鑑定人が規範的要素に対する言明を行うことを一切否定し、純粋に事実的、記述的とされる言明にとどめなければならないとする考え方は、デメリットの方が顕著であるといえるように思われるのである。なお、ドイツにおいては、責任能力判断における「疑わしきは被告人の利益に」の原則の適用範囲については、同原則は、事実的領域にのみ適用され、法的領域には適用されないとの考え方が判例・学説において広く受け入れられていると解されるが[79]、この場合の「疑わしきは被告人の利益に」の原則の適用範囲と鑑定人の言明が許される範囲を厳格に一致させる必然的理由はないように思われる[80]。むしろ、両者は必ずしも一致する必要はなく、先に見たFoersterが示唆するように[81]、鑑定人による言明は法的領域（規範的要素）にも及びうること、あるいは、そうすることが望ましい場合もあることを認めた上で、「疑わしきは被告人の利益に」の原則の適用対象については、同原則の趣旨と目的を考慮し、裁判官が事案ごとに決定することになると解すれば足るのではないであろうか。

　したがって、以上のことから、「規範的要素に対しても言明を行うことを肯定する立場」の主張内容［①②③］は、いずれも「規範的要素に対して言明を行うことに禁欲的であることを求める立場」に対する反論として十分な合理性があると解されるのである[82]。

79　この点については、拙稿「『疑わしきは被告人の利益に』の原則——責任能力の問題に対するその適用可能性」（ドイツ刑事判例研究）比較法雑誌第43巻1号271頁以下参照。

80　例えば、Detterなどは、これを一致させるかのような指摘を行っている。これについては、vgl. Detter, a.a. O., S. 4. (注37)

81　Foersterの見解部分および（注48）参照。

82　なお、鑑定人が規範的要素（責任能力の喪失・著しい減少）につき言明を控えるべきか否かについてのBGHの直接的な態度表明としては、例えば、BGHSt 2, 14, 16.（1951年）では、……裁判所は、「責任の問題にとって重要な事実を確定するために、鑑定人の専門的知識を用いなければならない。」、「しかしながら、行為の際の被告人の精神的、心的態度（筆者注：表題では、この部分は「行為者の責任」となっている。）について、この事実からどのような結論を引き出すのかという問題に、裁判所は自ら回答することができるし、また、そうしなければならないであろう。この決定の場合には、鑑定人が協力することは許されさえしないであろう。」と

され、かなり明確に言明を行うことが否定されていたと考えられるが、その後、BGHSt 7, 238, 240.（1955年）では、……裁判官は、鑑定人の助力によって、行為時の被告人の身体的、精神的、心的状態を確定するとしても、「その確定された状態が、行為の事実的、法的な判断に関してどのような意義を有しているのかについての見解を独立して形成しなければならない。」、「もちろん、このことによって、鑑定人が、刑法51条の意味での法的な責任能力の問題をどのように判断するのかについても意見を述べることが否定されるわけではない。」とされ、反対に責任能力の喪失・著しい減少についても鑑定人が言明を行うことを肯定するような見解が示されるに至っている。

　責任能力の喪失・著しい減少につき鑑定人の言明が許されるのか否かについて、BGH の態度を推知しうる、その表現は、かなり多様で、多数にのぼるものであり、確かに、いずれの立場であるのかは容易には断定しにくいともいえる。例えば、比較的近時の判例（とくに、Boetticher/ Nedopil/ Bosinski/ Saß, Mindestanforderungen für Schuldfähigkeitsgutachten, NStZ 2005, 57. 以降のもので、これを引用文献としてあげるもの）では、次のような表現がみられる。

　「まず、刑法20条の第一段階の精神病理学的な要素の下へ包摂されうる精神の障害が、被告人にあって、認められることが確定される必要がある。次に、その精神の障害が顕著である程度および被告人の社会的な適応能力への精神の障害の影響が調査されなければならない。つまり、当該行為（Tatverhalten）に対して精神の障害が影響を及ぼしたか否か、また、どのような影響を及ぼしたのか、どの程度の影響を及ぼしたのかが確定されなければならない。これについて、裁判官は、多くの場合、鑑定人の助力に頼らなければならず、また、精神の障害についての診断、精神の障害の重大さの程度、精神の障害と行為（Tat）との内的関係についての鑑定人による説明を期待することになる。にもかかわらず、刑法20条の第一段階要素の一つを肯定する場合にも、責任能力の減少を認める場合にも、……法的問題が問われているのである。事実審裁判官は、このため、鑑定人による説明を調査し、法的に評価しなければならず、さらに、自らの決定につき、上告裁判所にとって事後的な調査が可能な方法において理由づけを行う義務を負うことになる。」（BGH NStZ-RR 2008, 338, 339.）と。あるいは、制御能力の著しい減少という法的問題の判断のために、「事実審裁判官は、鑑定人の行った診断、障害の重大さの程度、当該行為と障害との内的関係を証拠調べの結果にもとづいて調査することになる。精神の障害が刑法20条、21条の第一段階要素を満たすかどうかを、事実審裁判官は、鑑定人の助言にもとづいて、自身の責任において判断することになり、同様のことが、その第一段階要素が責任能力の著しい減少をもたらしたか否かという、これに続く問題についても妥当する。」（BGH NStZ 2009, 258, 259.）と。

　こうした表現に類するものは、近時多くみられるように思われるが、ここでの「精神の障害についての診断、精神の障害の重大さの程度、精神の障害と行為との内的関係についての鑑定人による説明」や「鑑定人の助言」がいかなる意味であるのか（これらの表現が示す鑑定人の言明の範囲がいかなるものか）は、確かに、多様な読みが可能であるようにも思われる。ただ、こうした表現にあっても、文脈から、実質的に、規範的要素についての言明まで鑑定人に肯定していると解することは、可能であろうし、また、先の Verrel の指摘が示す通り、きわめて多くの鑑定において責任能力判断に関する言明が行われていると考えられ、さらには、鑑定において責任能力判断に関する言明が示される場合にも、とくにこれに対して判決理由において批判が示されないことが一般的であることからすれば、先の BGHSt 7, 238. ともあいまって、規範的要素についても鑑定人が言明を行うことを容認する立場に、今日、BGH は基本的に立っ

（c） わが国の議論への示唆および結論

（c）- i 　上述の『規範的要素に対しても言明を行うことを肯定する立場」の主張内容は、わが国における、鑑定人が「責任能力の喪失あるいは著しい減少」について言明を行うことを控えるべき（「規範的」、「法的」、「評価的」なものへの言明を控えるべき）との立場に対しても、いずれも反論として、基本的に有効なものと考えられる。以下では、とくに、わが国における議論とドイツにおける議論の背景に関する相違と共通性に留意しながら、いくつかの点について、若干ながら言及する。

　第一に、わが国においても、ドイツにおけるのと同様に、裁判官が、あくまで最終的な判断者であり、鑑定人の言明には拘束されないということについては、ほぼ異論がないといえよう。例えば、「心神喪失、心神耗弱とする鑑定人の判断に裁判官は拘束されないというのが判例・通説の考え方である。」、「責任能力は最終的には裁判官の判断に委ねられるとする点では学説上も争いはない」[83]、あるいは、「……鑑定人が鑑定結果において言及している心神喪失の状態にあつたとか、責任無能力であつたとかの意見に拘束されないことはいうまでもない。」、「……鑑定結果は一の証拠にすぎず、証拠の証明力は裁判官の自由な判断に委ねられている（刑訴法318条）から、その採否は裁判官の自由裁量にかかる。」[84]、あるいは、「責任能力の有無は法律問題である上、元来、証拠の証明力の判断には自由心証主義が妥当するということから、精神鑑定の結果が裁判所を拘束するものでないことには、異論がない」[85]など[86]とされるところであり[87]、裁判官の最終判断者性と鑑定への不

　ていると評価することは、可能かと思われる。むしろ、ここで示したような近時のBGHの判例においては、鑑定人が規範的要素について言明を行うことを否定するか否かということをとくに問題としているわけではなく、規範的要素についての言明も含めた鑑定人の見解が示された場合に、最終的な判断者である（事実審）裁判官が、自ら調査・吟味し、最終的な結論についての理由づけを行うことが必要かつ重要である、とする指摘に力点が置かれているともいえ、この点に、より注意が払われるべきかと思われる。これについては、さらに、vgl. BGH NStZ-RR 2007, 74, 74. BGH Beschluss vom 27. 10. 2009-3 StR 369-09 BeckRS 2010, 00695. など。

83　只木誠「精神鑑定と法的能力評価——刑事鑑定の場合——」季刊精神科診断学12巻2号（2001）213頁。

84　臼井滋夫「鑑定に対する法的評価——精神鑑定についての若干の考察——」警察學論集14巻7号46頁。

85　池田修「精神鑑定について——裁判官の立場から——」刑法雑誌36巻1号56頁。

264　責任能力と精神鑑定

拘束は[88]、わが国においても前提となり、この点はドイツにおける状況と共通ということになろう。

　第二に、わが国も、ドイツにおけるのと同様に、いわゆる「混合的方法」を採用していると一般に理解されるところであるが、ここでの第一段階要素（生物学的要素）については、ドイツでは、「根深い」、「重大な」等の形容語が精神の障害に付されることによって、認識・制御能力の喪失・減少への影響の観点を加味した、価値的、評価的な性質あるいは規範的な性質をも含む概念であって、究極的には法的概念であることが明確に示されているといえる。他方、わが国における、今日定着している、大審院の示した混合的方法の定式では、第一段階の「精神の障害」について、このような形容語は付されておらず、この限りでは、異なるともいえる。だが、この「精神の障害」については、わが国においても、認識・制御能力の喪失・減少への影響の観点を加味した、法的概念であるとの見解、あるいはそのような理解を示唆する見解がすでに提示されている。

　例えば、「責任能力判定で必要とされる『精神の障害』の概念は、精神保健福祉法やICD-10、DSM-Ⅳなどの操作的診断基準によって定義される精神障害よりはずっと狭い法的概念である。一般に、狭義の精神病（統合失調症など）、意識障害、重度の発達遅滞など、重篤な判断能力の障害を伴う精神障害を指すと考えられている。」[89]、あるいは、「法律の上でいう『精神の障害』と精神科医がその専門領域でいっている『精神障害』とは必ずしも同じ

86　なお、いずれの論者も、安易な素人判断を慎むべきこと、経験則、論理則に従うべきこと、恣意的判断が許されないこと等の制約があることについても指摘している。

87　さらに、寺尾正二『最高裁判所判例解説刑事編（昭和33年度）』42頁以下、稲田輝明「刑事鑑定の諸問題」『現代刑罰法大系』第6巻　刑事手続Ⅱ（1982）130頁、西山・前掲注（35）33頁、石井一正『刑事実務証拠法』第4版（2007）456頁なども参照。

88　なお、鑑定の拘束性については、「……生物学的、医学的要素に関しては、精神鑑定の結果によほどの明白な誤りのない限り判断を拘束されると考えなければならない。」（村井敏邦「刑事鑑定の種類と内容（精神鑑定——法律家の立場から）」『刑事鑑定の理論と実務——情状鑑定の科学化をめざして——』上野ほか編著（1977）170頁以下）、あるいは、「『特別の専門知識』に属する部分については、鑑定人を召喚した趣旨からするかぎり、その鑑定結果に拘束される」（浅田和茂「触法精神障害者に関する手続と精神鑑定の役割」ジュリスト772号61頁）などとされ、拘束性について比較的厳格に解する見解も提示されている。

89　五十嵐・前掲注（24）11頁。

ものではないということにも注意すべきである。」、「……幅広い精神障害を
『DSM や ICD に掲載されているから』という理由だけで、この法律的な文
脈でいう『精神の障害』と認めて良いのかについて、慎重であるべきであ
り、そう認めるにあたっては鑑定書のなかで相応の説明をする必要があると
思われる。」、「……何らかの臨床検査で『異常所見がみられたから』といっ
た理由だけで、ここでいう『精神障害』に該当すると考えるべきではない。
その障害が事件に関連していることを合理的に指し示す必要があるといえ
る。」[90]とされ、法的概念であることが明確に示され、また、さらには、「精
神の障害は、刑法の立場から39条の適用範囲を画するための、法律的な病気
概念」である[91]、「精神の障害」は、「認識・制御能力に少なくとも著しく影
響を及ぼすような精神的機能の障害を漏れなく把握すべき概念であれば足
り」る[92]、あるいは、「……生物学的要素の内容は、『認識能力と制御能力に
影響を与え得る精神状態像、或は精神症状』として与えられることにな
る」[93]とされ、認識・制御能力の喪失・減少への影響の観点を加味した、法
的概念であることが示されているのである[94]。

　かかる法的概念としての構成が、「責任なければ刑罰なし」の責任主義の
あるべき帰結に配慮し、かつ、刑法39条の適用範囲を画すべく、第一段階要
素として、ふるいにかける機能があることに配慮したものであるならば、こ
の点で、支持されてしかるべき見解と考えられるのである[95]。そうであるな
らば、第一段階要素（生物学的要素）も、規範的要素をも含む法的概念という
ことになり、第一段階要素に該当するか否かにつき鑑定人が言明を行うこと
を肯定するのであれば、規範的要素に対して禁欲的であることは、やはり不
可能ということになるであろうし、また、第一段階要素を非‐法的、非‐規

90　『刑事責任能力に関する精神鑑定書作成の手引き』・前掲注（27）13頁。
91　安田拓人『アクチュアル刑法総論』伊藤渉ほか共著（2005）225頁以下。
92　安田・前掲注（9）70頁。
93　森裕「責任能力論における精神の障害について」阪大法学56巻3号（2006）683頁。
94　さらに、西山詮「責任能力の精神医学的基礎」風祭ほか編『臨床精神医学講座19巻　司法精
　　神医学・精神鑑定』（1998）40頁も参照。
95　「精神の障害」について、法的概念として構成することの妥当性については、本書一章（とく
　　に、Ⅰ「精神の障害」概念の法的構成の必要性）参照。

範的なものとし、第二段階要素（心理学的要素）を法的、規範的なものとすることで、両者を質的に峻別することも不可能ということになるであろう。

第三に、医学、とくに精神医学の営み（それを専門とする鑑定人の活動）と法律家の活動（それに属する裁判官の活動）において、類似性があることへの着目が、ドイツにおいて正当であるといえるならば、わが国の精神医学等の活動が特殊で固有のものでない限りは、同様に正当ということになり、類似性への着目から導かれる帰結も、当然に、かなりの程度で共有できるということになるであろう。

第四に、わが国においても、「責任能力の喪失あるいは著しい減少」について、鑑定人が自身の見解を参考意見として付すということは、かなり長きにわたって、相当数行われており、実際に、法律家の側から意見が求められるともされており[96]、このことからすれば、鑑定人が規範的要素に対しても言明を行うことへの期待や要請は、ドイツと同様に、現実に存するともいえ、ことさらこれを抑えることは、正確で適切な責任能力判断にとってマイナスに働くことにもなりうるように思われるのである。また、「責任能力の喪失あるいは著しい減少」についての言明や、これに直結する言明を完全に禁ずる場合、鑑定人と裁判官の間での、正確で適切な責任能力判断に向けた有益なコミュニケーションがなされえないといった趣旨の指摘は、わが国においても同様に妥当するように思われ、加えて、たんなる診断名と責任能力に関する結論の対応関係を越えた、より肌理の細かい将来の一応の指針となるようなものを両者の間で形成するという点でも、マイナスに働きうるという面は否定できないようにも思われる。

第五に、いわゆる「白衣の裁判官」化への懸念は、わが国においても、共有されるところと思われ、また、「責任能力の喪失あるいは著しい減少」についての言明を鑑定人が控えるべきとの立場から示される、鑑定人への依存傾向への批判や、越権行為、職分限界の混淆などといった指摘も、この「白衣の裁判官」化への懸念に通じるものと解されるが、先のドイツにおける議論の考察に際して述べたように、かかる懸念に対する対処は、第一次的に

96　本章注（6）参照。

第六章　責任能力判断における裁判官と鑑定人の関係　　267

は、裁判官の最終判断者性の維持・確保によって対応がなされるべきであっ
て、鑑定人による規範的要素に対する言明を、ことさら一切封じることに
よって対応する必要はなく、鑑定人が規範的要素に対しても言明を行うこと
を認めた上で、裁判官の最終判断者性を維持することは、まったく可能と思
われるのである[97]。また、これとの関連でいえば、裁判員制度における裁判
員に及ぼす影響が大きいことへの懸念も——自ら吟味することなく、ただ単
に鑑定人の言明に従うことに対する懸念であるという限りで、正当な懸念で
あると解されるが——、最終的な判断者であることや、その地位にある者が
なすべきことについての適切な説示などによって、対処され、この点でのデ
メリットの除去・軽減がはかられるべきかと思われるのである。

　以上のような諸点から、「規範的要素に対しても言明を行うことを肯定す
る立場」の主張内容は、わが国における、鑑定人が「責任能力の喪失あるい
は著しい減少」について言明を行うことを控えるべきとの立場に対しても、
いずれも反論として、基本的に有効なものといえるのではないであろうか。

　よって、結論においては、——責任能力論に関する諸概念の理解について
若干の差異があることも予想されるが——先に見た、裁判例における「……
鑑定人の刑法第39条の解釈適用に関する見解の記載が、併存することを肯認
し得るが、鑑定人が鑑定書中に自己の法律的見解を附記すると否とは其の自
由であ」る（名古屋高裁金沢支判昭和26・4・20）、とする見解や、学説におけ
る、「……鑑定人が生物学的要素のほかに、心理学的要素の判断をし、さら
に、これに心神喪失等の法律的見解を付け加えることは、何ら差し支えな
い」、あるいは、「……鑑定人が精神障害、弁別能力等の状況について判断し
た上、これに関する法律的評価を付加することは何ら差し支えない」[98]、あ

　97　なお、「ドイツと異なってわが国では、鑑定人に比して裁判官の権限がまだ圧倒的に強い」、
　　「専門家による鑑定が必要と考えられる多数のケースに対し、検察官や裁判官が自己流『精神鑑
　　定』をしている可能性が大きい。つまり必要な科学的事実認定を無視して、規範的に裁断して
　　いる可能性がきわめて大きいことが考えられる。幸いというべきか不幸というべきか、わが国
　　では『刑事裁判官の鑑定人依存性』が問題となるような条件はないに等しいのである。」（西
　　山・前掲注（35））などといった指摘もなされており、これが、わが国の状況について一定程度
　　真実を伝えるものであるならば、裁判官の最終判断者性の維持は、わが国においてはドイツよ
　　りもはるかに容易であるともいえ、むしろ、裁判官の最終判断者性とともに、鑑定人の見解に
　　対する十分な配慮を同時に強調することが重要ということになるであろう。

るいは「精神医学者が鑑定人となつた場合、己が分を守りつつ、被告の精神状態が行為におよぼした影響を判断し、その判断にもとづいて、責任能力に対する意見を述べることは、精神機能についての非専門家に対しても有力な資料を提供することである。」[99]といった見解が支持されることになり、さらに、これらに加えて、「可知論の立場においては、精神医学の専門性の範囲内で、心理学的要素についても一定の意見を述べることが要請される。」[100]、「責任能力の判断とは、犯行時点の被告人の判断能力の有無程度に関する判断であり、精神科医が、精神医学的知識に基づいて公正中立な立場から、犯行時の被告人の判断能力について意見を述べることは、裁判官や裁判員が被告人の責任能力の判断をなすことを妨げることではなく、むしろその判断のために有益な参考資料を提供するものといえよう。」[101]、あるいは、「……精神鑑定人は生物学的要件のみにかかわり、心理学的要件について意見を述べるべきではないという考えそのものに対しても、疑問がないわけではない。いわゆる心理学的要件なるものは、生物学的要件と切り離して判断できるものか、とくに、行為を抑止する能力は、精神障害の行為支配の程度の問題として、生物学的要件と密接不可分な関係にあり、精神医学あるいは心理学の専門的知識なくしては、容易に判定し得ないのではなかろうか。」、「裁判官は心理学的要件あるいは責任能力に関しての鑑定人の意見についても、精神状態の鑑定から導出された専門家の意見として、謙虚に耳を傾けるべきである。……精神医学あるいは心理学と法律学との共働作業によって、はじめて責任能力についての信頼し得る判断が可能となり、そこにおいて精神鑑定の裁判における正しい位置づけも行われ得るのである。」[102]、あるいは、「裁判所と鑑定人とを規範的判断者と記述者とに乖離させるのは現実にそぐわないし、裁判と鑑定の実際のためにも無益な試みと考えられる。」、「……鑑定人は、裁判官とそれぞれ独立してではあるが共同作

98　本章Ⅰ（b）-ⅲ参照。

99　本章Ⅰ（b）-ⅰ参照。

100　五十嵐・前掲注（24）12頁。

101　五十嵐禎人「裁判員制度と刑事責任能力鑑定」『責任能力の現在　法と精神医学の交錯』中谷陽二編（2009）118頁。

102　村井・前掲注（88）171頁以下。

第六章　責任能力判断における裁判官と鑑定人の関係　　269

業をするものと考えねばならない。」[103]などとする見解が支持されるということになるであろう[104]。

(c)-ⅱ　責任能力判断において「規範的要素に対しても言明を行うことを肯定する立場」に立つ場合、裁判官と鑑定人の関係におけるあるべき鑑定人像は、いかなるものであるのかについては、端的にいえば、ドイツにおける同説から導かれるように、責任能力判断における共同作業のパートナーということになるのではないであろうか。

繰り返しになるが、責任能力の最終的な判断を行うのは、裁判官である。これは動かしがたい内容といえる。このことが意味するものを念頭に置くなら、責任能力判断全体としては、最終判断者に助力を与える鑑定人は、補助者にすぎないともいえ、「補助者」という名称自体何ら問題がないともいえよう。だが、この点を厳に留保した上で、責任能力判断そのものに目を向けるならば、そして、責任能力規定の定める要件それ自体は、「精神医学的・法的な両性具有の産物」、「経験的知識と規範的な性質が、相互に分かちがたく結びついている」もの、「経験的なものと規範的なものの混合状態」といった性質、すなわち、精神医学、心理学といった精神にかかわる諸学の言説の産物としての性質と法的言説の産物としての性質という二重の性質をもつものであることを正面から認めるのであれば、かつ、裁判所が鑑定によらなければ十分な判断ができないと認めたからこそ鑑定を実施しているという前提も加えるならば、むしろ、鑑定人は、まったくのたんなる補助者ではなく、時に容易ならぬ責任能力判断にあたっての、共同作業のパートナーという鑑定人像がよりふさわしいのではないであろうか。そして、このような鑑定人像を念頭に置いた責任能力判断においては、Kaufmann のいうところの、裁判官と鑑定人は共同作業を行わなければならず、相互に不足を補わなければならないという「誰もが疑うことのないありふれた命題」[105]をたえず確認し、この命題を粛々と実践することが重要ということになるであろう。

103　西山・前掲注（27）79頁。
104　さらに、林美月子「責任能力と法律判断」『松尾浩也先生古稀祝賀論文集（上巻）』(1998)
　　329頁、浅田和茂『刑事責任能力の研究　下巻』(1999) 204頁など参照。
105　Kaufmann, a.a. O., S. 1067.（注52)

他面においては、かかる鑑定人像の下では、安易な縄張り争いのごときものや、過度な相互の不信感といったものが望ましくないという考え方が肯定されるのはもちろんのこと、徹底した分業の強調という姿勢も後退することを迫られるということになるのではないであろうか。

おわりに

　本稿は、「責任能力の喪失あるいは著しい減少」について鑑定人が言明を行うことを控えるべきか否か、といういわゆる「裁判官と鑑定人の管轄」をめぐる問題を検討課題とし、この検討過程を通じて、責任能力判断における裁判官と鑑定人のあるべき関係を探ったものである。より具体的には、わが国における、「責任能力の喪失あるいは著しい減少」について鑑定人が言明を行うことを控えるべきとする見解が、ドイツにおける、鑑定人が規範的要素に対して言明を行うことに禁欲的であることを求める立場と、本質的に同様のものであることを示した上で、かかるドイツにおける見解に対する反論、つまりは、規範的要素に対しても言明を行うことを肯定する立場から示された主張内容に検討を加え、この主張内容が反論として合理性を有するものであることを論じ、かつ、かかる主張内容が、わが国における、「責任能力の喪失あるいは著しい減少」について鑑定人が言明を行うことを控えるべきとする見解に対しても有効であることを論じたものである。そして、これらの考察を通じて、鑑定人は、責任能力判断における共同作業のパートナーであるというイメージが、責任能力判断における裁判官と鑑定人のあるべき関係の構築にあたって、より大きく寄与するのではないかとの視点を強調したものである。裁判官と鑑定人における共同作業が重要であるとの主張自体は、何ら目新しいものでないが、裁判員制度の導入を機に生じた、従来の実務に変更を迫る動きが活発化する状況において、これをあらためて確認する意義は少なくないのではないであろうか。

補　論

　本論でも示した平成19年度司法研究における、「……当事者間に争いがある場合において、参考意見とはいいながら、精神医学の専門家である鑑定人が法律判断の一方に明示的に軍配を上げたときの裁判員に対する影響は相当に大きいと思われる。」、「……本来その立場にない鑑定人において、責任能力の結論に当たる意見を裁判員に提示することは、誤解を招き議論を混乱させるおそれもあるといわざるを得ない。」、「……責任能力の結論に直結するような形で弁識能力及び統御能力の有無・程度に関して意見を示すことはできるだけ避けるのが望ましいし、少なくとも心神喪失等の用語を用いた法律判断を結論として明示することは避けるべきである。」といった提言を機に、かかる方向での鑑定人の言明に対する制限は、一群の裁判実務において程度の差はあれ実践されているようであり、こうした方向での制限を肯定する傾向が是認されつつあるようにも思われる。

　また、本稿公刊後の平成27年度司法研究においても、「弁識能力や行動制御能力の有無・程度（心理学的要素の結論）について鑑定人に意見を求めない運用について、当初、裁判員への不当な影響を防止するためと説明されたが、本来の趣旨は、心理学的要素や責任能力の結論は法的判断であり、精神科医はその専門家ではないから、その意見を求めるべきではないことにある。したがって、本来は、起訴前鑑定においても意見を求めるべきではない。」といった指摘[106]もなされている。また同じく本稿公刊後の学説においても、例えば、「『心神喪失』等の法的概念を含む鑑定意見は制限されるべき」であるが、他方で、弁識・制御能力といった「能力の有無・程度への言及は妨げられるべきではない」、あるいは、「心神喪失や耗弱といった法的結論に直結するような専門家による意見が制限される一方で、弁識・制御能力に関する意見は制限されないとする」立場が採られるべきである、との見解

106　司法研修所編『平成27年度司法研究（第70輯第1号）裁判員裁判と裁判官——裁判員との実質的な協働の実現をめざして——』（2019）研究員　島田一・足立勉・丸山哲巳・渡邉史朗104頁。

も有力に主張されている[107]。これらの見解についても、——理由づけや制限の度合いにいくぶん差異はあるようであるが——基本的には、上記の提言において示された方向に肯定的な見解といえよう。

だが、こうした制限に肯定的な考え方に対しては、依然として次のような見解も強力に主張されているところである。すなわち、「……心神喪失、心神耗弱の結論まで明確に言うべきだと思っています。」、「責任能力は法的判断ですから、最終的には裁判所が決める、それは当然ですが、そのことと、鑑定人が結論についての参考意見を言う・言わないということは全く別の話でしょう。最終判断者に対して、周囲が意見の表明を禁じられるというのは通常はありえないことですし、そうした意見を封じられるとしたら、それは最終判断者が独裁者の場合だけではないですか。」、「……なぜ心神喪失、心神耗弱と考えたかということを鑑定人が具体的に言えばいいわけで、その考え方が法律的に見て間違っているというならば却下すればいいわけです。究極的には裁判所が判断するということは、鑑定人の誤りはいくらでも排斥できるということですから、鑑定人が何を言おうと、言わせておけばいいではないですか。」といった主張[108]である。

本稿は、「責任能力の喪失あるいは著しい減少」につき、鑑定人が自身の

107　竹川俊也『刑事責任能力論』（2018）83頁参照。なお、同論稿（21頁）では、本稿に対して、「鑑定人による『心神喪失ないし心神耗弱への言及』と『認識・制御能力の有無・程度への言及』の問題を区別せず、いずれも『規範的要素に対する言明』として同一視しているが（…）この問題は理論的に区分される。」との指摘がなされている。だが、大審院（昭和6・12・3など）の定義では、「心神喪失・心神耗弱」と「精神の障害による認識・制御能力の喪失・著しい減少」（したがって、精神の障害による認識・制御能力の有無・程度）はイコール関係になっているといえ、この定義を基礎にして考える限りでは、一方について言及することは、当然に他方について言及することになるのではないであろうか。また、この点とも関連するが、——論者のいう弁識・制御能力といった「能力の有無・程度への言及」がいかなるものを意味するのかは必ずしも明らかではないように思われるが——精神鑑定の鑑定人の証言の制限を肯定することについて、法的概念や法的結論に関しては専門外であり適格ではなく述べるべきではないとの考えがその中核にあるならば、弁識・制御能力といった「能力の有無・程度への言及」も法的概念への言及にやはり当たるのではないか、だとすれば、その中核をなす考えに反するのではないかとの疑問も生じるところである。

108　「座談会　責任能力論の過去・現在・未来」司会：村松太郎・安田拓人　パネリスト：浅田和茂・五十嵐禎人・田口敏子・竹川俊也・中谷陽二・箭野善五郎　法と精神医療第36号29頁以下〔村松発言〕参照。なお、鑑定人に対する証言への制限がなされている実情があることについては、同21頁〔田口発言〕なども参照。

見解を参考意見として述べることに関して、殊更、制限するべきではないとの立場に立つものであり、この点は現在も異ならない。思うに、かの大審院判例（昭和6・12・3）でも心神喪失・耗弱の定義の直前において、「心神喪失ト心神耗弱トハ孰レモ精神障礙の態様ニ屬スルモノナリ」とされており、この部分に着目するだけでも、心神喪失・耗弱は法的概念ではあるが、精神障害やその症状の一つのあらわれであるとの面をももつものといえ、こうした概念の判断にあたって、やはり精神医学的知見は枢要な地位をもつということになるのではないであろうか。かかる概念の判断において精神医学の鑑定人を非専門家であるがゆえに適格ではないとすることには、大いに疑問が生じるところである[109]。裁判所（事実認定者）が最終的な判断者であることを前提としつつ、精神医学の専門家と法律家が相互補完的に共働、協力し判断することが重要ではないであろうか[110]。

---

[109] 法的概念について非専門家であることが、その判断についての適性を欠く主たる理由であるならば、非法律家である裁判員についても同様に適性を欠くということにもなりうるが、法は裁判員について判断主体たりうるものとして位置づけていることにも留意する必要があろう。また、加えて言えば、法的概念に関して非専門家であることの一事をもって精神医学の鑑定人が適格性を欠くとするのであれば、責任能力以外の主観的要件である故意、目的、不法領得の意思（これらも法的概念であると解される）などに関しても、その有無を示すような内容について言明が制約されるということにもなりうるが、こうした在り方が果たして妥当であるのか疑問が生じるところである。

[110] なお、鑑定人の言明につき制限を加えるべきとの立場では、法的概念ゆえに、その非専門家であり適正を欠くとの理由のほか、①精神医学の専門家である鑑定人による法的概念への言明は裁判員に対する影響が大きいことや、②責任能力概念に関する理解や考え方について精神医学の鑑定人間でばらつきがありうること、などが多くの場合あげられている。①については、裁判員に対する影響そのものはむしろ不都合な事態ではなく、不都合な影響があるとすれば鑑定人の見解に対する無批判的で、およそ従属的な態度が生じる場合であるように思われ、これについては、最終判断者としての適切な在り方についての裁判所（裁判官）による説明がなされれば足るのではないであろうか。また、②についても、責任能力概念（刑法39条の内容）について当該事案が係属する裁判所が鑑定人に対して伝達、説明することでばらつきはある程度回避できるのではないであろうか。

第七章
精神鑑定の拘束力について
——最高裁平成20年4月25日判決および
平成21年12月8日決定を契機として——

　「文化は、自分に向けられる攻撃を抑え、無害化し、ひいては一掃するのにどんな方策をもってするのか。(…) 個人の発達史を辿ることで、その方法を見ていきたい。個人の攻撃欲を無害化するために、どういうことが行われているのだろうか。それは、なかなか思いつかない実に奇抜な方法なのだが、それでいてまた、どうということのない身近な方法でもある。攻撃性を内に取り込み、内面化するのだ。それは本来、攻撃性をそれが由来する元の場所に送り返すこと、要するに自らの自我に向けることである。帰ってきた攻撃性を自我の一部が引き受け、これが超自我となって自我の残りの部分と対峙し、さらに良心となって、ちょうど自我が別の疎遠な個人に向けて満足させたかったであろう同じ厳しい攻撃性を、自我に対して行使するのである。厳格な超自我とそれに服属する自我とのあいだの緊張は、罪の意識と呼ばれ、懲罰欲求として現れる。このように、文化は個人を弱体化、武装解除し、占領した町で占領軍にさせるように、内部のひとつの審級に監視させることによって、個人の危険な攻撃欲を取り押さえるのである。」

〔フロイト「文化の中の居心地悪さ」嶺秀樹　高田珠樹訳『フロイト全集20』（2011年、岩波書店）136頁〕

はじめに

　責任能力判断にあたっては、多くの場合、精神鑑定が行われるが、この精神鑑定の責任能力判断における位置づけ、在り方、比重をめぐっては活発な議論が展開されている。

　一般に、鑑定とは、裁判官に不足している特別の知識、経験を補充する目的で専門家に依頼し、特別の知識、経験に属する法則またはその法則を一定の事実に適用して得た判断の報告を求めるもの、とされるところ、精神医学等の専門家である鑑定人が、専門的な視点から、しかるべき調査を行い、鑑定結果を提示した場合に、裁判官がその鑑定結果を採用せず、それとは異なる判断を行うことができるのか、という、いわゆる鑑定の拘束力の問題も、このような精神鑑定をめぐる議論の代表的な問題の一つであり、従来より多くの議論がなされてきたといえる。

　こうした、鑑定の拘束力の問題に関する議論の堆積のもと、今日では、裁判官は精神鑑定の結果に拘束されない、とするのが判例・通説とされ、最終的な判断者である裁判官の責任能力判断は精神鑑定の結果に拘束されない、ということ自体については、ほぼ異論がないようにも思われるのである。しかしながら、このような内容を大枠とすることでは、見解の一致が見られるにもかかわらず、その内部においてはニュアンスに違いがあり、その微細な（場合によっては小さいとはいえない）差異が、具体的な事案において、精神鑑定の結果とは異なる裁判所の責任能力判断の適否をめぐる対立として、顕在化することも少なからずあるように思われるのである。

　おそらくは、このような、鑑定の拘束力に対しての考え方についての「ニュアンスの違い」、「微細な（場合によっては小さいとはいえない）差異」は、次のような「問い」に対する「何らかの回答」を背景としてもつものであり、それと密接に結びつくものと考えられるのである。すなわち、鑑定に拘束力はないが、それはまったく無条件ではなく、一定の条件の下であると考えた上で、その一定の条件とはいかなるものであるのか、あるいは、鑑定人として適格性も備えた精神医学等の鑑定人が鑑定の前提条件にも問題なく

第七章　精神鑑定の拘束力について　277

行った場合の鑑定結果について、裁判所が、そもそも自身にとって不足している特定の専門知識を補うために鑑定を求めながら、これを採用せず、異なる判断を行うことが合理的な判断として許容されるのか、あるいは、責任能力判断における比重は、第一段階の（原因となる）「精神の障害」（生物学的要素）に置かれるのか、それとも、第二段階の「認識能力・制御能力の喪失あるいは著しい減少」（心理学的要素）の方に置かれるのか、あるいは、自由心証主義による事実認定の合理性を担保する機能をもつとされる鑑定制度は、いかなる範囲で自由心証主義に対して抑制的に働くのか、などといった問いである。

　そして、近時の責任能力判断に関する重要判例である最高裁平成20年４月25日判決（刑集62巻５号1559頁（以下、最高裁20年判決または単に20年判決という））および平成21年12月８日決定（刑集63巻11号2829頁（以下、最高裁21年決定または単に21年決定という））をめぐっては、鑑定結果の具体的な採否についての判断や、鑑定意見が証拠となっている場合の裁判所の判断の在り方について示された部分に対する評価の違い、つまりは、（A）最高裁20年判決に対して好意的で高い評価を与えながら、最高裁21年決定に対しては批判的な（ないしは批判的になるであろう）見解（さらに最高裁20年判決の差戻し後控訴審判決である東京高裁平成21・5・25判決：判例時報2049号150頁に対しても批判的な見解）と、（B）最高裁20年判決に対して特段の意義を付与することなく、最高裁20年判決、最高裁21年決定のいずれも基本的に従来の判例の枠組みで説明しようとする見解、といった評価の違いも存するところであるが、こうした両判例に対する評価を異にする見解もまた、上述の意味での「ニュアンスの違い」、「微細な（場合によっては小さいとはいえない）差異」や、上述の各「問い」に対する各論者の「何らかの回答」といったものを、ある程度反映する形で展開されているようにも思われるのである。

　本稿は、このような状況認識のもと、いわゆる鑑定の拘束力の問題をどのように考えるのかという視点から、最高裁20年判決、最高裁21年決定を考察対象とし、上記（B）の立場から（A）の立場に検討を加え、両最高裁判断の相互の関係、および、両判断と拘束力に関するリーディングケースとされるこれ以前の判例との関係を、あらためて明らかにするものである。また、

「責任能力の最終判断者である裁判所（事実認定にあたる者）は精神鑑定の結果に拘束されない」とされることの意義につき、その適切な理解を探ることを試みるものである。

I　精神鑑定の拘束力に関する判例・通説

　まず、最高裁20年判決、21年決定までの判例における鑑定の拘束力についての考え方、あるいは、鑑定が証拠となった場合の裁判所の判断の在り方を示したと解される部分を、簡単に確認的に示すことにする。

　第一に、最高裁20年判決、21年決定において引用されている最高裁昭和58年決定（最決昭和58・7・3判例時報1100号156頁）では、「被告人の精神状態が刑法三九条にいう心神喪失又は心神耗弱に該当するかどうかは法律判断であって専ら裁判所に委ねられるべき問題であることはもとより、その前提となる生物学的、心理学的要素についても、右法律判断との関係で究極的には裁判所の評価に委ねられるべき問題である」とされており、さらに、翌年の最高裁昭和59年決定（最決昭和59・9・13刑集38巻8号2783頁）でも、「被告人の精神状態が刑法三九条にいう心神喪失又は心神耗弱に該当するかどうかは法律判断であるから専ら裁判所の判断に委ねられているのであって、原判決が、所論精神鑑定書（鑑定人に対する証人尋問調書を含む。）の結論の部分に被告人が犯行当時心神喪失の情況にあった旨の記載があるのにその部分を採用せず、右鑑定書全体の記載内容とその余の精神鑑定の結果、並びに記録により認められる被告人の犯行当時の病状、犯行前の生活状態、犯行の動機・態様等を総合して、被告人が本件犯行当時精神分裂病の影響により心神耗弱の状態にあったと認定したのは、正当として是認することができる。」とされている。さらには、やや遡ると、最高裁昭和33年決定（最決昭和33・2・11刑集12巻2号168頁）でも、「二つの精神鑑定書の各結論の部分に、いずれも、被告人が犯行当時心神喪失の情況にあつた旨の記載があつてもその部分を採用せず、右鑑定書全体の記載内容とその他の情況証拠とを総合して、心神耗弱の事実を認定することは、必ずしも経験則に反するとはいえない。」との旨示されている。

第七章　精神鑑定の拘束力について　279

　これらの判例については、責任能力の有無・程度の判断は、あくまで法律
上の概念に対する判断であって、その判定は裁判所が最終的に行うものであ
り、精神鑑定の結果と異なる判断についても、鑑定も証拠方法の一つであっ
て証拠の証明力判断は自由心証主義に服するため、可能であることを示した
ものと解するのが多くの理解と思われる。例えば、「責任能力の判断は、裁
判所の専権事項とされており、いかなる証拠の証明力の判断に際しても自由
心証主義が妥当するのであるから、鑑定結果が裁判所を拘束するものではな
いことは明らかである。」[1]とされたり、あるいは、「本決定によると、仮に、
鑑定の結果として『精神の障害』の存在が報告されたとしても、『右法律判
断との関係で究極的には裁判所の評価』によって『精神障害』の存在を否定
することが許されることになるのである。すなわち、本決定は、精神鑑定の
拘束力を否定する趣旨を明らかにしたものと解される」、「刑事訴訟法のもと
では、鑑定の経過および結果も一つの証拠にすぎないから、鑑定結果の採否
は裁判官の自由な裁量にゆだねられる。本決定は、責任能力の鑑定につい
て、この点を明言した点において意味があるが、このことはいわば、証拠法
上当然のことであ」る、[2]とされたり、あるいは、「心神喪失・心神耗弱とい
う概念は、心理学上ないし精神医学上の概念ではなく、純然たる法律上の概
念であるから、被告人が心神喪失者であるか、心神耗弱者であるかの問題
は、専門家の意見を参考としつつ、法律の理念及び目的に基づき、裁判所が
これを判定すべきであ」る、「心神喪失又は心神耗弱に該当するかどうかは
法律判断であり専ら裁判所の判断に委ねられているのであるから、裁判所は
精神鑑定の結果に拘束されるわけではなく、鑑定結果の採否も裁判所の合理
的裁量の範囲に属するものというべきであろう。」[3]とされたり、あるいは、
「裁判所は鑑定のどの部分についても拘束を受けないことを判示したものと
見てよいであろう。」、従来の「判例も不拘束説に立脚していることは明らか

　1　大渕敏和「精神障害と責任能力」『刑事裁判実務大系第9巻　身体的刑法犯』石川・松本編
　　（1992）201頁。本文の最高裁33年決定を引用して、こう述べる。
　2　大谷實「責任能力の判定」（最高裁昭和58年9月13日決定の判批）刑事訴訟法判例百選5版
　　（1986）163頁。
　3　高橋省吾・最高裁判所判例解説刑事篇（昭和59年度）352頁。本文の最高裁58年、59年、33年
　　の各決定につきこのように指摘する。

であり、刑訴318条の解釈上も不拘束説をとりやすい。」[4]とされたり、するところである[5]。

　つまり、刑法39条の要件に即していうと、これらの見解によると、判例は、混合的方法における第一段階の「精神の障害」（生物学的要素）についても、第二段階の「認識能力・制御能力の喪失あるいは著しい減少」（心理学的要素）についても、そのいずれについても鑑定の拘束力はないとするもので、この意味で、いわば完全な不拘束説であり——制約があるならば、自由心証主義に当然に内在するとされる経験則、論理法則といった合理性を担保する要請のみが制約すると考えるものであり——、学説の多くも、こうした判例の態度を肯定する形で支持するものと思われる[6]。

　ただし、このような立場に対しては、例えば、最高裁58年決定につき、「……その『法律判断』は、被告人の精神状態が明らかにされることを前提

4　「一　心神喪失又は心神耗弱の判断の性質　二　責任能力判断の前提となる生物学的要素及び心理学的要素についての判断権」（最高裁昭和58年9月13日決定の判批）法律時報56巻4号164頁。

5　さらに、寺尾正二・最高裁判所判例解説刑事篇（昭和33年度）43頁、臼井滋夫「鑑定に対する法的評価——精神鑑定についての若干の考察——」警察學論集14巻7号46頁以下、稲田輝明「刑事鑑定の諸問題」『現代刑罰法大系6巻　刑事手続Ⅱ』石原ほか編（1982）118頁、仙波厚＝榎本巧「証言と鑑定の証明力⑧大阪刑事実務研究会　精神鑑定の証明力」判例タイムズ767号62頁、池田修「精神鑑定について——裁判官の立場から——」刑法雑誌36巻1号56頁、島田仁郎＝島田聡一郎『大コンメンタール刑法〔第二版〕第三巻』大塚ほか編（1999）431頁以下、只木誠「精神鑑定と法的能力評価——刑事鑑定の場合——」季刊精神科診断学12巻2号213頁、山中敬一『刑法総論〔第2版〕』（2008）600頁以下、松本時夫＝土本武司＝池田修＝酒巻匡『条解刑事訴訟法〔第4版〕』（2009）305頁以下、石井一正『刑事事実認定入門〔第2版〕』（2010）100頁以下、高橋則夫『刑法総論』（2010）331頁、中井憲治『大コンメンタール刑事訴訟法〔第二版〕第三巻』河上ほか編（2010）293頁以下、三好幹夫「責任能力判断の基礎となる考え方——平成20年判例に示唆を得て」『原田國男判事退官記念論文集　新しい時代の刑事裁判』（2010）260頁、田口直樹「責任能力（3）——薬物中毒」『刑事実認定重要判決50選（上）〔2版〕』（2013）149頁、松藤和博「責任能力（1）——統合失調症」『刑事実認定重要判決50選（上）〔2版〕』（2013）120頁以下、など参照。

6　もっとも、こうした立場に立っても、鑑定と異なる判断に対しては慎重であり、鑑定に信用性がなく排斥される場合を類型化して、それにあたるか否かを主として問題にするというのが通常といえよう。その類型としては、①鑑定人の鑑定能力への疑問、②鑑定資料の不備等、③鑑定の前提事実の判断の相違、④鑑定内容の合理性、が挙げられるのが一般的である。これについては、大渕・前掲注（1）201頁以下、さらに高橋省吾「精神鑑定と刑事責任能力」小林・香城ほか編『刑事事実認定——裁判例の総合的研究——（上）』（1992）448頁など参照。なお、この点については後に若干ながら言及する。

とし、それを心神喪失・心神耗弱・完全責任能力のいずれと判定するかについていわれており、『究極的には』という判示には、鑑定の証拠能力・証明力の判断の最終責任が裁判所にあることを示したものであって、『右法律判断との関係で』とは、法律判断以前の事実判断（精神状態の判断）については、なお鑑定に拘束される余地を残したものと理解すべきであり、前提となる事実認定が誤っていれば鑑定結果に従いえないのはもちろんであるが、精神鑑定の場合は前者の認定そのものに専門知識を要することが少なくなく、したがって再鑑定なしに幻聴の存在自体を否定した原判決には（したがって本決定にも）疑問がある」[7]とされたり、同じく58年決定につき、「生物学的要素についても言及しながらも、『法律判断との関係において』『究極的には』という文言を付加したのは、刑訴法318条の規定はあるものの、法律判断に関係しない事実判断部分の鑑定に対しては、裁判所の自由心証は若干後退することを示したものと推測できないでもない」[8]とされたりするなど、一定限度で鑑定の拘束力を認める見解も主張されているのである。また、「生物学的要素の心理的要素への影響についての専門家の意見を十分に尊重して責任能力を判断すべきことになる」、「精神医学の知識が責任能力の判断にとって非常に重要であり、また、裁判官には精神医学の知識が十分でないことから、これを補うために精神鑑定がなされるのであるから、自由心証主義の制約としての経験則・論理則違反についても慎重な考慮を要する。」[9]として、精神鑑定の比重を強調する主張もなされている。そして、こうした批判や鑑定を尊重することへの強調とともに、精神の障害（生物学的要素）は事実的要素で、精神医学の鑑定人により経験科学的に判断されるのに対して、認識・制御能力（心理学的要素）は規範的要素であり、裁判官による法的立場からの判

7　浅田和茂「一　責任能力判断の前提となる精神障害の有無及び程度並びにこれが心理学的要素に与えた影響の有無及び程度について、精神医学者の鑑定意見等が証拠となっている場合における、裁判所の判断の在り方　二　統合失調症による幻覚妄想の強い影響下で行われた行為について、正常な判断能力を備えていたとうかがわせる事情があるからといって、そのことのみによって被告人が心神耗弱にとどまっていたと認めるのは困難とされた事例」（20年判決の判批）判例時報2054号187頁、浅田和茂『刑事責任能力の研究　下巻』（1999）242頁以下。

8　（最高裁昭和58年9月13日決定の判批）判例タイムズ513号168頁。

9　林美月子「責任能力判断の検討」刑法雑誌36巻1号63頁。

断に委ねられるとする伝統的な役割分担についての考え方が比較的広く流布したこと[10]、さらには、鑑定人適格や鑑定方法、前提事実などに問題がない精神医学等の専門家の見解を非専門家である裁判官が簡単に排斥することへの一般に抱かれるためらいといったもの、もあいまって、上記のような判例の考え方を支持する見解の内部でも、これを文字通りに承認することを、どこか躊躇するような雰囲気が残存していたようにも思われるのである。

だが、ともかく、上述のように、判例および多くの見解は不拘束説に立つと解されるが、次に、このような判例の枠組みが、最高裁20年判決によって、果たして変更・転換されたのかが問われることになる。この点について見ていくことにする。

Ⅱ 最高裁20年判決・21年決定と学説の反応

最高裁20年判決・21年決定は以下のようなものである。

（1）20年判決

事案は、被告人が、統合失調症により、元雇主であった者が自分をばかにしているという幻視・幻聴を何度も繰り返した結果、この雇主であった者を殴って脅し自分をばかにするのをやめさせようと考え、同人の顔面等に暴行を加えて死亡させたというものである。

捜査段階でのU簡易精神鑑定は、被告人は本件行為当時、統合失調症による幻覚妄想状態の増悪期であったが、行動経過は合目的的で著明な残遺性変化もないことなどから心神耗弱相当とした。一審段階でのV鑑定は、被告人は、統合失調症の激しい幻覚妄想状態にあり、直接その影響下にあって本件行為に及んだもので、心神喪失の状態にあったとした。（また、被告人が、一方で現実生活をそれなりにこなし、本件行為の前後において合理的に見える行動をしている点は、精神医学では「二重見当識」等と呼ばれる現象として珍しくはなく、本件

---

10 この点については多くに代えて、近時言及するものとして、安田拓人「法的判断としての責任能力判断の事実的基礎──精神鑑定に求められるもの──」『岩井宜子先生古稀祝賀論文集 刑法・刑事政策と福祉』町野ほか編（2011）34頁参照。

第七章　精神鑑定の拘束力について　283

行為に至る過程で、被告人が一定の合理的な行動を取っていたことと被告人が統合失調症による幻覚妄想状態の直接の影響下で本件行為に及んだことは矛盾しないともした。）一審判決は、このＶ鑑定に依拠して、「被告人は、本件犯行当時、統合失調症の増悪期にあり、同犯行はその症状、激しい幻覚妄想に直接支配されたものである」とし、心神喪失による無罪を言い渡した。

控訴審段階では、医師Ｗ意見が、行為当時の症状は、統合失調症が慢性化して重篤化した状態ではなく心神耗弱にとどまるとした。また、新たになされたＸ鑑定は、統合失調症の急性期の異常体験が活発に生じる中で次第に被害者を「中心的迫害者」とする妄想が構築され、幻覚妄想に直接支配された行為とはいえないが、統合失調症が介在しなければ本件行為は引き起こされなかったことは自明で、事物の理非善悪を弁識する能力があったということは困難であり、弁識に従って行動する能力は全く欠けていたと判断した。控訴審判決は、動機の形成、犯行に至るまでの行動経過、犯行態様、経緯に特別異常とされる点がなく、これらは、了解が十分に可能であり、幻聴や幻覚が犯行に直接結び付いているとまではいえないとし、さらに、詳細な記憶、意識の清明、本件犯行が犯罪であることの認識、自首、それなりの社会生活、仕事の意欲等の諸事情にも照らして、せいぜい心神耗弱の状態にあったものとした。

これに対して、「破棄差戻し」とした最高裁の判旨は以下のようなものである。

1　Ｖ鑑定及びＸ鑑定の評価について

「被告人の精神状態が刑法39条にいう心神喪失又は心神耗弱に該当するかどうかは法律判断であって専ら裁判所にゆだねられるべき問題であることはもとより、その前提となる生物学的、心理学的要素についても、上記法律判断との関係で究極的には裁判所の評価にゆだねられるべき問題である（最高裁昭和58…年９月13日…決定…）。しかしながら、生物学的要素である精神障害の有無及び程度並びにこれが心理学的要素に与えた影響の有無及び程度については、その診断が臨床精神医学の本分であることにかんがみれば、専門家たる精神医学者の意見が鑑定等として証拠となっている場合には、鑑定人の公正さや能力に疑いが生じたり、鑑定の前提条件に問題があったりするな

ど、これを採用し得ない合理的な事情が認められるのでない限り、その意見を十分に尊重して認定すべきものというべきである。」

V医師及びX医師は、いずれも鑑定人として十分な資質を備えており、両鑑定において採用された診察方法や前提資料の検討も相当なもので、結論を導く過程にも、重大な破たん、遺脱、欠落は見当たらず、依拠する精神医学的知見も、格別特異なものとは解されず、両鑑定は、いずれも基本的に高い信用性を備えている。原判決は、両鑑定が、被告人に正常な精神作用の部分があることについて「二重見当識」と説明するだけでこれを十分検討していないとして、その信用性を否定しているが、両鑑定は、本件行為が、被告人の正常な精神作用の領域においてではなく、専ら病的な部分において生じ、導かれたものであることから、正常な精神作用が存在していることをとらえて、病的体験に導かれた現実の行為についても弁識能力・制御能力があったと証価することは相当ではないとしているにとどまり、正常な部分の存在をおよそ考慮の対象としていないわけではないし、「二重見当識」により説明されている事柄は、精神医学的に相応の説得力を備えていると評し得るものである。そうすると、基本的に信用するに足りる両鑑定を採用できないものとした原判決の証拠評価は、相当なものとはいえない。

2 諸事情による総合判断について

「被告人が犯行当時統合失調症にり患していたからといって、そのことだけで直ちに被告人が心神喪失の状態にあったとされるものではなく、その責任能力の有無・程度は、被告人の犯行当時の病状、犯行前の生活状態、犯行の動機・態様等を総合して判定すべきである（最高裁昭和…59年7月3日…決定…）。したがって、これらの諸事情から被告人の本件行為当時の責任能力の有無・程度が認定できるのであれば、原判決の上記証拠評価の誤りは、判決に影響しないということができる。そこで、更にこの観点から検討する。」

信用に値するV鑑定及びX鑑定に関係証拠を総合すれば、本件行為は、かねて統合失調症にり患していた被告人が、急性に増悪した同症による幻聴、幻視、作為体験のかなり強い影響下で、少なくともこれに動機づけられて敢行されたものであり、しかも、本件行為時の被告人の状況認識も、正常とはいえない、統合失調症に特有の病的色彩を帯びていたものであることに

照らすと、本件行為当時、被告人は、病的異常体験のただ中にあったものと認めるのが相当である。他方で、本件行為の動機の形成過程は、その契機が幻聴等である点を除けば、了解が可能であると解する余地があり、また、被告人が、本件行為及びその前後の状況について、詳細に記憶しており、その当時の意識はほぼ清明であること、本件行為が犯罪であることも認識し、後に自首していること、その他、被告人がそれなりの社会生活を送り、就労意欲もあったことなど、一般には正常な判断能力を備えていたことをうかがわせる事情も多い。しかしながら、同種の幻聴等が頻繁に現れる中で、しかも訂正が不可能又は極めて困難な妄想に導かれて動機を形成したと見られるのであるから、動機形成等が了解可能であると評価するのは相当ではない。また、このような幻覚妄想の影響下で、被告人は、本件行為時、前提事実の認識能力にも問題があったことがうかがわれるのであり、被告人が、行為が犯罪であることも認識していたり、記憶を保っていたりしても、これをもって、事理の弁識をなし得る能力を、実質を備えたものとして有していたと直ちに評価できるかは疑問である。その他、原判決が摘示する被告人の本件前後の生活状況等も、被告人の統合失調症が慢性化した重篤な状態にあるとはいえないと評価する余地をうかがわせるとしても、被告人が、幻覚妄想状態の下で本件行為に至ったことを踏まえると、過大に評価することはできず、少なくとも「二重見当識」によるとの説明を否定し得るようなものではない。そうすると、本件行為について、原判決の説示する事情があるからといって、そのことのみによって、その行為当時、被告人が事物の理非善悪を弁識する能力又はこの弁識に従って行動する能力を全く欠いていたのではなく、心神耗弱にとどまっていたと認めることは困難であるといわざるを得ない。

　「以上のとおり、……原判決は、被告人の責任能力に関する証拠の評価を誤った違法があり、ひいては事実を誤認したものといわざるを得ない。これが判決に影響することは明らかであって、原判決を破棄しなければ著しく正義に反するものと認められる。」

　（そして、以下のように述べ、原判決を破棄し、更に審理を尽くさせるため差し戻すとしている。

①Ｖ鑑定及びＸ鑑定は、統合失調症にり患した者の病的体験の影響下にある認識、判断ないし行動は、一方で認められる正常な精神作用により補完ないし制御することは不可能であるという理解を前提とするものと解されるが、これと異なる見解の有無、評価等、この問題に関する精神医学的知見の現状は、記録上必ずしも明らかではない。②また、被告人は、本件以前にも、被害者を殴りに行こうとして、交際相手に止められたり、他人に見られていると思って思いとどまったりしているほか、本件行為時にも通行人が来たため更なる攻撃を中止するなどしており、本件行為自体又はこれと密接不可分な場面において、相応の判断能力を有していたと見る余地のある事情が存するところ、これをも「二重見当識」として説明すべきものなのか、別の観点から評価検討すべき事柄なのかについて、必ずしも明らかにはされていない。③さらに、被告人は本件行為の翌日に自首するなど本件行為後程ない時点では十分正常な判断能力を備えていたとも見られるが、このことと行為時に強い幻覚妄想状態にあったこととの関係も、Ｖ鑑定及びＸ鑑定において十分に説明されているとは評し難い。本件は、被告人が正常な判断能力を備えていたように見える事情も相当程度存する事案であることにかんがみると、本件行為当時の被告人の責任能力を的確に判断するためには、これらの点について、精神医学的知見も踏まえて更に検討して明らかにすることが相当であるというべきであり、当裁判所において直ちに判決するのに適しているとは認められない。）

差戻し後控訴審判決（東京高判平成21・5・25）

差戻し後控訴審では、上記3点について、更に検討すべきであるとしたことを踏まえ、新たに二名の医師の意見書及び厚生労働省こころの健康科学研究事業他害行為を行った者の責任能力鑑定に関する研究班の「刑事責任能力に関する精神鑑定書作成の手引き（平成18年度版）」等の取り調べや、両医師及びＶ医師の各証人尋問が実施された。

そして、本判決では、上告審判決が、Ｖ鑑定及びＸ鑑定が基本的に信用できるとしつつ、なおその要検討事項として指摘した3点について、新たに証拠調べをした結果を踏まえて、①前記各鑑定が前提とする「統合失調症にり患した者の病的体験の影響下にある認識、判断ないし行動は、一方で認め

られる正常な精神作用により補完ないし制御することは不可能である」とする立場は、現在の精神医学的知見の現状から見て、一般的であるとはいい難く、②「本件行為自体又はこれと密接不可分な場面において、相応の判断能力を有していたと見る余地のある事情」を「二重見当識」という用語で説明するところは、その使用方法として不適当であり、③被告人の病型である妄想型の統合失調症においては、臨床的にも行為時に強い幻覚、妄想状態にありながら、その後程なくして正常な判断能力を回復することはないから、当該事情を全く考慮しない前記各鑑定の推論過程には問題があって、いずれも信用性に問題があるといわざるを得ず、本件犯行時の被告人は、統合失調症の被害妄想に強く影響され、善悪の判断能力及びその判断に従って行動する能力は著しく障害されていたものの、それらを全く欠いた状態ではなかったから、心神耗弱の状態に止まるとするのが相当である、との旨判示されている[11]。

（2）21年決定

　事案は、統合失調症の疑いと診断され、措置入院歴もある被告人が、精神状態が悪化し、隣家に住む被害者の家族から盗聴や家の中をのぞきこむなどの嫌がらせを受けていると思い込んで、無断で被害者方二階に上がりこんだり、被害者方の玄関ドアを金属バットでたたいたりし、警察官の聴取を受けるなどしたが、その後、再び金属バットとサバイバルナイフを持って入り、被害者を刺殺し、その長男に傷害を負わせたというものである。

　捜査段階でのＹ鑑定は、人格障害の一種である統合失調型障害であり、広汎性発達障害でも統合失調症でもないとした上で、完全責任能力を示唆しながらも、心神耗弱とみることに異議は述べないとした。一審判決は、統合失調型障害とまでは断定できないとして、統合失調症の周辺領域の精神障害にり患し、犯行時、是非弁識能力及び行動制御能力がある程度減退していたが、それらが著しくは減退していなかったことが明白であるとして完全責任

11　この判決要旨部分については、判例タイムズ1318号269頁以下の関係人による解説（東京高裁平成21年5月25日判決の判批）にもとづくものである。

能力を認めた。

控訴審でのＺ鑑定は、被告人は統合失調症で、犯行時には一過性に急性増悪しており、本件犯行は統合失調症の病的体験に直接支配されて引き起こされたもので、是非弁別能力及び行動制御能力をいずれも喪失していたとした。控訴審判決は、Ｙ鑑定には依拠せず、Ｚ鑑定を十分な信用性あるものとし、被告人が行為当時統合失調症にり患していたものと認めながらも、なおＺ鑑定について、本件犯行が統合失調症による一連の病的体験による行動化として位置付けられるとしても、そのことだけで直ちに被告人が心神喪失状態にあったとされるものではなく、その責任能力の有無・程度は、被告人の犯行当時の病状、犯行前の生活状態、犯行の動機・態様等を総合して判定すべきとした上で、犯行数日前や犯行数十分前の言動を十分に検討していないこと、一過性に幻覚妄想が増悪し行動制御が不可能になったかについて、そのきっかけや機序についての十分納得できる説明がなされていないこと、被告人が幻覚妄想の内容のままに本件殺人等に及んだかどうかにも疑問の余地があること、被告人の本来の人格から全く乖離したものではなく病的体験と被告人の人格とがあいまって犯されたものとみられること、などの事情を総合考慮し、心神喪失の状態にはなかったものの、本件殺人等が病的体験に強い影響を受けたことにより犯されたものであることは間違いがなく、行為当時、被告人は、心神耗弱の状態にあったものと認められるとした。

これに対して、最高裁は原判決を是認して、以下のように判示した。

「責任能力の有無・程度の判断は、法律判断であって、専ら裁判所にゆだねられるべき問題であり、その前提となる生物学的、心理学的要素についても、上記法律判断との関係で究極的には裁判所の評価にゆだねられるべき問題である。したがって、専門家たる精神医学者の精神鑑定等が証拠となっている場合においても、鑑定の前提条件に問題があるなど、合理的な事情が認められれば、裁判所は、その意見を採用せずに、責任能力の有無・程度について、被告人の犯行当時の病状、犯行前の生活状態、犯行の動機・態様等を総合して判定することができる（最高裁昭和58…年９月13日…決定…、最高裁昭和…59年７月３日…決定…、最高裁平成…20年４月25日…判決…参照）。そうすると、裁判所は、特定の精神鑑定の意見の一部を採用した場合においても、責任能力

第七章　精神鑑定の拘束力について　289

の有無・程度について、当該意見の他の部分に事実上拘束されることなく、上記事情等を総合して判定することができるというべきである。原判決が、前記のとおり、Ｚ鑑定について、責任能力判断のための重要な前提資料である被告人の本件犯行前後における言動についての検討が十分でなく、本件犯行時に一過性に増悪した幻覚妄想が本件犯行を直接支配して引き起こさせたという機序について十分納得できる説明がされていないなど、鑑定の前提資料や結論を導く推論過程に疑問があるとして、被告人が本件犯行時に心神喪失の状態にあったとする意見は採用せず、責任能力の有無・程度については、上記意見部分以外の点ではＺ鑑定等をも参考にしつつ、犯行当時の病状、幻覚妄想の内容、被告人の本件犯行前後の言動や犯行動機、従前の生活状態から推認される被告人の人格傾向等を総合考慮して、病的体験が犯行を直接支配する関係にあったのか、あるいは影響を及ぼす程度の関係であったのかなど統合失調症による病的体験と犯行との関係、被告人の本来の人格傾向と犯行との関連性の程度等を検討し、被告人は本件犯行当時是非弁別能力ないし行動制御能力が著しく減退する心神耗弱の状態にあったと認定したのは、その判断手法に誤りはなく、また、事案に照らし、その結論も相当であって、是認することができる。」

（3）20年判決を高く評価する見解

　これらの判例に対する学説の反応がいかなるものかが問題となるが、本稿において、とくに着目すべきは最高裁20年判決を高く評価する見解である。

　例えば、「裁判員裁判を目前に控え、責任能力の判断について専門家の意見を尊重すべきであるとすることにより安定した判断を促す意味で、58年決定・59年決定の軌道修正を図ったもの」で大いに歓迎すべきものであるとする一方、差戻し審については、「問題は、差戻し審判決の評価にある」、「……重篤な精神障害が認められる場合にまで……、病的な部分と正常な精神作用の領域とのどちらが優位であったかを事例ごとに評価して判断することで、完全責任能力や心神耗弱を認めることには、原則的な疑問を感じざるをえない。」[12]とされたり、あるいは、「本判決は、裁判員制度の開始を前にして、専門家である精神科医による精神鑑定に対して、裁判員が十分に尊重

して事実認定をすることができることと同時に職業裁判官に対して従来の責任能力判断における精神鑑定に対する比重の置き方の転換の必要性をも判示している」[13]とされたり、あるいはまた、最高裁20年判決につき、この判決では「鑑定意見の尊重ということに重点があった」、「専門的経験則が示された場合の合理的自由心証のあり方にとって意義ある判断と評価されている」としながら、他方で、21年決定については、「要するに昭和58年・59年決定の枠組みによっているといえ、……結局のところ鑑定意見の拘束力を否定するという点が際立つ結果となっているように思われる。本決定により、鑑定意見の取扱いについては不安定な状態に戻るのではないかという懸念が残る」[14]といった指摘や、「精神鑑定という証拠の証明力評価に一定の指針を与えたものとして、意義がある。精神医学の素人である裁判官の限界を認めた上で、恣意的・非科学的な判断を戒めているとも読むことができ、その意味では自由心証が恣意に陥ることを予防するものとしても評価できる」[15]との指摘がなされているのである[16]。

12　浅田・前掲注（7）（20年判決の判批）189頁。

13　金尚均「1　責任能力判断の前提となる精神障害の有無および程度等について、専門家たる精神医学者の鑑定意見等が証拠となっている場合には、これを採用しえない合理的な事情が認められるのでない限り、裁判所は、その意見を十分に尊重して認定すべきとした事例　2　統合失調症による幻覚妄想の強い影響下で行われた傷害致死の行為について、被告人が正常な判断能力を備えていたとうかがわせる多くの事情があるからといって、そのことのみによって心神喪失ではなく心神耗弱にとどまっていたと認めるのは困難とされた事例」（20年判決の判批）法学セミナー増刊　速報判例解説 vol. 3（2008）170頁。

14　正木祐史「精神鑑定の一部採用と責任能力判断」（21年決定の判批）法学セミナー663号124頁。

15　笹倉加奈「責任能力の判断と鑑定」（20年判決の判批）法学セミナー644号136頁。

16　またこの他、20年判決につき同判決は、「責任能力の有無の判断は法律判断ではあるものの、裁判官は精神医学的知見を有していないのであるから、精神鑑定の結果を原則として尊重すべきであるとした」ものであるとの指摘（緒方あゆみ「責任能力判断と精神鑑定」（20年判決の判批）明治学院大学法科大学院ローレビュー11号（2009）113頁）や、さらには、「責任能力の判断について専門家の意見を尊重すべきであるとすることにより安定した判断を促す意味で、昭和58年、59年決定の軌道修正を図った」との評価を受け入れた上で、21年決定によれば、「鑑定の前提条件に問題がある精神鑑定であっても、その意見の一部を採用しうるのであって、責任能力の有無・程度について、当該意見の問題のある部分以外を参考にして」、諸事情を「総合して判定することができるというべきとの判断を示したと解することができるのである。」、平成20年判決に加えて、「本決定によって鑑定が尊重される範囲はより広がったとの見方も可能である」といった指摘（嘉門優「精神鑑定の拘束力」（21年決定の判批）法学セミナー増刊　速報判例解説 vol. 7（2010）181頁）さえなされている。また、木川統一郎「2人の鑑定人が責任能力

第七章　精神鑑定の拘束力について　291

　また、精神鑑定の重視、生物学的要素の重視という視点から、さらには、とくに判例の総合判断における病状に対する比重の置き方への批判的視点から、最高裁20年判決、21年決定を詳細に分析・検討し、20年判決を評価する見解も主張されている。

　すなわち、最高裁20年判決につき、「本判決は、この総合判断の中で、被告人の犯行当時の病状、具体的には統合失調症の程度と行為への影響を重視して、犯行前の生活状態、犯行の動機・態様等の事情を評価すべきとした点に意義がある。」、「精神障害の程度が重篤な場合にはたとえ、犯行前の生活状態や犯行態様等が一見すると健常人と異ならない事情が存在しても、生物学的要素である精神障害からその意味が分析されなければならず、それら健常人と異ならない事情の意義は相対的に低く、心神喪失とすべきであるということである。本判決は精神障害の種類や程度という視点から心理学的要素、犯行への影響を考えるべきであるとしているのである。」、「本判決は生物学的要素を重視して、一見すると健常人と異ならない要素のウエイトを相対的に低く見る立場からの鑑定を許容している。」、「本判決が拠とする両鑑定の立場も生物学的要素を重視するものである。本判決が、このような立場を排斥しなかったことは重要である。」、とし[17]、他方、差戻し後控訴審については、「生物学的要素への偏りへの批判」を内容として含むが、「生物学的要素に重きを置くという立場を否定する合理的な理由はない」、二重見当識との説明も、Ｖ・Ｘ両鑑定は、「生物学的要素を重篤なものと考えて、一見健常に見える点があっても、心神喪失であることは否定されないということを指摘したものと解することもできる。……この立場が、二重見当識という用語の使用法の不正確性から直ちに排斥されるものかには疑問がある。」、合

───────────

なしと鑑定している場合に、裁判所が完全責任能力ありと判決することは許されるか」判例タイムズ1285号18頁では、最高裁59年決定につき判旨は誤りであるとした上で、「鑑定人は、裁判所が調べた証拠調べの結果と病歴及び問診の結果を総合して、客観的基準に基づき、判断を下しているのであって、証拠調べの結果の専門的判断については、鑑定人の判断が優先する」、「裁判所は、専門事項については、いずれか１つの鑑定意見に従ってのみ判断を下せるのである。……自ら専門的総合判断を下すことは許されない」と指摘し、20年判決については、その判旨（本稿本文のⅡ（１）20年判決の１部分）につき「正当である」ともされている。

17　林美月子「責任能力判断と精神鑑定――最高裁平成20年４月25日判決を契機として――」立教法学87号283（４）頁以下。

理的な行動があることについても、「過去に犯行を思い止まったことがあることや自首を切り分けるのではなく、行為の総体について、疾患の重篤性を判断すべきである。」として、「生物学的要素を重視する鑑定の許容を否定し、それに伴って、精神鑑定が排斥される合理的理由がある場合を広く解釈することによって精神鑑定の尊重の意義を限定した。具体的には、生物学的要素の重篤性を重視して、病状から心理学的要素や精神障害の犯行への影響を判断し、一見健常人と異ならない事情を精神医学的鑑定という証拠に基づいて意味づけするという最高裁判決から離れてしまった。」と批判し[18]、最高裁21年決定については、このような「差戻し後控訴審判決をさらに一歩を進める形で、判断を下した。」とし、「精神障害の症状や機序について鑑定に矛盾があるかは本来は、精神医学の知見がなければ判断できない。機序についての再鑑定を不要としたことは、その機序についての精神医学的経験的判断に基づく知見を基礎としなくても、裁判所は他の証拠等の総合判断によって、規範的に責任能力を判断できると考えていることを示している。まさに、鑑定の内容の妥当性は、鑑定それ自体の妥当性によってではなく、裁判所の総合判断と相容れるかによって決定されるのである。」[19]、とするものである。そして、結局のところ、最高裁20年判決が「精神鑑定の尊重や病状に重きを置く立場にもかかわらず」、判例は、「最高裁昭和59年決定が示した総合判断、病状もその他の諸要素と同列に扱う総合判断に戻ってしまった。」[20]

18　林・前掲注（17）279（8）頁以下。また、かかる批判と同様の方向を示すように思われる見解として、例えば、町野朔「心神喪失・心神耗弱における心理学的要素——コンベンツィオン、可知論・不可知論をめぐって——」『岩井宜子先生古稀祝賀論文集　刑法・刑事政策と福祉』町野ほか編（2011）9頁では、「動機の了解可能性、犯行の計画性、犯行の態様、犯行後の行動など様々な事情を考慮して精神障害が弁識・制御能力をどの程度侵害したかを判断すべきだとする」見解を、「原理的にばかりでなく実践的にも可知論を妥当させようとするもの」であり、「これを『実践的可知論』と呼ぶ」とした上で、「しかし、これらの要素がどうして被告人の弁識・制御能力の有無に関係するのであろうか。……行為が精神障害によって決定され行われたときに、それを不自由として刑事責任を否定するのが責任無能力の制度である。そうである以上、考慮されるべきことは、精神障害の存在とその重症度、それが犯罪行為に及ぼした影響に意味のある事実に限られるべきである。」との指摘もなされている。さらに、町野朔「刑事責任能力の現段階」司法精神医学7巻1号71頁も参照。

19　林・前掲注（17）273（14）頁以下。

20　林・前掲注（17）268（19）頁。

というのである。

　これらの見解は——論者によって、責任能力概念についての理解や、精神鑑定の比重・拘束力の程度についての考え方には差異があることは予想されるが——、「責任能力の判断について専門家の意見を尊重すべきであるとする」もの、「従来の責任能力判断における精神鑑定に対する比重の置き方の転換の必要性」を示すもの、「鑑定意見の尊重ということに重点」が置かれており「専門的経験則が示された場合の合理的自由心証のあり方にとって意義ある」もの、「精神鑑定という証拠の証明力評価に一定の指針を与えたもの」、「精神医学の素人である裁判官の限界を認めた」もの、「総合判断の中で、被告人の犯行当時の病状」を重視して「犯行前の生活状態、犯行の動機・態様等の事情を評価すべきとした」もの、「生物学的要素を重視して、一見すると健常人と異ならない要素のウエイトを相対的に低く見る」もの、などといった内容を最高裁20年判決に付与し、これらの性質を高く評価する立場であるが、いずれの見解も共通して、かかる評価によって、従来の判例の枠組み（58年・59年決定の枠組み）からの転換、脱却を志向し支持するものと考えられる。そして、これらの諸見解が、素人的な視点からの裁判官による不合理で、恣意的な責任能力判断に対する懸念に発し、こうした判断にのみ向けられ、それに尽きるのであれば、まったくもって適切な指摘といえよう。しかしながら、上記のような性質を推奨、称揚することによって、58年・59年決定の枠組みから離れることを意図し支持するのであれば、最高裁20年判決の意義として果たして適切であるのか、あるいは、かかる枠組みからの離脱そのものがはたして適切であるのか、については疑問を抱かざるを得ないのである。とりわけ58年・59年決定の枠組みが内包するいわゆる不拘束説が、自由心証主義や、最終的な判断者はあくまで裁判官であるとの考え方や、さらには、裁判は法によって適格と認められる最終判断者（裁判官、（裁判員））による裁判でなければならないといった考え方と整合的であるとするならば、これらの考え方を是とする制度下においては、やはり、その適切さにつき、いっそう疑問を抱かざるを得ないのである。

Ⅲ　検討および不拘束説について

（a）　ところで、ドイツにおいても裁判例において、鑑定の拘束力や裁判官が最終的な判断者であることについては論じられている。この点に関して、まず、裁判官と鑑定人の関係、鑑定人の位置づけ・任務に関する基本的な考え方を示したものとして頻繁に引用される BGHSt 7, 238では、「鑑定人は、裁判官の補助者である。鑑定人は、裁判所に対して、とくに専門的な観察にのみもとづいて獲得することができる事実を提供し、裁判所による事実に即した評価を可能にする学問的な知識を仲介しなければならない。だが、鑑定人は、裁判官から、判決の基礎とされる認定に対する責任を取り上げるために任命されているのでもなく、また、そうすることもできない。このことは、鑑定人がその鑑定において出発点にしていた事実——鑑定の基礎となる事実——を確定することについてのみ妥当するのではなく、医学的な観察結果や結論にも妥当するのである。これらについてさえも、裁判官は、……特別な学問上の専門的な問題がかかわるような場合においても、説得力について審査しなければならない。」[21]とされ、また、同様に多く引かれるところの BGHSt 8, 113でも「……鑑定人による鑑定に対して判決の自主性（Selbständigkeit）を保持することは、事実審裁判官の権利であり義務である。」、「事実審裁判官は、専門的な問題についても、その判断を自ら獲得し、その理由づけを自ら考えぬかなければならない。」[22]とされている。

さらにまた、責任能力判断における裁判官と鑑定人の関係についてより明確に言及した BGH 判例においても、例えば、刑法21条による制御能力の著しい減少が認められるか否かという法的問題を判断するために、「事実審裁判官は、鑑定人の行った診断、障害の重大さの程度、当該行為と障害との内的関係を証拠調べの結果にもとづいて調査することになる。精神障害が刑法20条、21条の第一段階要素を満たすかどうかを、事実審裁判官は、鑑定人の

21　BGHSt 7, 238, 239.
22　BGHSt 8, 113, 117 f.

第七章　精神鑑定の拘束力について　　295

助言にもとづいて、自身の責任において判断することになり、同様のこと
が、その第一段階要素が責任能力の著しい減少をもたらしたか否かという、
これに続く問題についても妥当する。」[23]とされたり、あるいは、「第一段階
が認められる場合に、行為者の責任能力が刑法21条の意味において著しく減
じていたか否かという、さらに必要となる評価は、鑑定人の見解に拘束され
ることなく裁判官によって回答されなければならない法的問題である。
……」[24]とされたりするところである。

　つまり、あくまで最終的な判断を行うのは裁判官であり、責任能力判断に
おいても、特別な専門的な問題を含めて、判決の基礎とされる認定にかかわ
る事項については裁判官の調査が及び、さらには、明確に、鑑定人の見解に
拘束されないことが示されているといえよう[25]。

　また、BGH は、このような態度をとりつつ、さらに、責任能力判断にお
ける精神鑑定の評価につき、裁判官に対して、自身の判断を明示的に説明し
たり、理由づけしたりすることをも要求し、実際に BGH の判例の中には、
不十分な説明・理由づけにより破棄するという事案も少なからずみられると
ころである。精神鑑定がなされ、これを評価する場合には、大別して、鑑定
の見解に従う場合と異なる判断を行う場合が考えられるが、いずれについて
も説明、理由づけが求められていると解されるのである。すなわち、鑑定の
内容に（全面的にも）従う場合については、鑑定人による説明が、上告裁判所
において鑑定の内容を理解するため、およびその鑑定が説得力を有するもの
であることを判断するために必要な限りにおいて、判決の中で再現されなけ
ればならないことが要求されており[26]、このような形であれ、自身の判断に
ついての説明が求められており、さらには、鑑定と異なる判断を行う場合に
ついては、「……事実審裁判官は、鑑定人の助言が必要と考えた問題を、そ

23　BGH NStZ 2009, 258, 259.
24　BGH NStZ 2005, 326, 327.
25　そして、こうした態度の背景には、裁判を行う権限は、ただ裁判官にのみあるというドイツ
　基本法（92条）の考え方があり、当然に、鑑定人はこの裁判官には属さないという思考がある
　といえよう。
26　前述の BGHSt 7, 238, 240. さらに vgl. BGHSt 12, 311, 314.; NStZ 2003, 307, 308.; NStZ-RR
　2009, 45, 45. など。

の鑑定に反して解決しようとする場合、上告裁判所にとって事後的な調査が可能となるように、当該鑑定人による説明を個々の点において再現しなければならず、また、これに反する自身の見解を理由づけなければならない。」[27]、あるいは、「事実審裁判官は、鑑定人の助言が必要と考えた問題を、その鑑定に反して解決しようとする場合、当該鑑定人による重要な説明を再現しなければならず、かつ、このような鑑定人による説明に対して検討を加えながら、これに反する自身の見解を理由づけなければならない」[28]などとされているのである[29]。

　要するに、上述のようなBGHの諸判例の判示内容からすると、簡潔にいえば、最終判断者たる裁判官は、判決の基礎とされる認定にかかわる事項（責任能力の有無・程度など）の証明において、その証明力につき、自ら調査し判断し、かつ、それが合理的であることを担保すべく説明・理由づけが要求されること、また、ここでの「合理性」は裁判官にとっての「合理性」であることが、BGHの態度として導かれるのではないであろうか。

　（b）　そして、このようなBGHの在り方は、わが国においても基本的に共有できるのではないであろうか。まず、こうした考え方の土台を成すものとして自由心証主義が考えられるが、これについては、例えば、わが国においても、「自由心証主義は、裁判官の理性を信頼して証拠の証明力の評価を裁判官の自由な判断に委ねたほうが実体的真実の発見により適合するという考え方に基づくものであって、もとより裁判官の事実認定における恣意を許すものではなく、経験法則や論理法則に従った合理的判断を求めるものである。」[30]とされたり、あるいは、自由心証主義につき、「要するに証拠の証明力・信用性の評価については、裁判官の合理的な判断を信頼しようということになっている」、「しかし、全く自由自在というわけではなく、その自由な

27　BGHR StPO §261 Sachverständiger 1.

28　BGH NStZ 2009, 571, 571.

29　さらなる関連するBGH判例については、拙稿「事実審裁判官の鑑定とは異なる判断、無警戒で無防備であることの利用 StGB §21, 211 II; StPO §261」比較法雑誌45巻2号309頁以下、拙稿「責任能力の減少——その理由づけに対して要求されるもの StPO §261; StGB §20, 21」比較法雑誌48巻3号389頁以下も参照。

30　石井・前掲注（5）15頁。

第七章　精神鑑定の拘束力について　　297

判断の背後には、経験（法）則というものと論理法則、それは健全な常識に
あたる部分も多い」が、「そういうものに反しない範囲内で、証拠の信用性
とか、ある事実を証明する力についての評価は、もっぱら裁判官を信頼して
ゆだねようというのが自由心証主義」である[31]とされたり、あるいはまた、
自由心証主義は、裁判官（及び裁判員）による証拠価値の評価を法律で形式的
に拘束することは原則としてしないということであり、例外は自白の証明力
の制限であるとした上で、「自由心証主義は、裁判官の人格・能力・識見に
対する一般的な信頼を前提とするものである。また、陪審制・参審制が採ら
れている国においては、国民の理性に信頼を置く考え方を前提とするのであ
り、わが裁判員制度についても同様のことがいえる。『自由な判断』といっ
ても、恣意的な心証形成や事実認定が許されるのではなく、証拠の証明力の
評価とこれに基づく事実認定は、裁判官（及び裁判員）がその良心に従って論
理法則や経験則に則り合理的に行うべきものであることは、当然のことであ
る。法定証拠主義と対比されるところの自由心証主義が採用されて久しい今
日においては、裁判官（及び裁判員）の『自由な』判断ということよりも、
『合理的な』心証形成・事実認定ということが強調されるべきである。」[32]と
されたりするところである。

　つまり、ここでの「裁判官の理性」、「裁判官の合理的な判断」、「裁判官の
人格・能力・識見」、「国民の理性」、に対する信頼という表現が示すよう
に、証明力に関する自らの調査・判断という場合に問題とされる「合理性」
は、最終判断者にとっての「合理性」であり、その者にとって発動可能な
「合理性」ということになるのである。本稿で問題としている判例との関係
でいえば、58年・59年決定の枠組みも自由心証主義の下にあり、かつ、この
ような意味での「合理性」の視点から抑制が働くことは当然であり、同枠組
みの支持者にとっても異論のないところと思われる。

　そうだとすれば、58年・59年決定の枠組みからの転換・脱却を志向し支持
し、それを最高裁20年判決に求めるのであれば、専門家の意見の尊重、鑑定

31　『法曹養成実務入門講座2　事実認定・渉外事件』林屋ほか編（2005）「座談会　刑事事実認
　　定を学ぶ」［酒巻匡発言］178頁。
32　安廣文夫『大コンメンタール刑事訴訟法〔第二版〕第7巻』河上ほか編（2012）314頁。

意見の尊重への重点、専門的経験則が示された場合の自由心証のあり方にとっての意義、総合判断の中での病状重視、健常人と異ならない要素のウエイトを相対的に低く見ること、といった内容の推奨において、裁判官にとって発動可能な合理性の調査の及ばない領域の設定、あるいは、総合判断の中で一定の事項についての証明力評価の固定といったものを意味することにもなりえ、現行の法制度との整合性の点で疑問があり、ひいては、しかるべき最終判断者による裁判という点でも問題があるように思われるのである[33]。よって、20年判決を高く評価する見解がこれに与える意義は、やや過剰であり、許容できないということになるのではないであろうか。

　つまるところ、責任能力判断にとって肝要なことは、その判断が合理性を有し、その合理性は最終判断者にとっての合理性であり、かつ、その合理性が理由づけ・説明といった形で事後的検証に開かれているということ（追思考可能な状態で示されていること）、になるように思われるのである。まずもって、この点は、確認されなければならない事柄であるといえよう。

　(c)　ただし、一方において、鑑定については、「他の供述証拠と違い、知覚、記憶という過程を欠きそこに誤りが入る可能性がないばかりか、中立的な専門家の供述であるから、一般的にいえば、その証明力は高いと考えられる」との指摘が示すように、また、そもそも鑑定が、（最終判断者である）裁判官に不足している特別の知識・経験を補充する目的で、しかるべき専門家に依頼し、特別の知識・経験に属する法則またはその法則を一定の事実に適用して得た判断の報告を求めるものである、ということを考えても、まさに、「一般的にいえば、その証明力は高いと考えられる」という点も、上記の確認すべきとした事項と同様に、やはり重要であり、かつ、この点は、

33　なお、ドイツにおいては、鑑定人的要素（特定分野の専門家）を裁判所に組み入れること、すなわち、鑑定人を裁判官サイドへと組み込むことによって、最終判断者による裁判の問題を解決しようとの議論もすでになされている。しかし、これに対しては、先に（注25で）述べた基本法92条との関係での困難のほか、この点がクリアされたとしても、一定の鑑定人に固定することから生じる様々な難点が指摘されており、強力な批判がなされているところである。これについては、例えば、vgl. Hans-Ludwig Schreiber, Zur Rolle des psychiatrisch-psychologischen Sachverständigen im Strafverfahren, in Festschrift für Rudolf Wassermann, 1985, 1015 ff. など。

第七章　精神鑑定の拘束力について　299

――大いに注目すべきと思われるが――責任能力判断が問題となった多くの裁判例において鑑定人の見解（複数であればそのいずれかの見解）と一致した判断が下されており、鑑定人の見解と異なる判断は全体として少数であるということ[34]にも現れていると考えられるのである。そして、この点への配慮が、――ときに被害の深刻な事案における当罰性要求の強さから生じる結論の妥当性を求めるあまりか――疎かになることへの懸念を強調したことが、最高裁20年判決の意義の核心部分と解すべきではないであろうか。

　(d)　以上のように、責任能力判断における精神鑑定の評価は、一方での、最終判断者はあくまで裁判官であること、その判断は合理性を有していなければならないこと、さらに、その合理性は最終判断者にとっての合理性であり、かつ、その合理性を担保すべく理由づけ・説明が示されなければならないこと、他方での、鑑定は、まさに「一般的にいえば、その証明力は高い」こと、鑑定はそもそも最終判断者に不足している特別の知識・経験を補うために、適格と考えられる専門家に報告を求めるものであり、通常は、その報告は尊重されなければならないこと、などといった諸要素から生じる各要請のもとで、巧妙にバランスをとりながら、行われなければならないということになるであろう。最高裁58年・59年決定、20年判決、21年決定を通じて示された判例の精神鑑定の拘束力についての立場も、このような内容として理解すべきかと思われるのである。

　そして、こうした考え方のもとでの裁判官（・裁判員）の精神鑑定への接し方としては、〔A〕批判的な見地から合理性を調査しなければならず[35]、同時に、〔B〕専門家への尊重心とともに慎重かつ謙虚に接しなければならないという、両義性をもつものが要求されることになり、ここに責任能力判断における精神鑑定評価の難しさがあるともいえ、また、最終判断者として

34　池田・前掲注（5）56頁、高橋・前掲注（6）398頁など。

35　なお、鑑定と異なる判断を行う場合に、この調査を実質を伴ったものとして実践し、その結果を最終判断にあたって、しかるべき理由づけをもって示すには、他の専門家の見解が何らかの形で補充される必要も少なからず生じるといえよう。さらなる鑑定や意見聴取の重要性については、安田・前掲注（10）50頁、中川武隆「被告人が心神喪失の状態にあったとする精神鑑定の意見を採用せず、総合判断により、被告人が心神耗弱の状態にあったと認定した原判決の判断手法に誤りがないとされた事例」（21年決定の判批）刑事法ジャーナル23号96頁、なども参照。

の責任の重さをも示しているように思われるのである。

「鑑定結果には拘束されないが、自由心証主義の下、合理性のない恣意的判断は許されない」とする、いわゆる不拘束説も、このような鑑定への接し方を内包するものと解されるであろう。

Ⅳ 鑑定評価にあたっての留意点

以上のような理解にもとづく不拘束説が妥当であると解されるが、この立場に立つとして、なおいくつかの、精神鑑定の評価にあたっての留意点があるように思われる。これにつき、若干ながらごく簡単に示すことにする。ただし、責任能力判断は、個々の事案に対してなされるものであり、事案に即した多様な事情が関係するため一律には言えない面があり、あくまで一般的な傾向ということになるであろう。

まず、最終判断者による「合理性」の調査といっても、その調査という形での介入の度合い、あるいは深度といったものには、対象に応じて当然のことながら差異が生じるように思われる。

例えば、ドイツでは司法精神医学において、鑑定の方法として次のような複数のステップからなる方法が提示されている。すなわち、①法的問題とは独立に診断を行うこと→②この診断を法が定める概念へと分類すること（第一段階の「精神の障害」への分類）→③法的問題と診断を結びつけることを行い、鑑定人に立てられた問いに回答すること、あるいは、①臨床上の診断を行うこと→②法的病気概念の下へと包摂すること→③臨床経験にもとづいて、障害によって引き起こされた機能損傷についての仮説を示すこと→④法的に重要な機能損傷の定量化を行うこと→⑤臨床上の仮説が適切である蓋然性を指定すること、といった流れによる方法である[36]。また、わが国においても、例えば、責任能力判断の段階として、①行為の時点での診断の確定→②刑法39条の解釈として出てくる「精神の障害」の要件への包摂→③診断された状態の犯行への影響の確定→④認識・制御能力の概念への包摂→⑤検討

---

36 これに関しては、六章Ⅱ（3）（b）-ⅰ以下も参照。

の帰結として心神喪失・心神耗弱が認められるかの確定、といった流れが示されている[37]。これら諸段階の内容の詳細については措くとして、本稿の立場では、これらのすべての段階に対して最終判断者による「合理性」の調査・判断が及ぶということになる。だが、ここでとくに問題となりうるのは、法的問題とは独立した各①の段階ということになるであろう。これについては、上述のⅢ（d）における〔B〕の要請が高度に働くと考えられ、とりわけ、鑑定と異なる判断を行う場合には極めて慎重でなければならないであろう[38]。

　次に、わが国においては、従来より、「裁判所の自由心証といえども合理的控制に従わなければならないこととあいまち、鑑定結果の評価は努めて真摯かつ慎重であることが要求される」との考え方のもと、裁判官が鑑定結果を採用しないことが許される場合（鑑定に信用性がないことにつき合理性がある場合）として、次のようなものが挙げられてきた。すなわち、①鑑定人の鑑定能力、公正さに疑問が生じたとき、②鑑定資料の不備ないし裁判所の認定事実との食い違いなど鑑定の前提条件に問題があるとき、③鑑定結果と他の有力な証拠ないし客観的事実とが食い違ったとき、④鑑定内容に問題があるとき、である[39]。——このような方向での指摘との関係でも鑑定の評価を考えて見るならば——これらの各場合のそれぞれのより詳細な内容がいかなるものかや、それぞれの内容の重なり合いや差異については、なお検討を要するといえるが、ひとまずここでは、字義通りに解して、各場合の示す典型的な場合を念頭に置くならば、①、②、③の場合について、真にこれにあたることが明白であれば、鑑定の信用性が排斥されることは、とくに異論はないものと思われる。問題となるのは、④の場合、とくに①、②、③にはあたらず、これらについては問題がないが、④の場合にのみあたることを理由に（あるいは④にあたることを決定的な要因として）鑑定を排斥する場合といえよ

37　安田・前掲注（10）38頁。

38　この点と関連するものとして、例えば、安田拓人『刑事責任能力の本質とその判断』（2006）173頁では、「……裁判官が精神分裂病（統合失調症）ではなく人格障害であったとする鑑別診断を行うのは、やはりゆきすぎであって、避けられるべきだと思われる」との指摘がなされている。

39　高橋・前掲注（6）448頁。

う。この場合は、判断に対する疑念を喚起することが少なからず予想される
が、やはり、この場合についても、Ⅲ（d）における〔B〕の要請が相対的
に強く働き、とくにある程度詳細なふさわしい理由づけが要求されることに
なるであろう。

　また、この点と大いに関連する具体的な争点としては、20年判決を高く評
価する論者も指摘するところであるが、健常人と異ならない事情が認められ
る場合の評価をめぐる問題が挙げられるであろう。すなわち、鑑定人がこの
ような事情をほとんど考慮しないか、あるいは考慮しても重要な要素とは見
ない場合で、最終判断者が、この事情を責任能力を肯定する方向での要素と
して比較的高く評価する場合である。責任能力判断の難しさが顕著に現れる
場面といえる。ただ、この場合についても、鑑定人がその結論に至った推論
過程に対する説明（医学的な視点からの意味分析なども含めた説明）を求めること
なども前提として、なお、最終判断者において、健常人と異ならない事情か
ら形成された責任能力を肯定する方向での心証が除去・減殺されないのであ
れば、その心証にもとづいて判断するのは致し方ないことと考えられるであ
ろう。ただし、当然にその判断の合理性を支えるに足る理由づけが要求され
るということになるであろう。

　　おわりに

　以上見てきたように、58年・59年決定の枠組みは妥当であり、20年判決、
21年決定においても、両判断ともにその内容を肯定するものとして58年決定
および59年決定を引用判例として挙げていることからも示されているよう
に、なお、この枠組みは維持されていると解すべきであろう。

　そして、かかる枠組みには、鑑定結果には拘束されないこと、責任能力の
有無・程度は諸事情を総合して判定すること、判断の基礎となるすべての事
項につき最終判断者による合理性の調査が及ぶこと、などといった考え方が
内包されていると考えられ、また、このような考え方は、20年判決が、「生
物学的要素である精神障害の有無及び程度並びにこれが心理学的要素に与え
た影響の有無及び程度については、その診断が臨床精神医学の本分であるこ

とにかんがみれば、専門家たる精神医学者の意見が鑑定等として証拠となっている場合には、鑑定人の公正さや能力に疑いが生じたり、鑑定の前提条件に問題があったりするなど、これを採用し得ない合理的な事情が認められるのでない限り、その意見を十分に尊重して認定すべきものというべきである。」と判示し、鑑定を採用できないとした原判決の証拠評価は相当でないとしたことを踏まえても、なんら変更されていないと解すべきであろう[40]。

　むしろ、20年判決の意義は、上記判示部分により、「一般的にいえば、その証明力は高いと考えられる」という点への配慮が疎かになることへの懸念を明示的に示したことや、事実認定にあたる者に対して鑑定評価にあたってより慎重な態度で臨むべきこと、とくに鑑定結果から離れる場合に十分な検討を行うべきことを要検討事項を示して実際に破棄し差し戻したことによって促したこと、などに求めるべきかと思われる。このように、20年判決に対しては、上記枠組みを前提とした上で、過少評価でもなく過剰評価でもない、適度な意義が与えられるべきであろう。

　したがって、結論としては、20年判決は、「裁判所の責任能力判断が鑑定の信用性判断に尽きることとなるかのような大きなインパクトを与えたが」、21年決定は「最決昭和58年および総合的判断による規範的判断の枠組みを述べる……最決昭和59年が基本であることを強調したものである」との指摘[41]や、20年判決（特に上記判示部分）は、「内容的には、当然のことを示したものといえるにもかかわらず、……その内容以上にインパクトのあるものとして受け止められたものと思われる。」とし、21年決定については、「昭和58年判例及び昭和59年判例が基本であり、平成20年判例もこれらを否定するものではないこと、最終的な心神喪失・心神耗弱の判断は専ら裁判所にゆだねられた法律判断であることを改めて明確にしようとしたものと思われる。」とする指摘[42]と同様ということになるであろう。

40　なお、「その診断が臨床精神医学の本分である」とする部分については、この領域の内容に対して、裁判官の調査・判断が及ぶことや最終判断者の職責の対象でもあることまで排するものではないと解することは可能と思われる。

41　安田拓人「責任能力の認定」（21年決定の判批）刑法判例百選Ⅰ 7版（2014）73頁。

42　任介辰哉・最高裁判所判例解説刑事篇平成21年度663頁以下。

限定責任能力概念

第八章
責任能力論の系譜
──わが国における限定責任能力概念（刑法39条2項）についての史的考察──

　「人はどうして罪責感を持ったりするのかと問うなら、反論しようのない答えがひとつ返ってくる。自分でも『悪い』と分かっていることをしたら、自分のせいだ、自分には責がある（信心深い人なら、罪がある、と言う）と感じる、というのである。しかし、この答えがほとんど答えになっていないのはすぐに気がつく。それで、少しためらうかした後に、悪いことは何もしていないが、自分にそれをする意図があるのに気づいただけの人も、自分に責があると見なすこともある、と付け加えるだろう。その場合、ここではどうして意図するのと実際に行うのとが対等に扱われるのか、という疑問が投げかけられるだろう。しかし、いずれの場合とも、悪は唾棄すべきこと、けっして行ってはならないと分かっている、というのが前提となっている。どうしてそう断定するのか。善悪を区別する能力が人には元から、いわば自然に備わっているなどという発想は斥けてよいだろう。悪はしばしば自我にとって全く有害でも危険でもなく、それどころか逆に、自我にとって望ましく、楽しかったりもする。してみれば、そこには何か外からの影響が一枚嚙んでおり、それが、何が善で何が悪と呼ばれるべきかを決めているのだ。人間は、自分の感覚に頼るかぎりこれと同じ道に誘導されることはなかったはずだから、こうした外からの影響に従う動機が何かひとつあるはずである。この動機は、人間が非力で寄る辺なく他者に依存せざるをえないという点に容易に見いだされる。それは、愛の喪失に対する不安と呼ぶのがいちばんよいだろう。人間は自分が依存する他者の愛を失えば、様々な危険に対する庇護を失うことにもなり、とりわけ、自分より強力なこの他者が自分に対して懲罰というかたちでおのれの優越性を示してくるという危険にさらされることになる。だから、悪とは、元来、それを行えば愛を失いかねないもののことであり、愛の喪失に対する不安から、人は悪を避けなければならないのである。悪いことをすでにやってしまったか、それともこれからやろうとしているのかに大した違いがないのはそのためだ。いずれの場合でも、権威を持つ目上の者にそれが見つかった場合に初めて危険なことに

308　限定責任能力概念

なる。見つかれば、この目上の者は、どちらの場合でも同じように振る舞うはずだ。

　こうした状態は、『良心のやましさ』と称されるが、本来この名前に値するものではない。というのも、この段階では、罪の意識は明らかに愛の喪失に対する不安、『社会的』不安にすぎないからだ。小さい子供の場合はそうであるよりほかにはおよそありえないが、多くの大人でも、父親や両親がもっと大きな人間共同体に取って代わられる以外には、事情はほとんど変わらない。それゆえ、大人たちは、権威の持ち主に全く知られずにすむか見とがめられないのが確かでさえあれば、自分たちに楽しみを約束してくれる悪に、決まったように手を染める。彼らにとって唯一の不安は見つかることである。今日の社会は一般にこうした状態を想定してかからねばならない。

　超自我というものが樹立され、そのことによって権威が内面化されるに及んで、初めてひとつの大きな変化が訪れる。これをもって、良心に関わる諸々の現象はひとつ新たな段階に引き上げられ、基本的にここで初めて良心や罪責感を云々できるのである。もはや、見つかりはしないかという不安もなくなり、悪事を行うのと悪事をしようと欲するのとの区別もすっかり消え失せる。心中の考えも含め、何ごとも超自我の目を盗むことはできないからである。もっとも、状況が実際に緊迫していたのはすでに過去のことである。われわれの見るところ、超自我という新たな権威には、自分と緊密な一体関係にある自我をしいて虐待する動機がないからである。とはいえ、成立経緯は後あとまで尾を引き、過去となったもの、克服されたものは途絶えてしまうのではなく、基本的にそれが当初あったままであり続ける点に、この経緯の影響が現れている。超自我は罪を犯した自我を同じ不安感でさいなみ、外界を介して自我を罰する機会を窺っているのである。」

　〔フロイト「文化の中の居心地悪さ」嶺秀樹　高田珠樹訳『フロイト全集20』
　（2011年、岩波書店）136頁以下〕

第八章　責任能力論の系譜　　309

はじめに

1　今日広く受け入れられていると解される理解

（1）責任の本質・責任能力（刑法39条、41条）

　一般に、犯罪とは、「構成要件に該当し、違法かつ有責な（ないしは責任を有する）行為」であると定義される。よって、犯罪が成立するためには、構成要件該当違法行為について、責任が認められること（有責であること）が必要となる。また、ここでの責任（有責性）とは、非難可能性であり、その非難可能性とは、法に従った動機づけが可能であるにもかかわらず、法の要求に反して違法行為（構成要件該当違法行為）に出たことを本質的な内容とする、との理解が多数の支持するところといえよう〔規範的責任論〕。

　こうした考え方にあっては、要するに、客観的な構成要件該当違法行為（法が否定的に評価する外界に現れた物理的事象）だけでは、犯罪は成立せず、非難可能性のある主観面、つまりは、規範に反する態度や法益尊重心に反する態度といった主観的状態を伴ってなされた構成要件該当違法行為である場合にのみ犯罪（主観面（主観的要件）・客観面（客観的要件）からなる犯罪行為）が成立するということになる。そして、この主観的要件の一つが責任能力であるとされ、刑法学においては、それは一般に責任（有責性）段階の要素とされ、かつ、責任阻却（減少）事由との地位が付与され、現行刑法では、39条1項・2項と41条がその責任能力に関する規定であるとされる。これらの規定中41条については、14歳という年齢基準にもとづいて一律に責任無能力にする（低年齢であること、すなわち未成熟であることを原因として責任無能力にする）、というものであり、──年齢を何歳に設定すべきか、刑事未成年という概念の説明の仕方如何をめぐっては議論も存するところではあるが──責任能力の有無をめぐる具体的な争点として論じられることはほとんどないといえる。他方、39条については、責任能力の有無・程度をめぐって具体的な争点となることも多く、かつ、39条の内容、実体要件についても現在進行形で少なからぬ議論の存するところである。とはいえ、39条の「心神喪失」、「心神耗弱」の定義に関するリーディングケースである大審院昭和6年12月3日判決

（大判昭和 6・12・3 刑集10巻682頁）が示した内容、あるいはそれをベースとした基本事項については、今日広く同意の存するところといえよう。それは以下のようなものである。

（2）39条に関する大審院判例の定義

　上記大判昭和 6・12・3 では、「心神喪失ト心神耗弱トハ孰レモ精神障礙ノ態様ニ屬スルモノナリト雖其ノ程度ヲ異ニスルモノニシテ卽チ」、心神喪失は、「精神ノ障礙ニ因リ事物ノ理非善悪ヲ辨識スルノ能力ナク又ハ此ノ辨識ニ從テ行動スル能力ナキ狀態ヲ指稱シ」、心神耗弱は、「精神ノ障礙未タ上敍ノ能力ヲ缺如スル程度ニ達セサルモ其ノ能力著シク減退セル狀態ヲ指稱スルモノ」と定義されている。また、これと同旨の定義はその後数年間の大審院判例において繰り返し示されている（大判昭和 7・11・21刑集11巻1644頁、大判昭和10・4・24新聞3839号16頁、大判昭和12・2・6 新聞4098号12頁、大判昭和12・10・11新聞4194号17頁、大判昭和13・5・26新聞4296号11頁）。すなわち、「心神喪失」は、①「精神の障害」に因って（これを原因として）、②「事物の理非善悪の弁識能力（弁識能力ないし認識能力）」、及び③「その弁識に従って行動する能力（制御能力）」の両者または一方が「欠如する状態」であり、「心神耗弱」は、①「精神の障害」に因って、②「事物の理非善悪の弁識能力」、③「その弁識に従って行動する能力」の（両者または）一方が「著しく減退している状態」ということになる[1]。またこれらのうち、①については生物学的要素と呼ばれ、②③については心理学的要素と呼ばれ、今日定着した用語となっており[2]、この前者と後者から「責任能力」を判定する方法は混合的方法と呼ばれている。よって、わが国の責任能力規定（39条 1 項・2 項）は、「精神

　1　昭和49年の改正刑法草案16条でも、「精神の障害により、行為の是非を弁別し又はその弁別に従って行動する能力がない者の行為は、これを罰しない（1 項）。精神の障害により、前項に規定する能力が著しく低い者の行為は、その刑を軽減する（2 項）」と規定されている。これは「通説・判例を条文化した」ものともされる。浅田和茂『刑事責任能力の研究　下巻』（1999年）87頁。さらに、島田聡一郎＝馬場嘉郎『大コンメンタール刑法第三版第 3 巻』大塚ほか編（2015年）429頁など参照。

　2　この用語は、最高裁判例（最判昭和58・9・13判時1100号156頁、最高裁昭和59・7・3 刑集38巻 8 号2783頁）や調査官解説（前田巖「判解」最判解刑事篇平成20年度359頁）などにも用いられている。

第八章　責任能力論の系譜　　311

の障害」、「弁識（認識）能力」、「制御能力」を構成要素とする混合的方法が採られているとの理解が広く共有されているということになる。さらに、②の弁識（認識）の対象については、倫理的な含意を有する用語としての「理非善悪」や「是非」よりも端的に「違法性」とするのが適切である[3]との考え方や、行為主義、個別行為責任の考え方から、単に自分の身のまわりのことや、一般的なものごとの是非について弁別するだけでは足りず、自己の行為が違法であることを弁識する能力が要求される[4]といった理解も広く受け入れられているといえよう。もっとも、ここでの「行為」については、個々の構成要件該当行為を指すのか、あるいは、そうした限定はとくに付されない行為一般（もしくは個々の構成要件該当行為に限らない責任を負担する人格的能力）を指すのか、との対立はなおも存するところであるが、現実の裁判において、罪となる事実として示された行為をめぐって審理がなされ、その行為、すなわち、構成要件該当（違法）行為についてしか違法性を弁識する能力は問題とはされず、問題とする必要もないことから、やはり個々の構成要件該当行為についての能力が問われるべき問題となるとの考え方が今日では有力といえよう[5]。またこれに加えて、39条2項は必要的な「減軽」を規定しているため、犯罪（構成要件に該当する違法・「有責な」行為）は成立するが刑が減じられる場合（責任能力を有する者であるが、その能力が減少しており、責任減少も認められ刑が減じられる場合）であること、また、上記定義によって、1項と2項で原因となる精神の障害は共通であること、責任能力の減少の程度は「著しい」ものであることが示されていることなども、今日肯定的に広く共有されている理解といえよう。さらには、精神の障害による弁識・制御能力の喪失・減少が問題となる時点は「行為時」であるとの理解も——いわゆる「同時存在原則」が一般に受容されていることからも——付け加えることができよう。

3　墨谷葵『責任能力基準の研究』（1980年）226頁、前田・前掲注（2）359頁など。

4　島田＝馬場・前掲注（1）431頁参照。

5　佐伯仁志『刑法総論の考え方・楽しみ方』（2013年）323頁参照、さらに、高橋則夫『刑法総論〔第3版〕』（2016年）348頁以下、井田良『講義刑法学・総論〔第2版〕』（2018年）400頁など参照。

312　限定責任能力概念

　以上のようなことが責任能力に関する今日広く受け入れられている理解ということになるであろう。

2　限定責任能力（39条2項）

　上述のような多数説の理解に立つとしても、細部やより詳細な説明の仕方についてはいまだ活発な議論が展開されているところである。こうした状況において、本稿では、限定責任能力概念を主として扱うことにする。

　この限定責任能力概念については、今日でも例えば、これに関する規定を持たない国もあることから、同概念自体を法規定によって導入することへの賛否、また導入するとしても必要的減軽とすることへの賛否といった視点や、あるいは、「限定責任能力者とは〈完全責任能力者に準じる者〉、〈責任無能力者に準じる者〉のいずれであろうか。この問いは処遇にもつながる。つまり〈責任能力者であるが精神障害を考慮する〉のか〈精神障害者であるが刑罰を科す〉のかによって処遇上の配慮が逆方向となる。」[6]との指摘が示しているように、同概念が有する両面的な性質とそのような性質を考慮した場合の適切な処遇はいかなるものかといった視点など多様な視点において論じられているのである。また、実際の39条2項の適用場面においては、責任能力減少の程度はいかなるものか、ないしはこれが現在定着している「著しい」であるとしてもその「著しい」とはどの程度であるのかは極めて重大な問題であるといえるが、必ずしも十分な議論がなされているとはいえないように思われるのである。加えて、この点について、――後により詳細に見ていくことになるが――現行刑法制定過程の議論につき、「……精神障害による弁識能力の減弱が著しいものである必要性は読み取れない。」、「……より軽い程度の精神障害下での犯行が考えられていたのではないかとも思われる。」[7]との重要な指摘もなされているのである。

　このような限定責任能力概念について、その内容を導入期の議論を参照し

　6　中谷陽二「限定責任能力――法と精神医学の交錯点」中谷陽二編集代表『精神科医療と法』（2008年）3頁。

　7　林美月子「責任能力判定と精神鑑定――最高裁平成20年4月25日判決を契機として――」立教大学法学87号27頁。

つつ、あらためて確認し検討を加えることは、あるいは、その来歴を知ることは、同概念のより精確な理解に資するように思われるのである。

3　本稿の対象・方法

　上述のように、今日の責任能力（責任無能力・限定責任能力）に関する広く受け入れられている理解の基本的な枠組あるいは基盤となる考え方は、大判昭和6・12・3（およびその後数年間に出された同旨の大審院判例）によって示されているといえる。この意味において、同判例による定義は今日的な理解の源泉ともいえるであろう。他方、本稿でとくに取り上げる限定責任能力（39条2項にあたるもの）については、よく知られているように旧刑法では存在せず、議会に提出された法案レベルでは、明治34年にはじめて現れ[8]、その後、（明治40年の）現行刑法39条2項として採用されるに至ったものである。このことから、明治34年頃から昭和6年頃にわたる期間（この時期およびいくらか前後を含む期間）は、責任能力（責任無能力・限定責任能力）に関する今日広く受け入れられている理解のいわば始原にあたる時期あるいは形成期ともいえる。本稿は、この時期に示された立法過程における見解や学説上の主要な諸見解を、考察の中心的な対象とするものである。もっとも、ここでの諸見解を主張する各論者は、当然に多様な背景、多様な刑法に対する基本的な考え方——責任の本質の理解・責任能力の体系的位置づけはいかなるものか、いわゆる新派的な考え方か旧派的な考え方か（あるいはその中間的なものか）、触法精神障害者の処遇はどうあるべきか。ドイツ、フランス、イタリアなどのいずれの法制度の影響を強く受けているのか、などなど——を有するものである〔もちろん、各論者自身の見解の変遷もありえよう〕。よって、このような背景、基本的な思考についても詳細に意を用いながら論ずべきともいえるが、細部にわたってこれを実践することは、紙幅にも限りのある一論文では到底不可能といえる。

　そこで本稿では、このような背景事項については必要と思われる限りでの

8　なお、明治34年2月8日第15回帝国議会に提出されたものであるが、明治33年初め頃に作成はされていたとされる（議会提出の見送られた、33年改正案では52条）。『刑法〔明治40年〕(2)日本立法資料全集21』内田文昭・山火正則・吉井蒼生夫編著（1993年）11頁以下、473頁参照。

言及にとどめ、ともかく上記の時期の責任能力（責任無能力・限定責任能力）を
めぐる言説の概要を描くことにつとめ、それを踏まえて若干ながら分析・検
討を加え、もって、責任能力とりわけ限定責任能力に関するより精確な理解
に資すること、および、限定責任能力に関するあるべき実体要件を考えるに
あたっての素材を提供することを目指すことにする。また最後に、とくに実
務上重要と思われ、かつ従来十分な議論がなされているとはいえない限定責
任能力の「程度」について簡単ながら論じることにする。

I　責任能力をめぐる言説

1　旧刑法下での諸見解——前史：明治20年代までの諸見解

　すでに述べたように、限定責任能力（39条2項にあたるもの）は政府提出の
法案レベルでは明治34年（34年改正案）にはじめて採り入れられる。すなわ
ち、「精神障礙ニ因ル行為ハ之ヲ罰セス但情状ニ因リ監置ノ処分ヲ命スルコ
トヲ得」「精神耗弱者ノ行為ハ其刑ヲ減軽ス」（49条1項・2項）との規定であ
る。では、旧刑法（78条以下）の下での責任能力概念、限定責任能力概念に
ついての見解はいかなるものであったのだろうか[9]。簡単に見ておくことに
する。具体的には、旧刑法下における代表的な論者による明治20年代までの
著作、①宮城浩蔵『刑法正義上巻』②井上正一『日本刑法講義』③高木豊三
『刑法義解』④富井政明『刑法論綱』⑤岡田朝太郎『日本刑法論』⑥江木衷
『現行刑法汎論』を見ることにする[10]。

　9　旧刑法の関連条文は以下のようなものである。〈4章　不論罪及ビ減軽〉78条「罪ヲ犯ス時知
　　覚精神ノ喪失ニ因テ是非ヲ弁別セサル者ハ其罪ヲ論ㇲ」79条「罪ヲ犯ス時十二歳ニ満サル者
　　ハ其罪ヲ論セス但満八歳以上ノ者ハ情状ニ因リ満十六歳ニ過キサル時間之ヲ懲治場ニ留置スル
　　コトヲ得」80条「罪ヲ犯ス時満十二歳以上十六歳ニ満サル者ハ其所為是非ヲ弁別シタルト否ト
　　ヲ審案シ弁別ナクシテ犯シタル時ハ其罪ヲ論セス但情状ニ因リ満二十歳ニ過キサル時間之ヲ懲
　　治場ニ留置スルコトヲ得若シ弁別アリテ犯シタル時ハ其罪ヲ宥恕シテ本刑ニ二等ヲ減ス」81条
　　「罪ヲ犯ス時満十六歳以上二十歳ニ満サル者ハ其罪ヲ宥恕シテ本刑ニ一等ヲ減ス」（瘖唖者と違
　　警罪についての規定は省略する。）

　10　宮城浩蔵『刑法正義上巻』（講法會出版、明治26年（1893））、井上正一『訂正日本刑法講義』
　　（書肆明法堂、明治26年（1893））、高木豊三『刑法義解』（時習社・博聞社、明治13年
　　（1880））、富井政明『刑法論綱 全』（實文館、明治22年（1889））、岡田朝太郎『日本刑法論 完』
　　（有斐閣、明治27年（1894））、江木衷『訂正増補現行刑法汎論 全』〔四版〕（有斐閣、明治24年

第八章　責任能力論の系譜　315

　フランス刑法・刑法理論の導入と学習の時期とされる明治前期[11]の代表的論者の一人である①宮城浩蔵におけるそれは以下のようなものである。

　不論罪・宥恕減軽の説明において、まず、「事件ハ固ヨリ犯罪ニ非ス凡ソ事件カ犯罪トナツルハ必ス人類ノ其事件ヲ爲シタルヲ要ス人類ノ所爲以外ニ犯罪ト稱スヘキ者アル┐ナシ」とし、人類の与える損害だけが犯罪となるのは「人類ニハ責任ナル者アリ他物ニハ之ナキヲ以テナリ」とし、さらに「責任ハ犯罪構成ノ一元素ニシテ責任ノ有無ハ以テ犯罪ノ有無ヲ決スヘシ」とする。そして、人類にのみ責任があるのは、「人類ノ心意内ニハ善正邪惡ヲ辨識スルノ智識（即チ辨別力）ト爲不爲ヲ決定スルノ自由トノ二能力アリテ」他物にはないからであるとする[12]。その上で、自由なき所爲に関する規定として75条をあげ、78条については、「白痴瘋癲ハ善惡邪正ヲ辨別スル智識ヲ有セサルカ故ニ責任ナシ是ヲ以テ此者人ヲ殺シ若クハ人家ニ放火シタリトセンニ其害惡ハ幾何ク大ナルニモセヨ彼ノ禽獸ノ人ヲ殺シ雷火ノ家ヲ燒クト同シク一ノ事件タルニ過キスシテ犯罪ヲ構成セサルナリ是レ我刑法ハ知覺精神ノ喪失ニ因テ是非ヲ辨別セサル者ハ其罪ヲ論セスト云フ條文ヲ規定シタル所以ナリ[13]」とし、また、責任年齢の規定である79条、80条、81条については、「人ノ罪ヲ犯スヤ必スシモ完全ナル能力ヲ具備スルモノニ非ス或ハ智識ト自由トヲ有スルニハ相違ナケレ圧其之ヲ有スルノ度甚タ不完全ナル者ナキニ非ス之ヲ換言スレハ責任ノ度ノ甚タ少キ場合アリ」と述べ、12歳未満につき

───────────

(1891))。各論者の経歴・刑法観・刑法理論の特徴については、沢登俊雄「宮城浩蔵の刑法理論1」法律時報50巻5号62頁以下、同「宮城浩蔵の刑法理論2完」法律時報50巻7号90頁以下、沢登俊雄「井上正一の刑法理論」法律時報50巻7号95頁以下、沢登俊雄「フランス刑法継受の時代」法律時報50巻4号83頁以下、小林好信「富井政章の刑法理論」法律時報50巻6号119頁以下、小林好信「岡田朝太郎の刑法理論1」法律時報51巻8号89頁以下、同「岡田朝太郎の刑法理論2完」法律時報51巻9号104頁以下、木田純一〔補訂〕吉川経夫「江木衷の刑法理論」法律時報51巻7号111頁以下など参照。

　なお、文献について一言すると、明治から昭和初期にかけての文献に関しては、入手・利用可能なものに現実的に限りがあり、使用されている文献（選ばれた版）も、そうした制限をある程度受けているものである。もっとも、対象とする時期の責任能力をめぐる言説の概要を示すという本稿の作業においては大きな影響はないといえよう。

11　この時代区分については、沢登・前掲注（10）「フランス刑法継受の時代」83頁参照。

12　宮城・前掲注（10）525頁、526頁以下。

13　宮城・前掲注（10）529頁以下。さらに582頁以下も参照。

316　限定責任能力概念

「幼者ハ幾分ノ智識ナキニハ非サレ圧責任ヲ構成スヘキ智識ナシ」とし、12歳以上16歳未満の者、16歳以上20歳未満の者については、「智識ナキニハアラスト雖モ其智識ハ一般ニ甚タ不完全ナル┐ハ何人モ之ヲ認知スヘシ智識既ニ不完全ナル時ハ責任モ亦不完全ナラサル可カラス責任既ニ不完全ナル時ハ犯罪ノ度モ亦輕シト爲サ丶ル可カラス」、「……是ヲ以テ我刑法ハ」、「幼者ノ犯罪ニ付キテハ其罪ヲ宥恕シテ本刑ヨリ減等スル┐トナセリ」としている[14]。

　このような宮城の見解は旧刑法の責任能力規定についての「最も標準的な解釈」[15]ともされている。

　では、同じくフランス刑法理論の影響を強く受けたとされる②井上、③高木、④富井らはどうであろうか。

　まず②井上であるが、「責任」に関して、犯罪に刑罰を課すには、「必ス其犯人ハ辨知力ト自由力ノ二者ヲ具備スル者ナルヲ要ス故ニ苟モ之ヲ具備セサル者ナル時ハ縱令ヒ其所爲ハ如何ナル害惡ヲ來シタルモ之ヲ以テ犯罪ト爲シ刑罰ヲ當行スルヲ得ス」、「辨知力ト自由力トハ刑事上ノ責任ニ缺クヘカラサル條件ト云フ可キナリ」とし、「善惡ヲ辨別スルノ能力ナク……此能力ヲ有スルモ善惡ヲ取捨スルノ能力ナキ者」を罰するのは正当ではないとする[16]。そして、自由力に関しては75条が規定しているとし[17]、その上で、78条について、「知覺精神ノ喪失シタル者即チ精神錯亂者ノ犯罪」の場合と位置づけ、「所謂精神錯亂トハ辨知力ヲ全ク喪失シタル者ヲ云フナリ」とし、その精神錯乱には種々の状態があるとしながら、「白痴」、「痴愚」、「本然ノ精神錯亂」、「狂癖」、「夢狂」、「酔酗」が挙げられている[18]。他方、79条以下の規定については、「未タ完全ノ精神ヲ具ヘサル者即チ未成年者ノ責任」に関する規定と位置づけ、「蓋シ人ノ生ル丶ヤ知能ヲ具有スルハ素ト天稟ニ出ルト

14　宮城・前掲注（10）530頁以下。さらに591頁、596頁、599頁以下など参照。また、宮城浩蔵『日本刑法講義第一冊』（講法會出版、明治28年（1895））でも基本的に同旨の説明がなされている。546頁以下、551頁以下、604頁以下、613頁以下など参照。

15　浅田・前掲注（1）23頁。

16　井上・前掲注（10）151頁以下。

17　井上・前掲注（10）153頁参照。

18　井上・前掲注（10）154頁以下。

雖圧其知能ハ漸次ニ發達スルモノニシテ年齡ト經驗トヲ積ムニ非サレハ得テ
是非善惡ヲ辨別スルニ完全ナルモノニ非ス是レ法律ニ於イテ犯人ノ年齡ヲ細
別シ其責任ニ關シ敷箇ノ等差ヲ定メタル所以ナリ」、「我刑法ハ二十歳以上ヲ
以テ完全ナル責任ヲ有スルノ年齡ト定メ尚ホ十二歳及ヒ十六歳ノ年齡ニ依リ
其責任ニ關シテ等差ヲ立テタリ」との説明がなされている[19]。

　次に③高木であるが、75条以下の不論罪及び減軽に関する説明において、
「罪」について、「自カラ其所爲ノ惡事タル﹂ヲ明知シ而シテ其惡事ヲ爲スノ
意アリテ爲ス所ノ所爲是ナリ則チ法律上ノ罪タル其惡事タル所爲ト其惡事ヲ
爲スノ意トノ二ツノ者ヲ以テ成ルモノトス」とし、また、「惡事タル所爲ハ
全國社會ヲ害スル者ナリ其害タルヲ知ツテ之ヲ爲スハ衞德ヲ害スル者ナリ故
ニ其所爲人民社會ニ公害アリ衞德ニ大害アルモノ即チ之ヲ罪トシ法律以テ之
ヲ罰ス」とし、その上で、78条については、「此條專パラ瘋癲人ニ係ルト雖
圧其他原因何タルヲ論セス其精神錯亂シテ是非善惡ノ識別ナキ者皆是ナリ」
としている[20]。他方、年齡規定については、「丁年ニ達スル迄ノ年間タル幼
者ノ才能智識其體力ト共ニ月ニ年ニ相加ハルノ時タルヲ以テ滿二十歳以下概
シテ同一視ス可カラズ」とし、ゆえに刑法は三期に分けたとされている[21]。
そして、例えば80条の弁別ある者の処罰につき、「其辨別タルヤ蓋シ幼者ノ
辨別ニシテ未タ其全キヲ得サル者ナリ故ニ之ヲ宥恕シテ本刑ニ二等ヲ減スル
ナリ」としている[22]。

　最後に④富井であるが、犯罪者たるのは「人」に限るとし、その「人ヲ犯
罪者トシテ其責ニ任セシムルニハ唯外形上刑法ニ指定スル所爲ヲ行ヒタルヲ
以テ足レリトセス尚其主體タル者ニ三個ノ條件」すなわち「㈠辨別㈡自由㈢
犯意」を備えていなければならず、「不論罪トハ即チ此三條件ノ一ヲ缺ク所
爲ヲ云フ」とし、さらに、不論罪とするのは社会の安全を維持するために罰
する必要がないからであり、幼者、瘋癲者等を罰しなくても「法律上罪ヲ問
ハサルヲ奇貨トシテ再犯スルノ恐レナク又世人ハ其無罪ト爲リタルヲ見テ其

19　井上・前掲注（10）160頁以下。
20　高木・前掲注（10）194頁以下、208頁。
21　高木・前掲注（10）210頁以下。
22　高木・前掲注（10）213頁以下。

例ニ傚フノ危險アル「ナシ」とする[23]。その上で、——自由を欠く場合を75条以下、犯意を欠く場合を77条と位置づけつつ——78条については「精神ノ錯亂ニハ白痴瘋癲狂疾夢狂醉狂等數多ノ狀態アリト雖モ立法者ハ凡テ此等ノ區別ヲ設ケス唯智覺精神ノ喪失ニ因リ是非ヲ辨別セサル者ハ其罪ヲ論セストセリ」とする[24]。他方、責任年齡については、人間の一生涯は三期に分けることができ、その「第一期ハ辨別智能ノ未タ發達セサル年間ヲ云ヒ第二期ハ其既ニ發達シタルヤ否ヤ判然セス各塲合ニ付イテ決セサル可カラサル年間ヲ云ヒ第三期ハ其發達シタル「確實ニシテ偶生ノ原因ニ依リ之ヲ喪失シタル「ヲ證明スルニ非サレハ犯罪ノ責任ヲ免ル、「ヲ得サル年間ヲ云フ」と述べた上で、「我刑法ハ草案ニ基キ滿二十歳ヲ以テ全丁年ト定メ其年齡未滿ノ者ハ之ヲ」79条以下の「三期ニ分別セリ」とし、このように「幼者ノ年齡ヲ數段ニ分チ其責任ノ有無ト輕重ヲ定ムルハ現行獨逸其他ノ刑法ニ見ル所ナリ」としている[25]。

では、当初フランス法を学び後にドイツ刑法の影響を強く受けた[26]⑤岡田や、ドイツやイギリスの刑法学を参考にしたとされる⑥江木はどうであろうか。

まず、⑤岡田であるが、犯罪が成立するには法に反する所為が必要であるが「外部身軆ノ擧動」のすべてが所為ではなく「其心ニ期シ意ノ命シタル擧動」が所為であり、「意思ハ所爲ノ淵源ニシテ犯罪ノ成立上主觀的ニ具ヘサル可ラサル要素」であるとし、さらに、「主觀的ニ犯人ノ具備スルヲ要スル精神的要素トハ何ソ辨別、自由、犯意ノ三是ナリ故ニ假令某所爲ノ爲ニ社會ニ一定ノ害跡ヲ止ムルモ(1)是非善惡ヲ識別シ其所爲ノ惡事タルヲ知リ(2)惡事タルヲ識ルヲ以テ之ヲ爲サ、ラント欲スレハ爲サ、ル事ヲ得ルニ拘ラス(3)故ラニ非行ヲ擇ミテ實施シタル者ニ非サレハ罪トシ刑ヲ科セストスル是……刑法一般ノ窠用スル一大原則ナリ」との説明がなされる[27]。次いで「辨別ヲ缺

23　富井・前掲注（10）136頁、140頁、143頁参照。

24　富井・前掲注（10）154頁以下。

25　富井・前掲注（10）144頁、147頁、150頁参照。

26　（明治）「30年刑法研究のため独仏に留学33年帰朝」（小林・前掲注（10）「岡田朝太郎の刑法理論1」89頁）とされており、本稿引用文献はそれ以前ということになる。

27　岡田・前掲注（10）162頁以下。

クニ基ク無罪」が78条以下、「自由ヲ缺クニ基ク無罪」が75条であると位置
づけられ[28]、そして「不論罪」の説明の中で、「折衷主義ノ學説ハ辨別、自
由、犯意ノ三ヲ何レモ責任ノ基礎ト爲スカ故ニ其一ヲ缺クニ基ク無罪ハ名ケ
テ無責任ノ行爲ト稱」すると述べられる[29]。その上で、78条については、
「(1)犯罪ノ當時知覺精神ヲ喪失シタル」ヲ要ス(2)知覺精神ヲ喪失シタル原因
ノ如何ニ因リ責任ヲ異ニセス」としている[30]。他方、79条については、「幼
者ハ立法者カ辨別ナシト認定シタルモノニシテ裁判官カ犯時辨別アリト云フ
反證ヲ擧ケ有罪ノ判決ヲ下タス能ハサル」とし、80条については、弁別が
あって罪を犯した場合に刑二等が減じられる理由は、「辨別アリ責任アル場
合ト雖圧責任ノ程度ハ普通成人ニ比シテ二等ヲ減セサル可ラスト我刑法ハ草
案ノ主旨ニ依リ恐ク此理由ヲ宋用シタルモノナラン」とし、81条について
は、有罪となる場合に刑を一等減ずるのは「立法者ニ於テ智識ノ發達不充分
ト認メ常ニ輕刑スヘキヲ明言シタルヲ以テナリ」とされている[31]。

　⑥江木については、犯罪の主体すなわち犯罪者となりうるのは人類のみで
あるとし、その犯罪者の能力に関しては、「犯罪ノ主體タルヲ得ヘキ能力即
チ刑罰ノ責任ヲ負フニ足ルヘキ能力ハ……三原素ヨリ成ル」とし、「自己ニ
關スル智覺」、「他人又ハ外物ニ關スル智覺」、「是非ヲ辨別スルノ知覺」の3
つをあげる[32]。そして、この「三原素ヲ稱シテ知能ト云ヒ犯罪ノ主體即チ犯
罪者ニシテ之ヲ具備セルモノヲ犯罪者タルノ能力アルモノト云フ故ニ三原素
中其一ヲ缺クモ尙犯罪不能力者ニシテ犯罪ノ責任ヲ負フノ能力ナキモノトス
故ニ犯罪ノ責任ニハ輕重大小ノ度ナクシテ設ヒ一原素ヲ缺クモ全ク犯罪ノ責
任アルヘキモノニアラス」との説明がなされている[33]。その上で、78条につ
いては「瘋癲ハ全ク人類ノ智能ヲ缺クモノナリ」、「……刑法ノ責任ヲ負フノ
能力ナキヤ明ナリ」とし[34]、他方、79条以下の幼者については、十二歳未満

28　岡田・前掲注（10）163頁、164頁。
29　岡田・前掲注（10）166頁。なお、折衷主義については、「我刑法ノ採用シタル折衷主義」と
　　されている（164頁）。
30　岡田・前掲注（10）166頁以下。
31　岡田・前掲注（10）175頁、177頁、179頁。
32　江木・前掲注（10）90頁、94頁以下。
33　江木・前掲注（10）96頁以下。

320 限定責任能力概念

の「幼者ハ全ク智能ヲ缺ク者ナリ」、「十六歳以上二十歳未滿ノ幼者ハ本刑ニ一等ヲ減シテ之ヲ罰スルモ是レ犯罪責任ノ程度アルニアラス唯タ年齢ヲ以テ法律上其刑ヲ寛恕スルノ情狀トスルモノニ過キサルナリ」など[35]といった説明がなされている。

　以上のような諸見解について、簡単に特徴を述べるとすれば、繰り返しになるが旧刑法には限定責任能力（39条2項にあたるもの）、すなわち、——今日的な理解での——精神障害（生物学的要素）を原因とした認識・制御能力（心理学的要素）の減少（ひいては責任減少）という概念に関する規定は存在しておらず、その下で展開されたものであるが、そこでは同概念の導入を積極的に求め、とくにその論を展開するということはなされておらず、この点は一つの特徴とはいえよう。だが他面において、同概念を積極的に否定する論もほとんど展開されておらず、この点も一つの特徴とはいえよう。ただ例外としては、⑥江木があげられよう。そこにあっては「犯罪ノ責任ニハ輕重大小ノ度ナク」、「犯罪責任ノ程度アルニアラス」とされており、限定責任能力概念の否定へとつながるであろう。他方、年齢に関する規定については、旧刑法における未成年者の年齢に応じた刑の減免規定の存在を前提に、その解釈として、責任の軽重によるものとの理解を採るものが多く、限定責任能力概念を、広い意味においては、所定の原因（低年齢による未成熟や精神障害）による心理学的要素の低減と定義できるのであれば、この限りでは、同概念が肯定されているということになり[36]、この点は重要といえよう。ただし、やはり例外としては⑥江木があげられるであろう[37]。〔なお、これに対して、現行刑法で

34　江木・前掲注（10）98頁。

35　江木・前掲注（10）97頁、100頁。

36　浅田・前掲注（1）38頁でも、限定責任能力に肯定的なものとして、宮城、岡田（『刑法講義全』明治36年）らがあげられている。さらに、同・48頁では「旧刑法における『幼児』の『是非弁別』および『減軽時代』の規定に関する論議の過程で、犯罪（責任）能力の程度についての理解が進み、現行刑法の『心神耗弱者』規定に至った。」、幼者の減刑は、「責任の軽減にもとづくという理解の浸透したことが、精神障害の減刑を認めることの素地を作ったのである。」ともされている。

37　なお、④富井については、「責任」に関して、いわゆる特別予防・一般予防の観点からの説明が明確になされており、今日の「責任」に関する、予防の観点からの説明や予防の観点をも考

は、低年齢・未成熟の場合の限定責任能力は存在せず「14歳未満の一律無能力」のみとされている[38]。〕

2 明治34年頃から昭和6年頃

（1）この時期の諸見解──その1：古賀廉造 片山國嘉 泉二新熊

今日の責任能力の理解や限定責任能力の導入にとって比較的大きな影響を与えたと考えられる論者として、まず⑦古賀廉造『刑法新論』、法医学者の⑧片山國嘉『法醫ノ心』『精神病性人格ト刑法』、⑨泉二新熊『日本刑法論上巻』をとりあげる[39]。古賀については、古賀説を採用して34年改正案に限定責任能力の規定が置かれたのではないかとの指摘があり[40]、片山については、現行刑法制定過程で限定責任能力制度の導入において最も重要な役割を果たしたとの評価がなされており[41]、泉二については、今日の責任能力に関

慮した説明といった立場の我が国におけるかなり初期のものといえよう。さらに、⑤岡田について付言すると、現行刑法制定後の著作（『刑法論』（中外印刷株式會社、大正9年（1920）））98頁以下では、「第三九條第二項ニ曰ク『心神耗弱者ノ行爲ハ其刑ヲ減輕ス』ト心神耗弱者トハ心神喪失者即チ精神病者ト心神健全者即チ通常人トノ中間ニ位スル者ヲ指シ主トシテ低能者及ヒ變質者 Dégénéré ヲ含ムニ似タリ但シ斯ル區別ヲ爲スコトハ醫學上不可能ニ殆キ困難有ルノミナラス其刑ヲ減輕スルノ當否ハ法學上亦疑問ニ屬スルモノナリ」とされ、39条2項の限定責任能力に否定的な見解が示されており、こうした指摘は、後述の内容との関係でも注目されるところである。

38 ただし、低年齢者による犯罪行為に少年法上の配慮が──その理由づけの詳細は措くとして──及ぶことは言うまでもないであろう。

39 古賀廉造『刑法新論〔増補訂正三版〕』（東華堂本店出版、明治32年（1899））、片山國嘉「法醫ノ心（明治24年5月16日大学通俗講談会ニ於テ）」『法醫學説林：片山先生在職十年祝賀紀念』杉本憲編（明治32年（1899））257頁以下、片山國嘉「精神病性人格ト刑法」刑事法評林2巻3号（明治43年（1910））277頁以下、泉二新熊『日本刑法論 上巻』（有斐閣、昭和2年（1927））。古賀、泉二の経歴、刑法観・刑法理論の特徴については、中義勝・浅田和茂「古賀廉造の刑法理論」法律時報50巻9号85頁以下、内田文昭「泉二新熊の刑法理論」法律時報50巻12号170頁以下など参照。片山の経歴や医学史上の位置づけについては、小関恒雄「『法医学』なる語はいつ頃から使われたか」日本医史学雑誌31巻4号529頁以下、松下正明「東京大学医学部精神医学教室120年の歩み──とくに、片山國嘉教授をめぐって──」『東京大学精神医学教室120年』東京大学精神医学教室120年編集委員会編（2007年）12頁以下、影山任佐「国家医学と法医学成立過程──片山國嘉『医学の系統図』分析──」犯罪学雑誌74巻1号9頁以下、武智ゆり「法医学の基礎を築いた片山國嘉」近代日本の創造史11号30頁以下など参照。

40 浅田・前掲注（1）31頁。

41 林・前掲注（7）260頁。さらに、刑法改正作業における議論の記録である「起草委員会ニ於ケル意識ニ関スル片山大学教授へ質疑速記（明治32年4月26日）」『刑法〔明治40年〕(2)日本立

322 　限定責任能力概念

する広く受け入れられている理解（現行刑法の解釈）の基盤となる考え方を提示した先の大審院6年判例に裁判官として関与している[42]からである。以下では、ひとまず34年改正案49条の理由と現行刑法39条の理由を示し[43]、続け

法資料全集21』内田文昭・山火正則・吉井蒼生夫編著（1993年）253頁以下も参照。そこでは、例えば、横田國臣、古賀廉造らとの議論の中で、「病デアルナイト云フコトハ健康ト云フコトヲ一方ニ假リニ立テルソレニ對スル名稱ダカラ健康ト病ト分ケタラソレデチヤント分ケラレルカト云フト矢張リチヤントハ分ケラレヌドウシテモ輕減責任能力ノ論ハ起サナケレバナラヌ」（片山発言259頁）とされている。

42 内田・前掲注（39）176頁参照。なお、上述の大判昭和7・11・21にも関与している。さらに、戦前の改正作業である「改正刑法仮案」14条は、「心神ノ障礙ニ因リ事理ヲ弁別スル能力ナキ者又ハ事理ノ弁別ニ從テ行為ヲ為スノ能力ナキ者ノ行為ハ之ヲ罰セス能力減弱シタル者ノ行為ハ其ノ刑ヲ減輕ス」としているが、同仮案は、泉二、牧野が中心となって作業が進められ昭和6年3月に総則が脱稿されたとされる（浅田・前掲注（1）71頁、また林弘正『改正刑法假案成立過程の研究』（2003年）71頁以下では、昭和6年9月15日総則部分について審議終了、同年12月18日総則部分完成とされている。）。そして、昭和9年の泉二新熊『刑法大要〔全訂増補〕』（有斐閣、1934年）157頁以下においては、この仮案14条を引用した上で、心神喪失・耗弱の違いは、精神障害の程度の強弱であること、「改正假案ニ所謂」精神の障害を原因とする弁識・制御能力の喪失・減少が現行刑法の心神喪失・耗弱にそれぞれ該当することを指摘し、この点を示すものとして、早くも、大判昭和6・12・3、大判昭和7・11・21が援用されているのである。もちろん、自説が判例にダイレクトに反映されているとの必然的な理由はないが――また実際に反映されない場合もあるが――この二判例については、泉二の見解のかなりの影響があったと考えるのが自然ではないであろうか。さらに加えて言えば、牧野英一『刑法總論下巻〔全訂版〕』（有斐閣、1959年）［オンデマンド版（2001年）］541頁では、「ドイツ刑法第五十一条は『意識障害又は精神力の病的障害……に因り行為の許されざることを弁別し又はその弁別……に依って行為を為すの能力なき者』という語を用いている。改正仮案はこれに倣ったものといい得よう。」との指摘もなされており、この指摘がもし適切であるならば、泉二を介しての本質的な影響関係としては、ⓐドイツ刑法51条（ドイツ帝国刑法典51条）→ⓑ改正仮案14条→ⓒ大判昭和6・12・3、昭和7・11・21→ⓓ責任能力に関する今日広く受け入れられている理解、といった影響関係を見てとれるようにも思われるのである。もっとも、ドイツ刑法51条には限定責任能力規定はなく――1933年の「危険な常習犯罪人および保安改善処分に関する法律」により新設されるが、これ以前の1871年成立の帝国刑法典には限定責任能力規定はなく――、仮案総則部分が成った昭和6年（1931）の段階で、1900年代初頭のいくつかのドイツ刑法草案や他国の刑法草案が参照されていたこともまた確実であり、より正確には、ⓐ（昭和6年当時の）ドイツ刑法51条ならびにドイツをはじめとした各国諸草案→ⓑ改正仮案14条→ⓒ大判昭和6・12・3、昭和7・11・21→ⓓ責任能力に関する今日広く受け入れられている理解、ということになろう。そして、ⓐの中で何が決定的な参照対象であったのかはさらなる検討を要するであろうし、また、ⓑ→ⓒへの移行について、例えば「能力減弱」が「著シク減退セル状態」に変化していることについて何が重要な参照対象であったのか、なども検討を要するであろう〔これらについては、本章補論（1）および注160も参照〕。だが、最も重要なことは、今日の責任能力に関する理解への泉二の影響は大きなものであったということになるであろう。

第八章　責任能力論の系譜　　323

て、上記三者の見解を順次見ることにする。

34年改正案49条理由

本條第一項ハ現行法第七十八條ノ文字ヲ修正シタルモノニシテ現行法ハ知覺精神ノ喪失ニ因リ是非ヲ辨別セサル者ノ行爲ニ付キ規程ヲ設クト雖モ其法文ノ意義頗ル不明ニシテ果シテ犯人カ全ク知覺精神ヲ喪失セシヤ否ヤヲ判別スルコトハ醫學上ニ於テモ至難トスル所ニシテ從テ適用上最モ困難ヲ感シタル所ナリ此ヲ以テ本案ハ其主旨ヲ採ルト雖モ其文字ハ全ク之ヲ廢除シ新ニ精神ニ障礙アリテ其障礙ニ基キテ爲シタル行爲ハ之ヲ罰セサルコトヲ規定シ以テ其意義ヲ明確ニ爲シタリ本項ハ精神ノ障礙ニ原因シテ爲シタル行爲ノ規定ナルヲ以テ犯人ノ平常精神病ニ非サルモ其犯罪ハ當時精神ノ障礙ニ原因セシモノタルコト明白ナルトキハ尚ホ犯罪ノ不成立ヲ見ルナリ

本條但書ノ規定ハ精神病者ノ危險ヲ豫防スルノ趣旨ニ出テタルモノナリ

第二項ハ新ニ設ケタル規定ニシテ前項ノ精神障礙者ヨリ最モ輕キ精神障礙ノ狀況ニ在ル者ノ行爲ニ關スル規定ナリ此場合ニ於テハ犯人ハ無罪者タル可カラスト雖モ多少其行爲ハ之ヲ宥恕ス可キモノト認メ其刑ヲ減輕スルモノナリ

刑法39条理由

本條第一項ハ現行法第七十八條ノ文字ヲ修正シタルモノナリ現行法ハ知覺精神ノ喪失ニ因リ是非ヲ辨別セサル者ハ其罪ヲ論セスト規定セリ改正案ハ民法ノ例ニ從ヒ心神喪失者ノ語ヲ用ヒタリ心神喪失ハ其持續性ナルト一時的ナルトヲ問ハス責任ヲ除却シ隨テ犯罪ヲ不成立ニ至ラシム

第二項ハ新ニ設ケタル規定ニシテ前項ノ心神喪失ニ比シ比較的輕キ精神障

43　それぞれ『刑法〔明治40年〕(3)-Ⅰ日本立法資料全集22』内田文昭・山火正則・吉井蒼生夫編著（1994年）88頁以下、『増補刑法沿革綜覧　日本立法資料全集別卷2』高橋治俊・小谷二郎編（倉富・平沼・花井監修）（1990年）2144頁參照。責任年齢、瘖唖者の規定については省略する。なお、後者の現行刑法「39条理由」中の「民法ノ例ニ從ヒ」に關しては、民法の用語を使用したことについては、例えば、田中正身『改正刑法釋義上卷』明治40年（1907）[『立法資料全集別卷35』（1994）復刻版] 477頁以下など參照。さらに、民法の用語と刑法の用語の差異について論じるものとして、例えば、岡本梁松「民法ニ所謂『心神喪失者』『心神耗弱者』云々ト新刑法ニ所謂『心神喪失者』『心神耗弱者』云々ノ兩句ニ就テ」京都法學會雜誌3卷6號85頁以下など參照。

礙ノ狀況ニ在ル者ノ行爲ニ關スル規定ナリ此場合ニ於テハ犯人ハ無罪者タル
コトヲ得スト雖モ其行爲ハ多少之ヲ宥恕ス可キモノト認メ其刑ヲ減輕スルモ
ノナリ

　前草案ニハ心神喪失者ニ對シテ監置ノ處分ヲ命スルコトヲ得ヘキ旨規定シ
タルモ本草案ニ於テハ之ヲ削除シ特別法ニ讓ルコトトセリ

　まず⑦古賀であるが、「犯罪ノ責任」、「責任ノ原則」について、「犯罪ノ事
實ヲ行ヒ犯罪ノ能力ヲ具テ而シテ後チ犯罪ノ責任生ス」る、「犯罪ハ必ス智
識ト自由ノ二原素ヲ具ヘタル者ノ決意ヨリ出ツルコトヲ要ス」、「責任トハ主
働者ノ爲シタル行爲ヨリ生スヘキ總テノ結果即チ善行ヨリ生スル善結果惡行
ヨリ生スル惡結果ヲ以テ之ヲ其主働者ノ頭上ニ置クコトヲ謂フ」などと説明
がなされ[44]、その上で、「責任ノ例外」については、自由と智識があって犯
罪を行った者が責任を免れることができないことは責任の原則であるが、
「責任構成ノ一條件ヲ缺クトキハ假令犯罪事實ヲ行フモ犯罪ノ責メニ任スル
モノニ非ラス之ヲ責任ノ例外ト謂フナリ」とされている。そして、「辨別力
ト自由力」はすべての犯罪の責任を構成するのに欠くことのできない要素で
あり、その「辨別力トハ刑法上事實ノ正不正ヲ識別スルノ智能ヲ謂」い、
「自由力トハ或行爲ヲ爲シ又ハ爲サ、ルニ付何等ノ強制ヲ受クルコト無クシ
テ自ラ決定スルノ自斷力ヲ謂フ」とされている。また、弁別力と自由力を消
滅させる原因として、「強制」、「無犯意」、「精神ノ喪失」、「年齢」があげら
れている[45]。このような説明を行った上で、78条については、精神病のため
犯人が責任を免れる場合を知覚の喪失と精神の喪失の2つの場合と考えてい
るが、これが何であるのかは精神医学に依らなければならず、その精神医学
（ないし心理学）では、「感触」「観念」「意思」の障害を問題とするが、どれも
全く喪失することは稀であって、この点で問題があること[46]、刑法には78条
が適用された者に対する特別処分の規定がなく、また「精神病ニ原因スル犯
罪者ニ對シテ刑法以外ニ於テ之ヲ監置スルノ特別法則」も設けられていない

44　古賀・前掲注（39）331頁以下。
45　古賀・前掲注（39）353頁以下、356頁以下。
46　古賀・前掲注（39）477頁以下。

こと[47]、「精神上ノ變狀ニ原因スル總テノ場合ヲ網羅」する「精神の障害」を使用するのが望ましいのではないか[48]など、批判が展開されている。そして、次のような提案がなされている。すなわち、「精神ノ障害ニ依リ是非ノ辨別ナクシテ爲シタル所爲ハ其罪ヲ論セストノ規定ヲ爲スノ適當ナルヲ信スルナリ蓋シ精神ノ障害ニハ大小輕重アリテ精神障害ノ事實其モノ旣ニ是非ノ辨別心ヲ喪失セシムルニ足ル可キモノアリ或ハ又障害ノ事實アリト雖モ其障害ハ實ニ輕微ニシテ未タ以テ是非ノ辨別力ヲ喪失セシムルニ足ラサル場合ナシトセス犯罪ノ原因ハ等シク精神障害ニ出ツルト言フト雖モ是非ノ辨別力ナキ場合ト其否ラサル場合トニ付テ刑法ノ制裁ヲ同フスルハ條理上許ス可カラサルモノナリ故ニ精神ノ障害ト辨別力ノ喪失ノ二條件ヲ以テ無責任ノ理由ト爲サハ或ハ以テ刑法ノ制裁ヲ誤ラサルニ近カランカ若シ夫レ精神ノ障害アリテ未タ是非ノ辨別力ヲ失ハサル者ノ犯罪ニ至リテハ到底之ヲ以テ普通人ノ犯罪ト同一視ス可カラサルハ論ヲ俟タサルヲ以テ其障害ノ程度ニ應シテ犯人ノ責任ヲ輕フスルハ之レ又刑法上ノ必要ナル規定トス」[49]との提案である[50]。

　次に⑧片山であるが、明治24年の講演（『法醫の心』）の中で、精神状態の変常の有無について法医による鑑定の必要性を説く文脈において、早くも「精神病ニ種々アリ㈠常人ニモ旣ニ精神病ト略ボ鑑定ノ附クモノアリ㈡俗眼ニハ精神病者ノ如ク見ユルモ實ハ眞ノ精神病者ニアラザルコトアリ㈢俗眼ニハ精神上毫モ異常ナキガ如クニシテ尙ホ眞ノ精神病者ナルコトアリ㈣純然タル精神病者ニモアラズ又純然タル精神健康ノ者ニモ非ラズシテ恰モ其中間ニ位スル半狂ノモノアリ」とした上で、この「半狂人ノ所爲ヲ罰スルニハ充分其罪ヲ輕減スルノ至當ナル「勿論ナリ」とされている[51]。ここでの「半狂人」がより詳細にいかなるものかは必ずしも明らかではないが、少なくとも純然たる精神障害者と純然たる精神健康者との中間に位置するものとし、これにつき罪の軽減を主張しており、大いに注目されるところである。また、現行刑

47　古賀・前掲注（39）428頁以下。
48　古賀・前掲注（39）485頁以下参照。
49　古賀・前掲注（39）486頁以下。
50　なお、年齢については古賀・前掲注（39）501頁以下参照。
51　片山・前掲注（39）「法醫の心」268頁以下。

法制定後まもなくの明治43年の論考である『精神病性人格ト刑法』においては、「三十九條ハ精神病者ト犯罪トノ關係ヲ規定シタ一ヶ條デアツテ、其第一項ハ換言スレバ精神病ノ爲メニ罪ヲ犯シタモノデアラバ、其罪ニ問ハヌト云フ事デ、第二項ノ耗弱者トハ精神病者デハナイガ、多少精神ニ異狀アル者ノ行爲ハ、其罪ヲ輕減スト云フコデアル。換言スレバ第一項ノ方ハ重イ精神病者デ、二項ノ方ハ輕イ精神病者ト云フテモ差支ナイノデアル。」とされ、かつ、「耗弱者ハ平常精神ノ普通ナルモノト、病性的ノモノト、其兩方面カラ觀察シ得ル人デアル、畢竟其中間ニ在ルヲ以テ、精神病學ノ側カラ見ルト、幾分カ變ツテ居ル人デアツテ、多少精神障碍ガアル」とされている[52]。加えて、「刑法三十九條第二項ニ、犯罪ヲシタ耗弱者ニ就テノ規定ガアルカラ若シ其犯罪ガ確カニ精神障碍ニ基イテ居ルコガ認メラレル時ハ、第一項ニ依ツテ處分セラルベキモノデアル、故ニ精神病ノ程度ヲ問フノ必要ハナイ、兎ニ角犯罪ノ原因ト精神病者トナツタコトノ認知ガツケバ、第一項デ處分スル、而シテ生理的方面カラ見レバ幾分カ低能者デハアルガ、果シテ其犯罪ガ精神障碍ニ基イテ居ルヤ否ヤガ明瞭デナイ爲ニ、吾々鑑定ノ位置ニ立ツ者ガ、責任ヲ以テ之レガ精神障碍ニ原因シテ起ツタ所ノ犯罪行爲デアルト云フ事ヲ言ヒ得ザル場合ハ、所謂心神耗弱者トシテ、第二項ヲ以テ處分スベキモノト思フ」との説明もなされているのである[53]。さらに、上記の『法醫の心』、『精神病性人格ト刑法』以外でも、例えば、明治32年の起草委員会における議論の中では、精神障害に「『基ク』トカ『因ル』トカ云フト一層明カニナル」、「此行爲ハ障礙ニ因ツタカドウカ、精神病ト此行爲ト關係ガアルモノダト責任ヲ以テ醫者ガ言フコトニナル」、「輕減責任能力ノトキニハ罰スルト云フヨリハ唯ダ特別ノ扱方ヲスルト云フ方ガ必要ニナツテ來ル」などといった主張がなされており[54]、また、クレプトマニアに関する論考『偸盗狂Kleptomanie.に就て』では、「病的なる精神狀態に於て爲す所の偸盗行爲は刑法に於て其罪を論ぜずとある、此病的精神によりて偸盗行爲を爲すもの、ある事實は既に久しく精神病學者間に確認せられて居る」とした上で、その

52　片山・前掲注（39）「精神病性人格」4頁以下、6頁以下。
53　片山・前掲注（39）「精神病性人格」8頁以下。
54　片山発言「起草委員会質疑速記」・前掲注（41）264頁以下。

第八章　責任能力論の系譜　327

一例として、「偸盗行爲は痴狂の先天後天に拘らず其重症なるものに於ける
よりも反て輕症なるものに準りに多きが常である」などといった指摘もなさ
れている[55]のである。

　全體を通じて、精神障害に基づくあるいは原因とする犯罪行爲か否かを重
視する考え方、つまりは、いわゆる所産基準的な考え方が強調されており、
この点で34年改正案への顕著な影響（また同様の考えに基づく現行39条に対する理
解）を見てとることができよう。また、現行刑法の39条１項・２項のいずれ
についても、とくに２項に関して、比較的軽い障害でも適用対象と考えてい
るようであり、39条２項にあたる概念のかなり初期の提唱者の考え方を知る
上で重要といえよう。

　最後に⑨泉二であるが、「責任ノ意義」に關して、「犯罪ヲ有責行爲即チ責
任アル行爲ナリト認ムル直接ノ根據ハ刑法第三十八條乃至第四十一條ノ規定
ニ在リ此等ノ規定ニ依ルトキハ一定ノ主觀的要素ヲ具備セサル行爲ハ之ヲ罰
ス可カラサルカ故ニ原則トシテ一定ノ主觀的要素ヲ以テ犯罪ノ成立條件ナリ
ト認メサル可カラス而シテ兹ニ所謂責任ハ上叙ノ規定ニ依リ處罰上必要ナリ
トセラルル主觀的要素ノ全體ヲ指稱スルニ外ナラサルナリ」、「一定ノ行爲ニ
對スル客觀的責任即チ（刑罰制裁）ヲ本人ニ連結スルニ必要ナル主觀的要素
ノ全體ヲ以テ責任ナリト解ス」としたり、さらに、「責任ハ主觀的ノ責任ハ
所謂衡義的責任（Responsibilité morale.）ノ觀念ト一致スルモノナリ現行刑法ハ
此點ニ於テ舊刑法ト異ル所ナシ」として39条から41条に規定した者が罰せら
れないのは道義的責任なしと認めたからである、といった説明がなされ
る[56]。また、責任能力と故意・過失の関係については、「主觀的責任ハ責任
能力ト犯意又ハ過失トヨリ成ル然レトモ責任能力ハ犯意過失ノ成立條件タル
可キモノニ非スシテ二者全ク別個ノ觀念タリ例ヘハ十四歳以下ノ幼者ハ責任
能力ヲ有セスト雖モ竊盗ノ犯意ヲ有スルヲ得ヘシ要スルニ責任能力ハ犯意過
失ノ有無ニ關セスシテ存在シ犯意過失ハ責任能力ノ有無ト獨立ニ存在スルコ
トヲ得ルモノナルカ故ニ多數の學者カ責任能力ヲ以テ犯意過失ヲ有シ得ル能

55　片山國嘉「偸盗狂 Kleptomanie. に就て」順天堂醫事研究會雜誌三百四十五號（明治34年）
　　751頁、754頁。
56　泉二・前掲注（39）411頁以下。

力……ナリト爲スハ不當ナリ」、「廣義ノ責任ニ屬スル責任能力及ヒ犯意過失
ハ行爲ノ當時ニ於テ併存スルコトヲ要ス行爲者ニ責任能力アリト雖モ犯意過
失ナケレハ犯罪ナク犯意過失アリト雖モ責任能力ナケレハ犯罪ナシ然レトモ
是レ普通刑法上ニ於テ例外ナキ原則タル」としている[57]。「責任能力」の説
明においては、「幼者若クハ精神病者モ亦意思活動（即チ行爲）ノ能力アルカ
故ニ刑法上ノ責任能力ナキ者ト雖モ犯罪以外ノ行爲能力ヲ有シ得ルモノト
ス」として、まず、行為能力との差異が示されている[58]。次いで、従来の学
説・立法は、責任能力の実質を弁別力と自由意思と解してきたが、「新刑法
ハ是非ノ辨別力及ヒ自由意思ト責任能力トノ關係ヲ法文ニ明示セス精神不成
熟者及ヒ心神喪失者ヲ擧ケテ責任無能力者トスルニ止ルカ故ニ斯ノ如キ狀態
ニ在ラサル精神能力カ刑罰負擔能力ノ基礎ナリト認メサル可カラス」、「然レ
トモ責任能力ノ要素タル可キ精神狀態ノ存否ヲ確ムルニハ精神作用ヲ知情意
ノ作用ノ各方面ヨリ觀察シ其全體若シクハ一部カ著シク不完全ニシテ普通一
般ノ人ニ比シ著シキ缺陷ヲ有スルヤ否ヤヲ審査セサル可カラス從テ是非辨別
ノ知能アリヤ否ヤ、自己ノ行動ニ對スル普通ノ抑制力アリヤ否ヤ又其感情作
用ニ著シキ變狀ナキヤ否ヤ等ノ問題ハ何レモ之ヲ看過スルヲ得サルモノ」と
されている[59]。また、心神喪失と耗弱の違いは精神障害の程度の強弱であ
り、その「精神障碍ハ精神作用（即チ智能殊ニ是非辨識力、感情ノ作用及ヒ意思作
用殊ニ法律、宗敎、衞德等ノ觀念ニ基キ普通ノ動機ニ從テ自己ノ行動ヲ支配スル意思ノ
力）カ其全體ニ於テ普通ノ狀態ニ比シテ缺陷ヲ生スルノ原因トナル可キ障碍
ナリ而シテ其原因ノ主要ナルモノハ精神病ナリ」とされている[60]。またとく

57　泉二・前掲注（39）414頁以下。

58　泉二・前掲注（39）416頁。

59　泉二・前掲注（39）417頁以下。なお、「自由意思」については、「哲學上ノ自由意思論ヲ以テ
　刑罰ノ觀念ヲ左右セントスルハ失當タルヲ免レス」、「自己ノ行動ヲ支配シ得ル意思ノ力ハ責任
　能力ヲ組成スル精神狀態ノ一要素ナリ只斯ノ如キ意思力ヲ自由意思ト稱ス可キヤ否ヤハ寧ロ字
　義上ノ爭ニ外ナラス」（418頁以下）としている。

60　泉二・前掲注（39）424頁。なお、ここでの、心神喪失と耗弱の違いを障害の程度の差異に求
　め、かつ、その精神障害を「辨識力」や「意思ノ力」に欠陥を生ずる「原因トナル可キ障碍」
　とする考え方においては、上述の片山による、いわゆる所産基準的な理解、つまりは、精神障
　害と犯罪との間に原因結果関係がある場合は心神喪失、その関係が明らかではないが疑いがあ
　れば心神耗弱との理解は採れず、新刑法（現行39条）でも採られていない、といった旨の指摘
　も付け加えられている（425頁以下参照）。今日的な視点からも重要な指摘であるようにも思わ

第八章　責任能力論の系譜　329

に、減弱責任能力（限定責任能力）については、行為帰責は可能か否かの二者択一であって中間の観念は認められないとの見解もあるが、他の見解では「精神健全者ト瘋癲者トノ中間ニ位スル精神状態ヲ有スル者アリト認メ之ヲ減弱責任能力者ト稱ス、新刑法ハ此後説ヲ采用シタルコト明カナリ」と述べている[61]。さらに、無能力者の処分については、この者に対して「社會的防衞ノ手段トシテ所謂保安處分（Sicherungsmassnahme.）ヲ執行シ又幼年者ニ對シテハ刑罰責任能力ノ有無ニ拘ラス感化處分ヲ施ス可シトノ議」は新派だけでなく旧派の学者の一部にも等しくある、としている[62]。

（2）この時期の諸見解——その2：明治40年代から大正初期にかけての諸見解

ここでは、旧刑法から現行刑法へと移行する時期において（も）、実務家、研究者として活躍し、かつ比較的著名な刑法体系書を著した論者の見解をとりあげる。具体的には、⑩小疇伝『新刑法論』、⑪勝本勘三郎『刑法要論總則』、⑫大場茂馬『刑法総論下巻』、⑬牧野英一『日本刑法　分冊第一』を見ることにする[63]。ところで、上記34年改正案およびその理由や古賀、片山、泉二らの見解において、触法の精神病者に対する監置処分や特別処分、

───────────

れる。また、34年改正案49条のような所産基準的な考え方に対する批判は、後に取り上げる小疇伝にも存するところである。小疇伝『改正日本刑法論總則』（清水書店、明治41年（1908））226頁以下参照。

61　泉二・前掲注（39）419頁以下。

62　泉二・前掲注（39）445頁。なお、自身が作成に大きく関わった「改正刑法予備草案」（昭和2年）ならびに（既に注（42）で言及した）「改正刑法仮案」（昭和15年（総則部分が成ったのは昭和6年））では、保安処分の規定が導入されている。（前者は「泉二案」、後者は「泉二刑法法典」とも称されている。内田・前掲注（39）172頁（正木亮と牧野英一の回想的言及引用部分））。また、「仮案」については、仮案では道義的責任能力なき者も保安処分に服する責任があることを認めており、その立脚点は社会的責任観念である、とも述べられている。泉二・前掲注（42）155頁参照。

63　小疇伝『新刑法論』（清水書店、明治43年（1910））、勝本勘三郎『刑法要論總則　訂正三版』（明治大學・有斐閣書房、大正4年（1915））、大場茂馬『刑法総論下巻』（中央大學、大正2年（1913））、牧野英一『日本刑法　分冊第一』（有斐閣、大正5年（1916））。各論者の経歴・刑法観・刑法理論の特徴については、宮沢浩一「小疇伝の刑法学」法律時報50巻8号82頁以下、中義勝・山中敬一「勝本勘三郎の刑法理論」法律時報50巻10号112頁以下、堀内捷三「大場茂馬の刑法理論」法律時報50巻11号74頁、中山研一「牧野英一の刑法理論1」法律時報51巻4号81頁以下、同「牧野英一の刑法理論2」法律時報51巻5号78頁以下など参照。

330 限定責任能力概念

保安処分への言及がなされていたが、本稿が対象とする時期においては、一般に精神病者の取扱いはいかなるものであったのであろうか。これに関する制度状況の概略をおさえておくことは、本稿でとりあげる各見解を考えるにあたっても重要と思われるのである。そこで、以下では、ごく簡単にではあるが、明治から戦前の昭和期にかけての精神病者の取扱いについて一瞥し、次いで、上記論者の見解を見ていくことにする。

〈精神病者の取扱いに関する法制〉

この期の精神病者の取扱いを簡潔に述べるならば、警察行政の活動の対象であり[64]、監視的、治安維持的な性質を主として有する対応が精神病者に広く及びうる状況にあり、これによって（治療的配慮を主とするものではない対応によって）精神病者に対して移動の自由などの自由や諸権利の制限が広くなされうる状況であった、ということになるであろう。

この期の法規定としては、例えば、まず、明治8年行政警察規則18条があり、「路上狂癲人アレハ穏ニ之ヲ介抱シ其暴動スル者ハ取押ヘ其地ノ戸長ニ引渡スヘシ」とされていた。また、明治11年警視庁令（甲第38号）では、「瘋癲人看護及び不良の子弟等教戒の為め已むを得ず私宅に於て鎖錮せんとする者」は「懲治檻入願手続」に従って、その事由を詳記し親族連印の上所轄警察分署へ願い出て認可を受けなければならないとされていた。また、明治13年旧刑法に逮捕監禁罪の規定がおかれ、発狂人の看守を怠り路上に徘徊せしめたる者に対する違警罪の規定がおかれたことを受け、明治17年警視庁令甲第3号は、「瘋癲人看護の為め私宅に於て鎖錮せんとする者」はその事由を詳記し最近の親族二名以上連署の上、医師の診断書を添え所轄警察署へ願い

64　岡田靖雄『日本精神科医療史』（2002年）131頁では、「1875年3月7日に公布された行政警察規則によって全国的な警察制度が確立された。衛生は富国強兵等の一手段として重視され、その施行は地方行政組織によって警察力をつかって強制された。そののち、1942年（昭和17年）11月1日の行政簡素化実施にともない、11月2日に地方官官制が改正されて、地方衛生関係事務は警察部から内務部に移管された。そのさい、"急性伝染病予防、癩予防、花柳病予防及ビ精神病"などは警察署の所管にのこされ、それらのいわゆる衛生警察事務が全面的に衛生行政部門に移管されたのは1947年（昭和22年）4月7日の警察制度改革にともなってであった。」とされ、長期にわたって「精神衛生行政が警察行政の一部としておこなわれていたこと」が示されている。

第八章　責任能力論の系譜　331

出て認可を受けなければならないこと、および「解鎖」の時も届け出なければならないこと、これに違反した場合は違警罪に問われることとした。さらに同年15号では、「鎖錮せんとする者」に対して「私立瘋癲院に入院せしめんとする者」が、「解鎖」に対して「出院」がそれぞれ加えられた。さらに、明治33年行政執行法１条では、「当該行政官庁ハ泥酔者、瘋癲者自殺ヲ企ツル者其ノ他救護ヲ要スト認ムル者」に対して必要なる検束を加えることができること、ならびに公安を害するおそれある者に対して予防的に必要なる検束を加えることができることが規定されていた[65]。

　また、この他この期の精神病者の取り扱いに関する代表的な法律としては、明治33年の精神病者監護法と大正８年の精神病院法があげられるであろう。前者の精神病者監護法は、本人の保護および社会の保護を目的として、精神病者の監護義務者を定め、精神病者を私宅あるいは精神病院、精神病室に監置する手続（警察を経て行政庁の許可を受ける）を定め、費用については被監護者、扶養義務者の負担とすることを定めるなどした法であるが[66]、そこには多くの問題点が含まれていたとされる。その問題点としては、監護の定義が不明確であり、実際には、監護すなわち監置・監禁と考えられたこと、法運用機関が警察であり、監置されない患者も治安警察の取締りの対象となり精神病者の医療についてはなんら考慮されないことになったこと、精神病院が建物・治療の実際について警察による強い干渉を受けたこと、政府が公約した公立精神病院・病室の設立が行われなかったこと、費用につき扶養義務者の負担が厳しく要求されており、結果として貧しい患者が必要な医療を受けることができないこと、など[67]があげられている。こうした問題点から結局、同法により私宅監置を促進するという効果が生じたとされる[68]。

　後者の精神病院法は、治療なき監禁のような私宅監置におかれた患者など

65　これらの諸規定および他の関連規定については、吉岡真二「精神病者監護法から精神衛生法まで」精神医療史研究会編『精神衛生法をめぐる諸問題』（1964年）９頁、加藤久雄「わが国における精神障害者法制の歴史的考察」法律時報47巻８号29頁、浅田・前掲注（１）49頁以下、岡田・前掲注（64）130頁以下など参照。

66　岡田・前掲注（64）140頁参照。

67　吉岡・前掲注（65）12頁以下。

68　吉岡・前掲注（65）13頁以下、岡田・前掲注（64）141頁など参照。

332 限定責任能力概念

の悲惨な状況を改善することをめざした精神科医の呉秀三らの活動を大きな原動力として成立したものであり、精神疾患患者の医療に対する公共的責任の考えが一応表明されたものであり、貧困患者の救護を大きな狙いとしたものであった[69]とされる。しかし、同法の趣旨を実現するには、公立病院の設立が急務であったが、これが進まず、私宅監置はなお多数残存しつづけ[70]、民間病院は設立されたが中には悪徳病院による営利本位の経営もあった[71]とされ、結局、精神病者のおかれた状況の改善はたいして進展しなかったようである。

　このような精神病者監護法と精神病院法による法制度の状況は昭和25年の精神衛生法の制定まで続くことになる。

　では、諸見解を見ることにもどることにする。まず、⑩小疇であるが、「有責行為」の説明において、犯罪は「有責行爲ナラサルヘカラス即チ犯罪ノ構成ニ付テハ客觀的ニ結果（外界ノ變狀）ト意思ノ實行トノ間ニ因果ノ關係（又ハ此ニ類似ノ關係）アルコトヲ要スルノミナラス主觀的ニモ結果カ行爲者ノ責（Schuld）ニ歸スヘキモノタルコトヲ要ス」、「責トハ行爲ニ對スル事實上ノ責任ヲ意味シ法律ハ原則トシテ責任アル行爲ニ限リ犯罪トシテ刑罰ヲ科ス」とし、次いで行為者の責任に帰するには二個の条件が必要であるとして、その条件について、「一　行爲者ニ責任能力アルコト」、「二　結果ニ對シ責任關係アルコト……即チ行爲者ニ於テ其結果ノ發生ヲ豫見シタルカ（犯意 Vorsatz）又ハ豫見シ得ヘクシテ豫見セサルコト（過失 Fahrlässigkeit）ヲ要ス」としている[72]。そして、責任能力については、「責任能力ハ知覺（Bewusstsein）ニ關スル精神作用ノ成熟シ且ツ健全ナル人ニ存ス換言スレハ觀念（Vorstellungen）ノ正則ナル内容ト正則ナル原動力ハ責任能力ノ實質ヲ構成スルモノトス而シテ意思ノ自由ト責任能力トハ何等ノ關係ヲモ有セサルモノナリ」、「責任能力ハ行爲ノ當時ニ於テ存スルコトヲ要ス」とし、その責

69　岡田・前掲注（64）175頁参照。
70　吉岡・前掲注（65）21頁以下。
71　加藤・前掲注（65）33頁参照。
72　小疇・前掲注（63）280頁以下。

第八章　責任能力論の系譜　333

任能力が欠如する場合として、「一　精神ノ不成熟」、「二　精神ノ不健全」
があげられている[73]。続いて、第一の不成熟については、「……刑法上ノ行
爲ニ付テモ同一行爲者ニシテ其犯罪行爲ノ種類ニ從フテ此カ責任ヲ負フニ必
要ナル精神成熟ノ年齡ヲ異ニセサルヘカラス」、「精神ノ發達ハ猶肉體ノ發育
ノ如ク漸ヲ追テ進ムモノニシテ精神作用ノ稍成熟シタル時期ヨリ完全ナル時
期ニ至ル間即チ此ノ過渡ノ年齡ニアル者ハ元ヨリ責任無能力 Zurechnungs-
unfähigkeit ト云フコトヲ得サルモ成熟時期ニ達シタル者ニ比シテ其責任ヲ
宥恕スヘキナリ……新刑法ハ此種ノ階級ニ在ル責任能力ニ關シテ特別ノ規定
ヲ設ケス」、として[74]、現行刑法の未成熟に関する責任能力規定にやや批判
的ともいえる態度が採られている。第二の不健全については、いわゆる精神
病者だけでなく一時的な中毒などもあたるとした上で、不健全の程度は一樣
ではなく、「全然精神作用ヲ失フモノモアルヘク又作用ノ鈍リタルモノモア
ルヘク又後者ノ中ニ付テモ其ノ程度一樣ナラス」との説明がなされてい
る[75]。そして、現行刑法39条1項・2項にいう心神喪失・耗弱については、
「心神喪失者ト心神耗弱者トノ區別ハ前者ハ精神ノ不健全ニ因リ觀念又ハ動
機ニ因テ意思カ正則ニ決定セラルル能力ヲ全然喪失シタル者ヲ謂ヒ後者ハ其
能力ノ常人ニ比シテ稍々減少シタルニ止マル者ヲ謂フ」とされているのであ
る[76]。なお、精神病者の処遇については、「精神病者（廣義ニ於ケル）ハ其行
爲無責任ナルヲ以テ恰モ猛獸ヲ市ニ放ツト一般公衆ニ對スル危險大ナルヘキ
カ故ニ行政處分トシテ之ヲ一定ノ場所ニ監置スルノ必要アリ」との指摘もな
されている[77]。

　次に⑪勝本であるが、「責任」について「所謂責任トハ或ル原因ヨリ生ス
ル惡結果ヲ甘受スヘキ（又ハセシムヘキ）正當ナル心的歸屬ノ理由ナリト云フ
ヲ以テ一般ノ説明トス」とした上で、「行爲者カ其行爲ニ付キ犯罪人トシテ
責任ヲ負フカ爲メニハ先ツ責任能力ヲ有シ次ニ故意又ハ過失ニヨリテ之ヲ爲

73　小疇・前揭注（63）294頁以下。
74　小疇・前揭注（63）298頁以下。
75　小疇・前揭注（63）305頁。
76　小疇・前揭注（63）308頁。
77　小疇・前揭注（63）306頁。

334　限定責任能力概念

シタルコトヲ要スルハ刑罰法ヲ貫通セル一大原則ナリ」としている[78]。そして、「責任能力」の説明では、「責任能力トハ……責任ヲ負フコトヲ得ヘキ能力ヲ云フモノニシテ意思自由説ヲ主張スル者ハ此能力ヲ有スルカ爲メニハ自由意思アル者タルコトヲ要スト論シ意思必要説ヲ主張スル者ハ正常ナル感應性……アル者タルコトヲ要スト論ス、而モ健全正常ナル精神状態ヲ有スル者タルコトヲ要ストノ點ニ於テハ兩者ノ一致スル所ニシテ所謂健全正常ナル精神状態ヲ有スル者トハ一般普通ノ人ト同シク精神ノ完全ニ發育シ且ツ毫末ノ異狀ナキ者ヲ云フモノトス」とし、刑法には負責無能力として幼者、心神喪失者、瘖啞者があるとされる[79]。続いて、幼者については、旧刑法では精神能力に応じた三つの年齢区分があったが、「近世一般ノ學説並ニ立法ニ於テハ幼者ノ犯罪ハ大抵教育ノ不完全ニ基因スルモノナルカ故ニ假令辨別アルモ必シモ罰スヘキモノニ非ス寧ロ教ユヘキモノタルト同時ニ幼者ヲ處罰スルハ（殊ニ獄舎ニ投スルハ）多クノ場合ニ於テ害多クシテ利少ク寧ロ成ル」とし、これを避けるため現行刑法は「一面辨別ノ有無ニヨリ責任ノ有無ヲ定ムルノ主義ヲ斥クルト同時ニ他ノ一面責任年齢ヲ高メ十四歳ニ滿タサル者ノ行ハ之ヲ罰セストセリ」との説明がなされている[80]。またこの幼者については、刑罰適応性ないし受刑能力を欠く者と解し刑罰ではなく感化訓育の方法が望ましく、感化処分の規定を刑法に導入すべきとの主張もなされているのである[81]。心神喪失者については、「心神喪失者トハ意思決定ノ自由ヲ失ヒタリト認ムヘキ程度ニ於テ精神状態ノ異常ナル者即チ瘋癲、白痴、又ハ瘋癲神經病、睡游……熟睡、中毒、酔狂、熱病其他ノ故障ニ因リ精神錯迷ノ状態若クハ無意識ノ状態ニ在ル者ヲ云フ、此等ノ者ノ行爲ヲ無罪トスルハ此等ノ者ハ意思自由説ヨリ云ヘハ意思ノ自由ヲ喪失シ意思必至説ヨリ云ヘハ正常ナル意思決定性……ヲ失ヘル者ニシテ負責ニ必要ナル能力ヲ缺クカ故ナリトス」とし、2項の心神耗弱の状態については、「吾人心神ノ状態ハ所謂健全正常ナル状態ヨリ喪失ノ状態ニ至ルマテ幾多ノ程度若クハ階級アリテ大別スルトキ

78　勝本・前掲注（63）178頁以下、180頁以下。
79　勝本・前掲注（63）184頁。
80　勝本・前掲注（63）186頁以下。
81　勝本・前掲注（63）188頁。

第八章　責任能力論の系譜　335

ハ此二者ノ間、更ニ心神耗弱ノ状態即チ未タ全然心神錯迷ノ状態若クハ無意識ノ状態ニ至ラサルモ老耄又ハ神經衰弱等ノ原因ニヨリ犯罪誘導ノ心的刺戟ニ抵抗スルノ力微弱トナリタル状態ナルモノアリ」として、このような状態にある者を精神的に健常な者と同視して罰するのは正当ではないとの考えによるのではないかとされている[82]。耗弱については、加えて、「場合ニヨリテハ殆ント心神喪失者ト同視スヘキ程之ニ接近シタルモノナキヲ保セサルカ故ニ」減軽だけでなく免除も規定に入れるべきとの主張もなされているのである[83]。

　次に、⑫大場はどうであろう。まず「負責能力」の説明として、「總テノ人ハ刑法上犯罪ノ行爲者トシテ其適用ヲ受ク可キモノニ非スシテ其適用ヲ受クヘキハ其心神既ニ發達シ健全ナル心理状態ヲ有スルモノニ限ル」、「斯ル心神状態ヲ有スル者ニシテ始メテ其者ニ或行爲アリタル者トシテ之ニ責ヲ負ハシメ得ヘキモノ」とし、さらに「負責能力アル者ニ對シテノミ其者ハ或行爲ニ付キ責任（故意又ハ過失）アリヤ否ヤ若シアリトセハ其輕重大小如何ヲ論スルヲ得ヘキモ負責能力ナキ者ニ對シテハ法律上其者ニ或行為アリト言フ能ハサルヲ以テ之ニ責任（故意又ハ過失）アリヤ否ヤノ問題ヲ生スルノ餘地ナキモノトス。故ニ負責能力ハ責任（故意又ハ過失）ノ前提條件ヲ爲スモノニシテ負責能力アル者ニ限リ責任アル行爲ヲ爲スコト得ルモノナリ。此趣旨ニ於テ負責能力アル者ハ責任能力（Schuldfähigkeit）アル者ナリ」としている[84]。また、負責能力と責任能力は観念上は区別されなければならないが、刑法上はその区別に実益はなく、「何トナレハ刑法ニ於ケル負責能力ハ刑法上ノ責任能力ト其内容ニ於テ其範圍ヲ同シウスレハナリ」との説明も加えられている[85]。その上で、負責能力の内容については、「負責能力トハ自己竝ニ外界及ヒ自己ノ行爲ノ事實上、竝ニ法律上ノ意義ヲ辨識シ（辨識）且此辨識ニ從

82　勝本・前掲注（63）190頁以下。
83　勝本・前掲注（63）191頁。
84　大場・前掲注（63）627頁以下。
85　大場・前掲注（63）628頁以下参照。このような負責能力概念≒責任能力概念といった理解は、大場の犯罪論体系上の特徴といえる。かかる体系の当否は措くとして、このような理解については、「行為能力と責任とは混同されて」いる（堀内・前掲注（63）79頁）、との指摘もなされているところである。

ヒ現ニ存スル動機ニ關シ行爲ヲ爲スヤ否ヤヲ通常（正則）ニ決定シ（意思）得ル能力ナリ」とし、弁識能力に関しては、「行爲ノ事實上ノ意義ヲ辨識スル能力」と「法律上之ヲ爲スコトヲ得ヘキヤ否ヤヲ辨識スル能力」があり、意思に関しては、「通常（正則）ナル決定ヲ爲シ得ルコト」あるいは「動機ニ依リ通常（正則）ナル決定ヲ爲シ得ルコト」が必要であるとしている[86]。そして、人はすべて負責能力を有するのが原則であるとし、刑法典では負責無能力者・負責能力薄弱者として心神喪失者、心神耗弱者、瘖唖者、幼年者の四つをあげている、とする[87]。このような説明を行った上で、心神喪失者については、上記の負責能力なき者が心神喪失者であるとし、さらに、「負責能力ニ必要ナル辨識及ヒ意思ノ絶無ナル場合ヨリハ寧ロ斯ル辨識及ヒ意思ノ溷濁セル場合若クハ其稍甚シキ不正則狀態ニ在ル場合ヲ意味スルモノナリ」とし、耗弱者については、薄弱なる負責能力者をいい、「行爲者カ行爲ノ當時負責能力ニ必要ナル辨識及ヒ意思ニ完全ナラサル所アルモ其不完全ノ程度薄弱ニシテ未タ心神喪失（負責無能力）ト爲スニ至ラサル者」がこれにあたるとしている[88]。さらには、このような状態をもたらす原因としては、一時的な失神や泥酔の他、様々な精神病などがあげられている[89]。また窃盗狂などの偏狂については、病状によっては心神耗弱、病勢が甚だはげしい場合には心神喪失もありうるとされている[90]。幼年者については、14歳未満の者は負責無能力者であり、14歳以上の幼年者は負責能力者であるが、現行刑法では幼年者に関する相対的負責能力者などは認められていないとした上で、「負責能力ニ必要ナル辨識及ヒ意思ノ皆無ナル心理狀態ヨリ發足シ其完全ナル狀態ニ至ル迄ノ道程ハ之ヲ幾多ノ階段ニ區別スルコトヲ得ヘシ」として、このような区別がないことに対して批判的な態度がとられている[91]。また、心神喪失者・耗弱者、幼年者に対する処置については、「今日迄ノ研究ノ結果ニ依レハ犯罪タル行爲アリタル心神喪失者、心神耗弱者及ヒ幼年者ハ刑罰ト牽聯

86　大場・前掲注（63）631頁以下。
87　大場・前掲注（63）640頁以下参照。
88　大場・前掲注（63）645頁、655頁。
89　大場・前掲注（63）645頁以下参照。
90　大場・前掲注（63）647頁以下参照。
91　大場・前掲注（63）660頁以下。

シ又之ト別途ナル适當ノ保護處分ヲ施スヲ以テ最モ妥當トスト云フニ在リ」との指摘もなされている[92]。

最後に⑬牧野であるが、この牧野については、周知の通り、いわゆる社会的責任論を支持し、道義的責任論に批判的な立場であり、責任能力を刑罰能力、刑罰適応性と解する代表的な論者として位置づけられているところである[93]。大正５年の『日本刑法』でも、比較的ニュートラルな記述であり両論併記的な書きぶりではあるが、すでにこのような立場に対応するものが展開されているところである。以下がその内容である。

まず、「犯罪の意義」について、「犯罪……トハ、刑罰法令ニ列舉セラルル行爲ニシテ、犯意若クハ過失ヲ伴フ責任能力者ノ行爲ナリ」として犯罪の定義がなされる[94]。そして「責任」については、「犯罪ノ主觀的要件ヲ稱シテ又責任 Schuld, Verschuldung ト謂フ」とする[95]。その上で、その「責任の觀念」については、「責任ノ觀念ハ自由意思ノ觀念ニ由來ス。即チ自由意思ヲ有スル者カ、一定ノ意思發動ニ因テ一定ノ行爲ヲ爲ストキハ、其ノ行爲及ヒ其ノ結果ハ、之ヲ其ノ本人ノ行爲及ヒ結果ト見ル可キモノトスルコト從來ノ通說ナリ。換言スレハ責任アル行爲（有責行爲）ヲ以テ初メテ法律上其ノ人ノ行爲ト見ル可ク、責任ナキ行爲ハ之ヲ單純ナル自然界ノ現象ト同視セサル可カラスト謂フナリ」、「斯ノ如キ見解ヲ稱シテ衢義的責任論 Responsabil-ité morale トス」としながら、続けて「然レトモ自由意思ノ觀念カ科學上排斥セラルルト同時ニ、衢義的責任論ハ社會的責任論 Responsabilité sociale ニ其ノ歩ヲ讓リツツアルヲ見ル。社會的責任論トハ犯罪ニ因ル責任ヲ以テ單ニ社會ニ對スル責任ナリト解スルナリ。社會ハ侵害ヲ爲ス者ニ對シテ自己ヲ防衛セサル可カラス。刑事責任ノ本質ハ只此ノ社會防衛ノ必要トイフコトヲ基礎トシテ觀念ス可キモノトスルナリ。」と述べられている[96]。さらに、「責任の要件」としては、責任能力と犯意過失の二つがあるとし、責任能力につ

92　大場・前揭注（63）668頁以下参照。
93　中山・前揭注（63）「牧野英一の刑法理論２」83頁参照。
94　牧野・前揭注（63）62頁。
95　牧野・前揭注（63）87頁。
96　牧野・前揭注（63）88頁以下。

338　限定責任能力概念

いては、道義的責任説では、「責任能力ハ或ハ自由ナル意思決定 freie Willensbestimmung ノ能力ヲ意味シ……或ハ辨別心 Discernement…die zur Erkenntnis der Strafbarkeit erforderliche Einsicht…ヲ意味スル」とし、社会的責任説では、「責任能力トハ、刑罰ヲ科スルコトニ因テ、刑罰ノ目的ヲ達シ得可キ能力ナリ。予輩ハ之ヲ刑罰適應性ト稱セント欲ス。即チ所謂無能力者ハ之ニ刑罰ヲ科スルモ以テ刑罰ノ効果ヲ收ムル能ハサルカ故ニ之ヲ刑法ヨリ除外スルナリ。換言スレハ、責任能力ハ犯罪能力ニ非スシテ刑罰能力 Straffähigkeit, Strafmündigkeit ナリ」とされている[97]。また「限定責任能力」については、「責任能力ニ程度ノ差異ヲ認ム可キヤ否ヤノ問題アリ。若シ、責任能力ヲ以テ刑罰適應性ナリト解スルトキハ、其ノ能力ハ有無ノ二者其ノ一ニ出テサル可カラス。然レトモ精神ノ成熟及ヒ障礙ニハ自ラ程度ノ差異ヲ認メ得ルカ故ニ、常態的意思ニ在ル者ト強度ノ精神不成熟者又ハ精神障礙者トノ間ニ、中間者アルコトハ之ヲ認メサル可カラス」とし、この中間者の處置については、減軽理由とする説もあるが、社会防衛の見地からは、「先ツ之ニ刑罰適應性アリヤ否ヤヲ檢シ、以テ後、之ニ刑罰ヲ科シ又ハ科セスシテ、更ニ其等ノ者ニ適應ス可キ方法ヲ講ス可キモノトス。實際上ノ見地ヨリ論スルトキハ、最モ危險ナル犯罪人ハ多ク此ノ中間者ニ屬スルモノトス。」と論じられている[98]。年齢規定については、「刑法ハ十四歳ヲ以テ限界ト爲シ、絕對責任者ト絕對無責任者トヲ區別スルニ過キス」とした上で、「寧ロ一定ノ標準年齢ヲ定メ、其ノ年齢以下ニ於テハ、裁判所カ能力ノ有無ヲ判定ス可キモノトスルコト適當ナリト信ス」とされている[99]。

（3）この時期の諸見解──その3：昭和初期の諸見解

　この時期の最後として、戦前の昭和期において（も）活躍した著名な研究者、実務家の見解を取り上げる。具体的には、⑭小野清一郎『刑法講義總

97　牧野・前掲注（63）89頁以下。
98　牧野・前掲注（63）92頁以下。なお、「精神障害」については、「刑法ハ精神障礙ヲ別チテ二トス。心神喪失ヒ心神耗弱是ナリ。前者ヲ無責任トシ、後者ヲ限定責任トス」とする記述にとどまっている。ただ後の牧野・前掲注（42）541頁では、「心神喪失とは、精神障害が強度な場合をいう」ともされている。
99　牧野・前掲注（63）95頁。

論』、⑮瀧川幸辰『刑法講義』、⑯宮本英脩『刑法大綱（總論）』を見ることにする[100]。また、これらの論者とほぼ同時代に活躍し、本稿冒頭部分で示された大判昭和10・4・24、大判昭和12・2・6にも裁判官として関与もしている⑰草野豹一郎による『刑法總則講義第一分册』についても、やや時代は下って戦後まもなくの著作であるが、併せて見ることにする[101]。

　まず、⑭小野であるが、犯罪の成立について、構成要件を充足する事実があり、かつその行為が違法でなければならないが、それでは充分ではなく、行為者に「道義的責任」がある場合でなければならないとし、その道義的責任については、「衞義的責任（Schuld; responsabilité morale）即ち反衞義的なる行爲に付き其の行爲者に對し衞義的社會倫理的非難を歸することを得べきことを謂ふ。法律上此の見地を條件として歸責の行はるる場合がある。之を衞義的責任といふ。實は法律上の衞義的責任（Rechtsschuld）である。」とし、「責任なければ刑罰なし」は今日の刑法における一の原則的思想である、とする[102]。また、この道義的責任については、「違法なる行爲に出でたることに付き其の行爲者に對して社會倫理的立場より非難を及ぼし得ること」をいい、その本質は「社會倫理的立場よりする非難（Vorwurf）であり、消極的な價値判斷であ」り、「其の意味でまた規範的な判斷」である、とし、規範的判斷である点では違法性と同じであるが、違法性判斷がもっぱら行為への批判であるのに対して、「衞義的責任の判斷は違法なる行爲を行爲者の人格に關係せしめて行爲者自體を批判するものである。」といった説明もなされて

100　小野清一郎『刑法講義總論』（有斐閣、昭和7年（1932））、瀧川幸辰『刑法講義〔改訂10版〕』（弘文堂書房、昭和6年（1931））、宮本英脩『刑法大綱（總論）』（弘文堂書房、昭和7年（1932））。各論者の経歴・刑法観・刑法理論の特徴については、宮沢浩一「小野清一郎の刑法理論」法律時報52巻3号97頁以下、内藤謙「瀧川幸辰の刑法理論1」法律時報52巻7号65頁以下、同「瀧川幸辰の刑法理論2」法律時報52巻8号75頁以下、同「瀧川幸辰の刑法理論3」法律時報52巻9号100頁以下、同「瀧川幸辰の刑法理論4」法律時報52巻10号72頁以下、鈴木茂嗣「宮本英脩の刑法理論」法律時報51巻3号136頁以下など参照。

101　草野豹一郎『刑法總則講義　第一分册』（勁草書房、昭和26年（1951））。草野の経歴・刑法観・刑法理論の特徴については、真鍋毅「草野豹一郎の刑法理論」法律時報51巻11号109頁以下参照。なお、この草野のテキストについて、1935年に出されたものが、若干補正され戦後再刊されたものとされる。上記真鍋「草野豹一郎の刑法理論」110頁参照。

102　小野・前掲注（100）124頁以下参照。

340　限定責任能力概念

いる[103]。このように述べた上で、刑法上道義的責任があると判断される二つの条件があげられる。その第一は、「行爲者が一般に刑法の維持せんとする文化的規範を意識し、其の意識に從つて行動を制するの精神的能力を有すること。換言すれば是非を辨別し及び其の辨別に從つて行爲するの能力を有すること。」であるとされ、これが責任能力の問題であるとされ、第二は、「當該行爲を爲すに際し、其の行爲の違法性卽ち其の反文化性又は反規範性を現に意識したるか又は少くとも之を意識し得べかりし、從つてまた其の意識に因り當該行爲を爲さざることを得べかりしものなること。」であるとされ、これが故意・過失の問題であるとされる[104]。

　これに續けて、39条から41条までが定める「責任能力」については、責任能力を「刑罰能力」や「刑罰適應性」とする考え方もあり、これは責任能力概念の目的論的意義を明らかにするものであるが、「其の刑罰なるものを如何に觀るかが問題で、若し之を社會防衞の方法と觀念する限り、何故に心神喪失者に刑罰適應性なきかの理由を見出すことは出來ぬ」とし[105]、次のように述べられている。すなわち、「私は責任能力を以て甯義的責任を歸するの條件たる人格的能力なりと解する。而して其は刑法上に於ては刑法の維持せんとする文化規範を理解し、之に依つて行動を制するの能力であり、卽ち是非を辨別し、其の辨別に從つて行動するの能力であることを前提とする。更に換言すれば文化規範に依る意思決定及び行爲の能力であり、其の意味に於て自由なる意思及び行爲の能力である。亦之を『意思の自由』と解することを得るであらう。而して甯義的責任を理念とする現行刑法に於て斯かる意味の責任能力はまた當然に刑事責任を歸する爲の主觀的適格であり、同時に刑罰を甯義的應報の理念に依つて解する限り、刑罰適應性でもあるのである。」と[106]。さらに、心神喪失者については、「全然意識なき狀態に在る者をいふのではな」く、「精神機能の障礙に因り是非を辨別すること能はざるか、或ひは是非を辨別するも之に依つて行動すること能はざる者（例へば幻

103　小野・前掲注（100）129頁參照。
104　小野・前掲注（100）130頁參照。
105　小野・前掲注（100）131頁以下。
106　小野・前掲注（100）132頁。

覺、強迫觀念）を謂ふ」とし、耗弱者については、「精神機能の障碍に因り是非を辨別し又は其の辨別に依つて行動することの著しく困難なる者を謂ふ」ともされている[107]。ただし、限定責任能力については立法論として次のようにも述べている。「此は元來一般豫防的目的に出づる客觀主義と衞義的責任の理念との妥協點として認めらるる概念であつて、衞義的責任の理念を徹底せしむれば、謂ゆる心神耗弱者は完全なる意思能力を有せざるものとして之を罰せざるを正しとすべきであり、社會的責任の思想よりするならば、心神耗弱者は或る場合には普通人よりも却て危險なるものであるから、刑を減輕するどころか、却て其の責任を重くしなければならぬといふことにならう。いづれの立場よりするも私は限定責任能力者を認めざることが立法論としてより合理的であると信ずるものである。」と述べられているのである[108]。また年齢規定については、是非弁別能力・その弁別に従って行動する能力のような精神的能力は一定の精神的教育の程度に達しなければ有さないが、これを各個人について判断するのは実際上困難であるため、刑法は画一的に14歳未満を責任なきものとした、と説明されている[109]。他方、39条適用者の処遇については、「國家は此等の者に對し謂ゆる社會防衞的、即ち保安的立場に於て無關心なるを得ぬ。現在に於ては精神病者監護法及び精神病院法に依り監護、治療の處分が講ぜられることになつてゐるが、其の實際上の運用に於て遺憾とすべき點が多い。精神障礙者に對する『保安處分』の規定を設くることが刑法改正の一綱目とされてゐる。」との指摘もなされているのである[110]。

　次に⑮瀧川であるが、犯罪の定義として、「犯罪は責任を負うべき・違法の行動が、構成要件に該當するときに成立する」とし[111]、その「責任」については、刑法においては自己の行動につき一定の批難を受ける基礎としての心理的素質の意味に解されており、「この心理的素質を備えた行動が責任

107　小野・前揭注（100）134頁以下。
108　小野・前揭注（100）136頁。
109　小野・前揭注（100）133頁。
110　小野・前揭注（100）136頁。
111　瀧川・前揭注（100）87頁以下。57頁以下も參照。

342 限定責任能力概念

ある行爲であつて、その行爲に相應する批難を、行爲者に歸せしめ得るのである。」とする[112]。そして、「責任の本質」については、社会生活は各人が互いに他人の利益を侵害しないという前提のもとに成立しており、社会人の行動準則が条理である、とし、犯罪はこの「条理違反の行動」であるが、一方において「條理を理解し得る者が、條理違反を認識するか・少くとも認識可能の心理過程にあること、他方において心理過程そのものが條理に違反することを必要とする。」とし、かかる立場は、人間意識・社会信念として昔から認められているとされ、これを道義的責任と位置づけている[113]。また、責任を負うべき人の行動の評価にあたっては、「行爲者の人格も斟酌されるが、評價の對象は何處までも行動そのものであつて、行爲者の人格ではない。」ともされている[114]。そして、このような道義的責任に反対する立場として、「社会的責任」という考え方があるとし、これによると、侵害者に条理認識の可能性があるか否かは問題ではなく、「刑法上の責任は、通常人に對する通常の處置を定めたまでのこと」であり、刑罰という伝統的な概念・名称は捨てられ保安処分に替えられる、ことになるが、「人間の社會から刑罰を除外しようという試みは成功しない」として、この社会的責任に対して批判的な指摘がなされている[115]。

　このような説明を行った上で、「責任の要素」として、「責任能力」と「責任条件（故意と過失）」という二つの要件があげられる。そして、「責任能力」については、「條理に從つて自己の行動を決定し得る精神能力である」とし、さらに、「條理を理解すること・條理に從つて行動することは、健全・成熟した精神狀態を前提とする。即ち観念の結付が正常の仕方・正常の早さで生ずること、観念を感受する力、從つて一般的・法律的・衞義的・宗教的の規範によつて動かされる力が平均程度にあること、意志力の方向・強度に異常なところのないことを意味する。要するに通常の精神狀態が健全・成熟した精神狀態である。」ともされている[116]。また、これに加えて、責任能力

112　瀧川・前掲注（100）88頁。
113　瀧川・前掲注（100）88頁以下参照。
114　瀧川・前掲注（100）89頁。
115　瀧川・前掲注（100）89頁以下。

は行為者に責任を負わすべきかを判断する条件として意味があり、国家機関がこの仕事を引き受けることになるがゆえに、「責任能力の本質は、或る人がその行動につき責任を負うべきか否かの決定から出て來る」と述べた上で[117]、次のような説明もなされている。すなわち、「吾人は自己の精神生活において體驗し得ることでなければ、他人の心持を想像することも出來ないし、また他人の行爲を理解することも出來ない。即ち『體驗の可能』が責任能力の基礎である。」、「吾人が許すことも出來、批難することも出來るのは、理解し得ることだけである。意識を失うた状態において、自己の行爲が如何なる有様であつたかは、何人にも體驗の出來ない事柄である。」、「通常の精神状態が責任能力であるという立場は、……平均人・通常人を標準とすることによつて、責任理論の一般性を維持し得ると考えるのである。」、「通常人は異常人を判斷すべきでないということが基礎になつて居る。」と。さらに、これに続いて、「責任能力」を除外・制限する場合として、「精神障害に基づく場合」と「精神状態の成熟しない場合」があげられている。後者については、14歳を限界とする年齢に基づく場合と瘖唖に基づく場合があげられ、14歳は低きに過ぎる、としており、前者については、「心神喪失」を「意識不明の程度の高いもの」をいい、「心神耗弱」を「意識不明の程度の低いもの」であるとしている[118]。

　次に⑯宮本はどうであろうか。この宮本については、犯罪論体系や刑罰の本質理解につき、かなり独自性が強いともいえるが、本稿で取り上げる『刑法大綱』についても、それは妥当する。例えば、「『大綱』以前は、①行為、②行為の違法、③意思の違法および可罰性（有責）、④可罰類型阻却事由という体系だったのに対し、『大綱』では、……①行為、②行為および意思の違

116　瀧川・前掲注（100）91頁以下。

117　瀧川・前掲注（100）93頁参照。

118　瀧川・前掲注（100）95頁以下参照。なお、昭和8年の瀧川幸辰『刑法読本改定版』（1933年）大畑書店78頁以下では、「國家が何を欲し何を欲しないかを理解する能力」を責任能力であるとした上で、「理解能力の不十分さの程度の高いものは心神喪失であつて、全然責任能力なしと見て居る。理解能力の不十分さの程度の低いものは心神耗弱であつて責任能力の半減されたものと見て居る。」、「十四歳未滿の者は理解能力が弱いので、その責任能力を全然認めないのである。」とされている。

法性（規範的評価）、③可罰性（可罰的評価）の三分説に至っている」、「規範的評価と可罰的評価の区別が、より明確な形で体系化されたといってよい。」、「主観的違法論では、違法と有責（規範的責任）の実質的区別の意義がないことも、よりはっきりした」などといった指摘や「『大綱』の可罰性は、有責性とも表現されているが、かつて『有責』で論じられた行為を違法ならしめる主観的事情は、体系上『違法性（規範的評価）』の項へ移され、行為を可罰的ならしめる主観的事情は、『可罰性（可罰的評価）』の項へ移されている」といった指摘もなされるところである[119]。

　以下において、この「可罰性」とそこでの責任能力についての考え方を見ることにする。まず、「可罰性の意義」について、ある行為が犯罪となるには、まず法律上一般規範的に違法と評価されたものが、さらに刑法上可罰的なものと判断される必要があり、その判断によって犯罪定型が充実されることになり、その要件となるものが行為の可罰性（可罰能力性と可罰類型性）であり、これによって他の単純な違法行為と区別されることになる、といった説明がなされる[120]。また、単純な違法行為と区別される理由となる可罰性を考慮した犯罪の実質的意義は、「實に犯人が刑罰といふ特殊な制裁に適する、從つて又た斯やうな特殊な制裁を必要とする程度の反規範的性格者たることの徴表であることである」ともされている[121]。またさらには、「行爲は、意思とその表動若くは更にその結果とであつて、違法性の問題に於て、違法意思（規範的責任）が常に問題の中心を形づくつてゐるやうに……、可罰性に於ても、可罰的な意思が常に問題の中心を形づくつてゐる。」、「主觀主義的刑法理論に於ては、可罰的意思は可罰的な反規範性の内部的躍動であり、犯罪はそれの外部的徴表なのである。而して可罰的意思は、予はこれを違法性の問題に於ける規範的責任と区別して、特に可罰的責任又は刑法上の責任と呼ぶ。」とも述べられている[122]。また加えて、「責任の研究は畢竟行爲又は結果を所縁とする非難又は處罰の理由を行爲者の主觀的事情に求むる

119　鈴木・前掲注（100）140頁参照。
120　宮本・前掲注（100）105頁以下参照。
121　宮本・前掲注（100）106頁。
122　宮本・前掲注（100）107頁。

第八章　責任能力論の系譜　345

について、更にこれをその何れの點に求めんとするかの研究に外ならない。ここに謂ふところの規範的責任も可罰的責任も、ともにこの意義に於ける責任である。」ともされている[123]。そして、このように述べた上で、行為の可罰性の要件である「可罰能力性」と「可罰類型性」については、前者は「可罰的責任能力を備へることであつて、これを缺くときは、可罰的責任が阻却されることによつて犯罪は成立しない」とし、後者は「違法意思（規範的責任）から出た違法な行為及び結果の全體が夫れ夫れ更に可罰類型といふ特殊類型に適合することであつて、これを缺くときには、單純な違法行為ではあるが、犯罪とはなり得ない」としている[124]。

　このような「可罰性」に関する一般的な説明に続いて、本稿が最も関心を寄せる「可罰能力性（責任能力）」につき、次のような説明がなされている。すなわち、まず、責任能力は同時に行為の能力であり、責任には「規範的責任」と「可罰的責任」の二つがあり、規範的責任は可罰的責任の根底であるため、「前者が阻却される場合には當然後者も阻却される」と述べる[125]。次いで、「規範的責任能力」については、「行為者の具體的意思を違法のものたらしめるに付いての前提たる意思の素質と作用」であり、「この前提に依つて具體的な意思が初めて一般規範上の故意又は過失たることが出來る」とし[126]、この能力の実質については、応報刑主義では「行為の處罰を意識してこれを避止し得る能力」と説き、目的刑主義では「一定の社會的（又は衞德的若くは法律的）動機に對する意思の通常なる反應性又は決定性」と説くが、自説はだいたい目的刑主義と同様であるとする[127]。その上で、自身の見解として、「行為を違法ならしむる主觀的前提は行為の際に於て規範意識が備はり、且つその規範意識の活動の餘地ありしこと及びその意識活動の結果を妨ぐべき外部的障碍なかりしことの三つである、そしてこれ等の事情の綜合された狀態は即ち規範意識能力であつて、責任能力としてはこれだけを

───────────

123　宮本・前掲注（100）108頁。
124　宮本・前掲注（100）112頁。
125　宮本・前掲注（100）114頁。
126　宮本・前掲注（100）114頁。
127　宮本・前掲注（100）114頁以下。

以て充分であり、又たこれだけは必要である。或はこれを是非の辨別力といつても妨げない。」と述べられている[128]。他方、「可罰的責任能力」については、「行爲者の具體的意思を可罰的ならしめるに付いての前提たる意思の素質と作用」であり、「この前提あるに依つて具體的意思が初めて刑法的に故意又は過失たることが出來る。而して可罰的責任能力は刑法上の責任の意義から考へれば受刑能力（刑罰適應性）でなければならない。」とし、その実質については、「行爲者の知性が刑罰の意義を理解し得る程度に發達」していることである、とされている[129]。そして、これに続いて、責任能力にはこのような二種がある結果として、「その阻却原因にも亦た規範的責任能力阻却原因と可罰的責任能力阻却原因とがあ」り、「そして前者の原因が行爲の際に存するときには、行爲性は阻却されて、違法行為も犯罪もともに成立しないが、後者の原因のみが存するときには、可罰性のみが阻却されて、違法行為だけが成立する。」、「刑法第三九條乃至第四一條はこの二種の阻却原因を一括して規定したものである」との説明がなされているのである[130]。

　このような責任、責任能力についての理解にもとづいて、41条については、14歳未満の者は、規範的責任能力を欠くため行爲性を有しない場合や、行為性はあるが可罰的責任能力を欠くがゆえに犯罪とならない場合がある、と述べられ[131]、39条については、「精神障礙には心神喪失と心神耗弱とがあ」り、「前者は意識作用の著しく變則なことであつて、その主もな場合は精神病である」が、この心神喪失者の行為は既に行為性を欠くがゆえに刑法上罰せられない、とされている[132]。また、とくに2項の耗弱については、喪失の程度に至らないものがこれに属し、刑法上は刑が減軽されるが[133]、「理論的にいへば、或種の刑罰に於て、それが一定の方式を備へてゐる場合にしても、これに對して執行上必要な融通をきかせ得る彈力性が認められてゐない限り、限定責任能力者は寧ろこれを責任無能力者とすべきを適當とす

128　宮本・前掲注（100）115頁。
129　宮本・前掲注（100）116頁。
130　宮本・前掲注（100）117頁。
131　宮本・前掲注（100）117頁以下。
132　宮本・前掲注（100）119頁。
133　宮本・前掲注（100）119頁参照。

る。何となればこの場合には科刑の量が問題でなくして質が問題だからである。」として批判的な態度が採られているのである[134]。

　最後に⑰草野はどうであろうか。まず犯罪の定義としては、「一定の行爲が犯罪として刑罰の科せらるるには、それが客觀的に犯罪構成要件に該當する違法の行爲である外主觀的に責任あるもの」でなければならない、とする[135]。そして、この「責任」については、社会的責任論と規範的（道義的）責任論という二つの対蹠的解釈があるとし、前者の社会的責任論については、この立場での責任とは、「社會的危險性ある者が國家より社會防衛の手段として刑罰を科せらるる法律上の地位、即ち刑罰の對象と爲るに適當なる心理狀態を指稱すること」であり、「所謂衞義的責任は無用のもの」に帰することになり、「意思の自由と云ふことを否認して、責任の對象を專ら行爲者の危險性」に求めるものである、とし、後者の規範的責任論については、「責任を解して、行爲者が其の爲したる違法行爲に付て規範的に非難せられ得ることと爲すのであ」り、「其の規範的に非難と云ふことの裡には、辨別力を備へた意思の自由と云ふことが豫定せられて居る」、とする[136]。その上で、規範的責任論を支持する立場から、社会的責任論に対して、「刑罰が社會防衛の手段なるの故を以て、之を保安處分と同一視するは誤である。論者の所謂刑罰の對象と爲るに適當なる心理狀態とは果して何を意味するのであらうか。其の刑罰の對象と爲るに適當なる心理狀態と云ふことこそ、行爲者を規範的に非難するに足る心理狀態に外ならないのではあるまいか。」、「社會的責任論者は意思の自由を否認して得得たるの觀があるが、意思の自由を否認しては、責任と云ふことは意味をなさないこととならう。」、「刑法上責任といふことを認むる以上、規範的責任論を案るの外はない。規範的責任論を案ることに依つて、始めて所謂『責任なければ刑罰なし』Keine Strafe ohne Schuld と云ふことも理解せられる」との批判的な見解が述べられる[137]。次いで、規範的責任論を採る場合に、一定の行為につき行為者を非

134　宮本・前掲注（100）117頁。
135　草野・前掲注（101）99頁。
136　草野・前掲注（101）99頁以下参照。
137　草野・前掲注（101）100頁以下参照。

難するには、「先づ行爲者に事理を辨別し且つ辨別に從つて行爲するの能力あることを必要と」し、これが「責任能力」の問題であるとし、さらに、かかる能力ある者の行爲でも、「行爲者に於て、自己の行爲が條理上許されないものであることを意識して居たか（故意）、又は其條理上許されないものであることを意識し得べかりしに拘らず意識しなかつたと云ふ不注意（過失）、の責むべきもののない限り、規範的に非難を加へることは當らない」とし、これが「意思責任」の問題であるとして、責任の問題は、このような「責任能力」と「意思責任」の問題から成ることが述べられている[138]。かかる説明を行った後、「責任能力」については、責任能力とは、形式的には刑を科すことによって刑の目的を達することができる能力であり、「實質的に云へば事理を辨別し且つ其の辨別に從つて行爲を爲すの能力と云ふことである。」、「責任能力は、犯罪の時に存在することを要し、且つそれを以て十分とする。蓋し、責任能力ある者によつて爲された行爲に付てでなければ非難と云ふことは意味を爲さないことになるからである。」とされている[139]。また、「限定責任能力」については、これを認めるか否かは立法上問題とされている、とした上で、「社會的責任論者は限定責任能力者を認め其の刑を減輕することを以て、全く無意味のことと解するのであるが規範的責任論を突る者に於ては、限定責任を認むることは、少しも不合理のことではなく之に保安處分を講ずるの要ありや否はまた別個の問題であるとするのである。」との指摘がなされている[140]。そして、これに続けて、現行刑法では責任無能力・限定責任能力については、年齢、精神障害、瘖唖の各点から区別されている、とし、年齢に関する41条については、旧刑法とは異なり、「一刀兩斷に、十四歳を以て責任無能力者と責任能力者とを別けたのであるが、其の限界を十四歳に置いたことが適當であるか否が問題であるばかりでなく、此の二分主義が適當であるか否も問題である。」との指摘がなされている[141]。他方、39条については、「大審院の判例に從へば」とした上で、昭和6・

138　草野・前掲注（101）101頁以下参照。
139　草野・前掲注（101）102頁以下。
140　草野・前掲注（101）103頁以下。
141　草野・前掲注（101）104頁以下参照。

12・3および昭和7・11・21の責任能力（無能力・限定責任能力）に関する定義が示されており、かつ、限定責任能力に関しては、旧刑法では存在せず、「現下、之を認むるの可否に付て論議が存するに拘らず」とした上で、改正仮案14条[142]では、これが規定されており、「現行法の精神をそのまま踏襲して居る。」との指摘もなされているのである[143]。

（4）この時期の責任能力を巡る言説について

　以上、見てきたように、この時期（明治34年頃から昭和6年頃およびいくらか前後を含む期間）の責任能力をめぐる言説は、多様であり、また詳細に見れば、あるいは、微細な表現の違いにまで着目するならば、極めて多様といえよう。そして、このような言説を構成する諸見解は、その背景に、様々な思想、刑法観を有するものであることはもとより、個人的な学問的信念、さらには、ひょっとすると打算的な考慮といったものすら有しているのかもしれない。また、ここで示された言説は、多彩な切り口や着眼点から論ずることが可能であり、かつ、そうするに値するものともいえよう。また他面において、極めて多様で、さまざまな要因の相互作用から生じた言説であるがゆえに、今日広く受け入れられている責任能力に関する理解へと至る歴史的な流れについては、安易で単純化された歴史記述や断定的で必然的な理由づけを行うことには、やはり慎重でなければならないともいえよう。

　こうして、今日広く受け入れられている責任能力に関する理解のベースとなった大判昭和6・12・3において示された責任能力に関する考え方（定義）について、さしあたり確かな事実として言えることは、かかる考え方は、上記のような多様な責任能力をめぐる言説の構成要素の一つであり、かつ、そのような多様な言説の作用の下で形成されたものであること、そして、かかる考え方（その基本的な枠組み）が、以後、比較的長期にわたってともかく多くの支持を得ることとなり、それは、若干の修正・変成を経ながらも、今日広く受け入れられている理解へと引き継がれているという流れが存在する、

142　仮案14条については、注42参照。

143　草野・前掲注（101）106頁参照。

といったことになるであろう。

　以下では、この時期の議論につき、特徴と解されるものや積み残された議論（後の議論に主として委ねられた議論）と思われるものなどをいくつか示すことにする。

〈この時期の議論の特徴・積み残された議論〉

　まず、責任能力規定である39条については、混合的方法を採ること、つまりは、「精神の障害」を原因とした弁識（認識）・制御能力の喪失・減少（ひいては責任の喪失・減少）を問題とするものとの理解が今日一般的であるところ、この期の議論においても、「責任」の本質をどう解するのかや、混合的方法という用語を使用しているのかなどは別として、少なくとも、39条や39条にあたるものについては、「精神の障害」を原因として「責任」が喪失・減少している場合を問題とするものとの理解は、多くの論者において共通しているといえよう。ただし、その原因たる「精神の障害」については、その内容、とくに該当する範囲がいかなるものか（範囲画定）に関しては、多くの論者において必ずしも明らかにはされていないこともやはり共通しているといえ[144]、この点については主として事後の議論の対象ということになるであろう。

　次に、心理学的要素については、弁識（認識）能力と制御能力という二つの能力を内容とするとの理解が今日広く受け入れられているところ、この期の議論においても、今日いうところの弁識能力・制御能力にほぼ相当するものを、つまりは、一般に知的ないし認知的要素と呼ばれる弁識能力だけでなく一般に情意的ないし意思的要素と呼ばれる制御能力をも含む内容を、明確に肯定する見解が少なからず存在していることは特徴としてあげられるであろう。ただ、その場合、認知的要素たる弁識能力のみで足る（制御能力にあたるものを含めない）といった立場を意識した、詳細で積極的な理由づけが必ず

144　もっとも、少数ながら、例えば、⑨泉二においては、「精神障碍ハ精神作用（即チ智能殊ニ是非辨識力、感情ノ作用及ヒ意思作用殊ニ法律、宗教、衞徳等ノ觀念ニ基キ普通ノ動機ニ從テ自己ノ行動ヲ支配スル意思ノ力）カ其全體ニ於テ普通ノ狀態ニ比シテ缺陷ヲ生スルノ原因トナル可キ障碍」とされており、ある程度、範囲画定がなされているといえよう。

しもなされているとはいえず、こうしたことは、以後、何度か繰り返される
いわゆる制御能力不要論[145]を誘発する要因ともなっているように思われる。

　次に、責任能力と故意あるいは故意を有しうる能力との関係はどうであろ
うか。この期の議論においては、多くの論者は、責任能力の定義や他の主観
的要件の定義、さらには責任（有責性）を構成する諸要素のおおまかな犯罪
論上の体系的な位置づけといったものを通じて、その関係をやや漠然と示唆
するに留まっているように思われる。また加えて言えば、こうした傾向は、
今日に至るまである程度残存しているようにも思われるのである。ただ、本
稿が対象とするこの時期においても、少数ながら、責任能力と故意あるい
は、故意を有しうる能力との関係を明確に意識しながら論じるものとして、
例えば、⑨泉二、⑫大場、⑯宮本らをあげることができよう。分類するなら
ば、泉二が責任能力と故意（過失）は、別個の観念であり、故意（過失）は責
任能力の有無と独立に存在するとの立場（故意を有しうる能力を責任能力には含
めないとの立場）であり、大場、宮本は、故意を有しうる能力も責任能力の内
容とする立場ということになるであろう。そして、この泉二の説明によれ
ば、この期の多数説は、後者の故意を有しうる能力を責任能力の内容とする
立場ということになる。かかる問題については、今日的な視点では、医療観
察法（＝「心神喪失等の状態で重大な他害行為を行った者の医療及び観察等に関する法
律」）における「対象行為」該当性をめぐる一連の問題の文脈（精神の障害によ
る錯誤によって故意が阻却される場合の39条の適用の可否やその理論構成はいかなるもの
か、といった問題）においてとくに論じられたりするところであるが、現在の
学説状況において、なお故意を有しうる能力を責任能力の内容であるとする
立場が多数を形成しているのかについては疑問が存するように思われるので
ある。むしろ、泉二的な故意を有しうる能力は責任能力の内容自体には含ま
れないとの立場が今日優勢ではないかとも思われるのである[146]。次に、責

145　例えば、墨谷・前掲注（3）223頁以下など。他方、今日において、制御能力要件を必要とす
　　る立場から積極的に論を展開するものとして、安田拓人『刑事責任能力の本質とその判断』
　　（2006年）89頁以下など参照。
146　この点については、例えば、今日、医療観察法の「対象行為」（同法2条2項〔2条2項は現
　　在2条1項となっている〕）がいずれも故意犯に限られており、故意行為があって、かつ責任無
　　能力であることが立法上肯定されているとも解されること、また、心理学的要素中の弁識（認

352 限定責任能力概念

任の本質の理解やそれに連動する形での責任能力に関する根本的な理解の在り方については、どうであろうか。今日では、責任は非難可能性であり、その非難可能性とは、法に従った動機づけが可能であるにもかかわらず、法の要求に反して違法行為（構成要件該当違法行為）に出たことを本質的な内容とする、との理解が多数の支持する理解であり、この立場では、（過去になされた）その違法行為の時点で「非難に値する（非難可能性という性質にふさわしい、あるいは非難可能性という属性に対応する）主観面の状態（精神状態）」であったのかが問われ、責任能力もそうした主観面の状態を構成する要素の一つと位置づけられる、と解されるところ、この期の議論においても、「非難可能性」等の用語を用いるか否かは別として、少なからぬ論者にあって、基本的な視座としては、おおむね同様の理解が採られていると思われるのである。ただ、この期においてもすでに、例えば、⑬牧野などを代表的な論者として、

識）能力について「違法性の意識の可能性」と内容上重なるとの今日有力な見解があり、この立場からは違法認識の評価対象たる犯罪事実の認識（故意）が、違法性の認識の可能性判断の「前」に存在していることが予定されており、よって故意をもちうる能力も当然に備わっていることが予定されており、認識能力と故意をもちうる能力は別個のものと解されうること、また、今日では、故意を犯罪論体系上、構成要件段階（違法段階）に（も）配する見解が多数説と解され、これによると、故意をもちうる能力を責任能力の内容自体に含めるならば責任能力に「違法の能力」（違法性を備えうる能力）をも内容とすることになりえ、「責任能力」という名称（責任非難にかかわる概念であることを想起させる名称）からは違和感があり、39条が責任阻却・減少事由に関する規定であるとの理解にも適さず、かつ、次元の異なる性質を混在させることにもなりうること、さらには、刑法39条と38条（1項や3項）のいわば棲み分けとそれについての無理のない説明といった視点や、38条（1項）による故意阻却はとくに原因の限定はなく、精神の障害の作用によって故意や故意をもちうる能力がない場合も同条による故意阻却は可能であり、かつ、犯罪（故意犯）の成立要件である故意について定めた規定が同条であり、同条が故意犯の成否判断においては第一次的な射程を有すると考えられること、などが論拠としてあげられるであろう。さらに加えて、刑事未成年についても故意行為は可能であるとの理解が採られるならば、故意行為があって、責任無能力であることが認められているということになるであろう。そして、このような論拠が広く共有されるのであれば、故意を有しうる能力は責任能力の内容自体には含まれないとの立場の方が、現在の学説状況ではむしろ優勢ということになるのではないであろうか。ただし、とくに上記の「弁識（認識）能力」と「違法性の意識の可能性」との内容上の重なりを肯定し、かつ、「認識能力」と「故意をもちうる能力」とを別個のものと解する見解は、いわゆる責任説と親和的といえ、その他の故意論を採る場合には、ここでの論拠は共有されない可能性はあるであろう。なお、今日でも明確に責任能力を故意・過失の能力と位置づける見解として、例えば、浅田・前掲注（1）93頁以下参照。これに対する批判的な説明を展開するものとして、例えば、安田拓人「故意と責任能力　結びにかえて」刑事法ジャーナル41号94頁以下など参照。

「社会的責任論」が示されており、責任の本質を「社会防衛の必要性」と解し、その延長として責任能力を「刑罰適応性」とする理解が強力に展開されていることには留意しなければならないであろう。このような考え方、あるいはこのような考え方を部分的に導入する立場は、発想のエッセンスとしては、いわば違法行為の時点での「非難に値する主観面の状態」とは異なる何かに責任（や責任能力）を置き換える・取って代える立場あるいは部分的に置き換える・取って代える（あるいは場合によっては「非難に値する主観面の状態」とは異なる何か（例えば、予防の必要性など）を付加的に加えて責任（や責任能力）判断を行う）立場とも表現できるものであり、事後、今日に至るまで有力に主張されている考え方といえよう。

　次に、精神障害者が触法行為や犯罪行為を行った場合、あるいは責任無能力・限定責任能力となった場合の処遇についてはどうであろうか。この点に関しては、この期の議論において、少なからぬ論者が、何らかの特別処分、行政処分、保安処分といった制度の存在を示し、かつ、そのような制度の必要性も——すでに見たように広く精神病者に対する自由制限がなされうる状況でありながらも——強く主張されていることは、一つの特徴として注目すべきであろう。そして、事後も、こうした主張は繰り返されてはいるが（例えば、戦後の改正刑法草案などはその代表例といえるが）、周知の通り、少なくとも刑法典には、触法ないし犯罪行為を行った精神障害者に対する保安処分制度の規定は置かれておらず、むしろ、今日のわが国の学説状況においては、こうした制度に反対する見解の方が多数ではないかとも思われるのである。もっとも、これについても周知の通りであるが、すでに言及した医療観察法によって——同法に対する賛否や法的性格如何は措くとして——、所定の罪にあたる行為を行ったことを条件とする、強制の入院・通院制度が創設されるには至っているのである。

　では次に、本稿が主として関心をよせる、旧刑法にはなく、新たに提案され導入されることになった精神障害を原因とする責任能力の低減（限定責任能力）に関する、この期の議論における賛否はどうであろうか。これについては、多くの論者は、限定責任能力概念の存在や必要的減軽であることに関してとくに異を唱えることなく、基本的に肯定しているということになるで

354 限定責任能力概念

あろう。また、減軽に関しては、心神喪失と同視できる程度に近い場合もあることを理由に減軽だけでなく免除も規定に入れるべきとの主張（③勝本によるもの）さえなされているのである。このような肯定的な見解はそれぞれ表現は多様であるが、その中核となる考え方は、精神的にまったく正常な状態と精神的に完全に異常な状態の中間に位置する状態が存在することや、精神障害の程度には軽重があること、さらに、そのような状態に応じた刑事責任の追及がなされるべきこと、といったことになるのではないであろうか。なお、限定責任能力概念の存在や必要的減軽であることについて肯定的見解が多いという傾向は、今日においてもおおむね妥当するように思われる。ただし、本稿が対象とするこの期にあっても、一部の論者（⑭小野、⑯宮本）[147]においては、限定責任能力概念に批判的な見解が示されていることは注目すべきであろう。

　最後に、——限定責任能力をめぐる解釈上の問題としてはやや細かい論点に属し、現実に問題となる場面もそれほど多くはないと思われるが——限定責任能力状態（精神の障害によって認識能力が損なわれ、損なわれた程度が「限定責任能力」を認めるのに必要な程度に至っている場合）で、なおかつ違法性の認識はあった場合、つまりは、「限定責任能力（心神耗弱）」自体は認められるが当該行為が違法であることの認識があった場合に、限定責任能力規定は適用されるのであろうか。これについての見解はどうであろうか。本稿において示された限りでのこの時期の議論においては、この問題について明確な形で論じたものは見当たらないように思われる。よって、この期の議論において、この問題につき主要な見解がいかなるものかは必ずしも明らかではないといえ、積み残された議論と言えよう。だが他方で、今日、この問題に関していかなる立場が主流的な見解であるのかも、断定することは難しいように思われる。もっとも、弁識（認識）能力は、「それが存在していることそれ自体に意味があるわけではなく、違法性の認識を獲得するための手段として意味がある」[148]との考え方や、弁識（認識）能力と「違法性の意識の可能性」（禁止の

147　さらに岡田朝太郎の現行刑法制定後の著作もあげられよう。これについては、注（37）参照。
148　安田・前掲注（145）79頁参照。

錯誤の場合）とは内容上重なるとの考え方[149]とそこから導かれる違法性認識があれば減軽規定の適用は問題とならないとの考え方、さらに、心理学的要素を弁識（認識）能力と制御能力から成るとする立場からは、精神障害による認識能力の低下はあるが違法性認識がある場合には、その低下していることについては制御能力判断の範囲内において考慮することは可能であり、かつそれで足ると考えられること、また、当該行為の違法性認識があれば少なくとも認識面での責任非難の減少はないとも考えられ、さらに能力低下自体がもたらす当該行為の責任非難の減少がある程度認められるとしても量刑上の考慮が可能であること、などが、今日の広く受け入れられている責任能力に関する理解の下で共有されるのであれば、限定責任能力規定の適用はないとの立場が多数の見解といえるのではないであろうか[150]。

II　限定責任能力の程度

　それでは最後に限定責任能力の程度について簡単ながら考察を加えることにする。

149　もっとも、内容上重なるとの考え方を採ったとしても、39条の責任能力については認識・制御能力の喪失・減少の原因が「精神の障害」に限定されており、「違法性の意識の可能性」についてはとくに原因の限定はなされていない（あるいは精神の障害以外の何らかの外在的要因の場合である）との理解や、「違法性の意識の可能性」においては、認識能力（認識の可能性）の低減の程度につきとくに限定がなされていないとの理解など、両者に相違があるとの考え方は採られるものと思われる。

150　なお、安田・前掲注（145）85頁以下では、「違法性の認識があったにもかかわらず、限定認識能力を理由にして心神耗弱を認めるべきか」について、認めるとの解釈と認めないとの解釈の二つの可能性を示しながら、後者の考え方につき、次のような指摘がなされている。すなわち、「制御無能力と限定制御能力が、衝動に抗しえなかった場合を問題としているのと同様に、認識無能力と限定認識能力も、違法性の認識が存在しなかった場合を問題とするのだと考えるのである。また、違法性の認識はあるかないかであり、あった場合には、衝動制御への動機づけ力を完全にもつのであるから、その獲得が困難であったとしても、現に違法性の認識がある行為者には、抑止を100％期待することは可能だと考えても、理論上問題があるわけではないであろう。」との指摘である。

356　　限定責任能力概念

1　現行刑法制定過程の議論と「程度」に関する可能な解釈
（1）程度を「著しい」とする解釈の可能性

　すでに見てきたように、今日広く受け入れられている理解においては、責任無能力は精神の障害によって弁識（認識）・制御能力が「喪失」した場合であり、限定責任能力は精神の障害によって弁識（認識）・制御能力が「著しく減少」した場合である。そして、ここでの「喪失」や「著しい減少」がいかなるものか（いかなる程度であるのか）については、例えば、「わが国の判例は、責任無能力の判断をためらう傾向にある。」、最決平成21・12・8（刑集63巻11号2829頁）も、「健常人と異ならない点がある場合には心神喪失とすることに疑問を示している。」、最決昭和59・7・3（刑集38巻8号2783頁）も、「かなり重篤な統合失調症症状の下での犯行について心神喪失を認めなかった。心神喪失ではなく心神耗弱、限定責任能力とするのである。」、といった判例実務に対する指摘[151]があり、また、学説においても、必要的減軽であることや、あらゆる能力の減弱につき限定責任能力を認めるべきでないことなどを考慮しながら、「正常な精神的事象からの逸脱が、それを超えれば心神喪失という全く異種のものが存在するような境界に接近し始めるほど大きい場合だとするのが妥当」である、との見解[152]などが有力に主張されている。これらの指摘や主張から考えると、わが国における限定責任能力の減少の程度（「著しい」とされる程度）は、少なくとも殺人などの重大事犯については、かなり高度な程度あるいは喪失に近接した程度であるとの理解が広く採られているように思われるのである。

　本稿の「はじめに」の部分で示した、現行刑法制定過程の議論につき、「……精神障害による弁識能力の減弱が著しいものである必要性は読み取れない。」、「……より軽い程度の精神障害下での犯行が考えられていたのではないかとも思われる。」との指摘も、かかる理解を念頭に置いたものであり、さらには、そこでの「現行刑法制定過程の議論」とは、本稿ですでに示された明治34年改正案49条理由、現行刑法39条理由、古賀廉造、片山國嘉ら

151　林・前掲注（7）24頁以下。
152　安田・前掲注（145）151頁、153頁、158頁参照。

の見解を指すのである。この指摘が重要で看過できないものであるのは、いわゆる立法者意思的解釈（あるいは立法者意思から法の客観的な内容を推し量るような解釈）は、――決定的、絶対的とまではいえないにしても――適切な解釈を行うにあたって大きな比重を占めるともいえ、立法過程での議論、とりわけ対象となる法の直接の理由書（現行刑法39条の理由書）はその立法者意思を高度に推定させる資料として位置づけられるからである。

　そうすると、今日ほぼ確立した限定責任能力（39条2項）に関する「著しい」程度との理解は、立法者意思や当初の意図との関係では整合せず、この限りでは適切な理解とはいえないのであろうか。問われなければならない問題といえよう。

　まず、古賀、片山らの見解であるが、古賀においては、「……精神ノ障害ニハ大小軽重アリテ精神障害ノ事實其モノ既ニ是非ノ辨別心ヲ喪失セシムルニ足ル可キモノアリ或ハ又障害ノ事實アリト雖モ其障害ハ實ニ輕微ニシテ未タ以テ是非ノ辨別力ヲ喪失セシムルニ足ラサル場合ナシトセス犯罪ノ原因ハ等シク精神障害ニ出ツルト言フト雖モ是非ノ辨別力ナキ場合ト其否ラサル場合トニ付テ刑法ノ制裁ヲ同フスルハ條理上許ス可カラサルモノナリ……」、「……精神ノ障害アリテ未タ是非ノ辨別力ヲ失ハサル者ノ犯罪ニ至リテハ到底之ヲ以テ普通人ノ犯罪ト同一視ス可カラサルハ論ヲ俟タサルヲ以テ其障害ノ程度ニ應シテ犯人ノ責任ヲ輕フスルハ之レ又刑法上ノ必要ナル規定トス」などとされており、片山においては、39条「第一項ハ……精神病ノ爲メニ罪ヲ犯シタモノデアラバ、其罪ニ問ハヌト云フ事デ、第二項ノ耗弱者トハ精神病者デハナイガ、多少精神ニ異狀アル者ノ行爲ハ、其罪ヲ輕減スト云フ」デアル。換言スレバ第一項ノ方ハ重イ精神病者デ、二項ノ方ハ輕イ精神病者ト云フテモ差支ナイノデアル。」、「耗弱者ハ平常精神ノ普通ナルモノ、病性的ノモノト、其兩方面カラ觀察シ得ル人デアル、畢竟其中間ニ在ルヲ以テ、精神病學ノ側カラ見ルト、幾分カ變ツテ居ル人デアッテ、多少精神障碍ガアル」などとされており、両者ともに所産基準的な考え方（ないしそれに近い考え方）を採るものと思われるが、39条2項（ないし39条2項にあたるもの）が適用される場合の精神障害の程度あるいは精神障害の態様としては、かなり重篤なものに限るという意図はなく、むしろ軽い障害あるいは軽い障害も含ま

れうるとの立場が採られていると解されるであろう。また、古賀、片山らの考え方の影響を大きく受けたと解される明治34年改正案49条の理由においても「第二項ハ新ニ設ケタル規定ニシテ前項ノ精神障礙者ヨリ最モ輕キ精神障礙ノ状況ニ在ル者ノ行爲ニ關スル規定ナリ」とされており、重い精神障害であることは読みとれず、軽い障害、ないしかなり軽い障害であることを想定していると解されうるであろう[153]。また、現行刑法39条の理由においても、「第二項ハ新ニ設ケタル規定ニシテ前項ノ心神喪失ニ比シ比較的輕キ精神障礙ノ状況ニ在ル者ノ行爲ニ關スル規定ナリ」とされており、一般的な水準からいって軽い精神障害ないしは、どちらかというと軽い精神障害が予定されていると解するのが、一つの自然な読み方ということになるであろう。このように考えるのであれば、上述の指摘が示す通り「著しいものである必要性」は読みとれず、ひいては、今日広く受け入れられている理解は、立法者意思との関係では問題があるということにもなりうるであろう。しかし、現行刑法39条の解釈にあたって最も重要な「39条理由」については、次のような理解も不可能ではないように思われる。

　すなわち、「前項ノ心神喪失ニ比シ」に着目し、心神喪失との対比において、いくぶん軽い障害といった意味に解すること、つまりは、心神喪失は、「責任ヲ除却」するような心神の状態あるいは精神的な機能の喪失（今日の混合的方法による理解では、精神障害によってもたらされた認識・制御能力の喪失状態あるいはそのような喪失をもたらすような重篤な精神障害）であり、それとの対比でやや軽い精神障害であって、一般にはそれなりに重い精神障害といった意味に解することは不可能ではないように思われるのである。だとすれば、「著しい」程度の障害との理解は、必ずしも立法者意思には反しないともいえるであろう。

153　なお、浅田・前掲注（１）46頁では、「三四年理由の『最モ軽キ』は意味不明といわざるをえない」とされている。確かに、「最モ」が「最高の、第一の」といった意味であれば、やや意味不明といえよう。ただ、辞書的な意味としては「極めて」といった意味もあり、かなり軽い障害といった意味で捉えることは一応可能であろう。

（2）「著しい」程度について

　「著しい」程度が限定責任能力が認められる程度だとして、この程度はいかなるものであろうか。これについては、「程度を具体的に定義づけることは非常に難し」い、「個々具体的なケースに応じて判断された裁判例の集積から、帰納的にその境界を探るよりほかないであろう」との指摘[154]も存するところである。確かに、「程度」を具体的で明確に示すことは難しく、また、行為時の精神障害による認識・制御能力の低減の一定の度合いという概念が対象であるがゆえに、数値化して表し判断基準とすることも困難であろう。だが、この「著しい」程度は39条2項の実体要件を構成する重要な要素であり、これが認められるか否かによって、時には極めて大きな法的効果の違いをももたらしうるのであって、やはり可能な範囲であれ、この「著しい」程度という概念をある程度明確化し示すことは、あるいは、明確化とはいえなくとも、判断にあたっての一応の指針ともなるものを提示することは、望ましいといえ、刑法解釈学上必要な作業といえよう。

　そこで、あらためて大審院昭和6年判例の定義によって確認するならば、心神喪失（責任無能力）と心神耗弱（限定責任能力）は「孰レモ精神障礙ノ態様ニ属スルモノ」であって「其ノ程度ヲ異ニスルモノ」であり、限定責任能力とは、責任無能力の「程度ニ達セサルモ其ノ能力著シク減退セル状態」であるとされているのである。つまりは、責任無能力と限定責任能力は、ともに認識・制御能力を損なう精神障害の態様であり共通の性質をもつものであって、両者は程度の違いでしかなく、また、限定責任能力概念は、責任無能力概念との関係で区別されていることになる。ところで、責任能力については、精神障害による認識・制御能力を害する影響があることを前提として、一般に、（i）完全責任能力とされる場合、（ii）限定責任能力の場合、（iii）責任無能力の場合に分けられ、刑法上は、それぞれ、責任非難の点で減じていたとしてもせいぜい量刑上の考慮にとどまるとされる場合、責任非難の減少は大きく必ず減軽とされる場合、有責性がなく責任非難は不可能であり刑は当然に科されない場合、ということになる。ここにあって、「完全責任無

154　島田＝馬場・前掲注（1）432頁。

能力／限定責任能力／責任無能力」という区分けされた概念は、法的概念としてはっきりとそれぞれ分節されるが、と同時に連続的、線的なものとしても捉えられるものであること、は着目されなければならないように思われる。つまり、分節されるが、連続的・線的なものという両面的ともいえる性質をもつということである。

このような理解が採られるのであれば、さらに、（ⅰ）完全責任能力、（ⅱ）限定責任能力、（ⅲ）責任無能力という概念にはそれぞれ一定の幅のある領域（程度の最上限と最下限の間）があると考えるのであれば、一方において、精神障害による認識・制御能力への影響はまったくない、あるいはあったとしてもごくわずかで、（ⅰ）完全責任能力であることが確実といえる場合や、精神障害は重篤でありそれによる認識・制御能力の損傷も明らかに大きいもので、（ⅱ）限定責任能力であると確かにいえる場合や、精神障害は極めて重篤でありそれによって認識・制御能力が欠如している、あるいは欠如しているに等しく、（ⅲ）責任無能力であることが確かである場合などがあり、他方においては、概念間の境界線へと接近するにつれて判断の困難さが徐々に増大するということが生じることになるであろう。このような考え方を押し進めるならば、究極においては――強調されなければならないが、まさに究極においては、さらに、判断にあたっての種々の証拠法則が適用されることも前提としこれによる判断がなされることも肯定した上で――、境界線上（上記の「／」という分割記号上ともいうべきもので、例えば、限定責任能力の最上限と責任無能力の最下限が接着する場所）では、概念上はどちらでもあるという場合も考えられるのではないであろうか。

以上のような理解を前提とした上で、ともかく「著しい」程度の内容を示すとすれば、精神障害による認識・制御能力の減少が「著しい」という形容語にふさわしい程度であり、量刑上の考慮による可能な調整を超えて責任非難の減少に配慮しなければならない程度であり、かつ、精神障害による認識・制御能力の減少の程度が喪失あるいは喪失と同等視できるとまではいえない場合、といったものになるであろう。

2　限定責任能力と精神障害者の処遇

　上記のような「著しい」程度で認識・制御能力が害され限定責任能力が認められれば、当然に法規定に従った対応がなされることになる。例えば、実刑となれば（医療観察法による処遇ともならず）刑務所で受刑することになるが、この限定責任能力と判断された者がアルコール酩酊などの一時的な精神的機能の損傷などではなく、治療を要する精神障害であったならば、そもそもの責任能力判断も含めて、この者に対する対応として、はたして適切であったのか（「限定責任能力」とはいえ実刑の有罪判決を下し刑務所に収容することで、十分な治療が受けられないのではないか）といったことも問題となりうる。ここであげた例に限らず、責任能力論は、触法行為を行った、あるいは犯罪行為を行った精神障害者の取扱いに関する法制度と密接に関係する分野であり、またその影響を少なからず受ける分野といえる。このことから、さらに進んで、触法・犯罪行為を行った精神障害者の取扱いに関する法制度や現実の状況を考慮しない、あるいは配慮を欠いた責任能力論は説得的ではないといった考え方もみられるように思われる。確かに、触法・犯罪行為を行った精神障害者の取扱いに関する法制度やその運用の実際について何ら視野に入れず、まったく配慮を欠いた責任能力論は、不十分であり、この意味においては、かかる考え方は適切ともいえよう。

　ただ、責任能力判断とその判断対象者の取扱いの問題に限って言えば、次の点は、あらためて確認されなければならないように思われる。すなわち、治療の必要性はないため刑罰を科すべきであって責任能力を有すると判断すべきであるとか、刑務所には治療に関してハード面・ソフト面いずれも十分には整っていないので責任無能力と判断すべきであるとか、など、刑罰と治療のどちらが望ましいかで責任能力判断を行うといったあり方は誤りであると考えられているということである。今日広く受け入れられている理解からは、責任能力判断は、あくまで当該行為が有責な行為であるのか、有責であるが責任非難が大きく減じているのかの判断の一つである。責任能力判断の帰結はひとまず受け入れ、それによって生じうる状況を考慮した上で、法制度の創設や改変等を考えるということになるように思われるのである。

　これらに関連する諸問題については今後の検討課題としたい。

362 限定責任能力概念

補 論──ドイツにおける限定責任能力

　わが国の責任能力論（・限定責任能力論）に多大な影響を及ぼしてきたと解されるドイツにおける限定責任能力（精神障害に起因した認識・制御能力の低減を規定する刑法21条）をめぐる議論について、おおまかな制定の流れと今日の判例・多数説を中心とした見解をごく簡単に示し、それを踏まえて、わが国の限定責任能力解釈について若干ながら言及することにする。

（1）「限定責任能力」の導入と前史

　現行ドイツ刑法以前の、1871年成立の帝国刑法典51条には、限定責任能力規定は存在していなかったが[155]、よく知られているように、1933年11月24日の「危険な常習犯罪人及び保安改善処分に関する法律」の制定により導入された（刑法51条2項として法文化される[156]）。限定責任能力の導入の契機は次のような経験から生じたとされる。すなわち、法によって責任無能力の要件としてあげられた生物学的要素はいずれもより弱い形態においても生じうるのであり、その場合、認識能力・制御能力は確かに排除されてはいないが、行為者が規範に従って行動することが著しく困難になっているという意味で認識能力・制御能力がやはり減少しているという経験である[157]。これによると、こうした経験が反映されたものが帝国刑法典51条2項ということになる。

155　1871年帝国刑法典51条は以下のような規定である。：「行為者が、行為時に、自由な意思決定が排除されるような、意識喪失または精神活動の病的障害の状態にあった場合には、可罰的行為は存在しない。」

156　本文で示した1933年の法を経て、その条文は以下のようなものである。：51条1項「行為者は、行為時に、意識障害、精神活動の病的障害、精神薄弱により、行為の許されないこと（Das Unerlaubte der Tat）を弁別し、またはその弁別に従って行為する能力がない場合は、可罰的行為は存在しない。」、：51条2項「行為の許されないことを弁別し、またはその弁別に従って行為する能力が、行為時に、これらの事由の一つにより、著しく減弱していた場合、刑は未遂処罰に関する規定に従って減軽することができる。」Vgl. Franz Lubbers, Die Geschichte der Zurechnungsfähigkeit. 1938, S. 159 f.

157　Vgl. Theodor Lenckner, Strafe, Schuld und Schuldfähigkeit, in Göppinger/ Witter (Hrsg.), Handbuch der forensischen Psychiatrie, Bd. 1, 1972, S. 122.

第八章　責任能力論の系譜　　363

　もっとも、ドイツの地においても、これ以前の、例えば、18世紀末のプロイセン一般ラント法（18条）で限定責任能力にあたる場合の可罰性の減少が認められ[158]、19世紀の諸ラント法（刑法典）でも、大多数が何らかの形で限定責任能力を考慮する規定を置いていたとされ[159]、さらに、ドイツ帝国末葉の各草案やワイマール期の各草案（1909年予備草案63条2項、1911年対案13条2項、1913年委員会草案20条2項、1919年草案18条2項、1925年草案17条2項、1927年草案13条2項[160]）においても限定責任能力規定が提案されており、よって1933年の導入の時期には、すでに限定責任能力を法定することについては、多数の支持するところであったといえよう[161]。

158　Lubbers, a.a. O., S. 118 f.（注156）

159　ドクトル・カール「獨逸及爾他の諸國の刑法比較論　限定責任能力論」司法資料133号「限定責任能力者社會上危險なる精神病者及犯罪的常習飲酒者に對する處遇」（1928）10頁以下、浅田和茂『刑事責任能力の研究――限定責任能力論を中心として――　上巻』（1983）72頁など参照。

160　各草案の条文規定については、浅田・前掲注（159）101頁以下、Hermann Kopplow, Zum Begriff der verminderten Zurechnungsfähigkeit. 1930, S. 29.; Robert Lomberg, Die Lehre von der verminderten Zurechnungsfähigkeit. 1930, S. 37 f, S. 69 f, S. 92 f, S. 108 f. など参照。なお、1925年草案17条については、わが国の大判昭和6・12・3における責任能力の定義はこの影響を受けているとの指摘も存するところである（小野清一郎「責任能力の人間学的解明（二）」ジュリスト368号121頁、金澤文雄「責任能力の判定基準（1）」別冊ジュリスト142号刑法判例百選 I 69頁、安田・前掲注（145）96頁）。1項も含めてその条文規定は以下のようなものである。：17条1項「行為時に、意識障害、精神活動の病的障害、精神薄弱により、行為の許されないことを弁別し、またはその弁別に従って行為する能力を有しない者は、帰責能力がない。」、：17条2項「その能力が、行為時に、これらの事由の一つにより高度に減弱している（in hohem Grade Vermindert）場合、刑罰は減軽されなければならない。これは、責めに帰すべき自己酩酊（selbstverschuldete Trunkenheit）に起因する意識障害の場合には適用されない。」。確かに、混合的方法の採用、心理学的要素の共通性、限定責任能力概念の基本的な内容（とくに必要的減軽）など、責任能力に関する理解の重要部分については多くの共通の特徴を有するものといえよう。

161　なお、1933年というナチス台頭の只中の時期に、保安処分と共に導入されたことから、まさにナチス的な思想とその政策的具現化であるかのような感もいだかせうるが、本文にも示したように、それまでの議論（保安的収容処分の点も含めて）と連続性を有しており、文言上も、1925年草案17条や1927年草案13条に基本的に依拠するものである。ただし、その説明の仕方や力点の置き方は特徴的といえる。この点については、浅田・前掲注（159）137頁以下、147頁以下など参照。同論稿では、例えば、帝国司法省の L. Schäfer らの次のような説明が紹介されている。すなわち、「規範の権威を自覚した国家観と個人に対する共同体の価値優越性の理念とに基づく」新刑法典制定作業が進行中であるが、「即刻解決を要する緊急課題のためにそれに先立って本法が制定された。新刑法の任務の一つは、犯罪者に対する民族共同体の効果的保護・公共の利益の絶対的優先にあり、従って教育改善思想に対しては保安無害化の思想を釣り合わ

364　限定責任能力概念

（2）「限定責任能力」に関する戦後の諸草案と現行刑法

　第二次大戦後のドイツ（西ドイツ）における刑法改正作業は、連邦司法省により1953年に開始される[162]。1956年草案・1959年草案（24条）、次いで、1959年第二草案（25条）、さらに、1960年草案・1962年草案（25条）、これに対する1966年代案（22条）を経て[163]、現行刑法21条へと至ることになる。刑法改正作業の全体を通じて、責任能力に関する規定はかなり多くの議論がなされたテーマの一つであった。限定責任能力に限って言えば――詳細には多岐にわたるが――、とくに、責任無能力規定の生物学的要素（第一段階の精神の障害）と限定責任能力規定のそれとを共通のものとするのか、それとも異なるものとするのか（いわゆる統一的（ないし調和的）解決か区別的解決か）との問題と、刑の減軽は必要的か任意的（ないし裁量的）かとの問題が、最も大きな争点であったといえよう。上記各草案では、それぞれ1956年草案・1959年草案＝統一的解決・任意的減軽、1959年第二草案＝統一的解決・任意的減軽、1960年草案・1962年草案＝区別的解決・任意的減軽、1966年代案＝統一的解決・必要的減軽が提示されたが、最終的には、現行21条は、「行為の不法を弁別し又はこの弁別に従って行為する行為者の能力が、第20条に掲げられた理由の一により、行為遂行時に著しく減弱していたときは、刑は、第49条第1項により、減軽することができる。」と規定し、統一的解決・任意的減軽となるに至っている。こうした改正過程での議論は、現行法（21条）の解釈にも、とりわけ後者の任意的減軽か否かについては少なからず影響を及ぼしているといえよう。

せねばならず、個人の自由のために全体の福祉を怠ってきた従来の自由主義的傾向は否定されねばならない。新刑法の根本思想は、保安思想を強化し、犯罪者に対する国家の権威を高め、刑事司法に、より効果的かつ強力な武器を与えるという思想である。本法の個々の規定は従来の諸草案に基づいてはいるが、犯罪者の利益のために民族共同体の保護が後退している処ではそれを変更している。」といった説明である。こうした説明に対して、とりわけ、第二次大戦後には、責任主義、行為責任、いわゆる均衡性の原則などに力点を置いた説明がより前景へと出てくることになるといえよう。

162　内藤謙『西ドイツ新刑法の成立』（1977）2頁以下。

163　各草案の条文規定については、浅田・前掲注（159）193頁以下。さらに、内藤・前掲注（162）61頁以下も参照。

（3）刑法21条の解釈——その概要

（a）限定責任能力の性質・位置づけ

限定責任能力の導入の契機が上記のような経験であったことからも示されるように、「限定責任能力」は、責任無能力と責任能力との間の独立した第三のカテゴリー（いわゆる半帰責能力（Halbzurechnungsfähigkeit））ではなく、責任能力を有する状態の一形態であるが、その責任能力を有する状態の一形態は、責任無能力規定にもとづいて責任能力が排除されるのと同じ観点の下で、責任能力が損なわれていないのではなく、減少している状態であると位置づけられる。つまり、責任能力には諸段階があり、定量化可能な（quantifizierbar）概念であり[164]、限定責任能力は責任能力を有する状態であり、有責ではあるが、責任能力が減少しているという位置づけである。こうして、責任無能力および完全責任能力との関係については、限定責任能力は、これら両者から限界づけがなされねばならず、かつ、限定責任能力については、始点となる値と終点となる値（正常（normal）とまったくの異常（schlechthin anormal））だけが突き止められるのではなく、その間のさまざまな障害の程度から成る段階上で、第三の量が突き止められなければならない、などとされるのである[165]。

また刑法21条は、量刑にあたって影響を及ぼす責任減少事由を内容として含みもつものであるとされる。ただし、刑法20条、21条は、ともに同じ制度の下で構築された規定であり、精神的要素（生物学的要素）、規範的要素（心理学的要素）も同様であり、20条が予定する精神状態は責任を減少させるメルクマールが極めて高度に高まった形態であって、21条では、そこまでには至らないが大きく責任が減少した状態であると解されることから、21条は、単なる量刑規則とはみなされてはいないようである[166]。

---

164 Vgl. Heinz Schöch, Die Beurteilung von Schweregraden schuldmindernder oder schuldausschließender Persönlichkeitsstörungen aus juristischer Sicht, MschrKrim 66（1983）, S. 338 ff.; Hans-Ludwig Schreiber/ Henning Rosenau, in Venzlaff-Foerster-Dreßing-Habermeyer Dreßing/ Habermeyer（Hrsg.）, Psychiatrische Begutachtung, 6. Aufl. 2015, S. 108.; Heinz Schöch, in Kröber/Dölling/Leygraf/Sass（Hrsg.）, Handbuch der Forensischen Psychiatrie, Bd. 1, Strafrechtliche Grundlagen der Forensischen Psychiatrie, 2007, S. 136 f. など。

165 Vgl.Lenkner, a.a. O., S. 123, S. 125.（注157）

（b）限定責任能力における「精神の障害」

刑法21条は、第一段階の精神的要素である「精神の障害」について、刑法20条を参照していることから、同じ異常な精神状態が対象となっている。よって、ここでも「病的な精神障害」、「根深い意識障害」、「精神薄弱」、「その他の重大な精神的偏倚」が対象となる（統一的解決からの帰結）。両者の違いは精神障害の程度や認識（弁識）・制御能力に及ぼす影響の程度ということになる。21条における「精神の障害」の程度は、20条におけるそれと同じ重大さの程度には達していてはならないということになる。

（c）責任能力の「著しい」減少について

限定責任能力が認められるためには、「著しく減少」した場合でなければならない。ただ、この程度については、限定責任能力が認められるような精神障害の重大さの程度やその精神障害によってもたらされた認識・制御能力の損傷は、厳密には精確に述べることができず、あらゆる個々の事案において一義的な判断を可能にするであろう精密な基準は存在しない、などとされている[167]。こうした考え方からは、精神障害は、一方で20条における「著しさ」の程度に達していてはならず、しかし、他方では、完全責任能力によってカバーされる領域にもはやあたっていてはならないなどとされることになる[168]。つまり、このような見解にあっては、精神障害の程度やそれによる認識・制御能力が損なわれている程度が「著しい」と評価される場合で、かつ、責任無能力にも完全責任能力にもあたらない場合ということになり、これが個々の事案ごとに判定されるということになろう。

もっとも、このような見解を採った上で、精神障害の種類との関係での一般的な傾向としては、例えば、軽い麻痺や統合失調症による欠陥（leichte paralytische oder schizophrene Defekte）、賭博癖（Spielsucht）、初期の動脈硬化症による認知症、比較的軽い形態の脳損傷・癲癇・情動による意識狭窄は、限定責任能力になるにすぎない、とされたり[169]、あるいは、アルコールやそ

166　Vgl. Schreiber/Rosenau, a.a. O., S. 109.（注164）

167　Lenckner, a.a. O., S. 125.（注157）, Schreiber/Rosenau, a.a. O., S. 109.（注164）など。

168　Vgl. Perron/Weißer, Schönke/Schröder, Strafgesetzbuch Kommentar, 30. Aufl. 2019, §21 Rdn. 5. など。

の他の物質による酩酊状態で比較的軽いものについて、21条は実際上重要であり、判例によると約2パーミル以上の血中アルコール濃度の場合に限定責任能力の問題を調査する契機が生じることになる、とされたり[170]、あるいは、(物質)依存性の精神障害（Abhängigkeitserkrankung）は、判例によると、ただそれだけでは21条の適用は認められず、多年にわたる摂取にもとづく重大な人格の変化が生じていたり、強力な離脱症状やそれに対する不安の下での犯罪行為（依存薬物の調達）の場合などの特別な事情が認められる場合に限って適用がある、などとされるところである[171]。

(d) 認識（弁識）能力がそれ自体では著しく減少しているが違法性を認識している場合

これに関しては、行為者が、認識能力が著しく減少しているにもかかわらず、具体的な事案において不法認識を実際に有していた場合、責任の減少はなく限定責任能力は認められない（少なくとも認識能力の著しい減少による限定責任能力は認められない）とする立場が——誤解を招きやすい法律文言（missverständlicher Gesetzeswortlaut）が想起させるものとは異なるが——一般的な見解である[172]。このことから、「減少した認識能力は、それが認識の欠如を現実に招いている場合に初めて刑法上の意義を有するのに対して、著しく減少した制御能力は、すぐさま刑法21条の適用をもたらすことになる」、「認識能力の著しい減少は行為者の責任能力判断に対して制御能力の著しい減少とは異なる影響をもたらすことになるため、刑法21条のいずれの選択肢が考慮されるのかはそのつど調査されなければならない」などとされ、さらには、

---

169 Schreiber/Rosenau, a.a. O., S. 110. (注164) さらに、vgl. Fischer, Kommentar zum Strafgesetzbuch, 67. Aufl. 2020, §21, Rdn. 10.

170 Schreiber/Rosenau, a.a. O., S. 110. (注164), vgl. Verrel/Linke, Nomos Kommentar, Dölling/Duttge/König/Rössner (Hrsg.), Gesamtes Strafrecht, 4. Aufl. 2017, §21 Rdn. 4. など。

171 Vgl. Fischer, a.a. O., §21 Rdn. 13. (注169); Perron/Weißer, a.a. O., §21 Rdn. 9. (注168)

172 Fischer, a.a. O., §21 Rdn. 3. (注169); Perron/Weißer, a.a. O., §21 Rdn. 6/7. (注168); Kasper, Satzger/Schluckebier/Widmaier, Strafgesetzbuch Kommentar, 5. Aufl. 2021, §21 Rdn. 6. など。さらに BGHSt 21, 27, 28.; BGH NJW 1986, 2893, 2894.; BGH NStZ 1990, 333, 334. など。なお、改善および保安処分との関係では、不法認識能力の著しい減少が不法認識の欠如をもたらしていない場合、刑法63条による精神病院への収容命令については十分ではない、とされる（vgl. Kasper, §21 Rdn. 6. (同上) など）。

「裁判官は、自身の判断を両方の選択肢によって同時に支えることはできない」ともされているのである[173]。なお、このような見解においては、制御能力の減少については、認識能力の減少が先行して否定された場合（認識能力が肯定される場合）にはじめて考慮の対象になる、あるいは、制御能力は、行為者が行為の違法性を認識していたか、ないしは認識可能であった場合にのみ調査されうるなどといった理解が採られることになる[174]。

（e）刑法17条（二文）と21条の関係

上記（d）とも関連するが、21条と不法認識の欠如の場合を規定する17条[175]、とくにその二文との関係も問題となる。まず、不法認識（Unrechtskenntnis）は禁止の認識（Verbotskenntnis）を意味し、よって20条は17条と連動し、この理解の下では、不法認識の欠如は、それが精神障害に起因する場合、そのことを特徴とする禁止の錯誤の一形態ということになる[176]。これが広く受け入れられている考え方ということになる。

こうして、17条の「禁止の錯誤」規定に対する21条の関係では、次のような難点が生じるとされる。すなわち、21条にあげられた精神的要素（精神障害）に起因する認識能力の減少は「著しい」場合に限って考慮されることになるが、これに対し17条の「禁止の錯誤」については、認識能力（認識の可能性）の減少の程度は重要ではないとされている、という点である。そして、その理由としては、多くは、21条の精神障害に起因する認識の錯誤

173　Vgl. Schreiber/Rosenau, a.a. O., S. 112.（注164），BGH NJW 1995, 1229, 1229. もっとも、「認識（Einsicht）と行動制御（Verhaltenssteuerung）は精神面において、区別が実際には不可能であるほど相互に結びついていることも多いことには注意を払わなければならない。」（Schreiber/Rosenau, a.a. O., S. 106.（注164））といった指摘もなされている。したがって、こうした指摘をも考慮すると、区別が困難である場合もあることを認めた上で、認識能力と制御能力の概念上の相違を前提に、なお両者を区別することが不可能でない範囲では要求されているということになろう。

174　Vgl. Perron/Weißer, a.a. O., §21 Rdn. 8.（注168）；Schöch（Handbuch der Forensischen Psychiatrie), a.a. O., S. 133.（注164）

175　刑法17条の禁止の錯誤規定は以下のようなものである。：17条「行為遂行時に、不法を行う認識が行為者に欠けていたとき、行為者がこの錯誤を回避し得なかった場合には、責任なく行為したものである。行為者が錯誤を回避し得たときは、刑は、第49条第1項により、減軽することができる。」

176　Kasper, a.a. O., §20 Rdn. 6.（注172）; Perron/Weißer, a.a. O., §21 Rdn. 6/7.（注168）など。

第八章　責任能力論の系譜　　369

(Einsichtsirrtum) を精神的に健常な者による標準心理学的な禁止の錯誤よりも厳格に取り扱うことは適切ではない[177]といった理由をあげている。このような難点についての対応（両者のつり合いをとるための対応）としては、大別すると次のような二つの見解が示されている。すなわち、刑法21条における「著しさ」を17条二文にも読み込んで解釈するとの見解と、行為者にとってより有利な刑法17条が、あらゆる程度の認識能力の減少の場合に17条・49条にもとづく減軽がなされうるとの効果とともに適用されることを認めるとの見解である。ここでの後者の見解[178]が圧倒的に多数の見解の採るものとされ、その上で、刑法21条は、17条に対する関係においては17条とは異なり処分（63条による精神病院への収容など）を課す可能性を開くという点で20条と同様に独自の意義を有している[179]、などとされるところである。

(f) 任意的減軽であることと責任主義

すでに示したように、刑法21条は、その文言にもとづくと減軽は任意的であって必要的ではない。だが、この21条における任意的減軽 (Kann-Milderung) が、責任主義とはたして調和しうるのかについては、比較的活発な議論が展開されている。

有力な見解では、法は責任能力の著しい減少を要求しているため、この場合、著しく減少した責任もまた認められるということが前提とされなければならず、このことからすると、責任主義は、責任能力の著しい減少の場合においては大きく減じられた刑罰をも要請し、ゆえに義務的な減軽の場合にあたることになる、など[180]とされ、法の定める任意的減軽を必要的減軽 (Muss-Milderung) として解釈すること［著しく減少した責任能力 (erheblich verminderte Schuldfähigkeit) ＝著しく減少した責任 (erheblich verminderte Schuld) ＝大きく減じられた刑罰 (erheblich geminderte Strafe) といった前提をとる理解］が提唱されている[181]。

177　例えば、Perron/Weißer, a.a. O., §21 Rdn. 6/7. （注168）

178　Perron/Weißer, a.a. O., §21, Rdn. 6/7. （注168）; Claus Roxin/Luís Greco, Strafrecht Allgemeiner Teil Bd. I, 5. Aufl. 2020, S. 1033.; Kasper, a.a. O., §21 Rdn. 7. （注172）

179　Vgl. Streng, Münchener Kommentar zum Strafgesetzbuch, Bd. 1, 2003, §21, Rdn. 14.; Schreiber/Rosenau, a.a. O., S. 110. （注164）; Kasper, a.a. O., §21 Rdn. 7. （注172）

180　Lenkner, a.a. O., S. 129. （注157）

370 限定責任能力概念

　これに対して多数の見解においては、限定的な解釈を採りつつ、任意的減軽であることを責任主義と調和させようとしている。すなわち、この立場によると、原則的には、著しく減少した責任能力は、行為の責任の量を減少させることになり、同時に当罰性をも減少させることになるということが認められなければならない、とされ、その上で、しかし、責任の量は、ただ責任能力によってのみ決せられるのではなく、行為を責任の観点において多かれ少なかれ、軽くあるいは重く思わせるような諸事情の全体によって決せられる、などとされる[182]。よって、このような考え方では、限定責任能力を理由として生じる責任の減少は、他面において責任を高める別の事情があれば、帳消しにできるとされるのである。つまりは、この立場では、たとえ限定責任能力が認められても、場合によっては、他の責任を高める事情があれば減軽をしないという選択もありうるということになり、これは、無期自由刑についてさえ妥当するともされるのである。

　もっとも、このような限定的な解釈を採る立場においても、減軽の否定については、次のような二つの場合に限られるとされる。一つは、それ自体では必要となる減軽を相殺するような責任を高め重くする事情がある場合で、例えば、高まった犯罪的な活力、特別な粗暴性、行為の性質や多数回であることにおいて現れている犯罪的な意思の強さ、行為遂行の冷酷さ、などの事情があげられるが、しかし、これらについても、それが限定責任能力を基礎づける行為者の精神状態に起因する場合には、刑を高めるものとして評価されてはならないとされる[183]。他の一つは、行為者が限定責任能力状態を自らの落ち度で招いた場合で、かつ、いわゆる「原因において自由な行為」の原則の適用による処理がなされない場合があげられる。これについては、行為者が限定責任能力状態に有責に自ら陥った時点では、なお遂行された行為との関係では故意ないし過失で行為しているのではない場合に、そこでの落

181　例えば、Perron/Weißer, a.a. O., §21 Rdn. 14.（注168）

182　Vgl. Schreiber/Rosenau, a.a. O., S. 110.（注164）; Fischer, a.a. O., §21 Rdn. 17 f.（注169）; Kasper, a.a. O., §21 Rdn. 17.（注172）さらに、vgl. BGHSt 7. 28, 30f.; BGH NJW 1993, 2544, 2544 f. など。

183　Vgl. Schreiber/Rosenau, a.a. O., S. 111.（注164）; Schöch (Handbuch der Forensischen Psychiatrie), a.a. O., S. 145.（注164）さらに、vgl. BGHSt16, 360, 363 f. など。

ち度もまた、21条による減軽を妨げることがあるなどとされ、例えば、自ら
の落ち度で招いたアルコールや薬物による酩酊状態があげられる[184]。

（g）減軽の否定にあたっての「責任」以外の考慮

限定責任能力が認められる場合に、責任とは無縁の考慮（schuldfremde
Erwägungen）によって減軽がなされないことは許されないとされ、ゆえに、
特別予防・一般予防上の理由から、減軽が否定されてはならず、予防目的は
責任に適合した刑罰の範囲内においてのみ考慮することが許されるとさ
れ[185]、これも広く受け入れられている考え方である。また、比較的わずか
な刑罰感応性（Strafempfindlichkeit）しか認められない場合も、そのことに
よって21条の減軽を否定することは、責任主義とは相容れないとされてい
る[186]。また別に、21条の要件充足の判断にあたっても、予測的に確定され
る刑罰に対する受容力（Strafempfänglichkeit）は、21条（限定責任能力）と責任
無能力との適切な限界づけ基準とはならず、これは、せいぜいのところ、精
神障害の強度についての徴憑にすぎない[187]、ともされているのである。

（4）わが国の解釈との若干の対比

すでに示した、大審院判例（大判昭和6・12・3）をベースとした責任能力
に関する理解、とくに限定責任能力についての理解との対比で簡単ながら述
べるとすると、まず、基本的な枠組みにおいては、共通するものといえよ
う。すなわち、混合的方法の採用を前提にして、責任無能力規定における第
一段階の「精神の障害」と限定責任能力規定におけるそれを種類において同
様とし障害の程度においてのみ異なると解すること（ドイツにおける統一的解
決。もっとも、精神障害の種類を列挙するか否かは異なる。）や、心理学的要素（第二
段階）について認識能力と制御能力の両者から成ると解すること、さらに、

184　Vgl. Schreiber/Rosenau, a.a. O., S. 111.（注164）; Schöch（Handbuch der Forensischen Psych-
　　iatrie）, a.a. O., S. 145 f.（注164）さらに、vgl. BGH NStZ 2003, 480, 481 f.; BGHSt 49, 239, 248
　　ff. など。

185　Vgl. Streng, a.a. O., §21 Rdn. 21.（注179）; Perron/Weißer, a.a. O., §21 Rdn. 15.（注168）;
　　Kasper, a.a. O., §21 Rdn. 19.（注172）など。

186　Schreiber/Rosenau, a.a. O., S.111.（注164）; Perron/Weißer, a.a. O., §21 Rdn. 16.（注168）など。

187　Vgl. Schreiber/Rosenau, a.a. O., S. 110.（注164）; Perron/Weißer, a.a. O., §21 Rdn. 5.（注168）

372　限定責任能力概念

限定責任能力について犯罪は成立するが責任減少によって刑が減じられる場合（構成要件に該当し違法、有責な行為であって責任が減少する場合）であるとの理解、が挙げられるであろう。

　他方、限定責任能力規定に関する大きな違いは、必要的減軽か任意的減軽か、の点といえよう。もっとも、先にも見たように、ドイツにおける通説的見解も、責任能力の著しい減少が認められる以上、原則的には減軽を肯定し例外的に減軽を否定するとの立場を採ることから、規定上の見かけほどはその差異は大きくないともいえるが、それでもなお、行為の責任を高めるような事情がある場合に減軽を否定しうるとするとの立場が採られていることは、少なからぬ相違ということになろう。この点について、わが国では、ドイツにおける有力説の考え方、すなわち、「著しく減少した責任能力＝著しく減少した責任＝大きく減じられた刑罰」といった理解が、立法的に採用されているとも評価できよう。また、このような必要的減軽か任意的減軽かの違いとの関連では、責任能力の減少の「著しさ」の程度について、いくらか差異が生じうると考えることもできよう。つまりは、ドイツにおいて、行為の責任を高めるような事情がある場合に減軽を思いとどまることができるのであれば、必要的減軽を定めるわが国では、そうした他の事情による調整が許されないほどに、責任能力が「著しく」減少し、責任も大きく減少している場合を想定していると解することもできるであろう。さらに、この減軽が必要的か任意的かの関連では、ドイツにおける17条（二文）と21条の関係についての議論、すなわち、精神的に健常な者による標準心理学的な禁止の錯誤と精神障害に起因する違法認識の錯誤との不均衡という問題〔わが国では、38条3項但書による任意的減軽――もちろん、これを肯定する場合ではあるが――が認められること、と39条2項による必要的減軽との関係での問題〕も生じないということになるであろう[188]。

　また、この他、やや特殊な場合であるが、認識能力がそれ自体としては著しく減少していたが、違法性の認識を有している場合にどのような対応がなされるのかという問題については、ドイツにおいては、すでに見たように、

---

[188]　この点については、安田・前掲注（145）84頁なども参照。

第八章　責任能力論の系譜　373

限定責任能力は認められないとするのが支配的な見解である。この点について、わが国では、必ずしも多くの議論が積み重ねられた上で支配的な見解が確立されている、とまではいえないように思われるが、認識能力は違法性認識の獲得との関係においてこそ重要であると考えるのであれば[189]、また、認識能力と「違法性の意識の可能性」が内容上重なることを肯定する見解を採るのであれば、ドイツにおける在り方と同様に解することが妥当であるということになるのではないであろうか[190]。さらに、限定責任能力を必要的減軽とし、責任非難の減少の程度につき、より高度な程度を要求するわが国の規定においては、違法性認識の獲得に至った場合で認識能力が単に著しく減少していたに過ぎない場合に、限定責任能力を認めず、量刑上の考慮にとどめるといった在り方は、より肯定しやすいようにも思われる。

---

[189] 例えば、安田・前掲注（145）86頁以下では「認識能力は違法性の認識の獲得との関係でのみ重要なのであり、当該具体的事案において違法性の認識があった以上、認識面においては完全な非難の基盤が確保されているから、認識能力の減弱は意味をもたない」との考え方について、このように考えることも可能である、とされている。

[190] なお、この立場では、制御能力の有無・程度を問うことについては、違法性認識を有している場合であることが通常は前提となるが、限定認識能力が肯定される場合で、かつ、精神障害の影響で制御機能も明らかに大きく損なわれていることが疑われるような場合には、制御能力の喪失について、仮定的に違法性認識があることを想定して、問うことは不可能ではなく、こうした問いを立てることまで必ずしも排除されるわけではないと解することはできよう。

著者略歴

箭 野 章 五 郎（やの しょうごろう）

1967年　兵庫県神戸市生まれ
2004年　中央大学法学部卒業
2012年　中央大学大学院法学研究科博士後期課程修了
　　　　博士（法学）
現　在　桐蔭横浜大学法学部准教授

刑事責任能力について

2024年11月20日　初版第1刷発行

著　者　箭　野　章五郎
発行者　阿　部　成　一

〒169-0051　東京都新宿区西早稲田1-9-38
発行所　株式会社　成文堂
電話03（3203）9201代　FAX03（3203）9206
http://www.seibundoh.co.jp

製版・印刷　藤原印刷　製本　弘伸製本　　　検印省略
© 2024　S. Yano　Printed in Japan
ISBN978-4-7923-5434-3 C3032

定価（本体8000円＋税）